머신러닝 시스템 디자인 패턴
AI 엔지니어를 위한

머신러닝 시스템
디자인 패턴
AI 엔지니어를 위한

지은이 **시부이 유우스케**

옮긴이 **하승민**

펴낸이 **박찬규** 엮은이 **최용, 전이주** 디자인 **북누리** 표지디자인 **Arowa & Arowana**

펴낸곳 **위키북스** 전화 **031-955-3658, 3659** 팩스 **031-955-3660**

주소 **경기도 파주시 문발로 115 세종출판벤처타운 311호**

가격 **32,000** 페이지 **432** 책규격 **175 x 235mm**

초판 발행 **2021년 11월 24일**

ISBN **979-11-5839-288-8 (93000)**

등록번호 **제406-2006-000036호** 등록일자 **2006년 05월 19일**

홈페이지 **wikibook.co.kr** 전자우편 **wikibook@wikibook.co.kr**

AIエンジニアのための機械学習システムデザインパターン
(AI Engineer no Tame no Kikaigakusyu System Design Pattern : 6944-6)
© 2021 Yusuke Shibui
Original Japanese edition published by SHOEISHA Co.,Ltd.
Korean translation rights arranged with SHOEISHA Co.,Ltd. through Botong Agency
Korean translation copyright © 2021 by WIKIBOOKS

이 책의 한국어판 번역권은 Botong Agency를 통한 저작권자와의 독점 계약으로 위키북스가 소유합니다.
신저작권법에 의해 한국 내에서 보호를 받는 저작물이므로 무단 전재와 복제를 금합니다.

이 책의 내용에 대한 추가 지원과 문의는 위키북스 출판사 홈페이지 wikibook.co.kr이나
이메일 wikibook@wikibook.co.kr을 이용해 주세요.

머신러닝 시스템 디자인 패턴

AI 엔지니어를 위한

시부이 유우스케 지음
하승민 옮김

위키북스

 **저자 서문**

내가 '디자인 패턴'에 관심을 갖게 된 것은 2012년 아마존이 제공하는 AWS(Amazon Web Services)의 Ninja of Three가 공개한 '클라우드 디자인 패턴'을 접했을 때였다.

- 아마존 웹 서비스 클라우드 디자인 패턴 (역서: ≪아마존 웹 서비스 클라우드 디자인 패턴 구축 가이드≫ (제이펍, 2013))
  URL https://www.amazon.co.jp/dp/B0126HZGP8

당시 나는 신규 졸업자로 입사한 소프트웨어 벤더에 소속되어, 자사의 클라우드 서비스 개발, 운용, 사업화에 종사하고 있었고, 아직 여명기였던 일본의 클라우드 시장에서 기업과 비즈니스 용도의 IaaS를 보급하기 위한 활동을 이어가고 있었다. 당시는 클라우드 사용 경험이 풍부한 엔지니어가 드물어 관련 지식이나 설계를 검색해봐도 별다른 정보가 나오지 않던 시절이었다. 하는 수 없이 클라우드에 적합한 시스템 설계를 스스로 조사하고 검증하면서 고객에게 제안하는 상황이었다. 엔지니어 경력은 3년 정도에 불과했지만, 만들고 있는 시스템이 정말로 문제없이 동작하는지, 운용할 수 있는지 등의 불안을 안은 채 프로젝트를 수행하던 자신의 모습을 지금도 기억한다.

이때 접했던 것이 앞에서 언급한 '아마존 웹 서비스 클라우드 디자인 패턴'이다. AWS에 실제로 시스템을 구축하기 위한 아키텍처와 중요 포인트, 사용처와 어려운 점이 꼼꼼하게 설명되어 있어서 이 책을 뚫어질 정도로 읽고 공부했던 기억이 난다. 새로운 기술의 물결이라도 잘 편승하지 못하면 쓸모가 없다. '클라우드 디자인 패턴'은 클라우드라는 새로운 기술로 비즈니스 과제를 능숙하게 극복해낸, 이전에는 볼 수 없었던 엔지니어링의 세계에 도달하는 방법을 보여주었다. 이를 계기로 내가 생각한 새로운 시스템 설계를 패턴으로 만들어 다른 엔지니어들에게 소개하고 싶다는 생각을 오늘날까지 가지게 되었다.

말하지 않아도 알다시피, 그후의 엔지니어 시장에서는 '클라우드 퍼스트'라고 불릴 정도로 클라우드가 많이 보급되었고, 수많은 엔지니어들이 클라우드를 경험하면서 자신이 클라우드 전문가로서 일하는 것에 슬슬 한계를 느끼고 있었다. 머신러닝 분야에서 일을 시작하게 된 것은 정확히 이 시기였다. 2015년경 제3차 AI 붐이 일본에 도래하고 있을 때, 클라우드를 만져본 경험이 있는 머신러닝 엔지니어로서 시스템 개발과 머신러닝의 두 분야에서 일하게 되었다. 머신러닝 분야에서는 시스템 개발이나 운용을 전혀 중요하게 생각하고 있지 않다는 점에 놀랐다. 오프라인 데이터로 머신러닝 모델을 개발해도 모델을 API 등에 포함시켜 실제 비즈니스에 공헌하기에 이르기까지 개발하는 프로젝트는 드물었다. 그 무렵부터 머신러닝을 시스템에 넣고 운용하는 것이 매우 중요하다는 것을 느꼈고, 지금에서야 언급되는 'ML옵스'에 가까운 일을 주로 하게 되었다.

내 사업으로 머신러닝 시스템 개발과 실용화를 이루고자 주식회사 메루카리에 입사한 것이 2018년이다. 세계적인 AI 붐으로, 모든 업계에서 머신러닝 모델 개발이 이뤄지고 있었지만, 머신러닝을 실제 비즈니스에 포함시켜 프로덕트에 공헌하려는 기업은 아직 적었던 것으로 기억한다. 머신러닝의 개발과 프로덕트의 개발 사이에는 깊고 넓은 격차가 있고, 그 사이를 메울 엔지니어는 부족한 상태다. 그런 상황에서 머신러닝 시스템을 만들고 싶다는 일념 하나로 입사한 주식회사 메루카리에서 ML옵스와 에지 AI 두 팀의 매니저로서 다양한 머신러닝의 실용화와 프로덕트의 출시를 경험했다. 그때 만든 시스템을 패턴으로 만들어 2020년에 공개한 것이 '머신러닝 시스템 디자인 패턴'이다.

- **머신러닝 시스템 디자인 패턴**
  URL https://github.com/mercari/ml-system-design-pattern

'머신러닝 시스템 디자인 패턴'은 머신러닝을 실제 시스템에 포함시켜 운용하기 위한 노하우를 기록한 시스템 디자인 컬렉션이다. 머신러닝을 실전에서 활용해 비즈니스에 공헌하고 싶은 엔지니어 여러분에게 참고가 되길 바란다. 내가 2012년에 접했던 클라우드 디자인 패턴이나 Gang of Four의 소프트웨어 디자인 패턴에 비하면 아직 매우 부족한 내용이지만, AI가 일방적인 연구개발로 그치지 않도록, 세상의 수많은 상황에서 머신러닝이 활용되길 바라는 마음으로 정성을 다해 집필했다. 메루카리에서 만든 머신러닝 시스템이 모두 성공한 것은 아니다. 기능적으로나 비즈니스에서 실패한 것들도 많지만, 메루카리라는 프로덕트에 머신러닝 시스템을 다수 만들고 공헌할 수 있었던 것은 당시 함께 일했던 멤버들의 끊임없는 노력과 창의적인 자세 덕분이다.

2020년 여름에 메루카리를 퇴직하고, 현재는 주식회사 티어포(TierⅣ)라는 스타트업에서 자율주행을 위한 머신러닝 시스템 개발에 참여하고 있다. 이 책의 집필 의뢰를 받은 것은 티어포로 이직했을 때였다. 메루카리를 퇴직하기 전, 마지막 업무로 '머신러닝 시스템 디자인 패턴'의 내용을 PyCon JP 2020에서 강연했고, 쇼에이샤(Shoeisha)의 미야코시 씨로부터 강연 내용을 서적으로 출간해보자는 의뢰를 받게 되었다.

- PyCon JP 2020: 파이썬으로 만드는 머신러닝 시스템 패턴
  URL https://pycon.jp/2020/timetable/?id=203111

이전 직장에서의 성과를 책으로 낸다는 점에서 티어포에게는 미안한 마음이 있었지만, 집필을 기꺼이 응원해 주었기에 깊은 감사의 말씀을 드린다. 또한, 메루카리의 기무라 씨, 우에노 씨, 티어포의 세키야 씨는 이 책의 리뷰에 협조해 주셨다. 그리고 내가 기르는 고양이 윌리엄(래그돌 고양이)과 마르그레테(노르웨이숲 고양이) 두 마리는 이 책의 테스트 데이터로 활약하기 위해 종종 사진 촬영에 응해 주었다(답례로 고양이 간식 캔을 선물했다).

"모두 감사합니다!"

전자 상거래든 자율주행이든, 인터넷이나 공용도로라는 복잡한 환경, 다양하고 거대한 데이터가 왕래하는 세계에서 합리적인 판단으로 사용자나 비즈니스에 공헌하기 위해서라도 머신러닝은 반드시 필요한 기술이다. 그리고 전자 상거래의 매출 상승이나 공용도로에서의 신호 감지와 같은 비즈니스 과제를 머신러닝으로 해결하기 위해서는 양질의 데이터와 모델을 만드는 것만큼 좋은 시스템과 운용을 목표해야 한다.

이 책은 머신러닝을 시스템에 탑재해 운용하기 위한 노하우를 과제나 아키텍처, 구현 예를 포함해 설명하고 있다. 따라서 내용은 머신러닝 그 자체보다 소프트웨어 엔지니어링이나 시스템 개발이 주를 이룬다. 머신러닝 모델을 만드는 것은 좋아하지만, 어떻게 해야 비즈니스에 기여할 수 있을지 고민하고 있는 데이터 사이언티스트나 머신러닝 엔지니어, 머신러닝 모델을 시스템에 포함하게 될 백엔드 엔지니어나 프로덕트 오너들이 읽어서 머신러닝을 세상에 무사히 내놓는 데 도움이 되었으면 하는 바람이다.

2021년 5월 길일
시부이 유우스케

 ## 이 책의 대상 독자와 필요한 사전지식

이 책은 머신러닝을 유효하게 활용하기 위해 시스템에 포함시키기 위한 설계나 구현의 필요성을 느껴 머신러닝 시스템의 디자인 패턴을 모아 해설한 서적이다.

머신러닝 시스템의 그랜드 디자인 및 파이썬으로 작성된 머신러닝 시스템의 구현 예를 설명하면서 머신러닝을 실전에서 활용하기 위한 방법론이나 운용, 개선 노하우에 대해 해설한다.

이 책에서는 코드의 재현성을 담보하기 위해 도커(Docker)와 쿠버네티스(Kubernetes)를 활용한다. 머신러닝부터 평가, QA를 실시하고 추론기를 릴리스, 운용하기까지의 일련의 흐름을 아키텍처나 코드와 함께 해설한다.

 ## 이 책의 구성

이 책은 크게 3부로 구성되어 있다(Chapter1의 '1.5. 이 책의 구성'도 참조하길 바란다).

Part1에서는 머신러닝 시스템의 개요, 머신러닝 시스템에 필요한 것, 머신러닝 시스템의 패턴화에 관해 해설한다.

Part2에서는 머신러닝 시스템의 구현 예를 아키텍처와 함께 설명한다. 머신러닝 시스템에는 머신러닝을 위한 시스템(학습 파이프라인이나 실험 관리)과 머신러닝을 사용하기 위한 시스템(릴리스 및 추론기)이 있다. 이들을 조합해서 ML옵스를 실현하고, 머신러닝을 실제 시스템의 운용으로 도입하기 위한 워크플로를 완성한다.

Part3에서는 머신러닝 시스템의 품질과 운용의 관점에서 모델을 개선해 나가는 방법과 사례를 설명한다.

이 책의 샘플 동작 환경

이 책에 수록된 깃허브 리포지토리에서 공개한 샘플은 표 1의 환경에서 문제없이 동작하는 것을 확인했다.

표 1. 실행환경

Linux/macOS(Catalina 10.15.7)공통	
항목	내용
Ubuntu	18.04.5 LTS Desktop
Python	3.8.0
GNU Make	4.1
Docker	version 19.03.6, build 369ce74a3c
pyenv	1.2.22-59-gbd5274bb
istioctl	1.9.0
Linux	
항목	내용
Android Studio	4.1.1 Build #AI-201.8743.12.41.6953283, built on November 5, 2020Runtime version: 1.8.0_242-release-1644-b3-6222593 amd64
VM	OpenJDK 64-Bit Server VM by JetBrains s.r.o
Linux	5.4.0-65-generic
GC	ParNew, ConcurrentMarkSweep
Memory	1237MB
Cores	8
Registry	ide.new.welcome.screen.force=true, external.system.auto.import.disabled=true
Current Desktop	ubuntu:GNOME

macOS	
항목	내용
Android Studio	4.1.1 Build #AI-201.8743.12.41.6953283, built on November 5, 2020Runtime version 1.8.0_242-release-1644-b3-6915495 x86_64
VM	OpenJDK 64-Bit Server VM by JetBrains s.r.o
macOS	Catalina 10.15.7
GC	ParNew, ConcurrentMarkSweep
Memory	3987M
Cores	16
Registry	ide.new.welcome.screen.force=true, external.system.auto.import.disabled=true, ide.balloon.shadow.size=0
Non-Bundled Plugins	GLSL, Rider UI Theme Pack, com.4lex4.intellij.solarized, com. dubreuia, org. jetbrains.kotlin, com.jetbrains.CyanTheme, com. jetbrains.darkPurpleTheme, com.markskelton.one-dark-theme, com.vecheslav.darculaDarkerTheme, com.chrisrm.idea. MaterialThemeUI, com.google.idea.bazel.aswb, Dart, io.flutter

 **이 책의 샘플 코드와 깃허브의 샘플 코드의 차이에 대해서**

이 책에서는 각 디자인 패턴에 대해 이해하고, 실용화를 보조하기 위한 샘플 코드를 준비했다. 샘플 코드에서는 디자인 패턴을 최대한 이해하기 쉽게 구현은 최소한으로 제한하고 있다. 인쇄 관계상 가독성을 유지하기 위해 일부 샘플 코드에서는 긴 줄을 짧게 줄바꿈 하거나 처리를 분할 또는 생략했다(독자 여러분께 불편을 드려 죄송합니다).

예제코드는 아래 책 홈페이지나 깃허브 저장소에서 내려받을 수 있다.

- **홈페이지**: https://wikibook.co.kr/mlsdp/
- **예제코드**: https://github.com/wikibook/mlsdp

목차

Part 1 머신러닝과 ML옵스

CHAPTER 1 머신러닝 시스템이란   2

1.1 머신러닝, ML옵스 및 시스템   3
   1.1.1. 시작하기   3
   1.1.2. 이 책의 목적   7

1.2 사용자 중심의 머신러닝   8
   1.2.1. 전자 상거래 사이트 예시   10
   1.2.2. 이미지 업로드 애플리케이션 예시   11

1.3 머신러닝 시스템에 필요한 요소   17

1.4 머신러닝 시스템 패턴화하기   21
   1.4.1. 학습   21
   1.4.2. 릴리스 방법   22
   1.4.3. 추론의 흐름   23
   1.4.4. 품질관리   24

1.5 이 책의 구성   25
   1.5.1. 디자인 패턴   26
   1.5.2. 안티 패턴   27

Part 2 머신러닝 시스템 만들기

CHAPTER 2 모델 만들기   30

2.1 모델 작성   31
   2.1.1. 모델 개발의 흐름   31
   2.1.2. 데이터 분석과 수집   31
   2.1.3. 모델의 선정과 파라미터 정리   32
   2.1.4. 전처리   33
   2.1.5. 학습   33
   2.1.6. 평가   34

	2.1.7. 빌드	34
	2.1.8. 시스템 평가	34
	2.1.9. 모델 개발은 일방통행이 아니다	35
2.2	안티 패턴 (Only me 패턴)	36
	2.2.1. 상황	36
	2.2.2. 구체적인 문제	37
	2.2.3. 이점	38
	2.2.4. 과제	38
	2.2.5. 회피 방법	38
2.3	프로젝트, 모델, 버저닝	39
	2.3.1. 프로젝트, 모델, 버저닝 관리	39
	2.3.2. 구현	42
2.4	파이프라인 학습 패턴	56
	2.4.1. 유스케이스	56
	2.4.2. 해결하려는 과제	56
	2.4.3. 아키텍처	57
	2.4.4. 구현	57
	2.4.5. 이점	77
	2.4.6. 검토사항	78
2.5	배치 학습 패턴	78
	2.5.1. 유스케이스	78
	2.5.2. 해결하려는 과제	78
	2.5.3. 아키텍처	79
	2.5.4. 구현	80
	2.5.5. 이점	80
	2.5.6. 검토사항	80

2.6 안티 패턴 (복잡한 파이프라인 패턴) — 82
    2.6.1. 상황 — 82
    2.6.2. 구체적인 문제 — 82
    2.6.3. 이점 — 83
    2.6.4. 과제 — 83
    2.6.5. 해결방법 — 83

CHAPTER 3
모델 릴리스하기 — 84

3.1 학습환경과 추론환경 — 85
    3.1.1. 시작하기 — 85
    3.1.2. 학습환경과 추론환경 — 86

3.2 안티 패턴 (버전 불일치 패턴) — 89
    3.2.1. 상황 — 90
    3.2.2. 구체적인 문제 — 90
    3.2.3. 이점 — 93
    3.2.4. 과제 — 93
    3.2.5. 해결방법 — 94

3.3 모델의 배포와 추론기의 가동 — 94
    3.3.1. 모델을 릴리스한다는 것이란 — 94
    3.3.2. 학습환경과 추론환경의 라이브러리와 버전 선정 — 95
    3.3.3. 추론기에 모델 포함하기 — 97

3.4 모델-인-이미지 패턴 — 98
    3.4.1. 유스케이스 — 98
    3.4.2. 해결하려는 과제 — 99
    3.4.3. 아키텍처 — 99
    3.4.4. 구현 — 100
    3.4.5. 이점 — 105
    3.4.6. 검토사항 — 105

3.5 모델 로드 패턴 — 106
3.5.1. 유스케이스 — 106
3.5.2. 해결하려는 과제 — 106
3.5.3. 아키텍처 — 106
3.5.4. 구현 — 107
3.5.5. 이점 — 115
3.5.6. 검토사항 — 115
3.6 모델의 배포와 스케일 아웃 — 116

CHAPTER 4
추론 시스템 만들기 — 118

4.1 시스템을 만들어야 하는 이유 — 119
4.1.1. 시작하기 — 119
4.1.2. 머신러닝의 실용화 — 119

4.2 웹 싱글 패턴 — 121
4.2.1. 유스케이스 — 121
4.2.2. 해결하려는 과제 — 121
4.2.3. 아키텍처 — 122
4.2.4. 구현 — 123
4.2.5. 이점 — 133
4.2.6. 검토사항 — 133

4.3 동기 추론 패턴 — 134
4.3.1. 유스케이스 — 134
4.3.2. 해결하려는 과제 — 134
4.3.3. 아키텍처 — 135
4.3.4. 구현 — 136
4.3.5. 이점 — 146
4.3.6. 검토사항 — 147

4.4 비동기 추론 패턴 — 147
4.4.1. 유스케이스 — 147
4.4.2. 해결하려는 과제 — 147
4.4.3. 아키텍처 — 148
4.4.4. 구현 — 150
4.4.5. 이점 — 162
4.4.6. 검토사항 — 163

4.5 배치 추론 패턴 — 163
4.5.1. 유스케이스 — 164
4.5.2. 해결하려는 과제 — 164
4.5.3. 아키텍처 — 164
4.5.4. 구현 — 165
4.5.5. 이점 — 174
4.5.6. 검토사항 — 175

4.6 전처리 · 추론 패턴 — 176
4.6.1. 유스케이스 — 176
4.6.2. 해결하려는 과제 — 176
4.6.3. 아키텍처 — 177
4.6.4. 구현 — 178
4.6.5. 이점 — 193
4.6.6. 검토사항 — 193

4.7 직렬 마이크로서비스 패턴 — 194
4.7.1. 유스케이스 — 194
4.7.2. 해결하려는 과제 — 194
4.7.3. 아키텍처 — 195
4.7.4. 구현 — 196
4.7.5. 이점 — 196
4.7.6. 검토사항 — 196

4.8 병렬 마이크로서비스 패턴 — 197
4.8.1. 유스케이스 — 197
4.8.2. 해결하려는 과제 — 197
4.8.3. 아키텍처 — 198
4.8.4. 구현 — 200
4.8.5. 이점 — 207
4.8.6. 검토사항 — 207

4.9 시간차 추론 패턴 — 208
4.9.1. 유스케이스 — 209
4.9.2. 해결하려는 과제 — 209
4.9.3. 아키텍처 — 209
4.9.4. 구현 — 210
4.9.5. 이점 — 217
4.9.6. 검토사항 — 217

4.10 추론 캐시 패턴 — 210
4.10.1. 유스케이스 — 218
4.10.2. 해결하려는 과제 — 219
4.10.3. 아키텍처 — 219
4.10.4. 구현 — 222
4.10.5. 이점 — 229
4.10.6. 검토사항 — 229

4.11 데이터 캐시 패턴 — 230
4.11.1. 유스케이스 — 230
4.11.2. 해결하려는 과제 — 230
4.11.3. 아키텍처 — 231
4.11.4. 구현 — 233
4.11.5. 이점 — 239
4.11.6. 검토사항 — 239

4.12 추론기 템플릿 패턴 — 240
4.12.1. 유스케이스 — 240
4.12.3. 해결하려는 과제 — 240
4.12.3. 아키텍처 — 242
4.12.4. 구현 — 243
4.12.5. 이점 — 251
4.12.6. 검토사항 — 251

4.13 에지 AI 패턴 — 252
4.13.1. 유스케이스 — 252
4.13.2. 해결하려는 과제 — 252
4.13.3. 아키텍처 — 254
4.13.4. 구현 — 255
4.13.5. 이점 — 259
4.13.6. 검토사항 — 259

4.14 안티 패턴 (온라인 빅사이즈 패턴) — 260
4.14.1. 상황 — 261
4.14.2. 구체적인 문제 — 261
4.14.3. 이점 — 263
4.14.4. 과제 — 263
4.14.5. 회피 방법 — 263

4.15 안티 패턴 (올-인-원 패턴) — 263
4.15.1. 상황 — 264
4.15.2. 구체적인 문제 — 264
4.15.3. 이점 — 265
4.15.4. 과제 — 265
4.15.5. 회피 방법 — 265

Part 3

품질 · 운용 · 관리

◉ CHAPTER 5

머신러닝 시스템의 운용　　　　　268

5.1　머신러닝의 운용　　　　　269

5.2　추론 로그 패턴　　　　　271

　5.2.1. 유스케이스　　　　　271

　5.2.2. 해결하려는 과제　　　　　271

　5.2.3. 아키텍처　　　　　272

　5.2.4. 구현　　　　　273

　5.2.5. 이점　　　　　284

　5.2.6. 검토사항　　　　　284

5.3　추론 감시 패턴　　　　　285

　5.3.1. 유스케이스　　　　　285

　5.3.2. 해결하려는 과제　　　　　285

　5.3.2 아키텍처　　　　　286

　5.3.4. 구현　　　　　288

　5.3.5. 이점　　　　　305

　5.3.6. 검토사항　　　　　306

5.4　안티 패턴 (로그가 없는 패턴)　　　　　306

　5.4.1. 상황　　　　　306

　5.4.2. 구체적인 문제　　　　　307

　5.4.3. 이점　　　　　307

　5.4.4. 과제　　　　　308

　5.4.5. 회피 방법　　　　　308

5.5　안티 패턴 ('그리고 아무도 없었다' 패턴)　　　　　308

　5.5.1. 상황　　　　　308

　5.5.2. 구체적인 문제　　　　　309

　5.5.3. 이점　　　　　310

　5.5.4. 과제　　　　　310

　5.5.5. 회피 방법　　　　　310

● CHAPTER 6

머신러닝 시스템의 품질관리 ... 311

6.1 머신러닝 시스템의 품질과 운용 ... 312

6.2 머신러닝 시스템의 정상성 평가 지표 ... 314
6.2.1. 머신러닝의 정상성 ... 314
6.2.2. 소프트웨어의 정상성 ... 315

6.3 부하 테스트 패턴 ... 316
6.3.1. 유스케이스 ... 316
6.3.2. 해결하려는 과제 ... 316
6.3.3. 아키텍처 ... 317
6.3.4. 구현 ... 318
6.3.5. 이점 ... 325
6.3.6. 검토사항 ... 325

6.4 추론 서킷브레이커 패턴 ... 325
6.4.1. 유스케이스 ... 326
6.4.2. 해결하려는 과제 ... 326
6.4.3. 아키텍처 ... 327
6.4.4. 구현 ... 328
6.4.5. 이점 ... 335
6.4.6. 검토사항 ... 335

6.5 섀도 A/B 테스트 패턴 ... 336
6.5.1. 유스케이스 ... 336
6.5.2. 해결하려는 과제 ... 337
6.5.3. 아키텍처 ... 337
6.5.4. 구현 ... 338
6.5.5. 이점 ... 345
6.5.6. 검토사항 ... 345

6.6 온라인 A/B 테스트 패턴 — 346
- 6.6.1. 유스케이스 — 346
- 6.6.2. 해결하려는 과제 — 346
- 6.6.3. 아키텍처 — 346
- 6.6.4. 구현 — 347
- 6.6.5. 이점 — 354
- 6.6.6. 검토사항 — 354

6.7 파라미터 기반 추론 패턴 — 354
- 6.7.1. 유스케이스 — 354
- 6.7.2. 해결하려는 과제 — 355
- 6.7.3. 아키텍처 — 355
- 6.7.4. 구현 — 356
- 6.7.5. 이점 — 365
- 6.7.6. 검토사항 — 365

6.8 조건 분기 추론 패턴 — 365
- 6.8.1. 유스케이스 — 366
- 6.8.2. 해결하려는 과제 — 366
- 6.8.3. 아키텍처 — 366
- 6.8.4. 구현 — 367
- 6.8.5. 이점 — 378
- 6.8.6. 검토사항 — 379

6.9 안티 패턴 (오프라인 평가 패턴) — 379
- 6.9.1. 상황 — 379
- 6.9.2. 구체적인 문제 — 379
- 6.9.3. 이점 — 380
- 6.9.4. 과제 — 380
- 6.9.5. 회피 방법 — 380

●CHAPTER 7
ML옵스 시스템의 End-to-End 설계   381

- 7.1 과제와 방법   382
  - 7.1.1. 머신러닝으로 해결 가능한 과제를 결정하기   382
  - 7.1.2. 머신러닝으로 해결 가능한지 검토하기   382
  - 7.1.3. 과제 해결 정도를 수치로 평가하기   383
  - 7.1.4. 머신러닝 시스템의 요건을 정의   384
  - 7.1.5. 머신러닝 모델 개발   385
  - 7.1.6. 평가 및 효과 검증   385
- 7.2 수요예측 시스템   386
  - 7.2.1. 상황과 요건   386
  - 7.2.2. 시스템 만들기   388
- 7.3 콘텐츠 업로드 서비스   391
  - 7.3.1. 상황과 요건   391
  - 7.3.2. 모델과 시스템   396
  - 7.3.3. 머신러닝 활용하기   398
  - 7.3.4. ML옵스   399
- 7.4 정리하기   401

이 책을 마치며   402
저자 프로필   403
역자 프로필   403

Part 1
머신러닝과 ML옵스

머신러닝을 통해 우리는 다양한 데이터로부터 새로운 패턴을 분석하고 예측할 수 있다. 비즈니스나 학술연구, 의료, 일상생활 등 광범위한 분야에서 머신러닝은 점차 널리 쓰이고 있다. 머신러닝을 효과적으로 활용하기 위해서는 정확한 머신러닝 모델을 만드는 것만큼 운용을 고려한 소프트웨어 개발이 필요하다. 이를 위한 것이 바로 ML옵스다. ML옵스는 머신러닝을 실용화하기 위한 개발, 운용에 대한 방법론이며, 머신러닝 엔지니어와 소프트웨어 엔지니어가 협력하며 일하기 위한 조직문화이기도 하다.

CHAPTER 1
머신러닝 시스템이란

머신러닝의 개발 과정은 주로 데이터의 전처리부터 학습, 평가까지를 포함한다. 머신러닝을 실제로 활용하기 위해서는 모델을 시스템에 포함해서 사용자가 직접 사용하거나 다른 시스템에서 사용할 수 있어야 한다. 사용자나 다른 시스템은 모델을 이용해 추론 결과의 효과를 측정하고 머신러닝의 실용상 가치를 가늠한다. 머신러닝 시스템은 머신러닝 모델을 포함한 시스템임과 동시에 운용을 지원하기 위한 기반이기도 하다.

머신러닝, ML옵스 및 시스템

머신러닝(또는 기계학습)을 사용자에게 제공하기 위해서는 추론[1]을 수행하는 시스템이 필요하다. 시스템 엔지니어링에는 크게 개발과 운용의 두 가지 측면이 존재한다. 이들을 조합한 프랙티스를 데브옵스(DevOps)라고 부른다. 이 책에서는 데브옵스에 머신러닝의 개발, 개선 프로세스를 포함한 ML옵스(MLOps)에 대해 설명한다.

1.1.1. 시작하기

딥러닝의 등장으로 제3차 AI 붐이 시작되었고, 머신러닝이나 딥러닝을 이용한 모델 개발이 활발하게 이루어지고 있다. 머신러닝이라는 용어는 과학계나 소프트웨어 엔지니어링 업계뿐만 아니라, 이제는 여러 비즈니스 일대에서도 등장하게 되었다. 머신러닝에 의한 신규 비즈니스의 기획이나 업무 개선을 모색하고 실천하는 기업도 늘어나는 추세다. 머신러닝이 만능은 아닐지라도, 데이터만 충분히 확보한다면 인간이 예측하는 정확도를 뛰어넘는 추론이 가능할 것이다. 데이터와 머신러닝으로 인해 지금까지의 기술로는 나아갈 수 없었던 영역으로까지 발을 내딛게 되는 것이다. 예를 들어, 제조업 등지에서 지금까지 인간의 감각과 경험에 의지하고 있던 숙련된 전문가에 의한 불량품 검지는 머신러닝 분야의 이상 탐지나 변화 감지에 의해 이미 매우 효율적으로 범용화되었으며, 이와 같은 사례는 열거하기 어려울 정도로 무수히 많다. 그동안 사람이 해결하던 업무나 과제가 머신러닝의 실용화를 통해 해결되거나 해결 가능하도록 실마리를 찾기 시작하는 것이 최근 머신러닝의 동향이라고 볼 수 있다.

다른 한편으로, 머신러닝은 컴퓨터에 의해 계산되고 소프트웨어로 동작이 이루어진다. 머신러닝 자체가 소프트웨어로 만들어졌기 때문에 머신러닝은 소프트웨어 엔지니어링의 한 영역으로도 볼 수 있을 것이다. 머신러닝이 소프트웨어 엔지니어링인 이상 머신러닝을 실용화하기 위해서는 소프트웨어를 만들고 실행하는 기반에 포함해 시스템화해야 할 것이다. 이때, 머신러닝은 프로그램뿐만 아니라, 데이터와 확률을 다루기 때문에 기존 소프트웨어와는 다른 개발 방법이 필요하다. 그러나 머신러닝을 사용하기 위해 컴퓨터(CPU, 메모리 및 외부기억장치를 갖고 있

---

[1] (옮긴이) 학습된 모델에 데이터를 입력해 결괏값을 얻는 논리적인 과정을 추론(Inference)이라고 정의한다. 답이 정해져 있지 않은 현 상황에서 모델이 문제의 답을 도출한다는 의미로 예측(Prediction)이라는 단어와 혼용해서 쓰기도 하지만, 이 책에서 예측이란 표현은 되도록 쓰지 않기로 한다.

으며, 필요하면 네트워크나 센서 같은 주변기기를 갖는다. 서버, PC, 태블릿, 스마트폰, 마이크로컴퓨터 포함)를 준비하고 프로그램을 작성해서 컴퓨터에 설치하는 것은 기존 소프트웨어와 다르지 않다. 머신러닝을 소프트웨어의 일종으로 생각한다면, 이를 시스템에 포함하고 운용하는 방법론과 구현 기술이 필요한 것이다.

최근 소프트웨어 엔지니어링에서는 클라우드와 웹 기술의 발전에 의해 시스템의 개발과 운용을 동일한 라이프사이클 및 동일한 팀에서 실시하고, 고속으로 개발과 피드백 루프(사용자로부터 프로덕트를 사용해본 소감이나 의견을 얻어 개선으로 연결하는 프로세스를 반복하는 행위)를 수행하는 문화나 툴, 개발 프로세스로서의 데브옵스(DevOps, Development와 Operations를 합성한 약어)가 탄생했으며, 활발하게 사용되고 있다. 데브옵스에서는 개발팀과 운용팀을 통합한 모든 인원이 프로덕트의 End-to-End 과정에 대해 책임을 갖는다. 그리고 지속적 통합(CI=Continuous Integration)과 지속적 배포(CD=Continuous Delivery)를 유지하고 피드백 루프를 수행하며 프로덕트를 수정한다. 특히, 웹이나 스마트폰 애플리케이션 업계에서는 사용자가 직접 사용하는 애플리케이션을 제공하기 위해 애플리케이션 안에서의 행동이나 피드백, 장애를 기반으로 자사 프로덕트의 수정 및 갱신을 빠르게 실행할 것을 요구한다. 이처럼 신속한 수정이나 갱신이 이뤄지지 않는 애플리케이션은 아무도 사용하지 않는다고 봐도 무방할 정도로 매우 변화무쌍한 비즈니스로 탈바꿈하고 있다.

이렇게 데브옵스에서 사용하는 프랙티스를 머신러닝에 적용한 것이 바로 ML옵스(MLOps, Machine Learning과 Operations를 연결한 줄임말)이다. ML옵스에서는 머신러닝 모델을 포함해 모델을 학습하고 추론하기 위한 워크플로 및 시스템을 개발하고 운용한다. 여러 머신러닝 프로젝트에서 데이터로부터 머신러닝 모델을 학습하고 생성할 뿐만 아니라, 비즈니스 과제를 해결하기 위해 머신러닝 모델을 추론기로 비즈니스 프로세스나 앱에 포함하는 등 고도의 자동화를 실현한다. 머신러닝의 모델 개발은 주로 데이터 사이언티스트 또는 머신러닝 엔지니어의 역할이 되는 한편, 추론 모델을 실제 시스템으로 이식하는 과정은 소프트웨어 엔지니어가 담당하는 경우가 많을 것이다. 더불어 머신러닝 모델 개발을 위한 워크플로나 데이터 수집 검색 기반 역시 시스템으로 준비해야 한다. 머신러닝이 단순 학습에서 실용화로 이어지기 위해서는 머신러닝 이외의 시스템 개발이 필요한 것이다.

그림 1.1은 "Hidden Technical Debt in Machine Learning Systems"라는 논문에 게재된 머신러닝에 필요한 시스템의 컴포넌트다. 머신러닝의 핵심적인 부분은 중앙의 진한 배경의 사각

형이다. 그리고 그 핵심 부분을 지지하는 데 필요한 인프라나 데이터 수집, 분석, 감시와 같은 시스템 컴포넌트가 주변에 배치되어 있다. 이 그림에서 머신러닝 이외의 부분을 필요 이상으로 부각하고 있다는 느낌은 부정할 수 없지만, 시스템 개발에 있어 머신러닝의 핵심적인 부분 이외에 다양한 기술과 복잡함이 내재하고 있는 것은 사실이다.

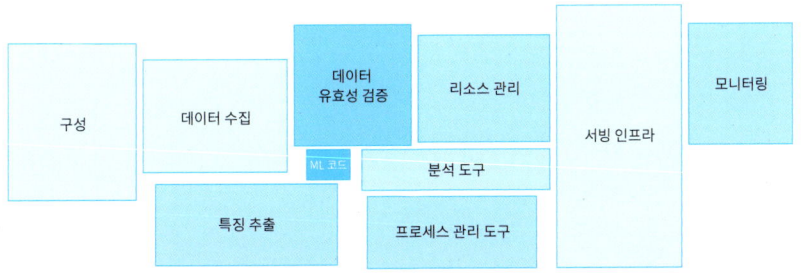

그림 1.1 머신러닝에 필요한 시스템 컴포넌트

출처 "Hidden Technical Debt in Machine Learning Systems" (D. Sculley, Gary Holt, Daniel Golovin, Eugene Davydov, Todd Phillips, Dietmar Ebner, Vinay Chaudhary, Michael Young, Jean-Francois Crespo, Dan Dennison, 2015), Figure 1로부터 인용.

URL http://papers.neurips.cc/paper/5656-hidden-technical-debt-in-machine-learning-systems.pdf

머신러닝 시스템을 만들어 개발하고 운용하기 위해서는 머신러닝을 포함한 시스템 워크플로(그림 1.2)를 정의해야 한다. 먼저 머신러닝에 초점을 맞추면 머신러닝의 과정은 크게 학습과 추론으로 나눌 수 있다. 학습 페이즈(Phase)에서는 데이터를 수집, 정제(클렌징)하고, 데이터의 경향에 맞는 모델을 학습해 이전보다 나은 평가 결과를 목표로 한다. 학습 페이즈는 실험이나 검증에 가까운 요소가 많으며, 목적에 맞는 알고리즘 선택이나 다양한 파라미터를 튜닝하는 등의 작업이 이뤄진다. 마지막 평가 프로세스에서 생성된 머신러닝 모델이 과연 실용적인지 테스트 데이터로 판단한다.

머신러닝의 추론 페이즈에서는 학습에서 생성한 모델을 시스템에 적용하고 실제 데이터를 입력시켜 추론 결과를 출력하는 추론기로 가동한다. 추론기에는 머신러닝의 기술요소(데이터의 전처리나 모델에 의한 추론)와 동시에 소프트웨어 엔지니어링 요소(추론기를 가동하는 인프라의 구축, 외부 시스템과의 네트워크 설계, 보안, 입출력 인터페이스의 정의, 코딩, 각종 테스트, 로그 수집, 감시 통보의 설정, 운용체제 구축 등)가 필요하다. 머신러닝 모델은 실제로 활용되어야 그 효과를 발휘한다. 학습된 모델이 추론기로 실제 시스템에 포함되어 추론이 실행되고 나서야 비로소 머신러닝 모델을 활용한 프로덕트로서의 가치를 따질 수 있는 것이다. 또한, 추론 결과는 이벤트 로그나 사용자 동향으로 평가해야 하는데, 수집한 로그에서 추론 결과의 정답률이나 사용자가 목적으로 하는 가치(매출이나 이상 검지율 등)에 얼마나 부합하는지를 평가한다. 이후, 추론기의 평가 결과와 새로 수집한 데이터를 바탕으로, 더욱 비즈니스에 도움이 되는 머신러닝 모델을 개발한다.

그림 1.2 시스템 워크플로

이러한 머신러닝의 프로세스를 실행하기 위한 일련의 워크플로를 운용하고, 프로덕트 및 머신러닝으로서의 피드백 루프를 돌리는 구조를 유지하는 시스템과 문화를 ML옵스를 통해 실현하게 된다. 단순히 추론 모델을 애플리케이션에 도입해 사용하는 것이 목적이라면, 추론 모델을 적용한 웹 애플리케이션을 만들면 그만일 것이다. 그러나 ML옵스로서 지속적인 통합과 배포를 End-to-End로 실현하기 위해서는 소프트웨어 엔지니어링과 개발·운용의 협력, 팀 전체에서 프로덕트에 책임을 지는 문화가 필수일 것이다. 소프트웨어를 실제 시스템에 배포하기 위해서는 소프트웨어를 탑재하는 인프라나 외부 시스템과의 연계(네트워크나 인증 시스템, 입출력 인터페이스 등)가 필요하다(그림 1.3). 로그 수집과 감시 통보에서도 애플리케이션 측에 로거와 수집을 위한 에이전트를 설치해서 수집한 로그를 저장하는 데이터베이스나 스토리지를 준비하고 출력된 로그를 감시하며 특정 이상이 발생할 경우 경보를 띄우는 감시 시스템을 개발, 운용해 나가게 된다. 이러한 개발 및 운용을 한 명의 엔지니어가 실현하기는 거의 불가능에 가깝다. 시스템에 머신러닝을 도입해서 끊임없이 가치를 낳는 생산적인 구조를 만들기 위해서는 프로세스의 자동화와 운용을 담당하는 팀의 체제가 필요하다.

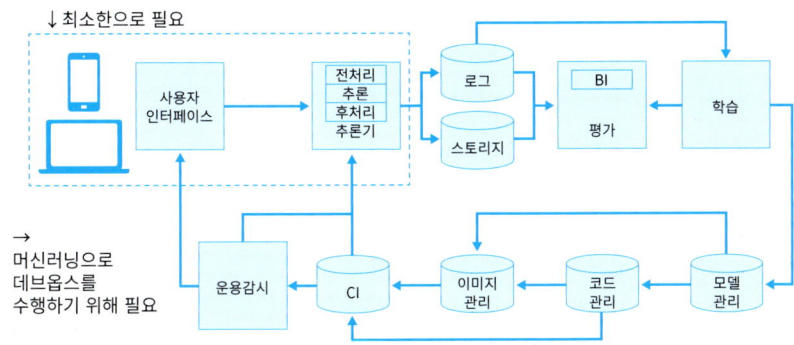

그림 1.3 머신러닝 시스템

1.1.2. 이 책의 목적

이 책에서는 머신러닝 모델을 실제 시스템에 도입하는 방법을 다양한 유스케이스와 아키텍처를 예로 들어 설명하고 있다. 머신러닝 시스템을 어떻게 만들면 좋을지를 패턴으로 분류해 정리했고, 향후 머신러닝을 실용화하고 싶은 엔지니어에게 도움을 주는 것이 이 책의 목적이다. 딥러닝의 등장으로 수요가 높아진 머신러닝을 어떻게 활용해 나갈지에 관해 저자의 경험과 실패담을 바탕으로 구현 방법을 공개하고 있다.

이 책은 필자가 주식회사 메루카리(Mercari Inc.)에 소속해 있을 당시에 작성, 공개한 두 가지 자료와 관련 강연을 토대로 집필했다.

첫 번째 자료는 메루카리의 오픈소스용 깃허브 리포지토리에 공개한 '머신러닝 시스템 디자인 패턴'이다. 이것은 주로 웹 시스템에 대한 머신러닝의 시스템 아키텍처를 디자인 패턴으로 정리한 문서이며, 학습, 추론, QA(품질보증), 운용의 각 방면에서의 개발·운용 방법을 기술하고 있다.

- Machine learning system design pattern
  URL https://github.com/mercari/ml-system-design-pattern

두 번째 자료는 2020년 PyConJP로 알려진 파이썬 콘퍼런스에서 발표한 '파이썬으로 만드는 머신러닝 시스템 패턴'이다. 위의 '머신러닝 시스템 디자인 패턴'의 일부를 파이썬으로 구현한 뒤 공개한 자료다.

- 파이썬으로 만드는 머신러닝 시스템 패턴
  URL https://pycon.jp/2020/timetable/?id=203111

두 자료는 모두 머신러닝을 시스템 안에서 실용화해 사용자가 실제로 사용할 수 있게 하기 위한 기술 문서다. 머신러닝은 지금까지의 소프트웨어 엔지니어링으로는 실현할 수 없었던 데이터에 의한 고도의 판단을 가능하게 하고 새로운 비즈니스 가치를 창출할 수 있다고 믿고 있으며, 머신러닝의 실용화를 통해 더욱 스마트하고 편리한 프로덕트 개발에 공헌하고자 이 책을 집필하게 되었다.

1.2 사용자 중심의 머신러닝

사용자는 머신러닝의 모델 파일이나 알고리즘 그 자체를 사용하지 않는다는 사실에 주의해야 한다. 머신러닝을 사용자에게 전달하기 위해서는 그것을 시스템에 포함해 프로덕트의 형태로 제공할 필요가 있다. 이번 절에서는 머신러닝을 프로덕트로 승화시키는 방법에 관해 기술한다.

머신러닝의 진정한 가치는 추론 결과에 있다. 추론 결과가 애플리케이션의 사용자나 비즈니스 프로세스에 대해 효과를 발휘해야만 도움이 되는 머신러닝이라 말할 수 있을 것이다. 학습 시 아무리 높은 정확도를 낼 수 있는 머신러닝 모델이라 할지라도 실전에서 사용되지 않으면 의미가 없기 때문이다. 머신러닝의 연구 분야에서는 학습한 모델의 평가 결과나 학습을 더욱 빠르게 하는 방법, 이전에 없던 새로운 것들을 생성하는 콘텐츠 등이 주로 이목을 끌지만, 프로덕트로서 사용자에게 가치를 제공하기 위해서는 머신러닝을 프로덕트에 포함해 제공할 필요가 있다.

머신러닝이 프로덕트로서 인간에게 도움이 되기 위해서는 머신러닝과 인간의 작업을 구분하는 것이 중요하다. 오직 인간만이 내릴 수 있는 의사결정이나 인간이 즐겁다고 여기는 활동을 굳이 머신러닝으로 대체해서 자동화할 필요는 없다. 예를 들어, AI가 아무리 인간보다 강해졌다고 해도 인간이나 컴퓨터를 상대로 장기를 두는 즐거움이 대체되는 것은 아니다. 반대로, 인간에게는 사소한 작업이거나 인간이 처리할 수 없는 방대한 데이터를 필요로 하는 작업을 머신러닝으로 대체할 수 있다면 효과를 발휘할지도 모른다. 스마트폰으로 촬영한 모든 사진에 찍혀 있는 사람의 얼굴을 판정하고 이름이나 태그를 붙이는 작업은 인간의 입장에서 번거롭겠지만, 머신러닝이라면 가능한 일인 것이다.

Google은 프로덕트의 개발 과정에서 인간과 AI의 연관성에 관한 프랙티스를 정리한 가이드북인 'PAIR (People + AI Research)'를 공개했다. 이 가이드북에서는 머신러닝이 인간에게 제공하는 가치를 자동화(Automation)와 확장(Augmentation)으로 정의하고 있다. 먼저, 자동화는 인간이 할 수 없는 것(수많은 사진에 나온 사람의 이름을 모두 판정하는 일)이나 단순 작업 및 위험한 작업(생산라인의 불량품 검지)을 머신러닝으로 대체하는 것을 의미한다. 인간이 노력으로 극복할 수 있는 작업이라도, 컴퓨터에 시키는 것이 더 효율적이면서 효과적인 작업을 자동화한다는 뜻이다. 한편, 머신러닝에 의한 확장이란 인간에게 즐거움을 선사하는 태스크(창작을 좋아하는 사람에 의한 창의적인 활동)나 인간의 개입이 필요한 상황(자원봉사는 인간이 선의로 실시하는 것에 의미가 있음), 지극히 개인적인 활동(사랑의 고백), 매우 하고 싶어 하는 활동(신규 프로덕트의 개발) 등 인간으로서 직접 행동하는 것이 마땅한 태스크를 AI를 통해 서포트(보조)하는 것으로 기술하고 있다. 인간의 입장에서 서포트가 필요한 곳에도 역시 머신러닝의 강점을 활용하자는 취지다.

- PAIR (People + AI Research Guidebook)
  URL https://pair.withgoogle.com/guidebook

그렇다면, 머신러닝은 어떤 프로덕트에 사용되어야 마땅한가? 머신러닝은 다양한 상황에서 활용되지만, 여기서는 웹의 전자 상거래 사이트와 스마트폰의 이미지 업로드(게시) 앱을 예시로 머신러닝의 사용 방법을 설명한다.

1.2.1. 전자 상거래 사이트 예시

그림 1.4는 임의로 유사하게 만든 전자 상거래 사이트의 첫 페이지다.

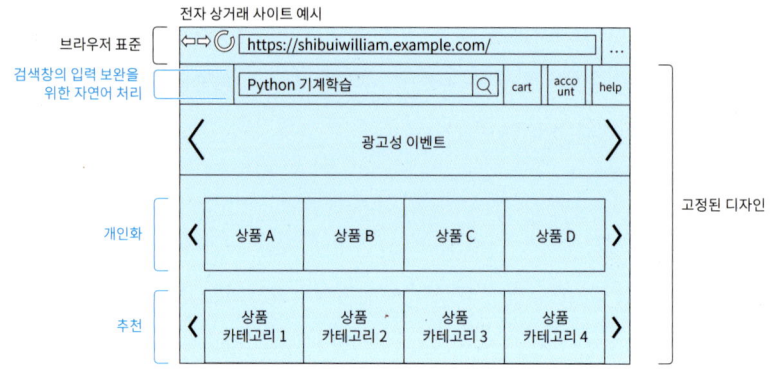

그림 1.4 전자 상거래 사이트의 첫 페이지

위 화면은 메루카리나 아마존, 라쿠텐과 같은 사이트를 특정하고 있지는 않지만, 대부분의 전자 상거래 사이트는 이와 같은 화면 디자인을 선호하는 경향이 있다. URL 창의 바로 아래에 검색창과 장바구니, 계정 및 도움말 등의 메뉴가 있고, 그 아래에는 광고성 이벤트 배너와 상품란으로 이어진다. 배너의 높이와 상품란의 위치는 사이트마다 차이가 있지만, 첫 페이지에서 표출하는 정보는 크게 다르지 않다.

이러한 레이아웃은 어느 정도 굳어진 디자인이기 때문에 머신러닝으로 최적화할 필요는 없다. 한편, 각 항목은 비즈니스 및 사용자에 따라 커스터마이즈할 여지가 있다. 전자 상거래 사이트의 메인 화면에서는 사용자의 개인화 및 추천이 이루어지고, 특정 사용자가 사용하기 쉬운, 즉 원하는 상품을 쉽게 살 수 있게 유도하는 콘텐츠가 나타난다.

상품란에는 사용자가 전자 상거래 사이트 내부에서 취한 행동이나 구매 경향에 따라 사용자의 흥미를 끌 만한 상품이나 상품 카테고리를 표시한다. 가령, 사용자가 최근 컴퓨터용 책상을 샀다면 의자 또는 게이밍 의자 또한 수요가 있을 것이고, 고양이 사료를 구입한 사용자라면 아마 고양이 장난감을 필요로 하는 경우가 있을 것이다.

상품란뿐만 아니라, 검색창도 이와 같은 머신러닝에 의한 서포트가 이뤄지고 있다. 전자 상거래 사이트의 검색창에 검색어를 입력하는 도중에 상품명이 자동으로 보완, 입력되는 경우가 있는데, 이 역시 머신러닝에 의한 자동화의 하나다. 자동 보완에서는 사용자가 품명을 입력하는 사이에 후보 상품명의 목록을 가져오고, 사용자의 구매 행동에서 유력한 단어를 우선적인 변환 후보로 표시한다. 일본어처럼 음이 같은 표기(동음이의어)가 여럿 존재하는 언어[2]라면, 이처럼 문자열 보완에 의해 적절한 단어로 변환되는 기능은 사용자 입장에서 매우 편리하다. 이러한 사용자 편의 기능은 머신러닝을 통한 자동화의 좋은 사례라고 할 수 있다.

1.2.2. 이미지 업로드 애플리케이션 예시

이미지 업로드 기능을 가진 스마트폰 애플리케이션의 화면 레이아웃은 대체로 그림 1.5와 같은 형태다.

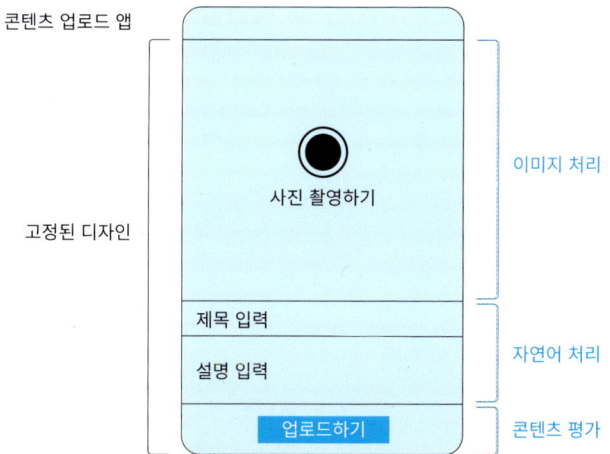

그림 1.5 이미지 업로드 애플리케이션의 레이아웃 예시

그림 1.5는 스크린의 상단(또는 전면)에 사진 촬영 기능이 위치하고, 그 아래에 이미지의 제목이나 설명문과 같은 입력란이 있으며, 마지막에 업로드 버튼이 있는 경우의 레이아웃이다. 업로드 버튼이 아래가 아닌 오른쪽 상단에 있거나 입력창에 카테고리 선택이 있는 등 앱의 목적이나 취향에 따라 디자인의 차이는 있지만, 업로드 화면의 콘텐츠에 큰 차이는 없을 것이다. 이미 대부분의 이미지 업로드 앱의 경우, 이미지를 업로드하는 화면과 업로드한 이미지를 표출하는 화면은 긴밀하게 연결되어 있다. 이미지를 업로드하고 그것을 공개하기 전까지 화면의 이동

---

[2] 일본어에서 機会(기회), 機械(기계), 奇怪(기괴)를 모두 'きかい'로 표기한다.

이나 데이터의 이행, 표현은 앱의 사용자 인터페이스 및 사용자 경험(UI/UX)에 있어서 중요한 요소인 동시에 머신러닝의 효과가 부각되는 부분이기도 하다.

예를 들면, 업로드 화면에서 검색 화면으로 이동해 데이터를 보내는 동안에는 그림 1.6과 같은 머신러닝의 활용법이 있다.

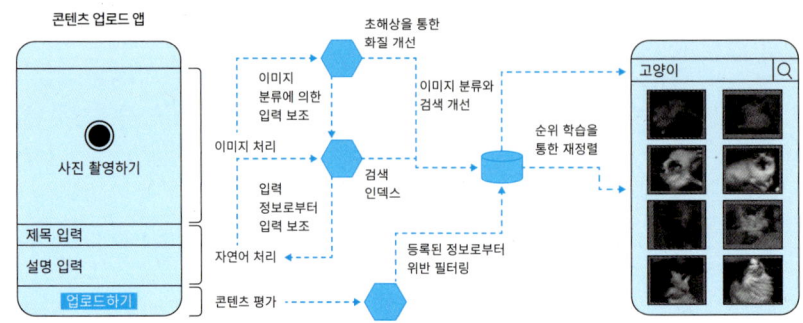

그림 1.6 이미지 업로드 애플리케이션의 워크플로

이미지 다루기

먼저 이미지 업로드 화면부터 살펴보자. 이 화면에서는 원하는 사진을 촬영한 후, 타이틀이나 설명문을 입력해 업로드 버튼을 누르면 사진과 타이틀, 설명문이 앱에 등록된다. 이렇게 등록된 콘텐츠는 검색 화면에 공개되고, 업로드한 사진은 서비스의 데이터베이스에 등록된다. 이 과정에서 초해상[3]이나 스타일 변환과 같은 사진 가공 기술을 적용할 수 있다. 초해상은 촬영한 사진의 화질을 개선하는 기술이고, 스타일 변환은 사진을 '가쓰시카 호쿠사이(葛飾北斎)[4]'나 '고흐'와 같은 특정 화풍으로 변환하는 기술이다. 이는 모두 딥러닝으로 실현할 수 있다.

이러한 이미지의 변환을 어느 타이밍에서 실시해야 하는지 파악하는 것은 머신러닝 시스템을 만드는 데 중요한 검토 사항이다. 예를 들어, 초해상으로 사진의 화질을 개선하는 경우, 사진이 공개되기 전까지 개선이 완료되어야 할 것이다. 그러기 위해서는 사진의 업로드 시점부터 공개되기까지의 시간(수 초~수십 초)을 활용해 화질 변환이 이뤄져야 하고, 등록을 위해서는 백엔드 시스템을 경유하므로 이 과정은 백엔드 시스템에서 실행하면 될 것이다. 한편, 스타일 변환

---

3 (옮긴이) Super-resolution을 의미한다.
4 (옮긴이) 일본 에도 시대 말기에 활동했던 화가(1760~1849).

의 경우 사용자가 변환된 사진을 공개 전에 확인하고 싶어 할지도 모른다. 즉, 스타일 변환은 초해상과는 다르게 업로드 화면에 결과를 표시할 필요가 있다. 물론 업로드 사진에 대해서 머신러닝에 의한 변환을 실시하는 타이밍은 용도에 따라 다를 수 있지만, 똑같은 이미지 업로드 앱이라도 머신러닝의 개입 시점이 다를 수 있다.

스타일 변환을 진행하는 동안 사용자를 지나치게 기다리게 하지 않는 방법도 필요하다. 스타일 변환을 고속으로 실시하거나, 다른 화면을 준비해 이동하는 방법 등을 생각해 볼 수 있다. 먼저 고속으로 변환을 실시할 경우, 백엔드로 추론한다면 GPU 가속을 활용할 수 있다. 또는 사용자의 스마트폰 상에서 추론하는 것도 가능한데, 에지 AI라고 불리는 기술을 통해 스마트폰 자체로 딥러닝 모델을 추론할 수도 있다. 에지 AI를 활용하는 것만으로도 네트워크 통신 지연(latency)을 단축할 수 있게 된다. 그러나 스마트폰의 계산 리소스는 클라우드처럼 풍부하지 않기 때문에 딥러닝 모델을 경량화하는 노력이 필요하다.

다른 화면을 준비하는 경우는 업로드 버튼을 누른 후에 확인 화면을 준비한 뒤, 그 화면에 직접 스타일을 변환한 이미지를 표출하는 방식을 예로 들 수 있다. 이 방법이라면 업로드한 이미지의 선택으로부터 표출까지 타이틀, 설명문 입력, 화면 전환 등의 시간을 확보할 수 있기 때문에 다소의 통신 지연이 있어도 UX가 크게 훼손되는 일은 없다.

입력 보조하기

비슷한 사진을 사용해서 제목이나 설명문을 입력 보조로 사용할 수 있다. 지금까지 업로드한 사진들로 서로 간의 유사도가 높은 사진의 타이틀이나 설명문을 참고해 입력을 보조할 수 있다. 이를테면, 고양이 사진을 업로드 하는 경우 현시점까지 등록된 고양이 사진에 사용되던 단어가 제목이나 설명문에서도 비슷하게 사용될 가능성이 높다. 아마도 '고양이', '귀엽다', '잔다', '푹신푹신', '야옹'과 같은 단어가 많지 않을까? 과거 고양이 사진의 제목이나 설명문에서 단어를 추출한 후 많이 사용하는 어휘 목록을 준비해 두고, 상위 몇 건 정도를 입력 보조로 사용하는 구조다.

제목이나 설명문의 입력은 사진으로부터의 입력 보조와 함께 입력 정보를 이용한 보조도 가능하다. 입력 보조로서는 이 방법이 오히려 더 많이 알려져 있다. 다시 말해 지금까지 등록된 텍스트 정보를 이용해 자주 사용되는 문장의 패턴이나 구문을 제시하는 것이다.

입력 보조에서는 머신러닝을 통한 추론뿐만 아니라 데이터의 갱신도 중요한 요소다. 입력 보조에서는 제시하는 단어와 그 정렬 순서가 UX를 좌우하기도 한다. 예를 들어, 10년째 운영하는 앱이 지난 10년간 확보한 모든 이미지나 텍스트 데이터에서 추출한 단어를 사용한다면 후보 어휘 중에는 비교적 오래된 어휘가 포함되어 있을 것이다. 이 경우, 최근 들어 사용하지 않는 '유행어'는 후보 어휘에서 배제하는 것이 사용자 친화적이라고 할 수 있다. 그렇다고 해서 비교적 가까운 과거의 데이터에서만 단어를 추출하는 것도 반드시 좋지만은 않다.

계절이 봄이면 봄 느낌을 주는, 크리스마스면 크리스마스 느낌을 주는 단어가 쓰이는 경향도 빼놓을 수 없다. 이러한 경우는 1년, 또는 그 이상 이전의 동등한 기간에서 단어를 가져온다. 또한 최근 유행하고 있는 단어(2020년 말 기준으로 '귀멸의 칼날', '한자와 나오키(半沢直樹)', '코로나', 'AI' 등)는 오래전의 데이터에는 존재하지 않기 때문에 룰 베이스에 입각한 방법으로 단어를 준비하는 것이 좋다.

콘텐츠 등록하기

마지막으로 콘텐츠 등록에 대해 알아보자. 등록 시에는 다양한 분석 및 머신러닝을 통한 처리가 가능하지만, 위반 검지 및 추천(Recommendation) 기능이 대표적이다.

위반 검지[5]에서는 위법한 콘텐츠(저작권법 위반이나 성인물 등)나 앱의 이용 규약에 맞지 않는 콘텐츠(애완동물 이미지 업로드 앱에 전혀 관계없는 사진을 게시하거나 타인의 전화번호를 게시하는 등)를 사전에 찾아내고 표출하지 않는 것을 목적으로 한다. 위반 검지에서는 지금까지 확보한 위법적인 데이터나 이와 유사한 공개 데이터를 정답 데이터로 학습하고 정상 콘텐츠와 위반 콘텐츠를 분류하는 모델을 만든다. 위반의 정의는 앱의 목적이나 비즈니스 모델에 따라 다양하지만, 많은 경우 사용자의 눈에 띄기 전에 위반 콘텐츠를 찾아 숨기는 워크플로가 될 것이다.

또한, 오검지에 대한 대안도 필요하다. 모든 머신러닝에서 그렇듯이, 100% 검지율을 얻는 것은 불가능하다. 위반 행위나 콘텐츠는 시간이 지남에 따라 변해가는 것이므로, 사용자와 앱 관리자가 상호 보완하며 반영되기 마련이다. 지금까지 없었던 새로운 위반 콘텐츠나 위반 행위(때에 따라서는 모르고 위반하고 있는 경우도 있음)는 사용자에게 인기 있는 이미지 업로드 앱

---

[5] (옮긴이) '탐지'는 '보이지 않는 것을 더듬어 알아내다.'라는 뜻이고, '검지'는 '검사를 해서 알아내다(판정하다).'라는 뜻이다.
이 책에서는 콘텐츠를 하나씩 잣대로 대서 위반인지 아닌지를 검사하는 의미에 가깝다고 생각해서 '검지'로 옮겼다.

이라면 자주 발생한다. 새로운 위반 콘텐츠를 찾아내어 정답 데이터에 추가하는 것은 인간이 수행하는 작업이다. 해당 콘텐츠를 검지하기 위해 새로운 모델을 만들 것인지, 기존의 위반 분류 모델을 재학습할 것인지는 위반의 종류나 검지 시스템을 만드는 방법에 달려 있다.

확실하게 말할 수 있는 것은, 새로운 위반 콘텐츠에 대응할 수 있도록 머신러닝 모델과 시스템을 만들어야 한다는 것이다. 이를 위해서는 추론 시스템을 마이크로서비스 아키텍처와 같이 결합도를 낮춰 다른 시스템에 미치는 영향을 최소화하는 설계가 필요하다.

위반 콘텐츠를 업로드하지 않은 사용자 입장에서는 위반이 아님에도 불구하고 위반으로 오검지되어 콘텐츠가 표출되지 않는 것은 분명 좋지 않은 경험이다. 사용자 중심 서비스의 위반 검지를 위해서는 각별한 관리가 필요하다. 이와 반대로, 위반 콘텐츠가 검지되지 않고 공개될 경우 위반 콘텐츠가 다른 사용자의 눈에 띄어 불쾌한 경험을 하게 되는 경우도 발생한다. 예를 들어, 게시되는 콘텐츠가 매우 많은 인기 앱의 위반 검지율이 99.9%라고 가정해 본다면, 0.1%의 콘텐츠는 잘못 검지되고 있다고 볼 수 있다. 하루에 100만 건의 콘텐츠가 업로드된다면 0.1%의 오검지는 1,000건에 달할 것이며, 상당수의 위반 콘텐츠가 정상으로 판정될 수도 있다.

위반 검지를 정밀도(Precision, 위반이라고 판정한 사람 중 실제로 위반인 사람의 비율)로 평가할지, 재현율(Recall, 실제로 위반인 사람 중 위반이라고 판정할 수 있었던 사람의 비율)로 평가할지는 서비스의 운영에 달려 있다. 정밀도로 평가하는 경우, 극단적으로 확률이 높은 위반 한 건을 검지하는 것만으로 정밀도는 1이 되지만, 동시에 검지되지 않은 누락이 증가한다. 반면, 재현율로 평가하는 경우에는 모든 콘텐츠를 위반이라고 판정하면 재현율은 1이 되지만, 이것은 아무것도 업로드되지 않은 것과 같다. 오검지의 방치는 UX의 훼손으로 직결되기 때문에 오검지로 인해 위반으로 판정한 정상 콘텐츠는 공개할 수 있게 변경하고, 정상으로 판정한 위반 콘텐츠는 숨기는 과정을 운영으로 극복해야 할지도 모른다. 이 경우 정밀도가 높든 재현율이 높든 인적 비용이 필요하다. 어떠한 방식이 옳다는 것은 없으며, 사용자에게 제공하고 싶은 경험에 따라 위반 검지에 대한 액션이 달라지는 것뿐이다.

추천 기능에서는 콘텐츠를 열람한 사용자를 위해 콘텐츠의 정렬 순서를 변경하거나 추천 상품의 '푸시(Push) 알림'이 이뤄진다. 특정 카테고리를 선호하는 사용자에게는 해당 카테고리에서 인기가 많은 콘텐츠를 먼저 상위에 정렬해 표시한다. 이 방법은 콘텐츠(내용) 기반 필터링으로 불리며 사용자가 좋아하는 카테고리나 콘텐츠를 참고해 비슷한 콘텐츠를 검색하고 정렬하는 것이다. 또는 같은 취향을 가지는 사용자를 참고해서 추천하는 협조 필터링[6] 방식을 사용할 수도 있다. 협조 필터링에서는 열람 패턴이나 행동 패턴이 가까운 사용자를 특정하고, 해당 사용자가 선호하는 콘텐츠를 먼저 보여준다. 모두 콘텐츠의 정렬 방식이나 푸시 알림으로 사용자가 흥미 있는 콘텐츠를 제공, UX를 개선하며, 앱의 사용 시간이나 열람 콘텐츠 수를 개선하는 효과를 기대할 수 있다.

순위학습을 조합해 콘텐츠 목록을 정렬하고, 인기가 많거나 사용자가 바라는 콘텐츠를 상위에 표시하는 것도 가능하다. 순위학습이란 콘텐츠가 정렬되는 순서를 머신러닝으로 학습하는 하나의 방법이다. 순위학습을 통해 기존 콘텐츠의 인기 순서를 학습함으로써 신규 콘텐츠의 나열 순서를 기존 인기 경향에 맞게 정렬할 수 있다.

추천 기능이나 검색에서도 역시 사용자를 기다리게 하지 않는 것이 중요하다. 사용자 취향에 맞추어 콘텐츠가 열거되더라도 표출에만 수 초의 대기시간이 발생하면 일부 사용자들은 내용을 보기도 전에 앱을 이탈할 것이다. 사용자를 가능한 한 기다리게 하지 않는 것이 철칙이고, 그러기 위해서는 콘텐츠 제공을 고속화할 필요가 있다. 그러나 콘텐츠의 양이나 사용자 수가 많아지면 필터링이나 순위학습의 연산량은 방대해지는 것이 당연하다. 따라서 콘텐츠 수를 최신순으로 일정한 양만큼 좁혀 놓거나, 사전에 추론한 뒤 순서를 임시로 저장해 두는 등의 대책이 필요하다. 아무리 편리한 추천 기능이라도 사용자에게 콘텐츠를 전달할 수 없으면 의미가 없다. 사용자가 기다릴 수 있는 시간 내에 데이터를 제공하는 것은 머신러닝 모델이 높은 정확도를 내는 것만큼이나 중요하다.

지금까지 머신러닝이 가져다주는 효과를 사용자에게 전달하기 위한 방법에 관해 기술했다. 머신러닝은 데이터를 통해 모델을 학습하고 높은 정밀도를 내는 것만이 최선이 아닐 것이다. 전자 상거래 사이트나 스마트폰 앱처럼 사용자가 사용하는 시스템이든, 공장의 생산라인이나 백오피스에서 사용되는 시스템이든, 시간과 비용 그리고 인력은 항상 제한되어 있다. 머신러닝을 활용해 자원을 효율적으로 사용하는 것을 목표로 하더라도, 머신러닝을 도입하기 위해 도리어 불필요한 시간이나 비용, 작업이 발생한다면 무리하게 도입하지 않아도 좋다. 더불어 양질의 머신러닝을 도입하기보다 사용자를 기다리게 하지 않는 편이 UX 개선에 더 도움이 될 수 있다. 머신러닝이 비즈니스와 융합해 사람들에게 도움이 되기 위해서는 머신러닝 이외의 방책을 포함한 시스템이 필요하다. 다음 절에서는 머신러닝에 필요한 시스템에 관해 설명한다.

---

6 (엮은이) '협업 필터링' 또는 '협력 필터링'이라고도 한다.

 ## 1.3 머신러닝 시스템에 필요한 요소

앞 절까지는 머신러닝을 실용화하기 위한 프로덕트나 그것을 활용한 시스템을 만드는 방법을 대략 설명했다. 머신러닝 시스템에는 프로덕트 그 자체뿐만이 아니라, 머신러닝을 운영하고 유지하기 위한 시스템도 있다. 본 절에서는 머신러닝을 위한 시스템에 관해 설명한다.

그림 1.7은 그림 1.3에서 본 시스템 개략도다. 단지 머신러닝을 프로덕트에 포함하는 것이 목적이라면, 점선 안쪽에 기재된 내용만 준비하면 머신러닝을 통한 추론 결과를 사용자에게 제공할 수 있다. 그러나 '1.2. 사용자 중심의 머신러닝'에서 언급했듯이, 머신러닝을 프로덕트에 포함하기 위해서 필요한 것이 학습이나 추론기만 있는 것은 아니다. UX와 비즈니스 프로세스의 관점에서 머신러닝 워크플로를 개발하고 도입하는 과정이 필요하다.

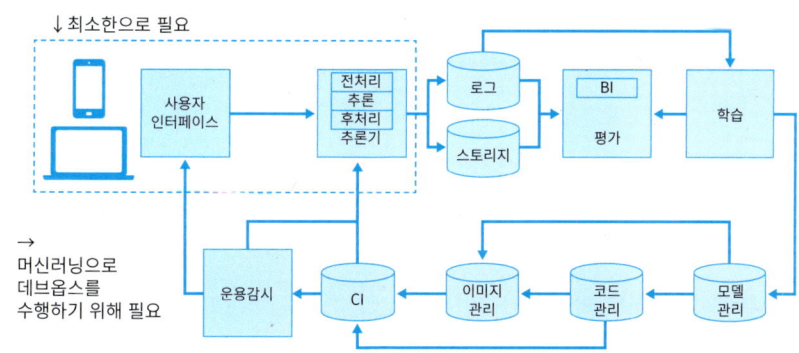

그림 1.7 머신러닝 시스템의 워크플로

머신러닝 데브옵스의 일환으로 ML옵스가 등장한 것처럼 머신러닝 시스템의 개발, 릴리스 사이클은 데이터를 이용한 데브옵스로 설명할 수 있다. 머신러닝의 핵심인 추론 결과의 품질은 데이터의 품질에 좌우된다. 따라서 데이터의 흐름을 고려해 머신러닝 워크플로를 정의해야 한다. 머신러닝을 도입하기 위해서는 먼저 데이터를 수집해야 하므로 본격적인 모델을 만들기 이전에 과제 해결에 필요한 데이터를 정의하고 수집하는 파이프라인, 기반, 검색과 같은 시스템을 만들어야 한다. 이른바 데이터 파이프라인이나 데이터 기반, DWH(Data warehouse, 데이터 웨어하우스)로 불리는 것들이다. 데이터는 가동 중인 시스템이나 앱으로부터 수집되고 DWH나 스토리지에 저장된다. 이렇게 수집, 저장된 데이터는 BI 툴을 통해 경영 및 비즈니스 의사결정에 활용되거나 머신러닝의 학습, 평가 데이터에 사용되기도 한다.

머신러닝을 활용하기에 앞서 추론의 목적을 명확하게 할 필요가 있다. Google이 PAIR에서 기술한 바와 같이, 머신러닝을 적용하지 않아도 되는 작업까지 머신러닝으로 대체할 필요는 없다. 머신러닝을 활용했을 때 사용자에게 이득이 돌아가야 한다. 머신러닝을 활용할 목적이 정해지면 그 과제를 해결하기 위한 목적 변수와 평가 방법을 정의해야 한다. 특히, 목적 변수는 현행 데이터를 평가할 수 있어야 한다. 위반 검지를 하고 싶은 경우, 위반 대상이 되는 데이터를 알고 있지 않으면 검지를 할 수 없는 것이 당연하다. 위반 대상이 되는 데이터를 수집하고 어노테이션해서 데이터에 의미를 부여하는 것이다. 그러나 데이터를 어노테이션했어도 머신러닝으로 반드시 위반을 검지할 수 있다고는 할 수 없다. 애초에 규칙성이 없는 데이터라면, 무작위로 출현하는 위반을 검지하는 것은 불가능하다. 혹여나 아직 수집하지 않은 설명 변수를 사용하면 위반에 규칙성을 발견할 수도 있고, 정말 무작위일 수도 있다. 다시 말해, 데이터를 먼저 분석하는 것이 우선이다.

머신러닝 모델의 학습에는 파이썬 개발 환경이나 주피터 노트북, GPU와 같은 프로그래밍 환경, 인프라와 더불어, 모델의 재현성을 확보하고 관련 내용을 기록하기 위한 코드 리포지토리나 데이터베이스가 필요하다. 재현성이란 같은 데이터로 학습해서 똑같은 모델을 얻는 것을 의미하는 것이 아니다. 머신러닝 알고리즘에 내재된 무작위성을 회피하는 것은 애초에 어려운 일이다. 재현성이란 자신 이외의 사람이 똑같은 데이터(학습 데이터와 평가 데이터의 분리 방법을 포함)와 학습 코드, 학습 알고리즘과 파라미터, 그리고 똑같은 버전의 라이브러리로 학습을 실행해서 자신과 큰 차이 없는 모델을 만들 수 있는지를 의미한다. 모델을 학습한 머신러닝 엔지니어가 항상 같은 프로젝트에 참여 인력으로 남지 않을 것이고, 같은 모델을 계속 사용한다는 보장도 없다. 실험 기록이 없는 논문과 마찬가지로, 후임 엔지니어가 학습을 재현할 수 없다면 트러블슈팅을 하거나 추론기를 개선하기는 어렵다.

추론기를 만들기 위해서는 데이터의 전처리나 후처리, 타입이나 배열의 형태가 반드시 필요하다. 이러한 정보는 학습 시에 설계된다. 모델을 실제 환경에서 추론기로 사용하기 위해서 학습 시의 데이터, 코드, 알고리즘, 파라미터, 라이브러리 등은 머신러닝의 순서로 재현할 수 있게 기록해두어야 한다.

학습하고 생성한 모델은 모델의 관리 시스템에 등록한다. 학습할 때 사용한 코드는 깃허브 등의 리포지토리에 올려둔다. 리포지토리에 1커밋=1학습과 같은 워크플로를 만들면 코드나 알고리즘, 파라미터, 라이브러리의 기록과 학습 관리가 동시에 가능하다. 다만, 데이터는 리포지토리에 등록하기에는 너무 크기 때문에 다른 스토리지 등에 기록하는 구조를 준비하는 것이 좋다.

생성한 모델은 추론기에 포함시키도록 한다. 추론기의 위상은 시스템에 따라 다르지만, 도커 컨테이너(URL https://www.docker.com/)로 추론기를 가동한다면 추론 모델을 도커 이미지에 포함해 빌드하는 것이 좋다. 에지 AI로 스마트폰이나 다른 디바이스에서 추론을 하려면 모델을 에지 추론용으로 컴파일해야 한다. 추론 모델을 호출하는 것뿐만 아니라, 추론기에 대한 입출력 인터페이스나 추론 전후에 이뤄지는 데이터 전처리, 후처리를 구현하는 것도 중요하다. 모델만으로는 추론을 할 수 없다. 데이터를 입력한 뒤 전처리를 통해 추론이 가능하도록 가공하고, 추론 후 외부 시스템에서 다루기 쉽게 다시 가공해서 출력해야 한다. 추론기를 만든다는 것은 시스템 안에서 모델을 움직이기 위한 구조를 만드는 것과 같은 의미로 해석할 수 있다.

추론기를 확보해도 즉시 본격적인 시스템을 출시할 수는 없다. 머신러닝 외의 컴포넌트를 포함한 통합 테스트와 시스템 테스트를 통해 추론기가 정상 작동하는지 확인해야 한다. 실제 환경과 유사한 스테이징 환경을 갖추고 시험 가동을 하는 것이 일반적이다. 스테이징 환경에서는 실제 환경과 같은 데이터를 추론기에 요청하고, 추론 결과가 예상했던 대로 출력되는지 확인할 필요가 있다. 이와 동시에 부하 또는 성능 테스트를 하는 것도 좋다. 예를 들어, 본격적인 시스템에서 최대 초당 100회의 요청 부하가 발생하고 하나의 요청을 100밀리초 이내에 응답할 것을 목표로 한다면 초당 200회의 요청 부하로 100밀리초 이내의 응답을 지향하게 튜닝하면 안심이 될 것이다.

시스템에 따라서는 추론 결과가 사내 프로세스에 포함되어 인간이 개입해야 할 때도 있다. 이 경우에는 추론 결과로부터 액션을 취해야 할 관계자나 이해관계자를 포함한 사용자 수용 테스트[7]를 실시하는 것이 좋다. 예를 들어, 엑스레이 사진에서 암을 찾아내는 머신러닝 모델을 도입하는 경우, 암으로 의심되는 사진을 전문의가 다시 확인하는 휴먼인더루프(Human-in-the-Loop) 워크플로를 만들 수 있다. 이때, 재현율을 중시(암이라고 진단한 것 중 진짜 암의 증례)해서 '0.1%의 확률로 암일 경우'처럼 조금이라도 의심스러운 증례를 전부 의사가 확인한다면

---

[7] (옮긴이) User Acceptance Test를 의미한다.

작업은 실패할 위험이 크다. 인간의 작업은 서버와 같이 스케일 아웃으로 증가하지 않기 때문에 인간이 수용할 수 있는 범위 내에서 작업을 시행하는 설계가 필요하다.

가동이 확인되면 모델을 실제 시스템에 릴리스한다. 이때 처음부터 모든 요청을 추론기에 보내는 것은 피하는 것이 좋다. 실제 시스템의 추론에 문제가 없는지 확인하기 위해 가능하면 1% 정도의 개방을 시작으로 서서히 요청의 비중을 올리는 것이 바람직하다. 그리고 가동 도중에 문제 발생이 의심되면 모델을 릴리스하기 전 상태로 되돌리고(롤백), 문제가 없으면 하루에서 1주일 정도 경과를 관찰하면서 100% 릴리스를 목표로 하면 될 것이다.

이미 추론기가 가동 중인 환경에서 릴리스를 갱신하려면, A/B 테스트를 통해 현행 모델과 새로운 모델을 모두 가동해 비교해야 한다. A/B 테스트에는 여러 가지 방법이 있는데, 한 가지 예를 들면 현재 모델로의 요청 비중을 90%로 내리고 새로운 모델에 나머지 10%의 요청을 보내도록 한 뒤, 모델의 가동이나 효과를 측정하는 방식이 가능하다. 이와 같이 현행 모델과 새로운 모델을 비교해서 더욱 효과적인 비즈니스를 가능케 하는 모델을 시스템에 남기도록 한다.

추론기를 릴리스하는 것이 목표가 아님을 인지하자. 오히려 릴리스하고 나서부터가 시작이다. 머신러닝의 품질관리와 운용을 통해 실제 시스템에서 가동되는 추론 모델이 정말로 비즈니스와 사용자에게 도움이 되는 것을 확인하고, 유지·개선해 나가야 한다. 품질관리와 운용에서는 추론 결과와 그 효과를 평가해 모델을 개선한다. 실제 시스템에서 추론이 행해지면 머신러닝에 의해 사용자나 시스템의 변화를 데이터의 형태로 얻게 된다. 이로 인해 이전보다 비즈니스 관련 지표(매출, 비용, 이익, 사용자 체류 시간, 리텐션율 등)가 나빠졌다면 추론기를 정지하는 등의 판단이 필요하다. 또는 시스템을 도입한 효과가 나타나고는 있지만, 예상보다 미미한 경우도 있을 것이다. 이 경우에는 모델을 다시 학습할지, 머신러닝 이외의 대안을 찾을지, 요인 분석과 그에 부합하는 액션을 책정할 필요가 있다. 이처럼 머신러닝으로 시스템의 동작이 바뀌면 비즈니스 및 사용자 경험을 개선할 수 있는 계기를 얻을 수 있다.

 ## 1.4 머신러닝 시스템 패턴화하기

머신러닝 모델로 추론을 수행하기 위해서는 시스템이 필요하다. 머신러닝 시스템은 일반적인 소프트웨어 시스템과 더불어 머신러닝만이 가지는 고안이 필요하다. 이 책에서는 머신러닝 시스템을 패턴화하고, 실용화를 촉진하는 방법에 관해 기술하고 있다.

1.4.1. 학습

머신러닝 모델의 개발에 있어 어떤 알고리즘이나 파라미터로 언제 학습할 것인가 하는 요소들은 중요한 기준이 된다. 알고리즘은 해결하고 싶은 과제나 데이터에 의해서 선택하는 것이 일반적이다. 이미지를 분류하고 싶다면 CNN(Convolutional Neural Network, 합성곱 신경망)을, 자연어 처리라면 형태소 분석기나 Word2vec, RNN(Recurrent Neural Network, 순환 신경망), 트랜스포머(Transformer)를 사용하게 될 것이며, 직접 자신만의 알고리즘을 개발하는 경우도 있을 것이다.

사용하는 데이터가 같다면 모델의 퍼포먼스는 알고리즘과 파라미터에 의존적인 양상을 보인다. 대부분의 경우 기존의 알고리즘(분류 문제라면 로지스틱 회귀, 서포트 벡터 머신, 의사결정 나무, 신경망 등)에서 모델을 선택하지만, 해결하고 싶은 과제에 알맞은 알고리즘이 없다면 직접 만들기도 한다. 게다가 알고리즘을 직접 만드는 것조차도 자동화가 가능하다. AutoML로 대표되는 뉴럴-아키텍처-서치로 특정 용도에 최적화된 신경망을 생성할 수 있다. 시간과 비용만 충분하다면 뉴럴-아키텍처-서치를 활용해서 과제에 특화된 모델을 모색해 보는 것도 좋다. 이외에 하이퍼파라미터 튜닝을 통해 최적의 파라미터를 탐색해 학습할 수도 있다. 하이퍼파라미터의 튜닝 방법에는 GridSearch(그리드 서치)와 같이 취할 수 있는 파라미터의 경우의 수를 빠짐없이 검증하는 방법이나 유전 알고리즘으로 더욱 좋은 파라미터의 조합을 선택해 나가는 방법도 있다. 뉴럴-아키텍처-서치와 하이퍼파라미터 튜닝 모두 탐색의 가짓수와 파라미터를 컴퓨터가 알아서 최적으로 찾아내도록 하는 방법이고, 매우 활발하게 연구되는 영역이기도 하다. 이와 같은 방법을 해결하고 싶은 과제에 적용해 비즈니스 임팩트를 낼 수 있다면 충분히 시험해 볼 만한 가치가 있다.

학습 시에는 이미 존재하는 모델에서 전이학습이나 파인튜닝을 하는 것도 좋은 수단이다. 범용적으로 만들어진 모델이나 이미 최적화된 모델이 있을 때는 다른 데이터로 튜닝하면 학습 시간을 단축할 수 있다. 이미 학습된 모델을 사용하기 때문에 모델 개발이나 학습하는 과정에서의 시행착오도 줄어든다.

'어떻게 학습할 것인가'만큼이나 '언제 학습할 것인가' 역시 중요한 검토 사항이다. 새로운 데이터를 얻을 수 있다고 해서 매일 모델을 학습하는 것이 적절하다고는 할 수 없다. 머신러닝의 학습은 대부분 고가의 리소스와 비용을 필요로 한다. 특히, 수TB의 이미지 데이터로 딥러닝 모델을 학습하게 되면 GPU 사용을 포함해 그에 상응하는 인프라 비용이 발생한다. 데이터의 패턴이 매일 큰 폭으로 바뀌어 매일 모델을 다시 만들어도 이익을 얻을 수 있다면 매일 학습할 가치가 있을 것이다. 그러나 대부분의 웹 서비스나 사내 프로세스처럼 데이터의 패턴이 빈번하게 바뀌지 않는다면 모델을 자주 학습할 필요는 없다.

가동 중인 추론기의 모델을 재학습하는 타이밍은 모델의 성능을 측정하고 평가한 뒤에 정해야 한다. 모델을 학습하고 난 직후에는 학습에 사용된 데이터가 실제 데이터와 비슷하기 때문에 좋은 성능을 내는 경향이 있다. 바꿔 말하면 추론 모델의 성능은 시간이 지남에 따라 떨어지기 마련이다. 시간이 지남에 따라 성능이 많이 떨어져서 실제 사용하지 못할 정도가 되면 모델의 재학습이 필요하다.

앞서 설명한 위반 검지나 입력 보조와 같이 데이터의 패턴이 바뀌는 타이밍을 파악하기 어려운 용도의 모델이라면 그 모델의 평가에 따라 유연하게 재학습해야 한다. 계절성을 보이는 데이터라면 한 달이나 분기 단위로 학습하는 편이 좋다. 그리고 새로운 방법이 개발되어 현재 모델보다 더 좋은 결과를 낼 수 있다면 새롭게 학습해서 릴리스하는 방법도 있을 것이다. 어쨌든 머신러닝 모델은 단순히 학습만 하는 것이 아니라, 인프라와 운용 비용이 발생하기 때문에 그에 상응하는 타이밍에 학습하는 것이 바람직하다.

학습 패턴은 2장에서 구체적으로 설명한다.

1.4.2. 릴리스 방법

모델을 추론기로 릴리스하는 방법은 여러 가지가 있다. 추론기를 가동하는 기반은 크게 서버 사이드와 에지 사이드로 나눌 수 있다. 서버 사이드에서는 클라우드나 데이터센터 측의 백엔드 시스템에 추론기를 배치하고 네트워크를 통해 데이터의 입력과 추론의 응답 처리를 수행하게 된다. 에지 사이드에 비해 풍부한 연산 자원을 사용할 수 있기 때문에 머신러닝 추론의 대부분은 서버 사이드에 배치한다. 에지 사이드에서는 스마트폰이나 디바이스, 브라우저 등과 같이 사용자의 수중에 있는 단말기에 추론기를 설치한 뒤 추론을 수행한다. 연산 리소스나 전력은 서버 사이드보다 작지만, 네트워크를 매개하지 않는 만큼 고속 추론을 기대할 수 있다.

서버 사이드에서 수행하는 추론은 최근에는 도커로 대표되는 컨테이너로 추론 프로그램을 가동하는 경우를 많이 볼 수 있다. 컨테이너에서 행해지는 추론은 모델을 컨테이너 이미지로 사전 설치할 것인지 또는 컨테이너 기동 시에 모델을 다운로드할 것인지와 같은 선택지가 있다. 어느 쪽을 선택할지는 추론기의 전개 방법이나 시스템의 운용 나름이며, 서버 사이드에 대한 구체적인 릴리스 방법이나 구현은 3장에서 설명한다.

반면, 에지 사이드에서 추론하는 경우에는 모델을 배포하는 방법이 중요하다. 에지 디바이스에 모델을 설치해야 하므로 모델에 문제가 있다고 해도 쉽게 모델을 교체할 수 없다. 모델 및 애플리케이션 품질관리와 동시에 배포한 모델의 인벤토리 및 갱신 관리를 하도록 주의해야 한다. 에지 디바이스에서의 추론은 4장에서 설명한다.

1.4.3. 추론의 흐름

추론기는 실제 시스템의 일부로 포함할 수 있다. 그러므로 추론기는 실제 시스템의 워크플로에서 가동할 필요가 있고, 실제 시스템이 요구하는 품질(퍼포먼스, 비용, 가용성, 보안 등)을 충족해야 한다. 특히, 퍼포먼스나 성능이 머신러닝 모델이나 추론기와 밀접하게 관련된 요소라는 점은 '**1.2. 사용자 중심의 머신러닝**'에서 이미 설명했다.

한편, 모든 모델이 적은 비용으로 빠르게 가동할 수 있다고는 할 수 없다. 모델의 정밀도와 속도, 비용에는 트레이드오프(trade-off)가 있어, 보다 정확한 모델을 가동하기 위해서는 속도나 비용을 희생해야 하는 비즈니스 판단이 필요한 때도 있을 것이다. 모든 요청에 대해 즉시 추론 결과를 응답하려고 하면 비용이 방대해질 수 있다. 예를 들어, 추론기를 비동기적으로 가동하거나 캐시(cache)를 활용해 추론에 필요한 연산의 리소스를 줄이는 등 모델 이외에서 요건을 충족시키는 대안을 권장한다.

추론의 흐름이나 각 패턴의 사용법에 관해서는 4장에서 구체적인 예시와 함께 설명한다.

1.4.4. 품질관리

머신러닝의 품질관리는 릴리스 이전의 테스트와 이후에 이뤄지는 보수로 나눌 수 있다. 릴리스 이전에는 해당 모델이 실제 시스템에 탑재되었을 때 제 역할을 하는지 확인한다. 모델은 테스트 데이터를 통해 추론 결과를 평가하지만, 이와 더불어 추론 결과를 비즈니스가 수용할 수 있는 상태인지도 중요하다. '**1.3. 머신러닝 시스템에 필요한 요소**'에서 설명한 바와 같이 휴먼 인더루프에서 머신러닝 모델을 사용할 때 인간이 수행할 수 없을 정도로 많은 양의 추론이라면 비즈니스에 부정적인 영향을 줄 가능성이 있다. 추론기를 사용하는 환경과 종합해 과연 실용적인지를 판단하는 것이 중요하다.

시스템으로써 추론기를 평가할 때는 릴리스에 관한 판정이 필요하다. 개발 스타일이 폭포수 방식이든 스크럼, 애자일이든 관계없이, 비즈니스 및 시스템에 의해 정해진 요건을 충족하고 있음을 입증하기 위해 통합 테스트나 시스템 테스트, 성능 테스트, 인수 테스트를 통과해야 한다. 추론기가 시스템과 워크플로에서 정상적으로 동작하는지를 테스트하고 품질보증을 통해 확인하는 것이 좋다.

이미 다른 모델이 실제 시스템에서 가동되고 있다면, A/B 테스트를 통해 모델 및 추론기의 품질을 검증하는 것이 좋다. A/B 테스트에서는 추론 결과의 상태가 좋고 나쁨뿐만 아니라, 지연이나 추론에 대한 사용자의 행동까지도 고려해서 평가해야 한다. 새로운 모델이 이전 모델보다 더 좋은 추론 결과를 냈다고 해도 추론속도가 느려 사용자의 이탈률이 높아진다면 기존 모델을 새로운 모델로 교체하는 것은 좋지 않은 선택일 수 있다. 추론기를 릴리스하는 것은 비즈니스에 긍정적인 영향을 주는 경우에 한한다는 사실을 잊지 말아야 한다.

릴리스 이후에도 모델을 지속해서 평가해야 한다. 릴리스 직전에는 시스템이 미숙해 매뉴얼에 의한 평가를 피할 수 없겠지만, 릴리스 이후에는 해당 모델을 정지할 때까지(또는 시스템 자체를 정지할 때까지) 추론 결과를 계측하고 평가해야 한다. 모델의 평가 기준과 방법은 시스템의 한 부분으로 갖추어 놓는 것이 편할 것이다. 이를 위해 모델의 추론을 정기적으로 평가하는 시스템과 그 결과를 통지하고 이상이 발생하고 있다고 보이면 경보를 울리는 감시 시스템이 필요하다. 또한, 평가와 이상을 한눈에 이해할 수 있도록 대시보드로 시각화해 두는 것이 좋다.

모델의 품질관리는 모델 개발 후에도 이뤄진다. ML옵스(MLOps)는 ML(=머신러닝)을 위한 Ops(=운용)를 실천하는 방법론이다. 운용은 길고 시간이 걸리는 작업이지만, 본래 비즈니스의 가치와 이익을 가져다주는 것은 개발 페이즈가 아니라 운용 페이즈다. 머신러닝으로 사용자와 기업의 가치를 창출하기 위해서라도 보다 나은 운용과 개선을 하는 것이 중요하다.

이번 장에서는 머신러닝을 실제 시스템에서 사용하기 위해 UX에 머신러닝이 주는 임팩트나 시스템 방식에 관해 설명했다. 2장부터는 머신러닝을 시스템에 적용하기 위한 디자인 패턴에 관해 설명한다. ML옵스라는 단어가 등장하고 머신러닝을 시스템 내에서 실용화하는 움직임이 높아지고 있는 요즘, 머신러닝을 위한 시스템을 구성하는 방법에 대해 전문적으로 기술하고 있는 서적은 그리 많지 않은 상황이다. 머신러닝뿐만 아니라 모든 소프트웨어는 시스템에 적용되고 나서야 실전에 투입되기 마련이다. 사용자에게 의미 있게 사용되어 도움이 되는 머신러닝을 목표로 하고, 머신러닝을 시스템에 적용하기 위한 프랙티스를 설명하는 것이 이 책의 의의다.

1.5 이 책의 구성

머신러닝 모델을 실용화하기 위한 시스템 구성을 패턴으로 소개한다. 머신러닝으로 실제 과제를 해결하는 데 꼭 도움이 되길 바란다.

이 책은 머신러닝 시스템과 그 운용을 디자인 패턴으로 정리하고 설명하는 것을 목적으로 한다.

각 패턴은 머신러닝의 페이즈별로, '모델 만들기'(2장), '모델 릴리스하기'(3장), '추론 시스템 만들기'(4장), '머신러닝 시스템의 운용'(5장), '머신러닝 시스템의 품질관리'(6장), 'ML옵스 시스템의 End-to-End 설계'(7장)로 분류했다. 이 때, 각 패턴은 다음과 같은 구성으로 기술한다.

1.5.1. 디자인 패턴

패턴명

머신러닝 시스템 디자인을 표현하는 패턴의 명칭이다.

유스케이스

머신러닝 시스템 패턴이 유효한 상황이나 과제를 열거한다.

해결하려는 과제

머신러닝 시스템 패턴을 통해 해결하려는 과제와 그 해결책을 설명한다.

아키텍처

머신러닝 시스템의 아키텍처에 대해 설명한다.

구현

머신러닝 시스템의 구현 예시를 기술한다. 예시 중 일부는 모델, 데이터, 샘플 코드, 가동 방법, 사용법을 포함한다.

구현 예시는 가능한 한 공개된 오픈소스와 같이 누구나 이용할 수 있는 소프트웨어로 구성했다. 일부 인프라는 쿠버네티스와 같이 클라우드로 구축하는 것이 더 편리한 툴을 사용하고 있으나, 기본적으로는 파이썬과 도커를 기반으로 구현되어 있다. 오픈소스의 선정에서도 사용법이 어려운 것은 채택하지 않거나 최소한의 이용에 관해서만 기술했다.

일부 머신러닝 시스템(학습 파이프라인 등)은 Amazon SageMaker와 같은 유료 서비스나 Kubeflow와 같이 기능이 풍부한 반면 시작이 어려운 툴을 사용하는 편이 유효하기도 하지만, 이러한 툴과 관련된 내용은 기술하지 않았다. 사용하기 쉬운 오픈소스를 고집한 이유는 이 책이 특정 유상 서비스나 툴의 해설서로 취급되지 않게 하기 위해서다. 구현 예시는 경험이 있는 백엔드 엔지니어나 머신러닝 엔지니어라면 자신의 개발 환경에서 재현할 수 있는 구성이 되도록 노력했다.

모든 구현 코드는 다음의 리포지토리에 공개되어 있다. 코드에 흥미가 있다면 참조하기 바라며, 부족한 부분이 있다면 수정한 뒤 Pull Request를 부탁한다.

- ml-system-in-actions
  URL https://github.com/wikibook/mlsdp

이점

해당 머신러닝 시스템 디자인 패턴을 사용할 경우의 이점에 대해 기술한다.

검토사항

해당 머신러닝 시스템 디자인 패턴을 사용할 때 주의할 점에 대해 검토하고, 그 대책을 설명한다.

아울러, 머신러닝의 각 페이즈에서 발생할 수 있는 안티 패턴에 대해서는 다음과 같이 기술한다.

1.5.2. 안티 패턴

안티 패턴명

안티 패턴의 명칭이다.

상황

시스템 구성이 안티 패턴이 되는 상황에 대해 설명한다.

구체적인 문제

안티 패턴으로 발생할 수 있는 문제에 대해 설명한다.

이점

안티 패턴에 존재하는 이점에 대해서 설명한다.

과제

안티 패턴에 존재하는 과제를 설명한다.

회피 방법

안티 패턴을 피하는 방법에 대해 설명한다.

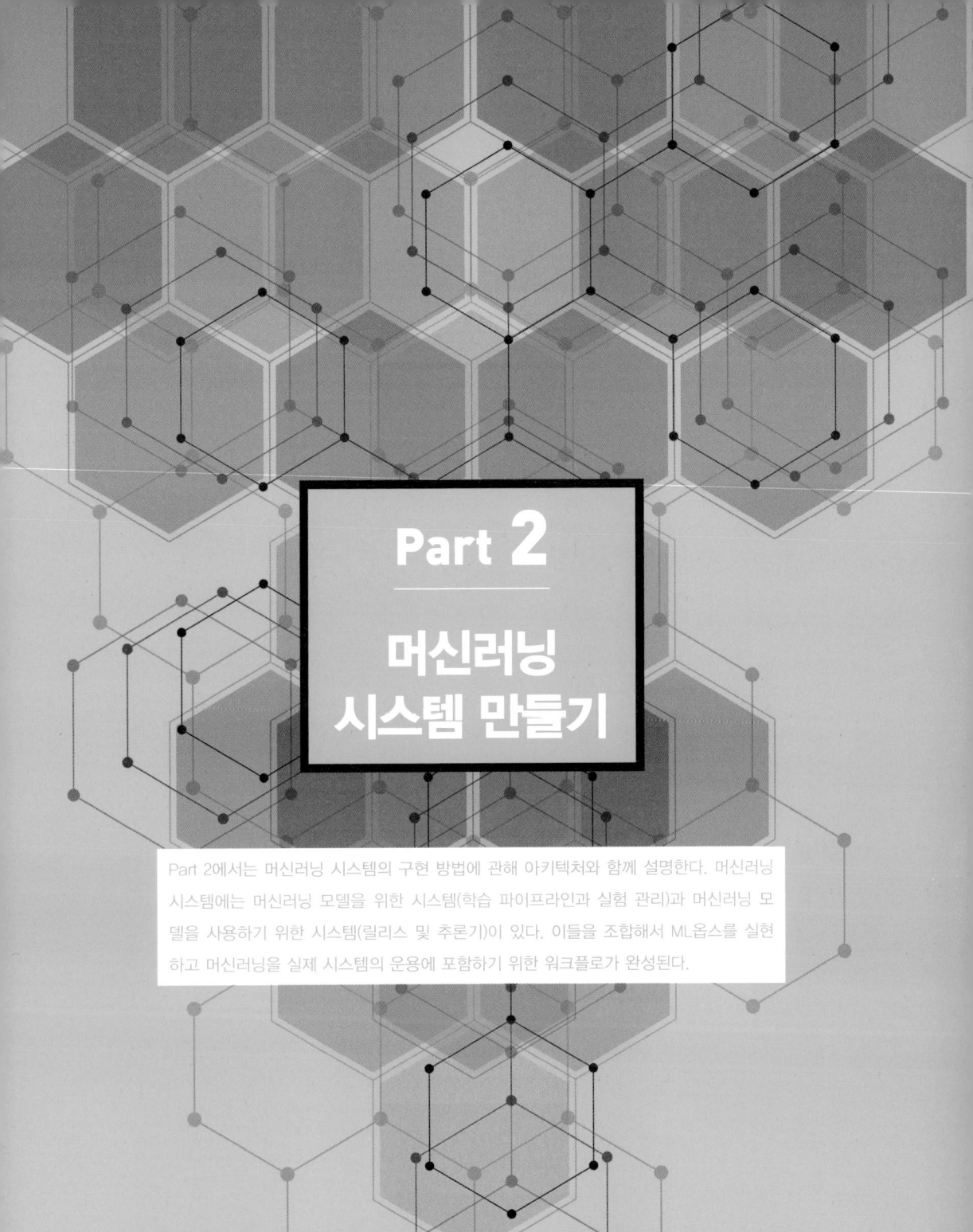

CHAPTER 2
모델 만들기

이번 장에서는 머신러닝 모델을 개발하기 위한 시스템에 대해 설명한다. 머신러닝 모델의 개발은 머신러닝 엔지니어가 관련 전문 지식을 살려 연구를 거듭해 나가는 흥미로운 태스크인 동시에 머신러닝 프로젝트의 근간을 이루는 중요한 부분이기도 하다. 학습 코드를 포함한 산출물을 체계적으로 관리함으로써 학습 페이즈를 단순한 실험으로 간주하지 않고 개선 가능한 워크플로로 만들 수 있다.

2.1 모델 작성

머신러닝은 모델의 학습으로부터 시작된다고도 할 수 있을 정도로 많은 머신러닝 엔지니어는 특히 학습 단계를 선호할 것이다. 학습 자체는 실제로 즐거운 태스크이긴 하지만, 프로세스나 관리방법에 관해 논하는 경우는 흔히 볼 수 없는 것도 사실이다. 이번 장에서는 머신러닝의 학습을 체계적으로 관리하는 방법에 대해 설명한다.

2.1.1. 모델 개발의 흐름

머신러닝의 모델 개발은 일반적으로 그림 2.1과 같은 순서로 진행된다.

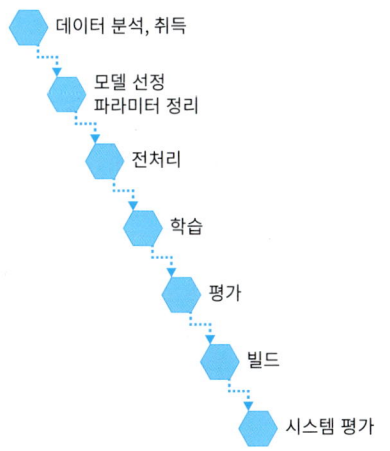

그림 2.1 모델 개발 플로우

2.1.2. 데이터 분석과 수집

첫 번째 단계에서는 기존의 데이터를 분석하고, 학습에 사용할 데이터를 수집하는 것이 일반적이다. 이 단계에서는 사내외에서 수집 가능한 데이터를 모두 모아 그것들 간의 관계를 정리해보면서 머신러닝으로 해당 과제가 해결이 가능한지에 관해 끊임없이 생각해야 한다. 이미 데이터가 존재한다는 사실이 파악되면, 나중에 모으기 시작해도 늦지 않을 것이라고 생각하기 쉽다. 그러나 실제로는 각종 시스템에 데이터가 산재해 있어 수집하는 것만으로도 상당한 어려움을 겪기도 한다. 또한 여러 시스템에 데이터가 산재해 있다는 것은 각 환경에 국소적으로 최적화된 상태로 저장되어 있다는 뜻이기도 하다.

따라서 데이터 간의 관계를 정리하려 해도 이름이 같은 칼럼 임에도 실제 의미하는 바가 다르거나 갱신되는 주기가 다를 수 있으며, 같은 데이터라 할지라도 타입이 일치하지 않기도 한다. 그리고 어떻게든 데이터를 정리하고 결합했다고 할지라도, 과연 비즈니스 과제 해결에 활용할 수 있는지에 관해서는 별개의 문제로 보아야 한다. 사용자의 행동 로그가 있다면 추천 기능에 사용할 수 있겠지만, 신상품의 추천에 기존 사용자의 데이터가 유효한지는 새로운 상품의 비즈니스와 사용자 데이터에 따라 다를 수도 있기 때문이다.

데이터 어노테이션도 이 단계에 포함된다. 어노테이션 과정은 데이터의 양이나 수행하는 방법, 작업 인원수에 따라 필요한 시간과 효율이 달라진다. 전문성이 높은 영역(의료 등)이나 복잡한 어노테이션(세그멘테이션 등)의 경우, 어노테이션이 가능한 인원의 고용이 어려우며, 효율이 낮은 작업이 되기 쉽다. 특히, 해당 영역의 전문가밖에 모르는 데이터의 어노테이션 작업이라면 작업 효율에 비해 단가가 높아지기도 할 것이다. 어노테이션은 많은 양의 데이터를 여러 명이 작업하는 것이 일반적이기 때문에 잘못된 지시나 재작업이 발생하면 막대한 손실과 프로젝트의 지연으로 이어지는 것은 당연하다. 학술 연구에서는 이미 어노테이션이 끝난 데이터를 사용하는 경우가 많아 그 작업의 어려움이 표면에 드러나지 않는 것뿐이다. 실제로는 가장 긴 시간과 인력을 투입해야 하는 작업이 될 수 있으며, 프로젝트 계획 시 주의가 필요하다.

2.1.3. 모델의 선정과 파라미터 정리

다음 단계는 학습을 위한 모델의 선정과 파라미터 정리다. 해결하고 싶은 과제나 기존 데이터에 따라 사용할 수 있는 모델과 그에 맞는 전처리 방법은 달라지기 마련이다. 선정한 모델에 따라서도 유효한 파라미터가 달라지게 된다. 최적의 모델이나 파라미터는 학습하고 평가해 보지 않으면 모르는 것이 당연하겠지만, 어느 정도는 선택지를 좁혀 두는 것이 중요하다.

이때 모델을 실제 시스템에 포함해 사용할 수 있는지 검토하는 것을 간과하기 쉬운데, 평가 결과가 좋은 모델과 실제 시스템에서 사용할 수 있는 모델은 별개로 보아야 한다. 사용자가 조작해 실시간으로 반응하는 유저-인터랙티브한 애플리케이션에 머신러닝을 도입함에 있어 연산량이 매우 커 한 번의 추론이 10초나 걸리는 모델이라면 아무리 정확도가 좋을지라도 쓸모가 없기 때문이다.

2.1.4. 전처리

다음은 전처리 과정이다. 이 시점부터 모델 개발의 프로세스를 자동화할 수 있다. 전처리는 데이터의 수집(데이터베이스로부터 SELECT하거나 파일의 다운로드)에서부터 데이터 추출(zip 파일의 압축 풀기와 같이 특정 형식의 데이터를 프로그램에서 사용할 수 있는 형태로 변환), 데이터의 선정, 결합, 변환 등을 포함한다. 물론, 데이터의 형식에 따라 전처리 방법은 달라진다. 이미지 데이터라면 이미지의 사이즈를 통일하거나 픽셀의 RGB 값을 조정하는 등의 처리가 필요하고, 문장과 같은 텍스트 데이터는 자연어 처리를 통해 문장을 단어로 분할하는 형태소 해석, 불필요한 품사(조사, 조동사 등) 등을 삭제한다. 또한, 테이블 형식의 정형 데이터라면 결손치를 보완하고, 값의 표준화나 정규화에 따라 그 범위를 규정한다. 이러한 과정은 다음에 소개할 학습 과정에서의 정확도나 효율성을 크게 좌우한다.

2.1.5. 학습

다음은 모델의 학습이다. 모델의 학습은 머신러닝 엔지니어라면 누구나 선호하는 과정일 것이고, 아마도 학습 파라미터를 조금씩 조정하고 정확도가 개선될 때마다 일희일비했던 경험은 누구에게나 있을 것이다. 학습 단계에서는 선정한 모델에 대해 데이터나 파라미터를 변경해 나감으로써 보다 좋은 모델을 개발하는 것에 목적을 둔다.

다만, 이 단계에서는 처음부터 복잡한 모델로 학습하려 들지 않게 주의한다. 예를 들어, 분류 모델이라면 처음부터 비교적 많은 노력을 요하는 신경망 모델이나 앙상블 학습을 사용하는 것이 아니라, 로지스틱 회귀나 의사결정나무와 같이 간편한 모델을 우선적으로 시험하고 평가하는 편이 효율적이다.

복잡한 모델일수록 높은 정확도가 나오는 경향은 있지만, 동시에 연산량이 많고 학습에 소모되는 비용도 커지기 쉽다. 이러한 이유로 인해, 실제로 모델을 사용하는 동안 운용이 어려워질 수도 있어 가볍고 다루기 쉬운 모델로 마무리 지을 수만 있다면 그렇게 하는 쪽을 권장한다.

2.1.6. 평가

모델을 학습한 다음으로는 평가를 실시한다. 이 단계에서는 테스트 데이터를 이용해서 모델의 좋고 나쁜 정도를 평가한다. 분류 문제라면 Accuracy나 Precision, Recall, confusion matrix 등이, 회귀 문제라면 RMSE(Root Mean Square Error)나 MAE(Mean Absolute Error) 등이 평가 지표가 된다. 또한, 추론 결과를 제3자에게 평가받는 것도 좋은 방법이다. 특히, 사용자용 서비스나 휴먼인더루프와 같이 머신러닝의 추론 결과를 인간이 사용하는 구조에서는 사용자가 추론 결과를 직접 평가하도록 유도해 모델이 실제로 유용한지를 판단할 수 있다. Accuracy가 99.99%라 하더라도, 대부분의 사용자가 위화감을 느끼는 결과가 나왔다면 그 모델은 사용할 수 없다고 봐야 한다. 이런 경우는 어쩌면 문제의 정의나 데이터 분석 단계에서 무언가 잘못되었을 가능성이 크다. 모델은 언제나 '사용자가 바라보는 시점'에서 평가하는 것이 중요하다.

2.1.7. 빌드

모델을 추론 시스템에 포함시키는 과정을 빌드라고 한다. 추론 시스템은 학습 시스템과 전혀 다른 기반을 사용하는 경우가 많다. 학습할 때는 충분한 GPU 자원을 사용해서 모델을 효율적으로 개발할 수 있지만, 추론 시스템은 아직도 대부분 CPU를 기반으로 하며, GPU를 사용하더라도 학습용 GPU와 추론용 GPU는 별개라는 점도 고려해야 한다. 게다가 추론에서는 응답 속도 역시 중요한 요소가 되기 때문에 빌드 후에는 추론 시스템으로 퍼포먼스 테스트나 부하 테스트를 실행하는 것이 좋다. 이러한 테스트에서 속도가 나오지 않거나 안정적으로 가동시킬 수 없는 경우, 모델 개발이나 라이브러리 선정부터 프로젝트를 다시 시작해야 할 수도 있다.

2.1.8. 시스템 평가

마지막으로 모델을 추론기로써 평가하는 과정이다. 평가 방법에는 안정성이나 응답 속도, 접속 테스트 등 실제 시스템으로 가동시키기 위한 항목들이 포함된다. 추론기를 실제 상황에서도 안정적으로 가동시키기 위한 과정이며, 이 과정을 통과해야만 실제 시스템에 머신러닝 모델의 초기 릴리스가 가능하다. 바꿔 말하면, 이 시점에서 문제가 발견될 경우 모델은 릴리스할 수 없으며, 다시 개발해야 한다.

2.1.9. 모델 개발은 일방통행이 아니다

지금까지 내용으로 알 수 있듯이, 머신러닝 모델 개발은 일방적이라 볼 수 없다. 각 단계별로 검증과 선택을 반복하며 진행된다. 앞선 과정으로 선택한 데이터나 기술이 이후 과정에서 쓸모가 없다고 판명되는 일도 드물지 않고, 학습 과정에서 좋은 결과가 나왔다고 해도 평가나 빌드 과정에서 문제가 발생하기도 한다. 또한, 학습을 다시 수행하기 위해 데이터부터 다시 분석하는 일 역시 자주 일어난다. 따라서 실질적인 모델 개발은 그림 2.2 와 같은 흐름으로 진행된다.

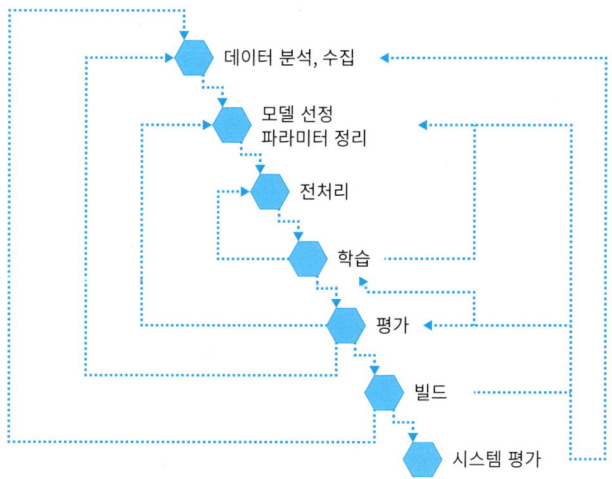

그림 2.2 실제 모델 개발 플로우

머신러닝에서는 항상 재작업을 전제로 모델을 개발하고 릴리스할 수 있도록 평가가 이뤄져야 한다. 따라서 폭포수 방식과 같은 일방적인 개발 스타일을 추구해서는 안 된다. 데이터 분석이나 모델 선정 프로세스가 유효하다는 것을 검증하기 위해서는 뒷단의 평가 이후의 단계에 도달해야 한다. 예를 들어, 모델을 릴리스한 뒤 실제 시스템으로 평가하는 것 이외에 머신러닝의 좋고 나쁨을 판정할 방법이 없는 경우도 있다. 이럴 때는 머신러닝의 좋고 나쁨을 판정하기 위해 모델의 개발 프로세스를 효율적으로 실시하고 빠르게 평가한 후 피드백을 얻어야 한다. 그렇지 않으면 긴 시간에 걸쳐 출시한 모델이 쓸모없어지는 사태도 일어날 수 있기 때문이다.

개발이 끝난 머신러닝 모델을 실제 시스템에 싣는 것은 어려운 작업임에 틀림없다. 그러나 어렵다고 해서 머신러닝을 사용하지 않는 편이 좋다고 주장할 생각은 없다(물론 머신러닝을 사용하지 않고도 과제를 해결할 수만 있다면 매우 간단하겠지만). 대규모 데이터나 복잡한 비정형 데이터를 인간 이상으로 정확하게 추론하기 위한 머신러닝이나 딥러닝은 현재로서는 매우 유용한 기술임에는 틀림없다. 머신러닝을 다룰 때 발생하는 어려움을 하나의 과제로 인식하고, 그 해결을 목표로 삼는 것이 이 책의 주제라고도 할 수 있다. 모델 개발에 관한 어려움도 이해하면서 베스트(best) 프랙티스라고는 말할 수는 없어도 베터(better) 프랙티스를 제시해 더욱 효율적으로 모델을 실용화하기 위한 방법을 설명하겠다.

특히, 이번 장에서는 머신러닝의 모델 개발을 체계적으로 진행하는 노하우를 제시한다. 자주 범하는 안티 패턴을 시작으로, 학습 프로세스를 시스템에 포함시켜 나가는 방법에 대해 알아본다.

2.2 안티 패턴 (Only me 패턴)

머신러닝 모델 개발에서 주로 해야 할 일은 분석과 실험, 프로그래밍이다. 머신러닝 모델은 프로그램을 작성해 컴퓨터에서 실행하지 않으면 만들어낼 수 없는 것이 당연하다. 모델을 몇 번이고 다시 만들어내기 위한 프로그램이 다른 사람의 환경에서 재현되지 않는다면 모델을 개발하기 위한 노력을 실제 릴리스까지 승화시키는 것은 더 어려워진다.

2.2.1. 상황

- 머신러닝 엔지니어가 개인 환경에서 모델을 개발하고, 다른 사람이 개발 프로그램, 데이터셋, 모델, 평가를 리뷰하거나 재현할 수 없는 상태.
- 머신러닝 엔지니어가 개인 환경에서 개발한 모델만을 제공하고 모델 개발을 위한 프로그램을 공개하지 않아 모델을 실행하는 방법이나 평가 방법이 불분명한 상태.

2.2.2. 구체적인 문제

모델을 개인용 랩탑에서 주피터 노트북(URL https://jupyter.org/)으로 개발하는 경우를 흔히 볼 수 있다. 모델을 실제 시스템에 도입하기 위해서는 모델 개발에 사용한 코드나 데이터, 환경(OS 버전, 언어 버전, 의존하는 라이브러리 버전 등)을 실제 환경에 개발 환경과 똑같이 재현해야 한다. 같은 환경이 아니면 실제 환경에서 개발할 때와 같은 성능을 내지 못할 가능성이 있기 때문이다. 라이브러리에 따라서는 버전 간의 호환성이 지원되지 않고, 마이너 버전이 다르다는 이유만으로 실행할 수 없게 되는(또는 실행은 되지만 성능이 달라지는) 경우가 있다. 이런 상황을 피하기 위해서는 모델 개발 환경을 머신러닝 엔지니어 이외의 엔지니어(빌드 엔지니어, 애플리케이션 엔지니어, 백엔드 엔지니어, SRE[1] 등)와도 공유해야 한다.

Only me 패턴에서는 모델 개발의 전 과정을 머신러닝 엔지니어 개인 환경에서 실시하기 때문에 해당 환경에 강하게 의존하는 모델이 완성된다(그림 2.3). 완성된 모델을 운영 환경에서 정상적으로 가동하려면 머신러닝 엔지니어의 개인 환경을 실제 환경에서도 재현해야 한다. 이를 위해서는 머신러닝 엔지니어의 프로그래밍 언어와 라이브러리의 버전 등을 입수해서 실제 시스템상에 구축해야 한다. 물론 실제 시스템에서는 여러 가지 이유로 인해(예를 들어, 좋지 않은 타이밍에 개발 환경이 업데이트 되었을 경우) 재현이 불가능할 수도 있다.

모델을 실제 환경에서 가동하기 위한 프로그램도 필요하다. UI나 API 등은 애플리케이션 엔지니어나 백엔드 엔지니어가 개발할 수 있지만, 머신러닝 모델을 가동시키기 위한 코드는 입력 데이터나 전처리, 후처리의 정합성 등을 보장하기 위해 머신러닝 엔지니어의 개발과 지원이 반드시 필요하다. 실제 시스템의 개발에 앞서 모델을 받아들이는 단계에서는 코드 리뷰를 실시하고, 관련 엔지니어들은 모델과 시스템의 실행 로직을 이해하는 것이 좋다.

---

[1] (옮긴이) Site Reliability Engineer의 약어.

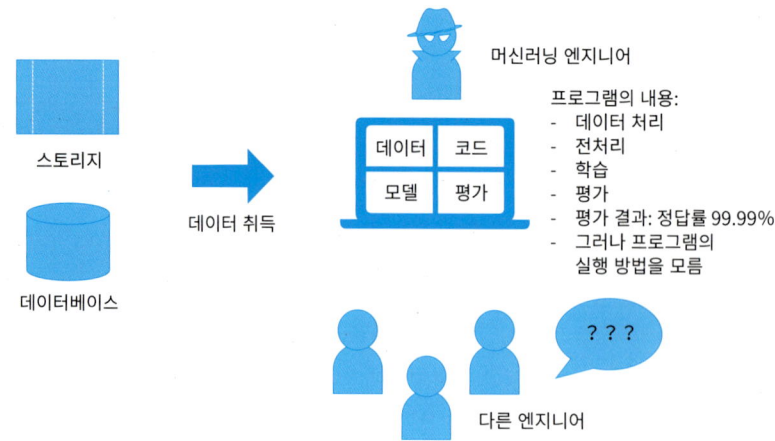

그림 2.3 Only me 패턴

2.2.3. 이점

- 머신러닝 엔지니어는 자신이 선호하는 환경에서 개발이 가능함.

2.2.4. 과제

- 모델을 실제 환경에서 정상적으로 가동하기 어려움.

2.2.5. 회피 방법

- 모델의 개발 환경과 실제 시스템에서 공통의 OS, 언어, 의존 라이브러리의 버전을 미리 준비함.
- 도커와 같은 공통 기반을 활용해 개발함.
- 최소한 파이썬과 관련된 라이브러리라도 Pipenv(URL https://pipenv.pypa.io/en/latest/)나 Poetry(URL https://python-poetry.org/)와 같은 환경관리 툴을 사용해 공통화함.
- 개발 프로그램을 리포지토리에서 관리하고 코드 리뷰를 실시함.

프로젝트, 모델, 버저닝

머신러닝 모델 개발에서는 데이터, 프로그램, 모델이라고 하는 세 가지 리소스를 모두 관리해야 한다. 데이터, 프로그램, 모델은 반드시 동기화되어 함께 변경된다고 장담할 수 없기에 학습할 때마다 각 리소스를 기록하고 실험관리를 해야 한다. 이번 절에서는 올바른 실험관리 방법과 모델관리 시스템에 대해 설명한다.

2.3.1. 프로젝트, 모델, 버저닝 관리

머신러닝 프로젝트를 시작하기에 앞서 프로젝트를 지칭하는 이름이 필요하다. 가령, 머신러닝을 이용해서 동물 이미지를 인식하는 모델을 개발하는 프로젝트를 수행한다고 해보자. 이 프로젝트에 정식 명칭을 붙이지 않은 채 무작정 동물 이미지를 인식하는 모델을 개발하기 시작한다면 팀 내부 또는 다른 이해관계자와의 의사소통에 큰 불편이 생긴다. 또한, 정식으로 이름을 붙임으로써 맡은 프로젝트에 애착이 생긴다. 프로젝트에 'Love animal'이든 'Professor A'든, 해당 프로젝트를 단적으로 파악할 수 있는 명칭을 붙이도록 한다.

프로젝트명을 정했다면, 다음으로 머신러닝 모델의 버전 관리 방법을 정해야 한다. 머신러닝 모델을 버전으로 관리하는 것은 매우 중요한 일이다. 머신러닝의 학습 페이즈에서는 파라미터나 데이터를 반복 수정하면서(또는 수정하지 않고) 모델의 좋고 나쁨을 평가한다. 어떤 파라미터들로 어떤 모델이 좋은 결과를 냈는지 관리하면 파라미터를 매우 효율적으로 선택할 수 있다. 그리고 학습에 사용한 데이터의 관리를 통해 학습된 모델이 정확하게 추론할 수 있는 데이터, 추론할 수 없는 데이터의 경향도 쉽게 파악할 수 있다. 데이터가 관리되지 않으면 학습 과정에서 사용한 데이터를 평가할 때도 다시 사용할 수 있어 정당하게 평가되지 않은 모델이 릴리스될 위험도 있다. 이처럼 모델의 버전 관리는 머신러닝의 세부 과정을 올바르게 수행할 수 있게 도와준다.

모델에 버전을 부여하는 방법으로 다음과 같은 명명법이 있다.

[모델의 버전 관리 방법]

```
[프로젝트명]_[git commit의 short hash]_[실험번호]
```

- 프로젝트명은 프로젝트를 의미한다.
- git 커밋의 단축 해시는 프로젝트에서 개발 중인 학습 코드를 git 리포지토리에 커밋할 때 부여되는 문자열로, 무작위로 선택된 영문자 또는 숫자 6자리로 이뤄져 고유한 커밋을 가리키는 ID가 된다. 학습 코드를 리포지토리에 관리하지 않을 때는 무작위로 영문 또는 숫자를 넣어도 되지만, 학습 코드를 구분할 수 있는 짤막한 ID를 부여하면 좋다.
- 실험번호는 같은 학습 코드(같은 git commit의 short hash)로 실행한 다른 학습에 대한 번호다. 이처럼 일련번호와 실행한 날짜로 부여하면 실험을 수행한 순서도 알 수 있어 편리하다.

실험번호를 연동해 데이터나 파라미터를 관리하는 것이 효율적이다. 학습에 사용한 데이터를 관리할 때는 학습 데이터를 압축하고 위와 같이 버전명을 붙여 스토리지에 저장해 두면 파악하기 쉽다. 데이터의 양이 많아서 스토리지 사용이 제한되거나 압축하기 어려울 때는 데이터를 가져오는 쿼리를 함께 관리하면 좋다. 파라미터에도 버전명을 붙여서 JSON이나 YAML 형식으로 데이터와 함께 저장해 두면 편리하다. 또는 파라미터를 데이터베이스에 직접 등록하는 방법도 있다. 어느 방식이든 모델의 버전명과 데이터, 파라미터를 일원화해 관리하는 것이 포인트다.

이와 더불어 모델에 대한 평가도 버전과 함께 관리해야 한다. 모델의 평가는 주로 데이터베이스에 테이블을 만들어 관리한다. 학습을 여러 차례 반복하는 프로젝트에서는 데이터와 파라미터, 모델 평가 간의 관계를 기억하기 어렵기 때문에 각 요소 간의 관계를 정의하고 관리하는 것이 바람직하다. 이를 위해 모델 관리 데이터베이스를 만들고 학습 결과를 함께 기록한다. 모델 관리 데이터베이스의 테이블은 그림 2.4와 같은 구조로 설계할 수 있다.

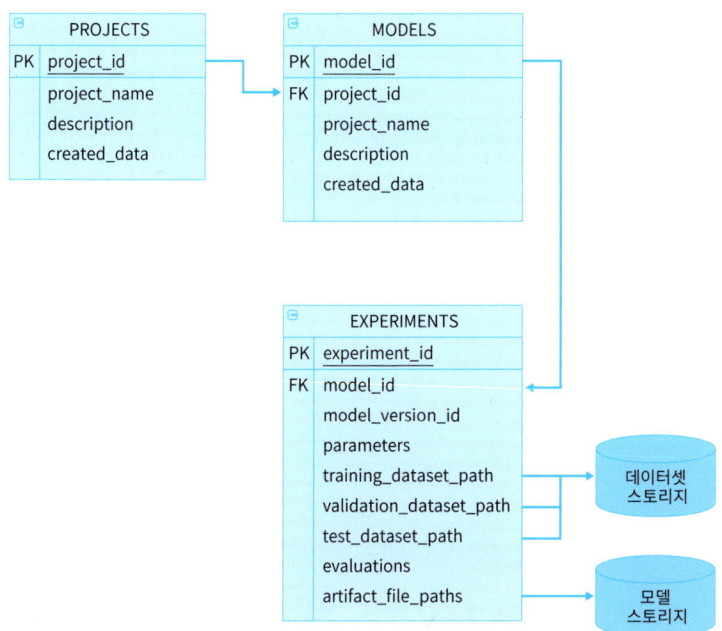

그림 2.4 모델 관리 데이터베이스 테이블 설계

간단한 테이블 설계의 예시이긴 하나, 프로젝트 안에 모델이 있고 모델 안에 실험이 여러 개 등록된 형식이다. 실험 테이블에는 파라미터, 데이터의 경로, 평가, 모델 파일이 관리되고 있음을 알 수 있다. 예를 들면, 이미지 인식에 관한 모델의 학습과 평가를 할 때마다 실험 테이블에 그 결과가 등록될 것이다. 여기서 등록이란 한 번의 쿼리 실행을 통해 데이터가 쌓이는 방식을 의미한다. 실험의 평가나 파라미터 선정, 데이터 선정에서는 모델 테이블로부터 여러 실험의 기록을 수집해 비교할 수 있다.

모델을 실제 시스템에 릴리스한 이후에도 모델의 버전명이 정해져 있다면 실제 데이터로부터 추론 결과를 추적할 수 있다는 장점이 있다. 추론 결과는 실제 시스템의 로그로 출력하게 되는데, 해당 로그를 모델의 실험번호와 결합해서 모델의 장단점을 평가하고 다음 모델 개발에도 활용할 수 있게 된다.

2.3.2. 구현

모델 관리 서비스를 만드는 방법에 대해 살펴보자. 모델 관리 서비스를 통해 여러 프로젝트 및 개발 환경에서 접근해 모델의 정보와 실험 결과들이 등록된다. REST API 등에서 엔드포인트를 준비하고, 외부로부터 데이터 등록이나 참조 요청을 받는 구조를 채택한다. 이하 FastAPI(URL https://fastapi.tiangolo.com/ko/)와 PostgreSQL(URL https://www.postgresql.org/)을 활용한 간단한 모델 관리 API 서버를 구축하는 방법에 관해 설명한다.

코드양이 매우 많으므로 중요한 부분만 발췌해서 설명한다. 전체 코드는 다음의 리포지토리를 참조하기 바란다.

> 전체 코드
> - ml-system-in-actions/chapter2_training/model_db/
>   URL https://github.com/wikibook/mlsdp/tree/main/chapter2_training/model_db

모델 관리 서비스의 구조는 그림 2.5와 같다.

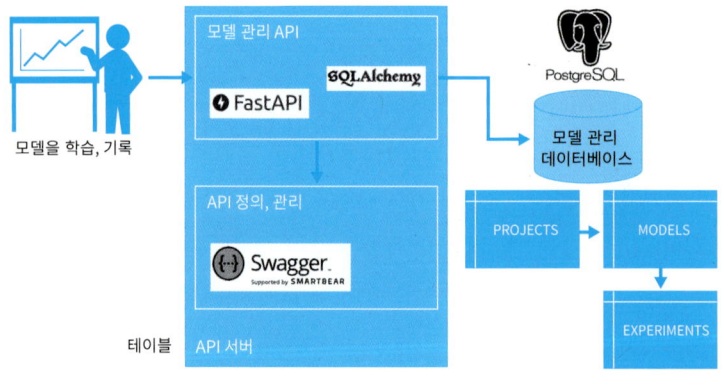

그림 2.5 모델 관리 서비스의 구조

API 서버는 FastAPI로 기동한다. FastAPI로부터 SQLAlchemy(URL https://www.sqlalchemy.org/)라고 하는 ORM 라이브러리(데이터베이스의 테이블을 클래스 객체로 취급하는 라이브러리)를 사용해서 PostgreSQL 테이블에 접근한다.

우선 테이블을 다음의 코드 2.1과 같이 정의한다. 위에서 설명한 설계대로 3개의 테이블을 작성한다.

코드 2.1 src/db/models.py

```python
from sqlalchemy import (
    Column,
    DateTime,
    ForeignKey,
    String,
    Text,
)
from sqlalchemy.sql.functions import current_timestamp
from sqlalchemy.types import JSON
from src.db.database import Base

# PROJECTS 테이블
class Project(Base):
    __tablename__ = "projects"

    project_id = Column(
        String(255),
        primary_key=True,
        comment="기본키",
    )
    project_name = Column(
        String(255),
        nullable=False,
        unique=True,
        comment="프로젝트명",
    )
    description = Column(
        Text,
        nullable=True,
        comment="설명",
    )
    created_datetime = Column(
        DateTime(timezone=True),
        server_default=current_timestamp(),
        nullable=False,
    )
```

```python
# MODELS 테이블
class Model(Base):
    __tablename__ = "models"

    model_id = Column(
        String(255),
        primary_key=True,
        comment="기본키",
    )
    project_id = Column(
        String(255),
        ForeignKey("projects.project_id"),
        nullable=False,
        comment="외부키",
    )
    model_name = Column(
        String(255),
        nullable=False,
        comment="모델명",
    )
    description = Column(
        Text,
        nullable=True,
        comment="설명",
    )
    created_datetime = Column(
        DateTime(timezone=True),
        server_default=current_timestamp(),
        nullable=False,
    )


# EXPERIMENTS 테이블
class Experiment(Base):
    __tablename__ = "experiments"

    experiment_id = Column(
        String(255),
```

```
        primary_key=True,
        comment="기본키",
    )
    model_version_id = Column(
        String(255),
        nullable=False,
        comment="모델 실험 버전 ID",
    )
    model_id = Column(
        String(255),
        ForeignKey("models.model_id"),
        nullable=False,
        comment="외부키",
    )
    parameters = Column(
        JSON,
        nullable=True,
        comment="학습 파라미터",
    )
    training_dataset = Column(
        Text,
        nullable=True,
        comment="학습 데이터",
    )
    validation_dataset = Column(
        Text,
        nullable=True,
        comment="평가 데이터",
    )
    test_dataset = Column(
        Text,
        nullable=True,
        comment="테스트 데이터",
    )
    evaluations = Column(
        JSON,
        nullable=True,
        comment="평가결과",
```

```
    )
    artifact_file_paths = Column(
        JSON,
        nullable=True,
        comment="모델 파일 경로",
    )
    created_datetime = Column(
        DateTime(timezone=True),
        server_default=current_timestamp(),
        nullable=False,
    )
```

테이블에 데이터 등록 및 참조로 사용하기 위한 SQL 쿼리용 함수를 미리 준비한다. SQL Alchemy에서는 코드 2.2와 같이 파이썬 함수로 SQL 쿼리를 쓸 수 있다.

코드 2.2 src/db/cruds.py

```python
import uuid
from typing import Dict, List, Optional

from sqlalchemy.orm import Session
from src.db import models, schemas


# 일부 함수는 생략함


# 전체 프로젝트 취득
def select_project_all(
    db: Session,
) -> List[schemas.Project]:
    return db.query(models.Project).all()



# 프로젝트 등록
def add_project(
    db: Session,
    project_name: str,
    description: Optional[str] = None,
```

```python
        commit: bool = True,
) -> schemas.Project:
        exists = select_project_by_name(
            db=db,
            project_name=project_name,
        )
        if exists:
            return exists
        else:
            project_id = str(uuid.uuid4())[:6]
            data = models.Project(
                project_id=project_id,
                project_name=project_name,
                description=description,
            )
            db.add(data)
            if commit:
                db.commit()
                db.refresh(data)
            return data


# 전체 모델 취득
def select_model_all(db: Session) -> List[schemas.Model]:
    return (
        db.query(models.Model)
        .all()
    )


# 모델 등록
def add_model(
    db: Session,
    project_id: str,
    model_name: str,
    description: Optional[str] = None,
    commit: bool = True,
) -> schemas.Model:
```

```python
    models_in_project = select_model_by_project_id(
        db=db,
        project_id=project_id,
    )
    for model in models_in_project:
        if model.model_name == model_name:
            return model
    model_id = str(uuid.uuid4())[:6]
    data = models.Model(
        model_id=model_id,
        project_id=project_id,
        model_name=model_name,
        description=description,
    )
    db.add(data)
    if commit:
        db.commit()
        db.refresh(data)
    return data


# 전체 실험 기록 취득
def select_experiment_all(
    db: Session,
) -> List[schemas.Experiment]:
    return (
        db.query(models.Experiment)
        .all()
    )


# 모델에 등록된 실험 한 세트를 취득
def select_experiment_by_model_id(
    db: Session,
    model_id: str,
) -> List[schemas.Experiment]:
        return (
            db.query(models.Experiment)
```

```python
            .filter(models.Experiment.model_id == model_id)
            .all()
    )


# 실험을 기록
def add_experiment(
    db: Session,
    model_version_id: str,
    model_id: str,
    parameters: Optional[Dict] = None,
    training_dataset: Optional[str] = None,
    validation_dataset: Optional[str] = None,
    test_dataset: Optional[str] = None,
    evaluations: Optional[Dict] = None,
    artifact_file_paths: Optional[Dict] = None,
    commit: bool = True,
) -> schemas.Experiment:
    experiment_id = str(uuid.uuid4())[:6]
    data = models.Experiment(
        experiment_id=experiment_id,
        model_version_id=model_version_id,
        model_id=model_id,
        parameters=parameters,
        training_dataset=training_dataset,
        validation_dataset=validation_dataset,
        test_dataset=test_dataset,
        evaluations=evaluations,
        artifact_file_paths=artifact_file_paths,
    )
    db.add(data)
    if commit:
        db.commit()
        db.refresh(data)
    return data
```

일부 코드는 생략했으나, 결국은 프로젝트, 모델, 실험 데이터의 SELECT와 INSERT에 관한 구현이다.

이러한 데이터 조작을 실시하는 API는 FastAPI로 준비한다. FastAPI의 엔드포인트는 파이썬 함수로 정의하게 되어 있다. 예를 들어 코드 2.3과 같은 함수를 정의하면 FastAPI는 `http://<url>/projects/all`이라는 API 엔드포인트를 공개한다.

코드 2.3 함수의 정의

```
@router.get("/projects/all")
def project_all(db: Session = Depends(get_db)):
    return cruds.select_project_all(db=db)
```

코드 2.4에서는 FastAPI로 모델 관리 테이블에 액세스하기 위한 엔드포인트를 정의하고 있다.

코드 2.4 src/api/routers/api.py

```
from fastapi import APIRouter, Depends
from sqlalchemy.orm import Session
from src.db import cruds, schemas
from src.db.database import get_db


router = APIRouter()


# 일부 함수는 생략함


# 전체 프로젝트 목록 취득
@router.get("/projects/all")
def project_all(db: Session = Depends(get_db)):
    return cruds.select_project_all(db=db)


# 프로젝트 등록
@router.post("/projects")
def add_project(
    project: schemas.ProjectCreate,
    db: Session = Depends(get_db),
```

```python
):
    return cruds.add_project(
        db=db,
        project_name=project.project_name,
        description=project.description,
        commit=True,
    )


# 전체 모델 목록 취득
@router.get("/models/all")
def model_all(db: Session = Depends(get_db)):
    return cruds.select_model_all(db=db)


# 모델 등록
@router.post("/models")
def add_model(
    model: schemas.ModelCreate,
    db: Session = Depends(get_db),
):
    return cruds.add_model(
        db=db,
        project_id=model.project_id,
        model_name=model.model_name,
        description=model.description,
        commit=True,
    )


# 전체 실험 기록 취득
@router.get("/experiments/all")
def experiment_all(db: Session = Depends(get_db)):
    return cruds.select_experiment_all(db=db)


# 모델에 등록된 실험 기록 취득
@router.get("/experiments/model-id/{model_id}")
```

```python
def experiment_by_model_id(
    model_id: str,
    db: Session = Depends(get_db),
):
    return cruds.select_experiment_by_model_id(
        db=db,
        model_id=model_id,
    )


# 실험을 기록
@router.post("/experiments")
def add_experiment(
    experiment: schemas.ExperimentCreate,
    db: Session = Depends(get_db),
):
    return cruds.add_experiment(
        db=db,
        model_version_id=experiment.model_version_id,
        model_id=experiment.model_id,
        parameters=experiment.parameters,
        training_dataset=experiment.training_dataset,
        validation_dataset=experiment.validation_dataset,
        test_dataset=experiment.test_dataset,
        evaluations=experiment.evaluations,
        artifact_file_paths=experiment.artifact_file_paths,
        commit=True,
    )
```

이것으로 기본적인 구현은 끝났다. FastAPI는 Uvicorn(URL https://www.uvicorn.org/) 이라는 비동기 처리가 가능한 프레임워크에서 동작하는 라이브러리로 되어 있다. Uvicorn 은 ASGI(Asynchronous Server Gateway Interface)라고 불리는 표준 인터페이스를 제공하는 프레임워크로, 비동기 싱글 프로세스로 동작한다. 게다가 Uvicorn을 Gunicorn(URL https://gunicorn.org/)에서 기동함으로써 멀티 프로세스로 사용할 수도 있다. Gunicorn은 WSGI(Web Server Gateway Interface)라 불리는 동기적 애플리케이션 인터페이스를 제공한다. Uvicorn을 Gunicorn에서 기동함으로써 ASGI의 비동기 처리와 WSGI의 멀티 프로세스를 조합할 수 있게 되어 있다.

다음은 Gunicorn에서 Uvicorn을 시작하는 명령어의 예시다.

[커맨드]

```
HOST=${HOST:-"0.0.0.0"}
PORT=${PORT:-8000}
WORKERS=${WORKERS:-4}
UV_WORKER=${UV_WORKER:-"uvicorn.workers.UvicornWorker"}
BACKLOG=${BACKLOG:-2048}
LIMIT_MAX_REQUESTS=${LIMIT_MAX_REQUESTS:-65536}
MAX_REQUESTS_JITTER=${MAX_REQUESTS_JITTER:-2048}
GRACEFUL_TIMEOUT=${GRACEFUL_TIMEOUT:-10}
APP_NAME=${APP_NAME:-"src.api.app:app"}

gunicorn ${APP_NAME} \
    -b ${HOST}:${PORT} \
    -w ${WORKERS} \
    -k ${UV_WORKER} \
    --backlog ${BACKLOG} \
    --max-requests ${LIMIT_MAX_REQUESTS} \
    --max-requests-jitter ${MAX_REQUESTS_JITTER} \
    --graceful-timeout ${GRACEFUL_TIMEOUT} \
    --reload
```

로컬 환경에서 가동되는지 확인하기 위해 도커 컴포즈로 FastAPI와 PostgreSQL을 시작하고 모델관리 서비스를 작동시켜 보자. 도커 컴포즈로 부팅하는 컨테이너의 구성은 코드 2.5의 YAML 파일에서 정의한다.

PostgreSQL(postgres)과 FastAPI(model_db)를 기동하기 위한 도커 이미지 및 환경변수가 정의되어 있다.

코드 2.5 docker-compose.yml

```yaml
version: "3"

services:
    postgres:
        image: postgres:13.1
        container_name: postgres
        ports:
            - 5432:5432
        volumes:
            - ./postgres/init:/docker-entrypoint-initdb.d
        environment:
            - POSTGRES_USER=user
            - POSTGRES_PASSWORD=password
            - POSTGRES_DB=model_db
            - POSTGRES_INITDB_ARGS="--encoding=UTF-8"
        hostname: postgres
        restart: always
        stdin_open: true

    model_db:
        container_name: model_db
        image: shibui/ml-system-in-actions:model_db_0.0.1
        restart: always
        environment:
            - POSTGRES_SERVER=postgres
            - POSTGRES_PORT=5432
            - POSTGRES_USER=user
            - POSTGRES_PASSWORD=password
            - POSTGRES_DB=model_db
        entrypoint: ["./run.sh"]
        ports:
            - "8000:8000"
        depends_on:
            - postgres
```

FastAPI는 표준으로 Swagger UI(URL https://swagger.io/)를 공개하고 있다. Swagger UI는 정의한 API를 문서로 웹 브라우저에서 참조, 접근 가능한 화면을 제공한다. Swagger UI를 브라우저로 열면 API의 정의를 참조해 요청을 보낼 수 있다(그림 2.6).

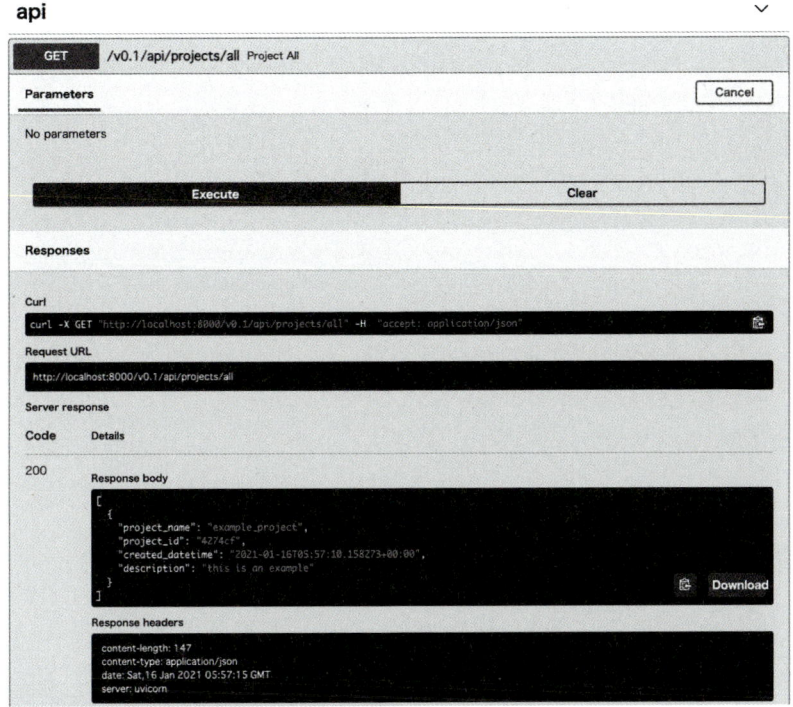

그림 2.6 Swagger UI

이것으로 모델을 개발한 후에 평가나 학습 데이터를 등록할 수 있게 되었다.

이어서 모델을 학습하는 방법에 대해 알아본다. 모델 학습은 데이터 사이언티스트나 머신러닝 엔지니어 소유의 컴퓨터나 GPU 서버에서 주피터 노트북으로 개발하는 경우가 대부분일 것이다. 시험 삼아 학습해 보는 것이라면 상관없지만, 학습 결과를 관리하고 추후에 비교 검토하기 위해서는 학습을 단계별로 관리해야 한다. 이어지는 절에서 학습 방법을 파이프라인 학습 패턴과 배치 학습 패턴으로 나누어 자세히 살펴본다.

파이프라인 학습 패턴

머신러닝에서 학습은 여러 프로세스로 분할할 수 있다. 일반적으로는 데이터 수집, 전처리, 학습, 평가, 빌드를 거치게 된다. 각 프로세스를 순차적인 작업(Job) 단위로 실행함으로써 학습의 도중 경과를 기록하고 재사용이나 부분적인 수정을 용이하게 해준다.

2.4.1. 유스케이스

- 학습 파이프라인의 자원을 분할해 각 작업에서 라이브러리의 선정이나 다른 용도로 사용을 가능하게 하고 싶은 경우.
- 작업마다 데이터의 상태나 진행을 기록해 간단하게 재시도하고 싶은 경우.
- 각 작업의 실행을 개별로 컨트롤하고 싶은 경우.

2.4.2. 해결하려는 과제

머신러닝의 학습 페이즈에서는 수집, 전처리한 데이터로 모델을 학습하고 평가한다. 이러한 워크플로는 전처리, 학습, 평가, 빌드, 시스템 평가로 정의되는 것이 일반적이다. 각 프로세스에서는 가공된 데이터나 모델, 평가치 등이 결과로 도출되고, 다음 프로세스로 입력된다. 따라서 학습의 워크플로는 데이터가 순차적으로 흘러가는 데이터 파이프라인에 가까운 처리를 수행한다고도 볼 수 있다.

파이프라인 학습 패턴에서는 각 단계의 결과를 기록해 두었다가 중간에 다시 실행할 수도 있다. 학습까지 완료된 상태라면 학습에서 생성한 모델 파일을 통해 평가, 빌드 과정을 실행할 수 있다. 또한, 학습을 진행하는 과정에서 학습 중간에 모델을 체크포인트 파일로 출력해 놓으면 그 시점부터 다시 학습을 시작할 수도 있다. 프로세스의 각 단계를 순차적으로 실행해 쉽게 테스트할 수 있다는 것도 파이프라인 개발의 장점이다. 프로세스 간 의존성을 파일 입출력으로 제한해 프로세스 단위로 개발하고 테스트할 수 있는 것이다.

2.4.3. 아키텍처

각 작업을 개별 자원(서버, 컨테이너, 워커 등)으로 분할해서 작업 실행 환경을 별도로 구축할 수 있다. 이에 따라 작업의 실행이나 재실행, 도중 정지를 유연하게 실현할 수 있다(그림 2.7). 파이프라인 학습 패턴에서는 작업이 개별 리소스로 분할되기 때문에 의존성이 있는 작업을 실행한 이후에 다음 작업을 실행한다. 작업의 실행 결과는 후속 작업의 입력 데이터가 된다. 장애에 대응하기 위해 각 작업의 데이터를 매번 DWH나 스토리지에 저장할 수도 있다.

파이프라인 학습 패턴의 어려운 점은 개별 작업의 자원이나 코드 관리가 복잡해진다는 것이다. 각 작업의 독립성을 높이는 이점이 있는 한편, 작업의 실행조건이나 자원 선택 등을 개별로 검토할 필요가 있다. 파이프라인이 복잡해지는 것을 피하기 위해 파이프라인을 대략 여섯 단계 이내의 프로세스로 구성하면 관리하기 쉽다.

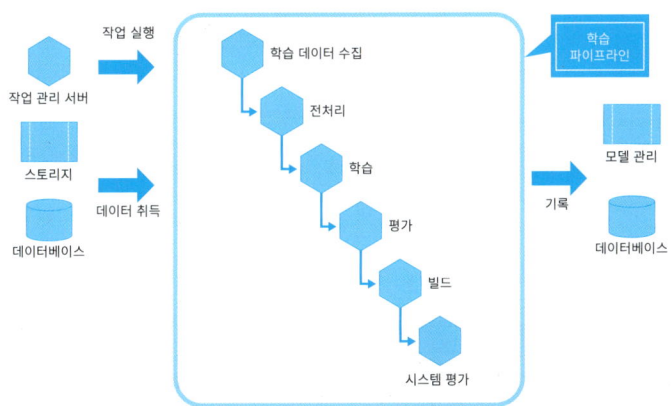

그림 2.7 파이프라인 학습 패턴

2.4.4. 구현

MLflow를 기반으로 머신러닝 파이프라인을 만들어 보기로 한다. MLflow(URL https://mlflow.org/)는 Databricks 사에서 개발한 머신러닝 파이프라인의 오픈소스로, 로컬 환경에서도 가볍게 이용할 수 있는 사양으로 제공된다. 머신러닝에서 사용되는 각종 라이브러리(scikit-learn, TensorFlow, Keras, PyTorch 등)를 지원하고, 학습 로그를 기록해 웹 화면에서 경과를 나타내 주는 기능도 제공한다.

머신러닝 파이프라인 기반이나 라이브러리에는 이 밖에도 Amazon SageMaker[2]나 Kubeflow[3], Metaflow[4] 등 다양한 툴이 알려져 있다.

MLflow를 선택한 이유는 다른 것들보다 간단하게 사용할 수 있기 때문이다. 클라우드나 쿠버네티스에서 파이프라인을 가동하기 위해서는 Amazon SageMaker나 Kubeflow가 더 효과적일 수 있다. 그러나 이 책에서는 머신러닝 파이프라인 라이브러리의 사용법을 설명하는 것이 주된 목표는 아니기 때문에 비교적 도입 비용이 낮은 MLflow를 선택했다.

이번에는 Cifar-10(URL https://www.cs.toronto.edu/~kriz/cifar.html)으로 알려진 이미지 데이터에 대한 분류 모델을 PyTorch에서 학습하는 파이프라인으로 만들어 보기로 한다.

> **Memo**
>
> **Cifar-10**
>
> Cifar-10(그림 2.8)이란 이미지 인식용 데이터셋으로, 10개의 클래스(비행기, 자동차, 새, 고양이, 사슴, 개구리, 말, 배, 트럭)에 대한 데이터를 공개하고 있다. 각 클래스는 5,000장의 학습 데이터와 1,000장의 테스트 데이터를 포함해 합계 60,000장의 이미지가 준비되어 있다. 각 이미지는 모두 32×32사이즈의 RGB 컬러이기 때문에 취급하기 쉬운 형식의 데이터셋으로서 자주 사용되고 있다.
>
> PyTorch를 사용하면 개별 프로세스를 굳이 파이프라인으로 만들지 않아도 Cifar-10에 관한 학습 코드를 작성할 수 있지만, 여기서는 파이프라인으로 구현한다.
>
>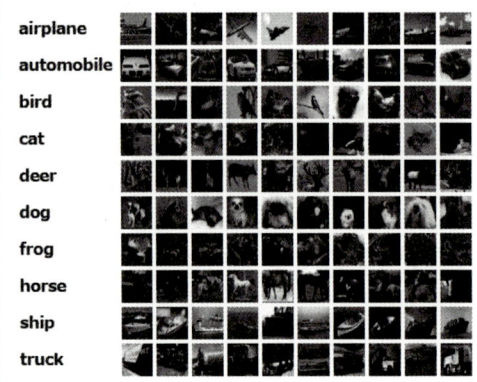
>
> 그림 2.8 Cifar-10 데이터셋

---

2 https://docs.aws.amazon.com/ko_kr/sagemaker/
3 https://www.kubeflow.org/
4 https://metaflow.org/

Cifar-10과 PyTorch를 선택한 이유는 적은 비용으로 도입하고 재현할 수 있기 때문이다.

파이프라인에서는 이하 네 개의 스텝을 구현한다.

> 스텝 1 데이터 수집: 이미지 데이터를 가져와 로컬 단말기에 저장한다.
> 스텝 2 학습과 평가: 스텝 1에서 취득한 이미지를 VGG11로 알려진 딥러닝 모델로 학습한다. 학습한 모델을 평가하고 Accuracy와 Loss를 기록한다.
> 스텝 3 빌드: 스텝 2에서 생성한 모델을 포함한 추론용 도커 이미지를 빌드한다.
> 스텝 4 시스템 평가: 스텝 3에서 생성한 도커 이미지를 가동하고 추론 요청을 보내 모델과 추론기의 접속을 테스트한다.

각 스텝을 도커 컨테이너에서 실행하고, 데이터는 MLflow의 아티팩트로 받아 전달한다. 아티팩트란 MLflow의 각 스텝에서 생성한 데이터와 파일을 의미한다. 그림 2.9와 같이 후속 공정에서는 이전 공정에서 생성한 아티팩트를 입력 데이터로 받아 학습과 평가를 실행하는 구조가 된다.

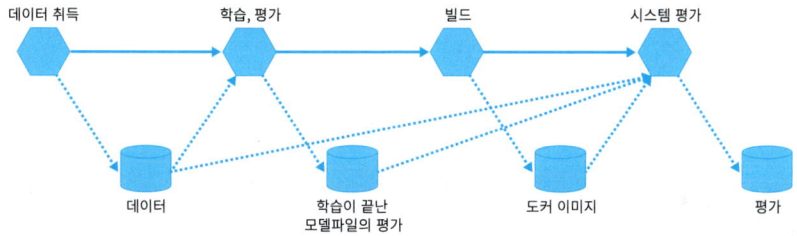

그림 2.9 파이프라인의 구현 흐름

이제 코드를 살펴볼 차례다. 코드 양이 매우 많기 때문에 중요한 부분 위주로 간추려 설명한다.

전체 코드

- ml-system-in-actions/chapter2_training/cifar10/
  URL https://github.com/wikibook/mlsdp/tree/main/chapter2_training/cifar10

파이프라인은 파이썬으로 정의한다. 데이터의 취득(preprocess), 학습(train), 빌드(building), 평가(evaluate)의 각 프로세스에서 실행하는 코드는 개별 파이썬 프로그램으로 구현한다. 코드 2.6에서는 각 작업에서 실행하는 프로그램과 환경을 지정하고 있다.

코드 2.6 main.py

```python
import argparse
import os
import mlflow


# 일부 처리는 생략함

def main():

    # argparse는 생략함

    mlflow_experiment_id = int(
        os.getenv(
            "MLFLOW_EXPERIMENT_ID",
            0,
        )
    )

    with mlflow.start_run() as r:
        # 전처리
        preprocess_run = mlflow.run(
            uri="./preprocess",
            entry_point="preprocess",
            backend="local",
            parameters={
                "data": args.preprocess_data,
                "downstream": args.preprocess_downstream,
                "cached_data_id": args.cached_data_id,
            },
        )
        preprocess_run = (
            mlflow.tracking
            .MlflowClient()
            .get_run(preprocess_run.run_id)
        )

        dataset = os.path.join(
```

```
        "/tmp/mlruns/",
        str(mlflow_experiment_id),
        preprocess_run.info.run_id,
        "artifacts/downstream_directory",
    )

    # 학습
    train_run = mlflow.run(
        uri="./train",
        entry_point="train",
        backend="local",
        parameters={
            "upstream": dataset,
            "downstream": args.train_downstream,
            "tensorboard": args.train_tensorboard,
            "epochs": args.train_epochs,
            "batch_size": args.train_batch_size,
            "num_workers": args.train_num_workers,
            "learning_rate": args.train_learning_rate,
            "model_type": args.train_model_type,
        },
    )
    train_run = (
        mlflow.tracking
        .MlflowClient()
        .get_run(train_run.run_id)
    )

    docker_registry = "shibui/ml-system-in-actions"
    docker_tag = f"training_pattern_cifar10_evaluate_{mlflow_experiment_id}"
    docker_image = f"{docker_registry}:{docker_tag}"

    # 빌드
    building_run = mlflow.run(
        uri="./building",
        entry_point="building",
        backend="local",
        parameters={
```

```python
            "dockerfile_path": args.building_dockerfile_path,
            "model_filename": args.building_model_filename,
            "model_directory": os.path.join(
                "mlruns/",
                str(mlflow_experiment_id),
                train_run.info.run_id,
                "artifacts",
            ),
            "entrypoint_path": args.building_entrypoint_path,
            "dockerimage": docker_image,
        },
    )
    building_run = (
        mlflow.tracking
        .MlflowClient()
        .get_run(building_run.run_id)
    )

    # 평가
    evaluate_run = mlflow.run(
        uri="./evaluate",
        entry_point="evaluate",
        backend="local",
        parameters={
            "upstream": os.path.join(
            "../mlruns/",
            str(mlflow_experiment_id),
            train_run.info.run_id,
            "artifacts",
            ),
            "downstream": args.evaluate_downstream,
            "test_data_directory": os.path.join(
                "../mlruns/",
                str(mlflow_experiment_id),

                preprocess_run.info.run_id,
                "artifacts/downstream_directory/test",
            ),
```

```
                    "dockerimage": docker_image,
                    "container_name": docker_tag,
                },
            )
            evaluate_run = (
                mlflow.tracking
                .MlflowClient()
                .get_run(evaluate_run.run_id)
            )


if __name__ == "__main__":
    main()
```

다음으로 각 작업의 내용에 관해 설명한다. 데이터를 취득하는 부분에서는 Cifar-10의 데이터셋을 다운로드해 이미지 파일로 변환한 뒤 아티팩트로 저장한다. 구체적으로는 코드 2.7과 같은 코드가 될 것이다.

코드 2.7 preprocess/src/preprocess.py

```
import argparse
import json
import os
from distutils.dir_util import copy_tree

import mlflow
import torchvision
from src.configurations import PreprocessConfigurations
from src.extract_data import parse_pickle, unpickle


# 가독성을 위해 여러 파일로 나누어 작성된 코드를
# 하나의 파일로 정리하고, 불필요한 처리는 생략함

def main():
    # argparse는 생략함
    # 클래스의 라벨과 클래스명
```

```python
classes = {
    0: "plane",
    1: "car",
    2: "bird",
    3: "cat",
    4: "deer",
    5: "dog",
    6: "frog",
    7: "horse",
    8: "ship",
    9: "truck",
}

# 학습 데이터와 테스트 데이터를 다운로드
torchvision.datasets.CIFAR10(
    root=downstream_directory,
    train=True,
    download=True,
)
torchvision.datasets.CIFAR10(
    root=downstream_directory,
    train=False,
    download=True,
)

# 다운로드한 학습 데이터, 테스트 데이터의 경로
train_files = [
    "data_batch_1",
    "data_batch_2",
    "data_batch_3",
    "data_batch_4",
    "data_batch_5",
]
test_files = ["test_batch"]

# 각 클래스별 파일 목록을 담는 딕셔너리
meta_train = {i: [] for i in range(10)}
meta_test = {i: [] for i in range(10)}
```

```python
# 학습 데이터의 압축을 풀고, 파일 목록을 취득
for f in train_files:
    rawdata = unpickle(
        file=os.path.join(cifar10_directory, f),
    )
    class_to_filename = parse_pickle(
        rawdata=rawdata,
        rootdir=train_output_destination,
    )
    for cf in class_to_filename:
        meta_train[int(cf[0])].append(cf[1])

# 테스트 데이터의 압축을 풀고, 파일 목록을 취득
for f in test_files:
    rawdata = unpickle(
        file=os.path.join(cifar10_directory, f),
    )
    class_to_filename = parse_pickle(
        rawdata=rawdata,
        rootdir=test_output_destination,
    )
    for cf in class_to_filename:
        meta_test[int(cf[0])].append(cf[1])

# 클래스 라벨 목록, 학습 데이터 및 테스트 데이터의 목록을 저장
classes_filepath = os.path.join(
    downstream_directory,
    "classes.json",
)
meta_train_filepath = os.path.join(
    downstream_directory,
    "meta_train.json",
)
meta_test_filepath = os.path.join(
    downstream_directory,
    "meta_test.json",
)
with open(classes_filepath, "w") as f:
```

```python
        json.dump(classes, f)
    with open(meta_train_filepath, "w") as f:
        json.dump(meta_train, f)
    with open(meta_test_filepath, "w") as f:
        json.dump(meta_test, f)

    # MLflow에 로그를 기록
    mlflow.log_artifacts(
        downstream_directory,
        artifact_path="downstream_directory",
    )


if __name__ == "__main__":
    main()
```

데이터 취득 아티팩트로 다음과 같은 데이터 트리가 생성된다. train 디렉터리와 test 디렉터리에는 이미지 파일로 변환된 데이터가 한 장씩 저장되어 있다.

[커맨드]

```
# 1. 데이터 취득 아티팩트
$ tree
mlruns/0/08b61240b59843968b7412bedf994d29/artifacts/
downstream_directory
├── cifar-10-batches-py
│   ├── batches.meta
│   ├── data_batch_1
│   ├── data_batch_2
│   ├── data_batch_3
│   ├── data_batch_4
│   ├── data_batch_5
│   ├── readme.html
│   └── test_batch
├── cifar-10-python.tar.gz
├── classes.json
├── meta_test.json
```

```
├── meta_train.json
├── test
│   ├── 0
│   │   ├── aeroplane_s_000002.png
│   │   └── ...
│   ├── 1
│   ├── ...
│   └── 9
└── train
    ├── 0
    ├── ...
    └── 9
```

학습에서는 데이터의 취득으로 생성된 이미지 파일을 사용해서 모델을 학습한다. Cifar-10의 분류문제를 학습하는 딥러닝 모델은 이미 많이 알려져 있다. 이번에는 그중에서도 VGG11(URL https://arxiv.org/pdf/1409.1556.pdf)을 사용하고, 모델 자체에 관한 자세한 내용은 생략하기로 한다(코드 2.8).

코드 2.8 train/src/train.py

```python
import argparse
import os

import mlflow
import mlflow.pytorch
import torch
import torch.nn as nn
import torch.optim as optim
from src.model import (
    VGG11,
    Cifar10Dataset,
    evaluate,
    train,
)
from torch.utils.data import DataLoader
from torch.utils.tensorboard import SummaryWriter
from torchvision import transforms
```

```python
# 가독성을 위해 여러 파일로 나누어 작성된 코드를
# 하나의 파일로 정리하고, 불필요한 처리는 생략함

# 학습의 실행
def start_run(
    mlflow_experiment_id: str,
    upstream_directory: str,
    downstream_directory: str,
    tensorboard_directory: str,
    batch_size: int,
    num_workers: int,
    epochs: int,
    learning_rate: float,
):
    # GPU 사용여부 지정
    device = torch.device(
        "cuda:0" if torch.cuda.is_available() else "cpu",
    )

    # TensorBoard에 로그를 기록
    writer = SummaryWriter(log_dir=tensorboard_directory)

    # 이미지 전처리
    transform = transforms.Compose(
        [
            transforms.ToTensor(),
            transforms.Normalize(
                (
                    0.4914,
                    0.4822,
                    0.4465,
                ),
                (
                    0.2023,
                    0.1994,
                    0.2010,
                ),
            ),
```

```python
        ],
    )

    # 데이터 취득 ( preprocess ) 에서 만든 데이터 불러오기
    train_dataset = Cifar10Dataset(
        data_directory=os.path.join(
            upstream_directory,
            "train",
        ),
        transform=transform,
    )
    train_dataloader = DataLoader(
        train_dataset,
        batch_size=batch_size,
        shuffle=True,
        num_workers=num_workers,
    )
    test_dataset = Cifar10Dataset(
        data_directory=os.path.join(
            upstream_directory,
            "test",
        ),
        transform=transform,
    )
    test_dataloader = DataLoader(
        test_dataset,
        batch_size=batch_size,
        shuffle=False,
        num_workers=num_workers,
    )

    # VGG11 모델 초기화
    model = VGG11().to(device)
    model.eval()

    mlflow.pytorch.log_model(model, "model")

    # 최적화 함수 정의
```

```python
criterion = nn.CrossEntropyLoss()
optimizer = optim.Adam(
    model.parameters(),
    lr=learning_rate,
)

# 학습
train(
    model=model,
    train_dataloader=train_dataloader,
    test_dataloader=test_dataloader,
    criterion=criterion,
    optimizer=optimizer,
    epochs=epochs,
    writer=writer,
    checkpoints_directory=downstream_directory,
    device=device,
)

# 평가
accuracy, loss = evaluate(
    model=model,
    test_dataloader=test_dataloader,
    criterion=criterion,
    writer=writer,
    epoch=epochs + 1,
    device=device,
)


writer.close()

# .pth 파일 및 .onnx 파일 형식으로 모델을 저장
model_file_name = os.path.join(
    downstream_directory,
    f"cifar10_{mlflow_experiment_id}.pth",
)
onnx_file_name = os.path.join(
```

```python
        downstream_directory,
        f"cifar10_{mlflow_experiment_id}.onnx",
    )
    torch.save(model.state_dict(), model_file_name)
    dummy_input = torch.randn(1, 3, 32, 32)
    torch.onnx.export(
        model,
        dummy_input,
        onnx_file_name,
        verbose=True,
        input_names=["input"],
        output_names=["output"],
    )

    # MLflow로 학습결과와 아티팩트를 기록
    mlflow.log_param("optimizer", "Adam")
    mlflow.log_param(
        "preprocess",
        "Normalize((0.4914, 0.4822, 0.4465), (0.2023, 0.1994, 0.2010))",
    )
    mlflow.log_param("epochs", epochs)
    mlflow.log_param("learning_rate", learning_rate)
    mlflow.log_param("batch_size", batch_size)
    mlflow.log_param("num_workers", num_workers)
    mlflow.log_param("device", device)
    mlflow.log_metric("accuracy", accuracy)
    mlflow.log_metric("loss", loss)
    mlflow.log_artifact(model_file_name)
    mlflow.log_artifact(onnx_file_name)
    mlflow.log_artifacts(
        tensorboard_directory,
        artifact_path="tensorboard",
    )


def main():
    # argparse는 생략함
```

```python
    mlflow_experiment_id = int(
        os.getenv(
            "MLFLOW_EXPERIMENT_ID",
            0,
        )
    )

    start_run(
        mlflow_experiment_id=mlflow_experiment_id,
        upstream_directory=upstream_directory,
        downstream_directory=downstream_directory,
        tensorboard_directory=tensorboard_directory,
        batch_size=batch_size,
        num_workers=num_workers,
        epochs=epochs,
        learning_rate=learning_rate,
    )


if __name__ == "__main__":
    main()
```

MLflow로 파이프라인을 구현한다고 해서 데이터 취득이나 학습에서 특별히 더 고려해야 할 것은 없다. PyTorch로 작성된 학습 코드도 그대로 사용할 수 있다. 학습 종료 시점에서 아티팩트를 저장하고 평가 결과를 기록하는 부분에서만 MLflow가 등장한다. 다른 머신러닝 파이프라인 라이브러리에서도 유사한 구현 방식으로 동등한 처리가 가능하다.

학습의 결과로 PyTorch 형식(.pth)의 모델 체크포인트와 ONNX 형식(.onnx)으로 변환한 추론용 모델 파일이 출력된다. 또한, 학습 경과를 기록하기 위해 Tensorboard 로그를 출력한다. 학습의 결과로 다음과 같은 아티팩트가 MLflow의 기록 디렉터리에 저장된다.

[커맨드]

```
$ tree
mlruns/0/43b3c07c316e487b97c194d043e14c49/artifacts
    ├── cifar10_0.onnx
    ├── tensorboard
    │   ├── events.out.tfevents.1610185254.3699276fad3a.1.0
    │   └── ...
    └── model
        ├── MLmodel
        ├── conda.yaml
        ├── data
        ├── model.pth
        └── pickle_module_info.txt
```

이어서 추론용 도커 이미지를 빌드해 보자. 학습에서 생성한 ONNX 파일(cifar10_0.onnx)을 추론용 Dockerfile에 포함해서 도커 이미지를 빌드한다. 이미지의 빌드는 파이썬이 아닌 도커 커맨드라인 툴로 실행한다.

모델 파일을 포함한 도커 이미지를 빌드하고 기동하는 방법은 3장에서 설명한다.

[커맨드]

```
$ docker build \
    -t ${dockerimage} \
    -f ${dockerfile_path} \
    --build-arg model_filename=${model_filename} \
    --build-arg model_directory=${model_directory} \
    --build-arg entrypoint_path=${entrypoint_path} \
    .
```

마지막 시스템 평가에서는 추론 결과의 Accuracy와 지연을 평가한다. 빌드에서 작성한 도커 이미지를 추론기로써 기동하고, 추론기로 요청을 보내서 추론 결과와 추론 소요 시간을 측정한다. 데이터로는 데이터 취득으로 생성한 테스트 데이터 10,000장을 사용한다.

코드 2.9의 평가 코드에서 추론기로 추론 요청을 보내고, 정답 라벨과 비교한 결과를 기록한다. 동시에 추론의 지연시간도 측정한다. 이번 장에서는 자세히 설명하지 않지만, 추론기로 요청을 보내는 방법은 4장에서, 성능 평가와 부하 테스트 방법은 6장에서 구현 방법과 함께 자세히 설명한다.

코드 2.9 evaluate/src/evaluate.py

```python
import argparse
import json
import os
import time
from typing import Dict

import mlflow
from PIL import Image

from sklearn.metrics import accuracy_score

# 가독성을 위해 여러 파일로 나누어 작성된 코드를
# 하나의 파일로 정리하고, 불필요한 처리는 생략함

def evaluate(
    test_data_directory: str,
) -> Dict:

    # 추론 인스턴스
    classifier = Classifier(
        serving_address="localhost:50051",
        onnx_input_name="input",
        onnx_output_name="output",
    )
    # 테스트 데이터 목록
    directory_list = os.listdir(test_data_directory)
    predictions = {}
    predicted = []
    labels = []
    durations = []
```

```python
# 테스트 데이터를 순차적으로 추론하고 평가
for c in directory_list:
    c_path = os.path.join(test_data_directory, c)
    c_list = os.listdir(c_path)
    images = {}
    for f in c_list:
        image_path = os.path.join(c_path, f)
        image = Image.open(image_path)
        images[image_path] = image
    for p, i in images.items():
        # 추론에 소요되는 시간을 측정
        start = time.time()
        x = classifier.predict_label(i)
        end = time.time()
        duration = end - start
        predicted.append(x)
        labels.append(int(c))
        durations.append(duration)
        predictions[p] = {"label": c, "prediction": x}

# 결과를 집계
total_time = sum(durations)
total_tested = len(predicted)
average_duration = total_time / total_tested
accuracy = accuracy_score(labels, predicted)

evaluation = {
    "total_tested": total_tested,
    "accuracy": accuracy,
    "total_time": total_time,
    "average_duration": average_duration,
}

return {
    "evaluation": evaluation,
    "predictions": predictions,
}
```

```python
def main():
    # argparse는 생략함

    mlflow_experiment_id = int(os.getenv(
        "MLFLOW_EXPERIMENT_ID",
        0,
    ))

    # 평가를 실행
    result = evaluate(
        test_data_directory=test_data_directory,
    )

    # 평가를 기록
    log_file = os.path.join(
        downstream_directory,
        f"{mlflow_experiment_id}.json",
    )
    with open(log_file, "w") as f:
        json.dump(log_file, f)

    # MLflow로 평가를 기록
    mlflow.log_metric(
        "total_tested",
        result["evaluation"]["total_tested"],
    )
    mlflow.log_metric(
        "total_time",
        result["evaluation"]["total_time"],
    )
    mlflow.log_metric(
        "accuracy",
        result["evaluation"]["accuracy"],
    )
    mlflow.log_metric(
        "average_duration_second",
        result["evaluation"]["average_duration_second"],
    )
```

```
    mlflow.log_artifact(log_file)


if __name__ == "__main__":
    main()
```

이것으로 파이프라인의 정의가 끝났으니 파이프라인을 실행해 보자. MLflow를 통해 정의한 파이프라인은 다음 커맨드로 실행한다.

[커맨드]

```
$ pwd
~/ml-system-in-actions/chapter2_training/cifar10
$ mlflow run .
```

위의 커맨드를 실행하면 데이터의 취득부터 학습, 빌드, 평가까지의 단계가 순서대로 실행된다. 각 단계의 실행 로그나 아티팩트는 ./mlruns/ 디렉터리에 기록되고, 실행할 때마다 각 작업에는 고유의 버전이 부여되며, 실행 기록은 ./mlruns/ 아래의 개별 디렉터리에 저장된다. 개별 디렉터리와 버전으로 관리되기 때문에 파이프라인의 결과를 덮어쓸 염려는 없다.

이상으로 데이터를 취득해서 머신러닝을 통해 분류 모델을 학습하고 모델을 추론기로 가동, 평가할 수 있게 되었다. 머신러닝 개발 프로세스를 파이프라인으로 정의하면 각 단계를 일괄적으로 실행할 수 있으며 그 기록 또한 단계별로 관리할 수 있다.

2.4.5. 이점

- 작업이 소모하는 자원이나 라이브러리 선정 등이 유연함.
- 에러가 발생한 부분을 작업별로 분리하기 쉬움.
- 워크로드 및 데이터에 따른 유연한 작업 관리가 가능함.

2.4.6. 검토사항

머신러닝, 특히 딥러닝에서는 학습에 풍부한 컴퓨팅 리소스가 필요하다. 파이프라인에서는 전처리, 학습, 평가, 빌드, 시스템 평가마다 개별 작업을 기동함과 동시에 자원을 확보한다. 개별 작업이 완료될 때마다 자원을 반환하는 것이 좋다. 학습을 위해 항상 GPU 서버를 켜둘 필요는 없다. 머신러닝 모델 개선을 위해 학습 파이프라인을 여러 번 실행하는 것은 필요할지 모르지만, 비용 대비 효과는 검토해야 한다. 비즈니스에 소요되는 예산은 한정되어 있으며, 머신러닝 개발에 할당할 수 있는 예산 중 일부가 학습에 쓰일 수 있는 예산이다. 때에 따라서는 예산 사정으로 인해 딥러닝을 사용하지 않겠다(또는 경량 모델로 한정한다)는 판단도 충분히 나올 수 있다.

학습 파이프라인에서 사용하는 OS, 언어, 의존 라이브러리 버전은 반드시 기록해야 한다. 이 버전들은 이어지는 추론 과정에서 필요한 정보이기 때문에 학습을 어떤 소프트웨어 스택에서 실행했는지 학습 기록과 함께 관리하는 것이 좋다. 그러지 않으면 모델 파일은 가지고 있지만, 추론기에 포함할 수 없게 되는 등의 사태가 발생할 위험이 있다.

2.5 배치 학습 패턴

파이프라인 학습 패턴에서는 학습 프로세스의 분할과 기록을 수행했다. 이어서 설명할 배치(batch) 학습 패턴은 학습의 실행 자동화에 대한 내용이다. 안정적으로 학습할 수 있고 파이프라인을 통해 로그와 평가를 기록할 수 있게 되면 배치 작업으로 학습을 자동 실행할 수 있다.

2.5.1. 유스케이스

- 정기적인 배치 단위로 모델 학습을 실행하고 싶은 경우.

2.5.2. 해결하려는 과제

머신러닝 모델의 학습을 정기적으로 실행하고 싶은 경우가 있다. 머신러닝 모델을 실제 시스템의 추론기에 포함할 경우, 입력 데이터와 추론 결과를 로그로 기록해 향후 모델 개선에 활용할 수 있다. 축적된 데이터로 다시 모델을 학습하면 최신 데이터의 경향을 반영한 모델을 만들 수 있다. 머신러닝 모델은 대부분의 경우 학습한 직후에 추론한 결과가 가장 정확하지만, 시간이 흐름에 따라(데이터의 변화와 함께) 정확도는 점차 떨어지는 모습을 보인다. 따라서 최신 데이터로 다시 학습하면 이와 같은 모델의 흔들림을 늦출 수 있다.

특정 계절이나 시기에 최적화된 모델이 학습된 경우나 최신 데이터의 경향을 반영하도록 학습하는 것이 중요한 비즈니스의 경우, 매번 수동으로 학습을 실행하는 것은 비효율적이다. 이때는 모델의 알고리즘을 자주 변경할 필요가 없는 한 정기적인 배치 단위로 학습을 실행하는 것이 현명하다.

2.5.3. 아키텍처

머신러닝 모델을 정기적으로 갱신하고 싶은 경우에는 배치 학습 패턴이 유용하다. 학습을 작업으로 정의한 다음 스케줄링 시스템(cron 등)이나 작업 관리 서버에 작업의 실행 조건(일시, 데이터양, 이용량 등)을 등록하고 실행할 수 있다. 간단하게 구성한다면 리눅스에서 cron을 사용할 수 있고, 각종 클라우드가 제공하는 정기 실행 서비스를 활용해도 된다. 그리고 소프트웨어 벤더가 제공하는 작업 관리 서버도 하나의 선택지가 될 수 있다.

배치 학습 패턴은 모델의 학습을 자동화할 때 가장 전형적인 패턴이며, 아키텍처는 그림 2.10과 같다.

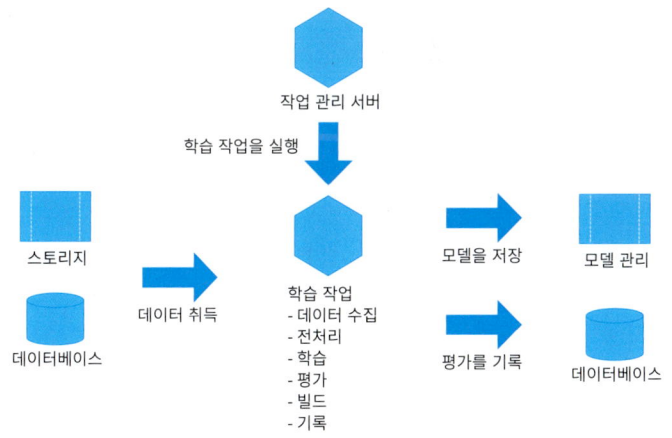

그림 2.10 배치 학습 패턴의 아키텍처

2.5.4. 구현

앞 절의 파이프라인 학습을 cron으로 정기 실행하는 방법에 대해 알아보자. 학습 작업은 코드 2.10의 셸 스크립트로 실행한다. 셸 스크립트의 파일 경로는 **/opt/cifar10/run_train.sh**이다.

코드 2.10 셸 스크립트

```
#!/bin/bash

set -eu

mlflow run .
```

cron에서는 위의 셸 스크립트를 실행한다. cron은 표준으로 사용자의 홈 디렉터리에서 실행되기 때문에 위의 셸 스크립트가 있는 **/opt** 디렉터리로 이동해서 학습 작업을 실행해야 한다. 매일 0시에 학습 작업을 실행하고 싶다면 다음과 같이 cron에 등록할 수 있다.[5]

[커맨드]

```
* 0 * * * cd /opt/cifar10; ./run_train.sh
```

이것으로 파이프라인 학습을 정기적으로 실행할 수 있게 되었다. 실행 결과는 모델 관리 서비스 및 MLflow의 로그에 기록되므로 학습 완료 후 확인할 수 있다.

2.5.5. 이점

- 정기적으로 모델을 학습하고 갱신이 가능함.

2.5.6. 검토사항

머신러닝의 학습 파이프라인은 다음과 같은 작업을 포함한다.

---

[5] (엮은이) cron 항목은 분, 시, 일, 월, 요일, 실행할 명령의 여섯 부분으로 이뤄진다.

1. DWH(데이터 웨어하우스) 등에서 데이터 수집
2. 데이터의 전처리
3. 학습
4. 평가
5. 모델 및 추론기의 빌드
6. 모델, 추론기, 평가의 기록

각 흐름에서 에러가 발생한 경우의 대처는 배치 단위와 추론기의 서비스 수준에 따라 적절히 검토한다.

추론 모델을 항상 최신으로 유지할 필요가 있는 경우(서비스 수준이 높은 경우), 에러가 발생하면 재시도하거나 운용자에게 통보해야 한다. 항상 최신일 필요가 없다면 에러만 통보해 두고 나중에 수동으로 다시 실행하면 된다.

에러가 발생하면 해당 부분을 기록해서 에러 로그로부터 트러블슈팅과 복구를 할 수 있게 대책을 세워야 한다. 위의 작업 플로우 중 1번에서 오류가 발생했다면 DWH나 입력 데이터가 불량일 가능성이 있다. DWH의 관리나 데이터의 이상 진단 또는 이상치 검출 등을 시도해 보는 것이 타당하다(Int 값이 있어야 할 자리에 Char 값이 들어 있거나 0~1 사이의 값이 들어가야 하는데 10이 포함되어 있는 등). 비정상 데이터를 포함하고 있어서 작업이 멈춘 것이라면 자동 재시도로 대응하는 것은 불가능하기 때문에 사전에 이상치를 제외하는 방식을 구현하거나 매뉴얼을 통해 예외적으로 대응하는 방식이 필요하다.

한편 2~4번 작업에서는 모델의 성능이 요구되는 서비스 수준을 충족하지 못할 가능성을 생각할 수 있다. 이때는 전처리 방법이나 하이퍼파라미터의 설정이 현시점의 데이터에 적합하지 않을 가능성이 있기 때문에 데이터 분석과 모델의 튜닝이 필요하다.

5번과 6번 작업은 빌드 에러나 기록 에러 등 시스템 장애에 기인하는 경우를 생각할 수 있다. 빌드나 기록에 사용하고 있는 시스템(서버, 스토리지, 데이터베이스, 네트워크, 미들웨어, 라이브러리 등)의 장애 리포트를 확인할 필요가 있다.

안티 패턴 (복잡한 파이프라인 패턴)

머신러닝의 학습을 파이프라인으로 구현하는 과정에 대해 설명했는데, 파이프라인에 필요 이상으로 다양한 작업을 추가해서 복잡하게 만들면 파이프라인의 운용이나 트러블슈팅이 굉장히 어려워진다. 학습 페이즈에서 이뤄지는 개발은 파이프라인의 프로그램뿐만 아니라, 데이터에도 의존한다. 데이터가 달라지면 파이프라인도 변경해야 한다. 복잡한 파이프라인을 만들수록 데이터의 변화에 대응하기 위해 공수가 커지는데, 이러한 사태는 분명 피해야 할 안티패턴이다.

2.6.1. 상황

- 한 가지 모델의 학습을 위한 학습 파이프라인이 다양하고 복잡한 경우.
- 다양한 데이터를 취득하나, 그 방법이 적당하게 추상화되지 않은 경우.

2.6.2. 구체적인 문제

머신러닝의 학습 파이프라인에서는 학습뿐만 아니라 모델의 튜닝이나 실험, 평가를 수행한다. 다양한 데이터를 취득, 결합하고 다양한 파라미터 튜닝이나 실험을 병행한다면 파이프라인도 여러 갈래로 나뉘게 된다(그림 2.11). 파이프라인은 에러로 정지했을 경우 대응이 필요하다. 사내 시스템 기반의 일환이라고 생각한다면 머신러닝 기반의 운용은 필수다. 운용의 부하를 낮추기 위해 에러가 발생한 부분을 국소화하거나 파이프라인을 간단하게 잠그는 것이 중요하다.

학습 파이프라인이 복잡해지는 또 다른 요인은 데이터 접근 방법이 다양하기 때문이다. 학습에 사용하는 데이터가 여러 가지 데이터 스토어(RDB, NoSQL, NAS, 웹 API, 클라우드, Hadoop, 또는 복수 거점 등)에 저장되어 있다면 이들과의 접근 방법이나 인증 인가는 따로 정해져 있을 것이다. 각 데이터 스토어로의 접근을 추상화하는 라이브러리를 사용하는 것을 권장하지만, 데이터가 흩어져 있는 상태는 데이터 엔지니어의 공수와 건강에 악영향을 주기 때문에 데이터를 정리해 두는(적절한 DWH를 선택한다) 것이 매우 중요하다.

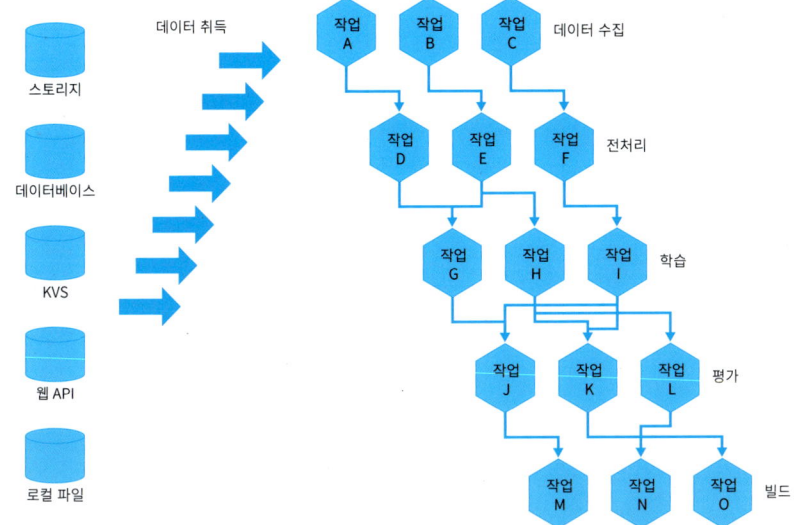

그림 2.11 안티 패턴(복잡한 파이프라인 패턴)의 아키텍처

2.6.3. 이점

- 복잡한 파이프라인으로 다양한 처리를 실행할 수 있음.

2.6.4. 과제

- 운용이 곤란함.

2.6.5. 해결방법

- 작업 간 의존 관계는 파이프라인 구축 시 제어할 수 있다면 좋음.
- 데이터는 반드시 정리할 것.

모델 릴리스하기

머신러닝 모델을 개발하는 것만이 끝은 아니다. 실제 시스템에 릴리스하고 사용할 수 있는 상태로 만들어야 한다. 머신러닝 모델은 프로그램과 파일로 구성된다. 이 두 가지를 시스템에 포함시켜 사용자에게 공개하는 방법에 대해 알아보자.

3.1 학습환경과 추론환경

머신러닝 모델을 만드는 학습환경과 모델을 사용해 추론을 수행하는 추론환경은 다르다. 학습환경에서는 풍부한 컴퓨팅 자원과 학습용 라이브러리를 함께 활용해 모델을 개발하고, 추론환경에서는 한정된 자원으로 추론용 라이브러리를 통해 추론을 수행한다. 머신러닝 모델을 릴리스하기 위해서는 반드시 추론환경을 기준으로 모델을 제공해야 할 뿐만 아니라, 추론환경에 적합한 프로그램이나 라이브러리도 같이 작성해야 한다.

3.1.1. 시작하기

머신러닝의 재미 중 하나는 같은 데이터로 다양한 알고리즘을 사용해 최적의 파라미터를 탐색함으로써 더욱 나은 모델로 개선할 수 있다는 점이다. 일반적으로 학습 페이즈에서는 모델의 파라미터나 알고리즘을 검증하고, 학습을 진행한 뒤 모델에 대한 평가를 치르며 개선한다. 학습을 담당하는 당사자는 작은 변화를 꾀하면서 손실 값이 서서히 내려가는 것을 직접 볼 수 있기 때문에 마치 게임에서 레벨업 하는 것과 같은 기분을 맛볼 수 있어 즐겁게 느껴지기도 할 것이다. 이처럼 머신러닝의 학습은 실험과 검증의 색이 짙은 태스크다. 데이터와 직면한 과제에 대해 보다 좋은 모델을 찾아내기 위해서는 다양한 알고리즘과 파라미터로 학습을 여러 번 반복하며 평가하게 된다. 따라서 효율적인 학습을 위해 학습을 몇 번이고 빠르게 반복하는 것만을 중요하게 여겨 GPU와 같은 풍부한 컴퓨팅 자원으로 품질보다는 생산성에 치우친 실험용 코드를 작성하는 개발 스타일이 확립된다. 다시 말해, 기존의 소프트웨어 엔지니어링 관점에서 자주 거론되는, 문제가 산더미처럼 쌓여 리팩터링이 필요한 상태의 코드(가독성이 낮고 테스트가 작성되어 있지 않으며 재현성도 보장하지 않는)를 양산하기에 이른다. 그러나 단순히 실험을 통한 결과 도출을 목적으로 생각한다면 이는 어쩌면 이해할 수도 있는 당연한 현상일지도 모른다.

학습 방법이나 학습 결과를 연구논문으로 집필하고 학회에서 발표하는 경우는 보통 학습 자체에서 학술적인 가치를 찾을 수 있다. 그러나 비즈니스의 목적으로 모델을 개발한다면 모델이 과제 해결에 직접적인 역할을 해야 한다. 다시 말해, 학습한 모델을 실제 시스템으로 릴리스해서 가치를 창출해내는 것이 중요하다. 모델을 릴리스하고 실제 환경에서 추론할 수 없다면 실험에 사용한 비용(컴퓨팅 자원뿐만 아니라 머신러닝 엔지니어의 작업 비용도 포함)을 낭비하게 되는 셈이다.

이번 장에서는 모델을 실제 시스템으로 릴리스하는 방법과 안티 패턴을 설명하고, 이어지는 4장에서는 모델을 추론기로 구현하는 패턴을 알아본다.

3.1.2. 학습환경과 추론환경

학습환경과 추론환경은 그 목적이나 비용구조가 다르다(그림 3.1). 따라서 학습환경과 추론환경은 서로 전혀 다른 컴퓨팅 자원이나 코드, 라이브러리가 사용될 수 있다.

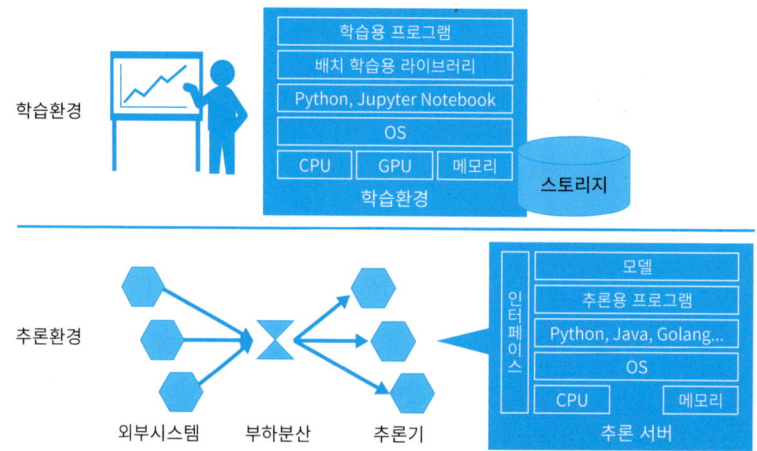

그림 3.1 학습환경과 추론환경

모델을 릴리스하는 과정에서 가장 먼저 직면하게 되는 문제는 학습환경 및 학습용 코드와 추론에서 필요로 하는 시스템 사이의 괴리에 의한 것들이 대부분이다. 앞에서 언급한 것처럼 학습 페이즈에서는 효율적인 실험 진행을 위해 풍부한 컴퓨팅 리소스와 함께 실험용 코드를 주로 실행한다. 따라서 학습 페이즈는 일시적으로 초기 비용이 컴퓨팅 자원에 투자되는 시점이기도 하다. 또한, 실험에 목적을 둔 페이즈이기도 하기 때문에 코드 리뷰나 단위 테스트, 리팩터링은 사실상 거의 이뤄지지 않는다. 극단적으로 말하자면, 실험 당사자만이 이해하고 실행할 수 있는 코드로 학습이 이뤄진다.

반면, 추론 페이즈에서는 모델과 추론 코드가 실제 시스템에 포함되어 다른 시스템과 연계 가동되고 운용된다. 프로덕트에 따라서는 사용자가 직접 사용해서 사용자 경험이나 비즈니스를 좌우하는 기능이 머신러닝 모델을 포함하기도 한다. 머신러닝 모델 또는 추론기가 어떤 원인에 의해 장애가 발생해 정지하거나 잘못된 추론을 하는 경우, 비즈니스에 손실이 생길 우려가 있다. 따라서 장애나 문제가 발생하면 이를 감지하고 트러블슈팅을 통해 즉시 복구해야 한다. 담당 엔지니어는 문제가 되는 코드를 사전에 파악해야 하고, 시스템의 거동을 미리 이해한 다음 장애를 특정, 개선할 수 있어야 한다. 트러블슈팅의 효율을 높이려면 시스템 작동을 추적할 수 있게 코드를 설계·작성해야 한다. 또한, 시스템을 특정 인원만이 실행할 수 있게 해서는 안 된다.

또한, 추론환경은 비즈니스가 지속되는 한 끊김 없이 가동되어야 한다. 그러므로 추론기의 비용은 항상 발생하기 마련이다. 클라우드를 사용한다면 컴퓨팅 자원(CPU나 메모리)의 스펙에 따라 시간 단위로 과금이 발생하기 때문에 필요한 자원의 사용량을 최소한으로 조정하는 것이 이익으로 이어지는 구조가 될 수 있다. 클라우드가 아닌 온프레미스(On-premise) 환경에서도 서버의 전력과 같은 운용 비용은 발생한다. 추론의 속도를 높이기 위해 GPU와 풍부한 메모리를 확보하는 경우도 있겠지만, 필요하지 않다면 상대적으로 저렴한 CPU와 최소한의 메모리 용량으로 운용하며, 부하에 따라 오토 스케일 하는 설계가 비용적인 측면에서는 바람직하다.

학습환경과 추론환경에서 사용하는 라이브러리나 툴 역시 다르기 마련이다 그림 3.2). 학습환경에서는 파이썬(https://www.python.org/)과 주피터 노트북(https://jupyter.org/)을 주로 사용하며, 필요한 라이브러리를 순차적으로 추가하면서 개발을 진행한다. 딥러닝 모델을 개발한다면 GPU에서 학습을 실행하기 위한 GPU용 라이브러리를 사용한다. 예를 들어 같은 TensorFlow(URL https://www.tensorflow.org/)일지라도 CPU 버전과 GPU 버전을 구분해서 필요한 라이브러리를 설치해야 한다.

반면, 추론환경에서 주피터 노트북을 사용하는 경우는 드물다. 파이썬 코드를 시스템으로 사용할 때는 주피터 노트북에서 제공하는 .ipynb 파일이 아닌 .py 파일로 파이썬 모듈을 실행한다. 시스템 요건에 따라서는 파이썬조차도 사용하지 않고, Java나 C++에서 모델을 로드하고 실행하는 경우도 있다. 주로 CPU를 컴퓨팅 자원으로 사용할 경우, 라이브러리는 학습환경에서 사용한 GPU 버전이 아닌 CPU 버전을 사용하는 것이 좋다. 같은 모델을 가동할 때 CPU와

GPU에서 로직이 달라지지는 않지만, 한 번의 추론에 소요되는 처리 시간이나 컴퓨터 내부에서 이뤄지는 연산 방법 등이 달라지기 때문이다.

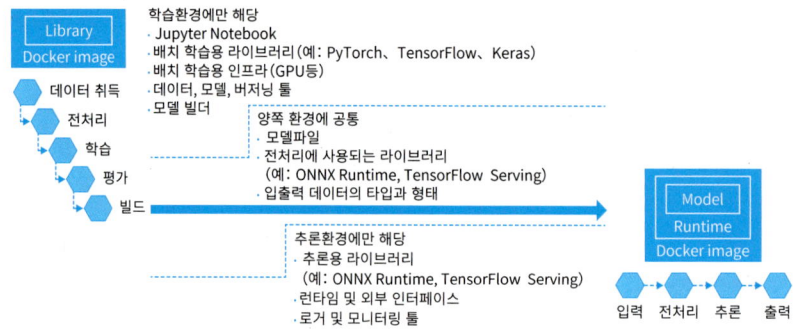

그림 3.2 학습환경과 추론환경에서 사용되는 라이브러리 및 툴

추론을 위한 전용 라이브러리도 존재한다. 유명한 라이브러리로는 TensorFlow Serving이나 ONNX Runtime을 들 수 있다. 학습한 모델을 추론용 포맷으로 변환한 다음 이와 같은 라이브러리를 통해 추론기를 가동할 수 있다.

학습 페이즈에서는 코드를 라인 단위로 실행하고, 실험 결과를 검증하면서 개발해 나가는 방식이 일반적인 흐름이다. 에러가 발생하더라도 출력된 에러를 읽는 즉시 코드 수정이 가능하기 때문이다. 반면 추론환경에서는 추론 모델이 시스템에 포함되어 상시 가동 중일 것이므로 테스트가 끝난 코드를 런타임으로 실행하게 된다. 추론은 학습 페이즈처럼 단계적으로 수동 실행하는 방식이 아니기 때문에 장애가 발생하면 로그로 출력된 에러 코드를 읽고 이를 수정한 패치를 만들어 다른 시스템에 대한 영향까지도 고려하며 대응해야 한다.

지금까지 학습환경과 추론환경은 서로 전혀 다른 시스템 구성이 필요하다는 점에 관해 설명했다. 그러나 학습환경과 추론환경에서 공통으로 사용하는 컴포넌트도 존재한다. 당연히 모델 파일은 학습과 추론에 관계없이 같은 것을 사용한다. 그리고 머신러닝 라이브러리가 서로 다르더라도 전처리에 사용한 라이브러리나 그 구현 방식이 같은 경우도 있다. 가장 중요한 공통점으로, 입출력 데이터의 타입(Float16이나 Int8 등)과 형태(3차원 배열이나 배열의 길이 등)를 들 수 있다. 학습과 추론에서 입출력 데이터의 타입이나 형태가 바뀌는 일은 없으며, 바뀌어서도 안 된다. 머신러닝은 입력 데이터에 대해 학습한 결과를 출력할 때 내부에서는 기존 컴퓨터 프로그램과 마찬가지로 메모리상에 정의된 데이터를 CPU로 읽어 연산이 이뤄진다. 그러므로 입력 데이터의 타입, Float16과 Float32는 별개로 취급해야 마땅하고, 이에 따라 연산 결과도 달라진다. 파이썬 언어에서는 변수 타입이 동적으로 정해지므로 개발자가 입출력 데이터의 타입을 명시하지 않아도 되지만, 학습 환경을 추론기로 이행할 때는 두 환경에서 다루는 변수의 데이터 타입을 반드시 확인해서 맞춰줘야 한다.

필자는 머신러닝 모델을 도입한 실제 시스템에서 프로그램은 정상 작동하는 반면, 데이터의 타입이 다르다는 이유로 예상 밖의 추론 결과가 출력되는 장애를 많이 겪었다. 실제로, 학습과 추론, 양쪽 환경을 모두 파이썬으로 개발하다 보면 어느 쪽이든 데이터의 타입을 직접 정의하지 않은 채 마무리 짓는 경우가 많다. 따라서 모델에 입력하기 직전의 데이터와 출력된 변수 데이터의 타입은 학습 단계에서 명시하도록 권장하고 있다.

이상으로, 학습환경과 추론환경에서는 서로 다른 컴퓨팅 자원과 프로그램이 사용되고 있음을 살펴보았다. 두 환경의 차이를 충분히 이해하고 모델의 릴리스를 효율적으로 이끄는 것이 이번 장의 목표다. 이어서, 모델을 릴리스하는 절차와 구현 방법을 안티 패턴과 함께 설명한다. 머신러닝을 단순히 학습에서 끝내지 않고, 비즈니스나 프로덕트에 공헌하는 것을 목표로 삼고 이어지는 내용을 살펴보자.

3.2 안티 패턴 (버전 불일치 패턴)

머신러닝 모델을 실제 시스템에 릴리스할 때 빈번하게 발생하는 문제는 학습환경과 추론환경의 OS나 라이브러리 또는 프로그램의 불일치다. 특히, 동일한 버전의 라이브러리를 사용하도록 요구하는 모델의 경우, 버전을 일치시키지 않으면 릴리스가 어려워질 수 있다.

먼저, 머신러닝 모델을 릴리스할 때 주의해야 할 안티 패턴에 대해 설명한다. 바로 이전 '**3.1.2. 학습환경과 추론환경**'에서 살펴보았듯이, 머신러닝 모델을 추론기로 릴리스할 때 가장 문제가 되는 점은 학습 환경과 추론 환경에 차이가 있다는 것이다. 필자가 지금까지 ML옵스 엔지니어로 일하면서 두 환경의 차이를 충분히 인식하지 못한 채 모델을 릴리스하려다 실패한 프로젝트를 여러 번 겪어보았다. 이번 절에서는 학습환경과 추론환경에서 필요로 하는 라이브러리 간의 버전 일치가 중요하다는 점에 대해 설명한다.

3.2.1. 상황

- 학습환경과 추론환경에서 같은 라이브러리를 사용하고 있으나, 라이브러리의 버전이 일치하지 않는 경우.
- 추론기로 모델을 불러올 수 없는 경우.
- 추론기의 추론 결과가 학습환경에서 예상했던 추론 결과와 일치하지 않는 경우.

3.2.2. 구체적인 문제

학습환경에서 만든 모델을 추론기에 포함할 때, 학습환경과 추론환경에서 사용한 언어와 라이브러리는 버전을 일치시켜야 한다는 점이 중요하다. 예를 들어, 파이썬 2.7 버전으로 모델을 학습하고, 추론기에서 파이썬 3.9 버전을 사용하면 당연히 문제가 발생한다. 언어의 버전뿐만 아니라 라이브러리 버전에 대해서도 마찬가지다.

대표적으로 scikit-learn(URL https://scikit-learn.org/stable/)의 버전 불일치 문제를 들 수 있다. scikit-learn을 사용해 본 적 없는 머신러닝 엔지니어는 없다고 할 수 있을 정도로 scikit-learn은 강력하고 편리한 머신러닝 라이브러리다. 전반적인 모델 개발이 아닌, 전처리 과정에서만 scikit-learn을 사용하는 사례도 흔히 볼 수 있다.

scikit-learn에서 만든 모델을 추론기에 포함하는 경우(그림 3.3), 파이썬에서 제공하는 pickle 모듈로 모델을 출력해 .pkl 형식의 파일로 저장한 뒤, 추론기에서는 해당 .pkl 파일로 모델을 불러오는 프로세스가 일반적이다. pickle은 scikit-learn으로 만든 모델(실체는 머신러닝으로 학습한 파라미터를 가지는 클래스 객체)의 인스턴스 변수를 저장한다. .pkl 파일을 로딩하면 pickle 덤프를 통해 저장된 객체의 클래스가 파일을 불러오려는 환경에서 인스턴스화되는 구조다. 따라서 pickle로 저장했던 환경과 그것을 불러오려는 환경에서 라이브러리의 버전이 달라 실제로는 같은 클래스라 할지라도 변수나 함수가 바뀌었을 경우 .pkl 파일을 불러오지 못하게 된다. 이는 마치 다른 클래스(같은 라이브러리, 같은 클래스명이라 할지라도)를 사용하려고 하는 것과 다르지 않기 때문에 .pkl 파일을 불러올 수 없는 것도 당연할뿐더러, 더 큰 문제는 해당 .pkl 파일을 어느 라이브러리에서 어떤 버전으로 생성했는지 .pkl 파일 자체로는 판별할 수 없다는 점이다.

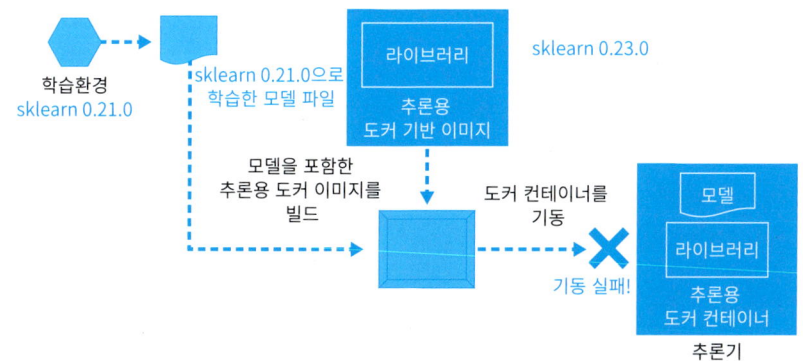

그림 3.3 학습환경과 추론환경에서 사용되는 라이브러리 및 툴

이러한 문제는 scikit-learn 이외의 소프트웨어에서도 발생할 수 있다. TensorFlow에서는 1.x 버전과 2.x 버전 사이에 구현 방법 등에서 큰 변화가 있었으며, 같은 클래스라도 달라진 사양이 많이 있다(`tensorflow.keras` 등). 또한, TensorFlow 1.x에서는 지원했지만, TensorFlow 2.x에서는 그렇지 않은 경우도 있다(`tensorflow.lite.TFLiteConverter`가 일부 연산을 지원하지 않음). PyTorch 역시 항시 호환성이 유지된다고 볼 수 없으며, 버전이 업데이트됨에 따라 기본으로 제공하는 텐서 형식이나 상수 등이 달라지기도 한다. 이와 같은 호환성 문제는 모든 라이브러리에서 발생할 수 있기 때문에 사용하는 쪽에서 대처하는 수밖에 없다.

버전에 따른 호환성 문제를 회피하기 위해 ONNX(URL https://onnx.ai/)를 사용하는 방법이 있다. ONNX란 머신러닝 모델의 중간 표현으로서, 서로 다른 라이브러리에서 학습한 모델을 공통된 ONNX 형식으로 변환해주는 역할을 한다. ONNX 형식으로 변환한 모델은 ONNX Runtime이라고 하는 공통의 추론엔진으로 가동시킬 수 있다. ONNX 형태로 출력해 두면 scikit-learn 모델을 pickle 형식으로 저장하지 않아도 되기 때문에 scikit-learn의 버전에 따른 문제는 일어나지 않는다. 단, ONNX는 모든 머신러닝 라이브러리를 지원하는 것은 아니며, 지원하는 라이브러리에서도 모든 연산을 지원하는 것은 아니다. 예를 들어, scikit-learn에서 독자적으로 커스터마이즈한 트랜스포머[1]는 ONNX에서 지원하지 않는다(2021년 2월 기

---

[1] (옮긴이) 본문에서 언급한 트랜스포머는 scikit-learn에서 제공하는 일종의 데이터 변환기이며, 자연어처리 분야에서 주로 등장하는 딥러닝 모델이 아니다.

준). ONNX 역시 모든 버전이 호환되는 것은 아니지만, 지원하는 버전의 호환 여부를 공개하고 있는 만큼 운용으로 대응 가능한 상태라고 볼 수 있다.

다시 머신러닝에 대해 생각해보면, 학습환경과 추론환경에서 공통으로 사용되는 라이브러리는 그 버전까지 포함해서 공유하는 구조를 만들어 두는 것이 좋다. 버전을 포함한 라이브러리 목록만 가지고 있다면 `pip install -r requirements.txt`를 추론환경에서 실행해 라이브러리 전체를 설치할 수 있다(목록이 없을 경우 `pip list freeze > requirements.txt`를 실행하면 만들 수 있음). `requirements.txt` 파일에는 학습할 때만 필요한 라이브러리도 포함되어 있기 때문에 불필요한 라이브러리는 제외하는 것이 좋으나, 이 목록을 사용하면 적어도 버전의 불일치가 발생하는 사태는 막을 수 있다. 학습환경의 TensorFlow에서 추론의 TensorFlow Serving으로 이행하는 경우에서 학습환경의 파이썬 라이브러리를 사용하지 않지만, 학습할 때 사용한 TensorFlow 버전은 메타데이터 파일로 출력하고 관리하는 구조를 준비하는 것이 좋다.

메타데이터 양식은 학습요건이나 추론환경에 따라 다양하게 작성할 수 있다. 다음 코드 3.1은 작성 예시 중 하나다.

코드 3.1 메타데이터 양식

```
metadata:
  train:
    docker_image: my-docker-image:latest
    python_version: 3.8.1
    platform: gpu
  inference:
    inference_type: classification
    input_data_type: jpg
    output_data_type: float16
    output_data_shape: [1, 1000]
    platform: cpu
    preprocess:
      docker_image: python:3.8-slim
      python_version: 3.8.1
      library:
        - joblib>=0.15.1
        - numpy>=1.18.5
        - onnxruntime>=1.4.0
```

```
            - Pillow==7.2.0
            - pydantic>=1.5.1
            - PyYAML>=5.3.1
            - scikit-learn==0.23.1
            - skl2onnx>=1.7.0
            - typing>=3.7.4.1
            - requests>=2.25.1
            - torch>=1.7.0
            - torchvision>=0.8.1
            - click>=7.1.2
    code_path: ./src/preprocess
    input_shape: [1, 3, 199, 199]
    input_type: float16
predict:
    docker_image: mcr.microsoft.com/onnxruntime/server:v1.5.2
    model_path: ./models/model.onnx
```

이와 같은 양식은 시스템 요건에 맞게 수정하면 크게 문제는 없지만, 메타데이터나 라이브러리 버전 파일 자체는 학습한 모델과 동시에 출력하는 워크플로를 지향해야 한다. 중요한 것은 학습환경에서 필요로 하는 대상을 출력해야 한다는 것이고, 추론기를 개발할 때 라이브러리나 버전 선택에 혼란을 주어서는 안 된다는 점이다.

3.2.3. 이점

- 라이브러리의 버전에 따른 호환성을 검증할 수 있음.

3.2.4. 과제

- 모델을 불러올 수 없음.
- 모델을 불러올 수는 있지만, 추론 결과가 학습할 때와 다름.

3.2.5. 해결방법

- 학습환경에서 사용한 라이브러리와 버전을 출력해서 추론기의 개발에 공유하는 구조나 워크플로를 구성함.

모델의 배포와 추론기의 가동

머신러닝을 실제 시스템에서 사용하기 위해서는 개발한 모델을 추론기에 포함시켜야 한다. 추론기의 일반적인 정의는 인프라와 소프트웨어, 그리고 모델 파일로 구성된 머신러닝 추론 실행환경이다. 모델은 결국 파일이기 때문에 추론기에 미리 넣어 두기도 하지만, 네트워크를 통해 배포하는 방법도 있다.

3.3.1. 모델을 릴리스한다는 것이란

안티 패턴에서는 주로 머신러닝 모델과 라이브러리의 관계에 대해 알아보았다. 추론환경에서 모델을 불러온 뒤 가동하기 위해서는 추론환경의 라이브러리 버전 선정이 필요하며, 동시에 모델을 배포하는 방법에 대해서도 고려해야 한다. 학습한 모델은 .pkl, SavedModel, .pth 또는 .onnx와 같은 특정 형식의 파일로 저장되어 있을 것이고, 이러한 모델 파일을 추론기에 담는 방법도 하나의 시스템으로 설계할 필요가 있다. 일반적으로 모델 파일의 배포 과정에서 겪는 어려움을 나열하면 다음과 같다.

1. 모델 파일이 수MB 이상의 사이즈인 경우
2. 배포 대상 추론기와의 호환성
3. 인벤토리 관리

1. 모델 파일이 수MB 이상의 사이즈인 경우

머신러닝 모델(가중치)은 결국 파라미터들이 뒤얽혀 있는 하나의 파일이기 때문에 딥러닝 모델이라면 그 용량은 수MB에서 수십 MB까지도 차지하는 경우를 흔히 볼 수 있다. 따라서 모델을 배포하고 교체하는 과정에서 네트워크 통신과 추론기를 통한 로딩만으로 수십 초 정도가 소요되기도 한다. 그러므로 실제 시스템이 가동 중인 경우라면 모델을 배포하고 갱신하는 중에는 시스템이 멈추지 않도록(또는 시스템을 멈춰도 되는 시간에 갱신하도록) 검토해야 한다. 시스템을 정지할 수 없다면 카나리 릴리스 방식으로 기존의 추론기와 새로운 추론기의 가동을 병행해 점차 새로운 추론기를 추가하며, 충분한 시간을 두고 교체하는 것이 좋다.

2. 배포 대상 추론기와의 호환성

배포 대상 추론기의 호환성은 3.2절의 안티 패턴에서 기술한 바와 같다. 추론기에 설치되어 있는 라이브러리의 버전과 모델이 일치해야 추론기를 정상적으로 가동시킬 수 있다. 이미 가동 중인 추론기가 있다면 설치된 라이브러리 버전을 관리해 두는 것이 좋다.

3. 인벤토리 관리

2번 항목에 대처하기 위해서는 인벤토리의 관리가 중요하다. 가동하고 있는 추론기의 OS나 라이브러리, 버전, 가동하고 있는 모델, 모델로 입력되는 데이터의 형식, 모델의 목적(분류, 회귀, 클러스터링 등)을 일원화하여 관리해야 한다. 물론 인벤토리 관리를 하지 않아도 당장 추론기의 가동에 문제가 생기는 것은 아니다. 길지 않은 기간(반년 정도)이라면 인벤토리 관리를 하지 않고도 모델 하나 정도는 문제없이 가동, 운용할 수도 있겠지만, 세월이 흘러 담당 엔지니어의 이동이 발생하면 언제부터 가동했는지조차 알 수 없는 추론기만 남겨지는 사태가 발생할 수 있다. 이와 같이 좋지 않은 선례를 만들지 않기 위해서라도 추론기의 인벤토리 관리는 매우 중요하다.

3.3.2. 학습환경과 추론환경의 라이브러리와 버전 선정

추론기의 개발에 앞서, 기능요건과 비기능요건을 나누어 기술을 선정한다. 자세한 내용은 이번 장과 4장에서 기술하되, 여기서는 라이브러리 선정에 초점을 맞춰 개발 할 때 주의할 점을 설명한다.

추론기에서 사용하는 라이브러리는 학습된 모델을 가동하기 위한 라이브러리다. 그렇다고 해서 학습된 모델에 치우친 라이브러리나 버전을 선택할 필요는 없다. 모델을 추론기에서 가동할 때 개발이 끝난 라이브러리나 보안상 취약점이 있는 버전의 라이브러리를 사용하는 행위는 피하는 것이 중요하다. 일반적으로 학습은 사내 인프라에서 이뤄지기 때문에 인터넷에 노출되지 않도록 보안이 철저한 환경에서 학습환경을 구축하고 있는 반면, 웹 시스템의 추론기는 사용자로부터 요청을 받기 때문에 엔드포인트가 인터넷에 공개된다. 또한, 추론 시스템에서는 0.1초의 지연이 사용자 경험이나 비즈니스에 영향을 줄 수 있지만, 학습환경에서는 추론의 속도나 지연을 고려하는 경우는 거의 없다.

물론 이러한 격차를 극복하기 위해 추론기의 앞단에 방화벽이나 프락시 서버, 인증 시스템을 설치해서 보안 강도를 높이고, 지연에 관해서도 성능 튜닝이나 스케일러빌리티를 인프라 수준에서 구현한다. 그렇다고 해서 이러한 대책들이 추론기가 사용하는 라이브러리의 취약성이나 라이브러리의 업데이트를 무시해도 될 만한 이유는 되지 않는다.

추론기에서 사용하는 라이브러리에 취약성이 있는 경우에는 학습환경의 라이브러리를 업데이트하거나 대체할 수 있는 라이브러리를 사용하는 등의 선택을 해야 한다. 비기능요건도 마찬가지로 라이브러리의 업데이트를 통해 해결할 수 있다면 업데이트를 실시한다. 학습할 때는 라이브러리의 기능적 측면(구현 가능한 모델이나 지원하는 연산)을 주로 눈여겨보기 쉽지만, 추론에서는 기능요건과 더불어 비기능요건(보안, 지연, 비용 등)을 실제 시스템에서 가동하는 수준으로 요구해야 한다.

학습과 추론에서 동일한 라이브러리를 사용할 필요가 있을 때는(scikit-learn, OpenCV(URL https://opencv.org/), MeCab(URL https://taku910.github.io/mecab/) 등은 공통으로 사용하는 경우가 빈번함) 추론기를 개발하는 팀이 엄격하게 라이브러리를 선정하는 경우가 더 많다. 왜냐하면 추론기를 실제 시스템에 포함시키기 위한 릴리스 조건으로 보안 기준이나 지연과 같은 비기능요건이 포함되는 경우가 있기 때문이다. 라이브러리 버전을 업데이트하지 않았음에도 불구하고 기능적으로 문제가 없는 경우에도 비기능요건을 충족시키지 않아 리스크를 내포하게 되거나 사용자 경험을 훼손시킬 가능성이 남게 된다. 이처럼 라이브러리의 버전은 학습환경뿐만 아니라, 추론기에서 필요한 요건까지도 포함해서 선정해야 한다.

라이브러리의 취약성에 대해서는 CVE(URL https://cve.mitre.org/index.html)나 JVN(URL https://jvndb.jvn.jp/)과 같은 데이터베이스를 통해 검색할 수 있다.

3.3.3. 추론기에 모델 포함하기

서버에 모델을 포함시켜 추론기로 가동할 때 필요한 컴포넌트는 다음과 같다.

- 인프라: 서버, CPU, 메모리, 스토리지, 네트워크.
- OS: Linux, Windows 등.
- 런타임: 머신러닝 모델을 불러오고 가동하기 위한 라이브러리. 추론 전용 라이브러리에서는 ONNX Runtime이나 TensorFlow Serving 등. 학습, 추론 공용이라면 scikit-learn 등.
- 모델 파일: 이미 학습된 모델 파일.
- 프로그램: 추론 요청에 대해 전처리, 추론, 후처리를 수행하고 응답하는 프로그램.

인프라, OS, 런타임은 기존의 것을 이용하는 경우가 많고, 직접 구성하는 경우는 드물다. 모델 파일은 학습을 통해 생성되지만, 학습한 모델을 이진화하는 것처럼 추론용으로 변환해야 하는 경우도 있다. 컴포넌트 중 프로그램은 반드시 직접 작성해서 사용한다. 입출력 데이터의 취급은 요건에 따라 다르겠지만, 추론기를 만드는 경우라면 데이터를 받고 난 다음 전처리와 추론을 거쳐 응답할 수 있도록 후처리하는 부분까지 프로그램으로 직접 개발해야 한다. 추론기를 작성하는 법은 4장에서 예제 코드와 함께 다루기로 하고, 이번 장에서는 모델 파일을 배포하는 방법을 패턴별로 설명한다.

머신러닝에서 모델 파일은 학습할 때마다 생성된다. 모델은 정확도에 따라 그 가치가 달라질 수 있기 때문에 보다 좋은 모델이 학습되었을 경우에 대비해 모델을 손쉽게 릴리스할 수 있는 상태를 준비하는 것이 이상적이다. 바꿔 말하면 모델의 릴리스 사이클과 OS, 런타임, 프로그램의 릴리스 사이클은 서로 일치하지 않으며, 경우에 따라서는 모델이 더 자주 릴리스될 수도 있다. 따라서 효율적으로 모델을 출시함과 동시에 모델을 정상 가동시킬 수 있는 방법이 필요하다.

모델을 릴리스하는 방법(그림 3.4)으로 크게 두 가지를 들 수 있다. 모델을 서버에 포함해 빌드하는 패턴과 가동이 끝난 서버로 외부에서 모델을 불러오는 패턴이 그것이다. 다음 절부터 이 두 가지 패턴에 대해 상세하게 살펴본다.

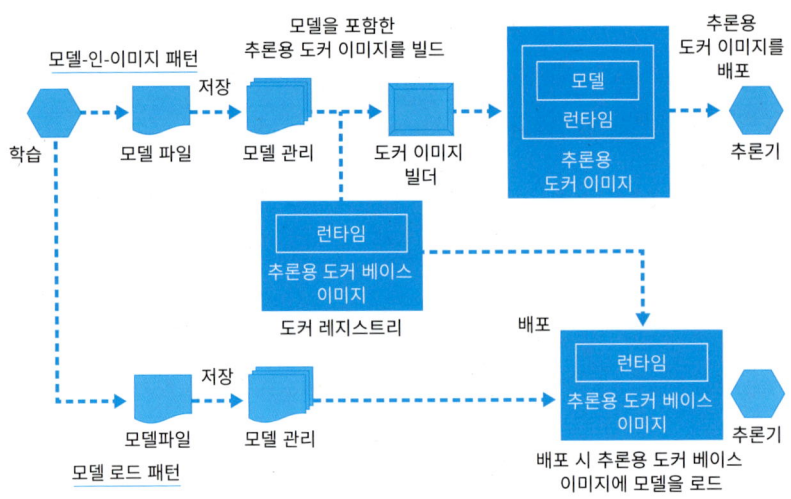

그림 3.4 모델을 릴리스하는 두 가지 패턴

 ## 3.4 모델-인-이미지 패턴

모델-인-이미지(model-in-image) 패턴은 추론기의 이미지에 모델 파일을 포함해서 빌드하는 방식이다. 모델을 포함해서 빌드하기 때문에 해당 모델의 전용 추론기 이미지를 생성할 수 있다.

3.4.1. 유스케이스

- 서버 이미지와 추론 모델의 버전을 일치시키고 싶은 경우.
- 추론 모델에 개별 서버 이미지를 준비하는 경우.

3.4.2. 해결하려는 과제

추론기를 가동하기 위해서는 서버로 모델을 불러와서 추론이 가능한 상태로 만들어야 한다. 추론기에 설치된 라이브러리나 버전에 따라서는 추론기를 가동하지 못할 수도(모델을 불러올 수 없음) 있기 때문에 이러한 사태를 미연에 방지하기 위해 릴리스하기 전에 미리 발견해야 한다.

릴리스 이전에 추론기를 가동시켜 테스트를 실시하면 추론기의 정상 가동 여부를 확인할 수 있다. 추론기 서버와 모델은 대부분 서로 다른 페이즈에서 개발한다. 따라서 서버나 모델의 수가 늘어남에 따라 테스트해야 하는 가짓수도 많아지기 때문에 서버와 모델의 모든 조합을 검증하는 것은 불가능하다.

모델-인-이미지 패턴에서는 모델을 포함한 서버를 빌드함으로써 오직 빌트-인 모델만을 가동시키는 서버를 구축한다. 다시 말해, 서버와 모델의 버전을 일치시킬 수 있기 때문에 정상적인 가동이 가능한 서버를 모델과 일대일로 정리할 수 있다는 장점이 있다.

3.4.3. 아키텍처

클라우드나 컨테이너에서 사전에 빌드한 서버 이미지를 사용해 서버를 가동시키는 것이 이제는 일반적인 수순이 되었다. 머신러닝 시스템을 운용하기 위한 서버 이미지와 추론용 모델 파일을 관리하는 방법이나 버저닝은 중요한 검토사항이다. 모델-인-이미지 패턴에서는 추론 서버의 이미지에 학습이 끝난 모델을 포함시키기 때문에 학습과 서버 이미지의 구축을 일련의 워크플로로 만들 수 있다. 이렇게 하면 서버 이미지와 모델 파일의 버전을 동일하게 관리할 수 있기 때문에 추론기에 설치된 라이브러리의 버전에 따라 가동 가능한 모델을 선정할 필요가 없어진다.

모델-인-이미지 패턴에서는(그림 3.5) 학습을 통해 모델을 생성한 후 모델을 포함한 추론용 서버 이미지를 빌드하고, 추론기를 준비할 때는 서버 이미지를 풀(Pull)한 뒤 기동시킨다.

이 패턴은 추론용 서버 이미지를 빌드하는 데 소요되는 시간이 길고, 용량이 증가한다는 단점이 있다. 서버 이미지의 구축은 모델의 학습이 완료된 이후에 이뤄지기 때문에 전 과정을 아울러 구축을 완료하는 파이프라인이 필요하다. 게다가 서버 이미지의 용량이 증가함에 따라 이미지를 풀(Pull)하고 시스템이 가동될 때까지 소요 시간이 길어질 수 있다.

모델-인-이미지 패턴으로 모델 파일을 포함해서 빌드하더라도 원래의 모델 파일을 서버 이미지와는 별도로 저장해 두는 것을 권장한다. 그 이유는 서버의 빌드에 실패했을 때 모델 파일이 저장되어 있지 않으면 적지 않은 과정을 처음부터 다시 시작해야 하는 사태가 발생하기 때문이다.

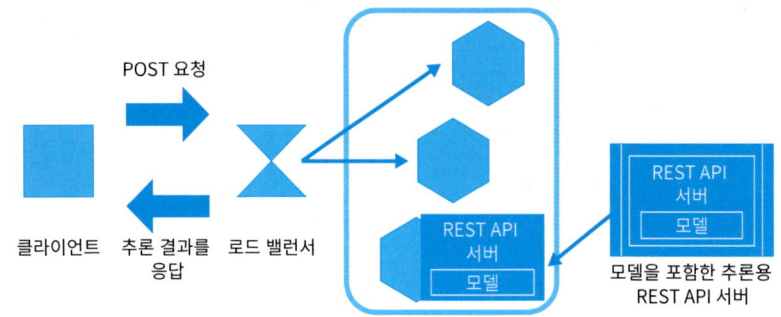

그림 3.5 모델-인-이미지 패턴

3.4.4. 구현

모델-인-이미지 패턴에서는 모델 파일을 추론 서버 이미지에 포함시켜 빌드한다. 추론기는 서버의 부팅과 동시에 바로 가동되게 구성한다.

앞으로 언급할 모델 로드 패턴과 비교하기 위해 추론기의 인프라로서 쿠버네티스 클러스터로 알려진 컨테이너 실행 기반을 사용하기로 한다. 추론기는 웹 API로 가동시켜 GET/POST 요청으로 접근을 가능케 한다. 사용하는 소프트웨어는 다음과 같다.

- Docker
- Kubernetes
- 언어: Python 3.8
- 웹 프레임워크: Gunicorn + FastAPI
- 머신러닝 라이브러리: scikit-learn
- 머신러닝 추론 프레임워크: ONNX Runtime

웹 API의 구성은 4장에서 각 추론 패턴을 설명할 때 다룰 예정이므로 여기서는 생략한다. 구체적인 설명은 4.2절을 참고하기 바란다.

전체 코드

- ml-system-in-actions/chapter3_release_patterns/model_in_image_pattern/
  URL https://github.com/wikibook/mlsdp/tree/main/chapter3_release_patterns/model_in_image_pattern

머신러닝 모델로는 scikit-learn에서 제공하는 서포트 벡터 머신(Support Vector Machine, SVM)으로 학습한 붓꽃 데이터(Iris dataset) 분류 모델을 준비한다. 모델은 ONNX 형식으로 출력하며, 추론기 내부에서는 ONNX Runtime으로 호출한다.

학습이 끝난 모델은 코드 3.2와 같은 Dockerfile을 준비하여 도커 이미지에 포함한다.

코드 3.2 Dockerfile

```
FROM python:3.8-slim

ENV PROJECT_DIR model_in_image_pattern
WORKDIR /${PROJECT_DIR}
ADD ./requirements.txt /${PROJECT_DIR}/
RUN apt-get -y update && \
    apt-get -y install apt-utils gcc curl && \
    pip install --no-cache-dir -r requirements.txt

COPY ./src/ /${PROJECT_DIR}/src/
COPY ./models/ /${PROJECT_DIR}/models/

ENV MODEL_FILEPATH /${PROJECT_DIR}/models/iris_svc.onnx
ENV LABEL_FILEPATH /${PROJECT_DIR}/models/label.json
ENV LOG_LEVEL DEBUG
ENV LOG_FORMAT TEXT

COPY ./run.sh /${PROJECT_DIR}/run.sh
RUN chmod +x /${PROJECT_DIR}/run.sh
CMD [ "./run.sh" ]
```

빌드한 도커 이미지는 DockerHub(URL https://hub.docker.com/)의 **shibui/ml-system-in-actions** 리포지토리에 **shibui/ml-system-in-actions:model_in_image_pattern_0.0.1**로 푸시(push)해 두었다.

쿠버네티스에서는 YAML 형식의 파일을 통해 사용할 리소스를 정의한다. 리소스에는 가동시키는 도커 이미지나 네트워크에 관한 정의를 포함하는데, 이렇게 정의한 파일을 매니페스트(Manifest)라 한다. 쿠버네티스 매니페스트나 리소스에 관한 기타 자세한 설명은 생략하겠으나, 웹 API를 가동시키기 위한 쿠버네티스 매니페스트는 코드 3.3과 같이 작성한다.

코드 3.3 manifests/deployment.yml

```yaml
# 불필요한 리소스의 정의는 생략함

apiVersion: apps/v1
kind: Deployment
metadata:
  # 추론기의 명칭
  name: model-in-image
  # 추론기를 동작하는 환경명
  namespace: model-in-image
  labels:
    app: model-in-image
spec:
  replicas: 3 # 3대로 가동
  selector:
    matchLabels:
      app: model-in-image
  template:
    metadata:
      labels:
        app: model-in-image
    spec:
      containers:
        - name: model-in-image # 추론기 Pod 명칭
          # 사용할 도커 이미지
          image: shibui/ml-system-in-actions:model_in_image_pattern_0.0.1
          imagePullPolicy: Always
```

```yaml
        ports:
          - containerPort: 8000

---
apiVersion: v1
kind: Service
metadata:
  name: model-in-image
  namespace: model-in-image
  labels:
    app: model-in-image
spec:
  ports:
    - name: rest
      port: 8000
      protocol: TCP
  selector:
    app: model-in-image
```

위의 매니페스트는 추론기를 포트번호 8000으로 내부 네트워크에 공개하는 구성이다. 추론기로 가동시킬 도커 이미지는 `imagePullPolicy:Always`로 기동 시 매번 이미지를 풀(Pull)하고, 모델이 갱신되었더라도 같은 이미지명으로 받아 기동할 수 있도록 설정되어 있다.

이제 쿠버네티스 매니페스트로 쿠버네티스 클러스터에 웹 API를 배포하고 추론 요청을 보내보자.

[커맨드]

```
# 웹 API 배포
$ kubectl apply -f manifests/namespace.yml

# 출력
namespace/model-in-image created
kubectl apply -f manifests/deployment.yml
deployment.apps/model-in-image created
service/model-in-image created
```

```
# 배포한 웹 API 확인
# 모든 STATUS가 Running으로 정상 가동 중임을 알 수 있음
$ kubectl -n model-in-image get pods,deploy,svc
# 출력
NAME                                          READY   STATUS
pod/model-in-image-5c64988c5d-7v5dh           1/1     Running
pod/model-in-image-5c64988c5d-d99k9           1/1     Running
pod/model-in-image-5c64988c5d-hbdjk           1/1     Running

NAME                              READY   UP-TO-DATE   AVAILABLE
deployment.apps/model-in-image    3/3     3            3

NAME                       TYPE        CLUSTER-IP   PORT(S)
service/model-in-image     ClusterIP   10.4.7.26    8000/TCP

# 쿠버네티스 클러스터 내부 엔드포인트에 포트 포워딩하고,
# 테스트 데이터를 POST 요청함
$ kubectl \
    -n model-in-image port-forward \
    deployment.apps/model-in-image \
    8000:8000 &
$ curl \
    -X POST \
    -H "Content-Type: application/json" \
    -d '{"data": [[1.0, 2.0, 3.0, 4.0]]}' \
    localhost:8000/predict
# 출력
{
    "prediction":[
        0.9709315896034241,
        0.015583082102239132,
        0.013485366478562355
    ]
}
```

이상으로, 모델-인-이미지 패턴으로 추론기를 배포해서 정상적인 추론이 가능함을 확인했다.

3.4.5. 이점

- 가동 확인이 끝난 서버와 모델의 편성을 하나의 추론용 서버 이미지로 관리가 가능함.
- 서버와 모델을 일대일 대응으로 관리할 수 있어 운용상 간편함.

3.4.6. 검토사항

모델-인-이미지 패턴에서는 학습이 끝나고 난 후에 모델을 포함한 서버 이미지를 빌드해야 한다. 도커 이미지를 사용한다면 Dockerfile에 모델을 포함하는 과정이 필요하고, 가상 머신에서도 마찬가지로 빌드할 때 모델 파일을 가져오는 처리가 필요하다.

결국, 모델-인-이미지 패턴은 학습한 모델의 수만큼 서버 이미지의 수도 늘어나는 구조다. 따라서 모델 파일과 서버 이미지를 모두 저장하기 위해 필요한 스토리지 용량도 점차 증가하기 마련이다. 불필요한 서버 이미지를 삭제하지 않으면 스토리지 비용이 증가하기 때문에 정기적으로 불필요한 이미지를 삭제하는 것이 좋다.

서버 이미지 자체도 모델을 포함하고 있는 만큼 그 사이즈는 커지게 되고, 추론기를 가동하기 위해 서버 이미지를 다운로드 받는 소요 시간도 길어진다. 추론기를 도커 이미지를 통해 가동하는 경우에 도커 컨테이너를 실행하는 호스트 인스턴스에 도커 이미지를 풀(Pull)하지 않으면 해당 도커 이미지를 다운로드해야 한다. 이 소요 시간을 추론기의 가동과 스케일 아웃의 소요 시간으로 생각할 수 있다. 도커 이미지 다운로드 소요 시간을 단축하기 위해 서버의 베이스 이미지를 미리 다운로드 받아 두는 방법이 있다. 이렇게 하면 다운로드하려는 도커 레이어를 모델 파일 추가 레이어의 이후로 한정할 수 있다.

결과적으로, 모델-인-이미지 패턴에서 해결해야 할 과제는 서버 이미지의 사이즈가 늘어남에 따라 발생하는 스토리지의 비용과 스케일 아웃의 지연으로 볼 수 있다.

3.5 모델 로드 패턴

모델-인-이미지 패턴에서는 모델을 서버 이미지에 포함하는 방법에 대해 설명했다. 모델 로드 패턴에서는 모델을 서버 이미지에 빌트-인 하지 않고, 추론기를 기동할 때 다운로드 받아 적용하는 방법에 대해 설명한다.

3.5.1. 유스케이스

- 서버 이미지 버전보다 추론 모델의 버전을 더 빈번하게 갱신하는 경우.
- 동일한 서버 이미지로 여러 종류의 추론 모델 가동이 가능한 경우.

3.5.2. 해결하려는 과제

앞 절에서 설명한 모델-인-이미지 패턴은 서버 이미지와 모델의 버전을 일치시킬 수 있다는 것이 장점이었다. 반면에 서버 이미지의 빌드가 빈번하게 발생하고 서버 이미지의 사이즈가 증가한다는 단점도 있었다. 모델마다 하나의 서버 이미지를 준비해야 하는 모델에 특화된 추론기를 만드는 용도라면 모델-인-이미지 패턴은 매우 합리적인 선택이라 볼 수 있다.

그러나 동일한 베이스 이미지로 모델의 버전을 자주 변경하게 되면 모델-인-이미지 패턴은 매우 번거로운 운용을 맞이한다. 이를 테면, 동일한 전처리 기법과 동일한 의사결정나무 모델을 다른 데이터셋으로 여러 번 학습하는 경우, 학습할 때마다 서버 이미지를 빌드하는 것은 운용면에서 합리적이라고 볼 수 없다. 이미 범용적인 학습 파라미터가 선정되어 있을 때는 데이터셋만 지속적으로 바꾸어 가며 새로운 모델을 생성하는 것이 바람직하다. 이러한 워크플로에서 모델을 개발하고 있다면 모델 로드 패턴이 최적의 모델 배포 방법이다.

3.5.3. 아키텍처

서버 이미지와 모델을 별도로 관리함으로써 서버 이미지의 구축(및 라이브러리의 버저닝)과 모델의 학습이 자연스럽게 분리된다. 모델 로드 패턴에서는 추론 서버의 이미지 구축과 모델의 저장이 따로 이뤄지므로 서버 이미지를 경량화할 수 있다(그림 3.6). 또한, 서버 이미지의 범용성을 높여 동일한 이미지를 여러 개의 추론 모델에 응용할 수도 있다. 다시 말해, 여러 용도로 동일한 서버 이미지를 사용하는 경우에는 이 패턴이 유효하다.

모델 로드 패턴에서는 추론기를 배치할 때 서버 이미지를 풀(Pull)하고 난 뒤 추론기를 기동하고, 이후에 모델 파일을 취득해서 추론기를 본격적으로 가동한다. 환경변수 등으로 추론 서버에서 가동하는 모델을 유연하게 변경할 수도 있다.

이 패턴의 단점은 모델이 라이브러리의 버전에 의존적일 경우에 서버 이미지의 버전 관리와 모델 파일의 버전 관리(지원하는 라이브러리의 버전 관리)를 별도로 수행해야 한다는 것이다. 서버 이미지와 모델의 지원 여부를 작성해둔 표 등이 필요할 것이므로 서버 이미지와 모델이 많아지고 복잡해질수록 운용 부하가 커질 위험이 있다.

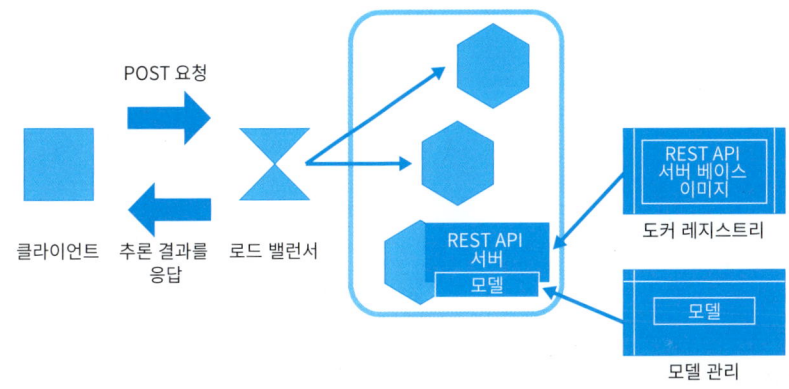

그림 3.6 모델 로드 패턴

3.5.4. 구현

이제 모델 로드 패턴의 구현 방식에 대해 알아보자. 모델 로드 패턴은 모델-인-이미지 패턴과 달리 모델 파일을 도커 이미지에 포함시키지 않고, 도커 컨테이너를 기동할 때 모델을 다운로드하는 구성이다. 모델 파일은 AWS S3(AWS의 객체 스토리지 서비스)나 GCP Storage(GCP의 객체 스토리지 서비스)와 같은 스토리지에 저장해 두고, 필요할 때 다운로드할 수 있게 해 두는 것이 좋다. 이 책에서는 쿠버네티스 클러스터를 Google Kubernetes

Engine으로 알려진 GCP의 쿠버네티스 서비스에 구축하고 있는 관계상, 모델 파일은 GCP Storage에 보존하고 컨테이너 기동 시 다운로드하는 구성을 취한다.

전체 코드

- ml-system-in-actions/chapter3_release_patterns/model_load_pattern/
  URL https://github.com/wikibook/mlsdp/tree/main/chapter3_release_patterns/model_load_pattern

모델 파일의 다운로드는 쿠버네티스의 init container라는 기능을 사용한다. init container를 통해 컨테이너를 기동하기 전에 필요한 초기화를 실행할 수 있다. 모델 로드 패턴에서는 init container로 모델을 다운로드 받아 본체의 추론기 컨테이너에 전달한다.

다음의 코드 3.4 는 파일의 다운로드를 실행하는 파이썬 스크립트의 예시다.

코드 3.4 model_loader/main.py

```python
import os
import click
from google.cloud import storage


@click.command(name="model loader")
@click.option(
    "--gcs_bucket",
    type=str,
    required=True,
    help="GCS bucket name",
)
@click.option(
    "--gcs_model_blob",
    type=str,
    required=True,
    help="GCS model blob path",
)
@click.option(
    "--model_filepath",
    type=str,
```

```python
        required=True,
        help="Local model file path",
)
def main(
    gcs_bucket: str,
    gcs_model_blob: str,
    model_filepath: str,
):
    # 다운로드 받을 디렉터리를 생성
    dirname = os.path.dirname(model_filepath)
    os.makedirs(dirname, exist_ok=True)

    # GCP Storage 클라이언트
    # 샘플 모델을 인터넷에서도 액세스 가능하도록
    # GCS anonymous_client를 사용하고 있으나,
    # 원래는 GCS client를 사용하여 다음과 같이 작성함
    # client = storage.Client()
    # bucket = client.get_bucket(gcs_bucket)
    client = storage.Client.create_anonymous_client()
    bucket = client.bucket(gcs_bucket)
    blob = bucket.blob(gcs_model_blob)

    # 모델을 GCP Storage로부터 다운로드
    blob.download_to_filename(model_filepath)


if __name__ == "__main__":
    main()
```

해당 도커 이미지는 공식 DockerHub(URL https://hub.docker.com/)에 **shibui/ml-system-in-actions:model_load_pattern_loader_0.0.1**로 푸시(Push)되어 있다.

다음으로 코드 3.5의 Dockerfile과 같이 추론기에는 모델 파일을 포함시키지 않은 채 모델을 실행하기 위한 코드를 빌드한다.

코드 3.5 Dockerfile

```
FROM python:3.8-slim

ENV PROJECT_DIR model_load_pattern
WORKDIR /${PROJECT_DIR}
ADD ./requirements.txt /${PROJECT_DIR}/
RUN apt-get -y update && \
    apt-get -y install apt-utils gcc && \
    apt-get clean && \
    rm -rf /var/lib/apt/lists/* && \
    pip install --no-cache-dir -r requirements.txt

COPY ./src/ /${PROJECT_DIR}/src/
COPY ./models/label.json /${PROJECT_DIR}/models/label.json

ENV MODEL_FILEPATH /${PROJECT_DIR}/models/iris_svc.onnx
ENV LABEL_FILEPATH /${PROJECT_DIR}/models/label.json
ENV LOG_LEVEL DEBUG
ENV LOG_FORMAT TEXT

COPY ./run.sh /${PROJECT_DIR}/run.sh
RUN chmod +x /${PROJECT_DIR}/run.sh
CMD [ "./run.sh"
```

최종 빌드를 마친 이미지는 shibui/ml-system-in-actions:model_load_pattern_api_0.0.1로 푸시(Push)되어 있다.

이제 다운로드용 도커 이미지와 추론 API의 도커 이미지를 이용해 쿠버네티스 클러스터에 웹 API를 배포한다. 쿠버네티스에는 initContainers를 지정해 초기화용 컨테이너를 기동할 수 있다. 이를 위한 쿠버네티스 매니페스트(쿠버네티스에 구축할 리소스를 정의하는 YAML 파일)는 코드 3.6과 같다.

코드 3.6 manifests/deployment.yml

```
# 불필요한 리소스의 정의는 생략함

apiVersion: apps/v1
```

```yaml
kind: Deployment
metadata:
  name: model-load # 추론기의 명칭
  namespace: model-load # 추론기의 환경명
  labels:
    app: model-load
spec:
  replicas: 4
  selector:
    matchLabels:
      app: model-load
  template:
    metadata:
      labels:
        app: model-load
    spec:
      containers:
        - name: model-load # 추론기 Pod 명칭
          # 추론에 사용하는 도커 이미지
          image: shibui/ml-system-in-actions:model_load_pattern_api_0.0.1
          ports:
            - containerPort: 8000
          resources:
            limits:
              cpu: 500m
              memory: "300Mi"
            requests:
              cpu: 500m
              memory: "300Mi"
          volumeMounts:
            - name: workdir
              mountPath: /workdir
          env:
            - name: MODEL_FILEPATH
              value: "/workdir/iris_svc.onnx"
      initContainers: # 기동 시에 모델 파일을 다운로드
        - name: model-loader
          # 모델 파일의 다운로드를 실행하는 도커 이미지
```

```yaml
        image: shibui/ml-system-in-actions:model_load_pattern_loader_0.0.1
        imagePullPolicy: Always
        command:
          - python
          - "-m"
          - "src.main"
          - "--gcs_bucket"
          # GCS 버킷명
          - "ml_system_model_repository"
          - "--gcs_model_blob"
          - "iris_svc.onnx"
          # 모델 파일명
          - "--model_filepath"
          - "/workdir/iris_svc.onnx"
        volumeMounts:
          - name: workdir
            mountPath: /workdir
      volumes:
        - name: workdir
          emptyDir: {}

---
apiVersion: v1
kind: Service
metadata:
  name: model-load
  namespace: model-load
  labels:
    app: model-load
spec:
  ports:
    - name: rest
      port: 8000
      protocol: TCP
  selector:
    app: model-load
```

initContainers로 모델 파일을 다운로드하고, `iris_svc.onnx`를 추론기용 컨테이너가 읽는 구조로 되어 있다. 모델-인-이미지 패턴과 달리, 추론기 컨테이너에서는 **imagePullPolicy: Always**는 지정하지 않는다. 도커 이미지가 노드에 존재하면 매번 풀(Pull)하지 않고 기존의 이미지를 사용하며, 모델의 업데이트는 **initContainers**가 커버하는 구조다.

실제로 구축하고 추론 요청을 해보자.

[커맨드]

```
# 웹 API 배포
$ kubectl apply -f manifests/namespace.yml

# 출력
namespace/model-load created

$ kubectl apply -f manifests/deployment.yml

# 출력
deployment.apps/model-load created
service/model-load created

# 배포한 웹 API 확인
# 모든 STATUS가 Running으로 정상 가동 중임을 확인할 수 있음
$ kubectl -n model-load get pods,deploy,svc
# 출력
NAME                                   READY     STATUS
pod/model-load-6b4bb6f96c-6ch2c        1/1       Running
pod/model-load-6b4bb6f96c-72v6n        1/1       Running
pod/model-load-6b4bb6f96c-bwmd2        1/1       Running

NAME                           READY    AVAILABLE
deployment.apps/model-load     3/3      3

NAME                    TYPE         CLUSTER-IP     PORT(S)
service/model-load      ClusterIP    10.4.11.91     8000/TCP
# init container 로그로부터 모델 파일을
# 다운로드 받았음을 확인할 수 있음
```

```
$ kubectl \
 -n model-load \
 logs deployment.apps/model-load
# 출력
2021-01-01 10:28:36 INFO downloaded from gs://ml_system_model_repository/iris_svc.onnx
to /workdir/iris_svc.onnx

# 쿠버네티스 클러스터 내부 엔드포인트에 포트 포워딩하고
# 테스트 데이터를 POST 요청함

$ kubectl \
 -n model-load \
 port-forward deployment.apps/model-load \
 8000:8000 &
$ curl \
    -X POST \
    -H "Content-Type: application/json" \
    -d '{"data": [[1.0, 2.0, 3.0, 4.0]]}' \
    localhost:8000/predict
# 출력
{
    "prediction":[
        0.9709315896034241,
        0.015583082102239132,
        0.013485366478562355
    ]
}
```

이것으로 모델 로드 패턴의 구현 방법에 대해 살펴보았다. 모델-인-이미지 패턴과 마찬가지로 쿠버네티스를 사용한 예시를 살펴보았으나, 실제 시스템에 도입하는 경우에는 추론기의 실행 환경에 따라 모델을 가져오는 방법을 변경해야 한다.

3.5.5. 이점

- 서버 이미지의 버전과 모델 파일의 버전이 분리 가능함.
- 서버 이미지의 응용성이 향상됨.
- 서버 이미지가 가벼워짐.

3.5.6. 검토사항

모델 로드 패턴에서는 서버 이미지와 모델의 버전 불일치를 해결하는 구조가 필요하다는 점이 과제로 남아있다. 학습용 데이터셋이 바뀌는 정도라면 버전 불일치는 발생하지 않고, 같은 서버 이미지로 다른 모델을 사용할 수 있을 것이다. 하지만 학습에서 사용한 라이브러리의 업데이트가 발생하면 추론기의 입장에서도 라이브러리의 업데이트가 수반되어야 한다. 그리고 추론기에서 사용 중인 라이브러리에 취약성이 발견되면 학습에 사용한 라이브러리를 포함해서 업데이트해야 하는 경우도 발생한다. 이러한 경우에는 범용적으로 사용할 추론 서버 이미지를 다시 만들 필요가 있다.

모델의 갱신은 서버 이미지의 갱신에 뒤따라야 하지만(학습환경이 갱신되면 자연히 모델을 가동시키는 환경도 학습환경을 따라가겠지만), 모델에 자칫 버그가 발생해 다운그레이드하고 싶을 때는 충분한 검토가 필요하다. 다운그레이드하고 난 모델을 가동할 수 있는 버전의 서버 이미지를 배포할 수 있다면 좋겠지만, 해당 버전의 서버 이미지에 치명적인 취약성이 내포되어 있다면 보안 리스크로 인해 가동이 불가능할 수도 있다. 모델의 버그와 서버 이미지의 취약성 중 어느 쪽을 우선할지는 일률적으로 판단할 수 없겠지만, 비즈니스의 관점에서 리스크를 저울질해 선택하는 것이 최선이다.

결국, 서버 이미지나 모델을 무사히 업데이트했더라도 상황에 따라 여차하면 되돌릴 수 있는 (또는 되돌려야 하는 판단기준이 명확한) 상태를 만드는 것이 더욱 중요하다.

3.6 모델의 배포와 스케일 아웃

지금까지 모델을 배포하고 실제 환경에 모델을 릴리스하는 방법에 대해 알아보았다. 마지막으로, 각 모델을 배포하는 패턴과 추론기의 스케일 아웃과의 관계에 대해 설명한다. 실제 환경에서 가동되는 추론기는 부하에 따라 스케일 아웃 하는 경우가 있으나, 모델의 배포 방법에 따라 그 순서는 달라진다.

모델-인-이미지 패턴과 모델 로드 패턴은 서버 이미지가 모델을 포함하는지, 또는 그렇지 않은지에 따라 구분할 수 있었다(그림 3.7). 이 차이점은 추론기의 릴리스뿐만 아니라 스케일러빌리티(Scalability)에도 영향을 끼친다. 최근에는 서버를 도커 컨테이너로 구축해 가동하는 경우가 많아졌고, 컨테이너 관리 시스템으로 쿠버네티스 실행 관리 기반이나 Amazon ECS와 같은 클라우드 컨테이너 관리 서비스를 사용하는 일이 증가하고 있다.

도커 컨테이너에서 추론기를 가동하려면 먼저 도커 이미지를 호스트 인스턴스에 다운로드해야 한다. 앞서 설명한 것처럼 모델-인-이미지 패턴에서는 도커 이미지가 모델을 포함하는 만큼 사이즈가 커지는 경향이 있다. 따라서 최초로 릴리스할 때나 업데이트를 수행할 때는 추론기를 기동시킬 때까지 소요되는 시간이 길어지기 마련이다. 반면, 모델 로드 패턴에서는 도커 이미지를 공통화할 수 있기 때문에, 도커 이미지의 다운로드가 추가로 발생하지 않고 모델을 다운로드하는 것 만으로도 추론기를 기동시킬 수 있다.

그렇다고 해서 모델 로드 패턴이 항상 신속하게 추론기를 기동시킬 수 있는 것은 아니다. 모델 로드 패턴에서는 기동할 때마다 모델 파일을 다운로드하기 때문에 리드 타임[2]을 고려할 필요가 있다. 그러나 모델-인-이미지 패턴에서는 한 번의 도커 이미지 다운로드를 통해 추론기를 기동시킬 수 있다. 초기 기동에 관해서는 모델 로드 패턴이 확실히 모델-인-이미지 패턴보다 빠르지만, 스케일 아웃 하는 경우라면 모델-인-이미지 패턴이 효율적인 경향이 있다.

클라우드를 사용하고 있다면, 네트워크 대역이 문제가 되는 일이 적다고 느낄 수 있다. 그러나 온프레미스 등으로 네트워크 대역에 제한이 있는 환경에서는 도커 이미지나 모델 파일의 다운로드 속도는 운용상 항상 고려해야 할 지표가 된다.

---

[2] (엮은이) 리드 타임(lead time)은 과정의 시작에서 완료까지의 지연을 뜻하며, 이 문장에서는 모델 파일을 다운로드하는 데 걸리는 시간을 가리킨다.

모델-인-이미지 패턴으로 도커 이미지 다운로드 속도를 높이고 싶다면 해당 도커 이미지 용량을 줄여야 한다. 도커 이미지에 불필요한 라이브러리나 자원을 저장하지 않아야 하며, 도커 이미지의 레이어를 필요 이상으로 늘리지 않도록 대책이 필요하다.

신속한 모델 로드 패턴을 추구한다면 모델의 다운로드 속도를 높이기 위한 대책이 필요하다. 모델 파일을 추론기 근처에 저장하거나 CDN(Contents Delivery Network)을 이용해 배포하는 방법이 있다.

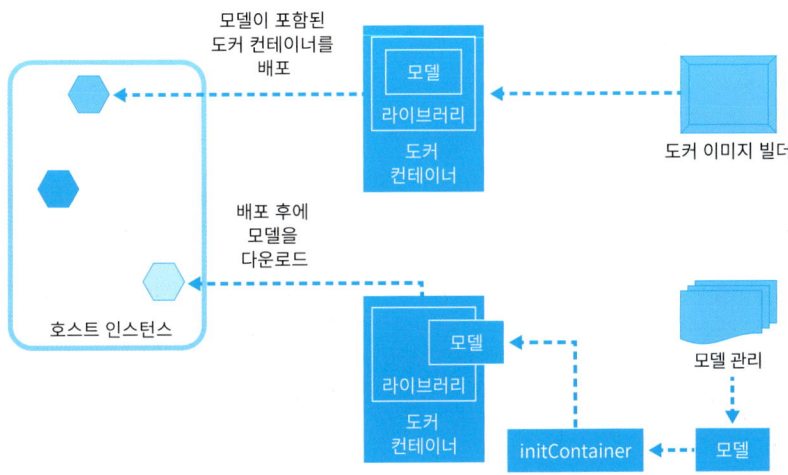

그림 3.7 모델-인-이미지 패턴과 모델 로드 패턴

추론기를 실제 시스템에서 가동하기 위해서는 모델의 작동뿐만 아니라, 시스템으로서 비즈니스 요구를 충족시키는 기능과 비기능 등을 준비해야 한다. 이를 위해서는 추론기의 아키텍처로서 비즈니스 요구를 충족시키는 구현이 필요하다.

3장에서는 모델을 추론기에 릴리스하는 방법으로, 학습환경과 추론환경의 차이에 관한 이해를 시작으로 모델-인-이미지 패턴과 모델 로드 패턴이라는 두 가지 릴리스 패턴에 관해 알아보았다. 4장에서는 모델을 실제 시스템에서 가동시키기 위한 추론기를 만드는 방법을 패턴별로 설명한다.

CHAPTER 4

추론 시스템 만들기

지금까지 머신러닝 모델을 학습하고 릴리스하는 방법을 살펴봤다. 이번 장에서는 머신러닝을 통해 시스템을 만드는 여러 가지 패턴을 소개한다. 각 패턴은 주로 웹 시스템에서 머신러닝을 활용하는 경우를 상정하고 있지만, 방법론의 측면에서 보면 웹 시스템 이외에서도 충분히 응용 가능하다. 각 패턴을 만드는 방법뿐만 아니라, 어디에 사용할지, 그리고 사용할 때 검토할 사항에는 무엇이 있는지를 포함해 해설한다. 이 패턴들이 꼭 머신러닝의 실용화에 도움이 되길 바란다.

4.1 시스템을 만들어야 하는 이유

머신러닝을 효과적인 프로덕트나 서비스의 형태로 활용하기 위해서는 시스템이 모델을 포함해야 한다. 머신러닝 모델을 로컬 PC에서만 추론할 수 있게 구성하는 것은 도움이 되지 않으며, 다른 소프트웨어들과 조합해 모델이 호출되는 구조를 갖춰야 한다.

4.1.1. 시작하기

이전까지 머신러닝 모델을 학습하고 관리하는 방법에 대해 설명했다. 하나의 머신러닝 모델을 만들어 내기 위해서는 다양한 데이터와 알고리즘, 파라미터를 조합해야 한다. 이 조합에 따라 만들어지는 모델의 성능은 달라지는데, 도대체 어떤 데이터나 파라미터를 통해 학습되었는지 이미 학습된 모델 자체를 통해서 알아내기는 어렵다. 따라서 머신러닝을 활용하기 위해서는 어떤 설정을 바탕으로 모델을 학습했는지 철저히 관리하고 버저닝해야 한다.

머신러닝을 활용할 때는 모델을 실제 시스템에 포함시키는 것이 무엇보다 중요하다. 머신러닝 모델은 시스템으로써 사회에 환원되어 비즈니스에 임팩트를 주고 가치를 창출한다. 아무리 훌륭한 성능의 모델이 완성되었다 해도 실전에서 사용되지 않으면 의미가 없다. 이번 장에서는 머신러닝 모델을 실제 시스템에 포함하는 방법을 패턴화하고 각 패턴의 구현 방법, 장점과 더불어 검토해야 할 사항들에 대해 살펴본다.

4.1.2. 머신러닝의 실용화

머신러닝 모델을 실용화하기 위해서는 모델을 담은 추론기를 외부 시스템과 연계해야 한다(그림 4.1). 학습하고 출력한 모델 파일을 추론기로 불러와서 가동하고, 실제 데이터에 대한 추론 결과를 출력한다. 추론 결과를 사내외의 사용자에게 제공하고, 사용자의 입장에서 시스템을 보다 편리하게 만드는 것이 중요하다.

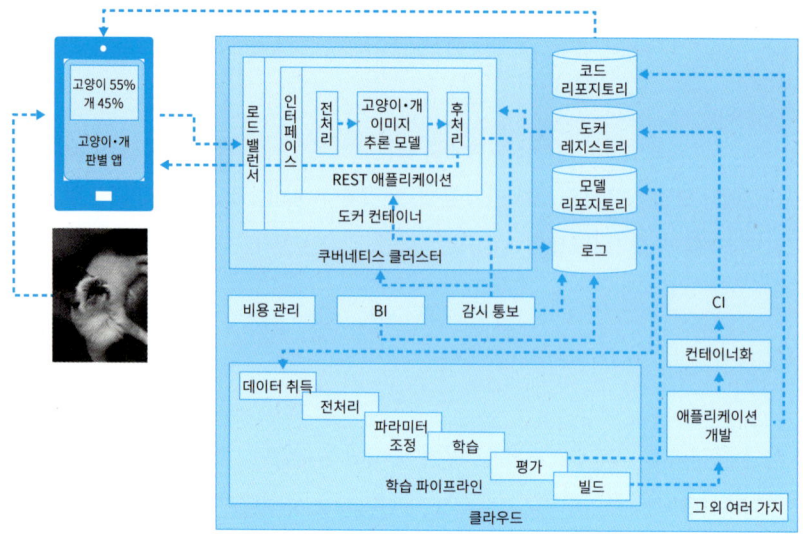

그림 4.1 머신러닝 모델의 실용화

이미 학습한 모델을 추론기에 포함하는 방법은 다수 존재한다. 어떤 방법으로 모델을 추론기에 포함해서 구현할지는 시스템의 목적이나 모델의 성능에 따라 달라진다. 예를 들어 모든 요청에 대해 즉시 추론 결과를 응답하기 위한 추론기는 동기적으로 만드는 것이 좋다. 여러 개의 모델을 포함한 추론기를 구성해야 하는 경우라면 각각의 모델을 마이크로서비스로 배치하는 방법을 고려해야 하고, 데이터를 모아두었다가 야간에 일괄적으로 추론하고 싶은 경우는 배치 시스템으로 개발하는 것이 바람직하다.

이번 장에서 설명할 추론기의 패턴을 간단한 설명과 함께 요약하면 다음과 같다.

- 웹 싱글 패턴: 하나의 작은 모델을 하나의 추론기로 동기적으로 추론한다.
- 동기 추론 패턴: 요청에 대해 동기적으로 추론한다.
- 비동기 추론 패턴: 요청에 대해 비동기적으로 추론한다.
- 배치 추론 패턴: 배치 작업으로 추론을 실행한다.
- 전처리 · 추론 패턴: 전처리와 추론으로 서버를 분리한다.
- 직렬 마이크로서비스 패턴: 의존관계에 있는 추론을 차례로 실행한다.
- 병렬 마이크로서비스 패턴: 하나의 요청을 여러 개의 추론기로 추론한다.

- 시간차 추론 패턴: 동기 추론과 비동기 추론을 조합하여 추론한다.
- 추론 캐시 패턴: 추론 결과를 캐시해 성능을 개선한다.
- 데이터 캐시 패턴: 추론 전의 데이터를 캐시해 성능을 개선한다.
- 추론기 템플릿 패턴: 추론 패턴을 템플릿으로 만들어 개발 효율의 개선을 도모한다.
- 에지 AI 패턴: 스마트폰이나 자동차 등, 클라이언트 디바이스에서 추론을 실시한다.

위 패턴들은 특정 과제에 대응하기 위해 고안되었다. 각 패턴이 해결하려는 과제와 해결책, 그리고 패턴들의 구현 방법을 장단점과 함께 알아보자.

웹 싱글 패턴

웹 싱글 패턴에서는 한 대의 웹 API 서비스에 머신러닝 추론 모델을 포함한다. 다시 말해, API에 데이터와 함께 요청을 보내면 추론 결과를 얻을 수 있는 구조를 지향한다. 추론 시스템을 만들 때 가장 간단하면서도 기초적인 구성이다.

4.2.1. 유스케이스

- 가장 간단한 구성으로 추론기를 신속하게 릴리스해서 모델의 성능을 검증하고 싶은 경우.

4.2.2. 해결하려는 과제

머신러닝 모델의 학습이 끝나면 가능한 한 빠르게 모델의 퍼포먼스를 실제 데이터로 확인해 볼 필요가 있다. 웹 서비스에서 사용 중인 데이터는 시시각각 변하기 때문에 학습에 사용한 데이터는 점차 현재로부터 뒤쳐지는 경향을 보인다. 따라서 모델은 학습이 끝난 직후가 실제 데이터의 실태(≒ 비즈니스의 실태)를 가장 잘 반영한다고 볼 수 있다. 머신러닝 모델이 최상의 정답률을 발휘하는 시기도 역시 학습이 끝난 직후다. 예를 들어, 계절성이 짙은 서비스라면 2개월 전의 데이터로 학습한 모델은 현 시점에서는 맞지 않을 가능성이 높다. 가능하다면 1개월 이내의 데이터로 모델을 학습하고, 데이터를 입수한 때로부터 시간이 크게 지나지 않았을 때 모델을 실제 비즈니스에 투입하고 가치를 창출해야 한다. 결국 비즈니스 관점에서는 모델을 신속하게 릴리스하는 것이 하나의 중요한 목표인 것이다.

4.2.3. 아키텍처

모델을 신속하게 릴리스하기 위해서는 추론기를 빠르게 개발하고 구축해야 한다. 개발을 신속하게 진행하는 가장 쉬운 방법 중 하나는 쓸데없는 것을 만들지 않는 것이다. 한 대의 서버가 필요로 하는 최소한의 기능만을 개발하고, 외부 인터페이스도 대부분의 시스템에서 사용이 가능한 REST API로 구성하는 것이 좋다(물론 gRPC도 좋다). 추론기는 매우 잘 알려진 파이썬의 웹 프레임워크(**Flask** URL https://flask.palletsprojects.com/나 **FastAPI** URL https://fastapi.tiangolo.com/ 등)로 구현하고, 파이썬을 통해 모델을 로드하고 추론한다면 크게 어렵지 않을 것이다.

웹 싱글 패턴은 웹 애플리케이션 서버에 모델을 포함시키는 패턴이다(그림 4.2). 동일 서버에 REST 인터페이스와 전처리, 학습이 끝난 모델을 인스톨해서 아주 간단한 추론기를 구현한다. 머신러닝의 추론은 대부분 스테이트리스이기 때문에 DB나 스토리지 등의 데이터를 영속적으로 보존하는 퍼시스턴트 계층을 준비하지 않고 웹 서버 한 대로 구성할 수 있다. 가용성을 위해 여러 대의 웹 서버로 운용하는 경우는 로드 밸런서를 도입해 부하를 분산시키기도 한다. 모델을 추론기에 포함시키는 방법은 **3.4. 모델-인-이미지 패턴** 또는 **3.5. 모델 로드 패턴**을 참조하기 바란다.

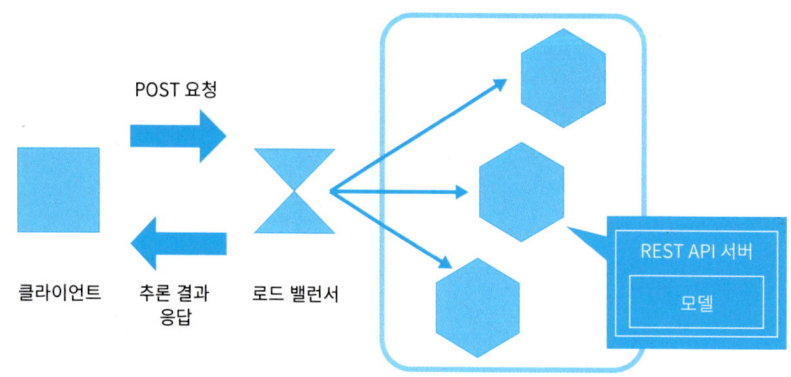

그림 4.2 웹 싱글 패턴

4.2.4. 구현

웹 싱글 패턴의 구현 예시를 살펴보자. 추론 모델은 scikit-learn에서 제공하는 붓꽃 데이터셋 (**Iris dataset** URL https://scikit-learn.org/stable/auto_examples/datasets/plot_iris_dataset.html)을 서포트 벡터 머신으로 분류하는 모델을 사용한다. 추론기는 FastAPI를 사용해 이 모델을 ONNX Runtime으로 가동한다.

전체 코드

- ml-system-in-actions/chapter4_serving_patterns/web_single_pattern/
  URL https://github.com/wikibook/mlsdp/tree/main/chapter4_serving_patterns/web_single_pattern

이 책에서 소개하는 추론기의 구현 예시에서는 다음과 같은 소프트웨어 스택을 사용한다.

- **Docker**
  Docker: URL https://www.docker.com/
- **(여러 컨테이너 구성이 필요한 경우) Docker Compose 또는 Kubernetes**
  Docker Compose: URL https://docs.docker.com/compose/
  Kubernetes: URL https://kubernetes.io/ko/
- **언어: Python 3.8**
  Python 3.8: URL https://www.python.org/downloads/
- **웹 프레임워크: Gunicorn + FastAPI**
  Gunicorn: URL https://gunicorn.org/
  FastAPI: URL https://fastapi.tiangolo.com/
- **머신러닝 라이브러리: scikit-learn, TensorFlow, PyTorch**
  scikit-learn: URL https://scikit-learn.org/stable/
  TensorFlow: URL https://www.tensorflow.org/
  PyTorch: URL https://pytorch.org/
- **머신러닝 추론 기반: TensorFlow Serving, ONNX Runtime**
  TensorFlow Serving: URL https://www.tensorflow.org/tfx/guide/serving
  ONNX Runtime: URL https://www.onnxruntime.ai/
- **데이터 계층: MySQL, Redis**
  MySQL: URL https://www.mysql.com/
  Redis: URL https://redis.io

인프라와 언어, 웹 프레임워크, 데이터 계층 등 그 밖에도 다양한 선택지가 존재한다. 독자의 시스템에서 추론기를 구축할 때는 관련된 외부 시스템까지도 고려해서 적절한 기술을 선택할 수 있게 주의하길 바란다.

웹 싱글 패턴에서 소프트웨어 간의 관계는 그림 4.3과 같다.

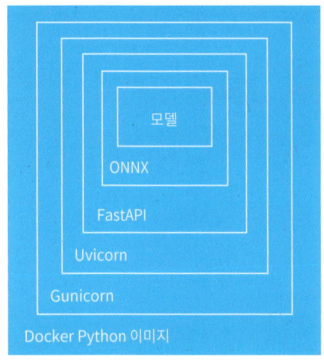

그림 4.3 웹 싱글 패턴의 소프트웨어 간의 관계

FastAPI는 파이썬 기반의 웹 프레임워크로 Uvicorn(URL https://www.uvicorn.org/)을 통한 비동기 처리와 Pydantic(URL https://pydanticdocs.helpmanual.io/)을 통한 구조적인 데이터 정의를 지원한다.

Uvicorn은 ASGI(Asynchronous Server Gateway Interface)라 불리는 표준 인터페이스를 제공하는 프레임워크로서, 비동기 싱글 프로세스로 작동한다. 또한 Uvicorn을 Gunicorn(URL https://gunicorn.org/)에서 기동해 멀티프로세스로 사용하는 것도 가능하다(그림 4.4). Gunicorn은 WSGI(Web Server Gateway Interface)라 불리는 동기적인 애플리케이션 인터페이스를 제공한다. Uvicorn을 Gunicorn에서 기동하면 ASGI의 비동기 처리와 WSGI의 멀티프로세스의 조합이 가능하다. Pydantic은 파이썬의 타입 어노테이션을 이용한 데이터 관리 라이브러리이며, 런타임 레벨에서 엄밀하게 타입 지정을 강제할 수 있다.

그림 4.4 Uvicorn의 멀티프로세스 기동

추론기의 엔트리포인트가 되는 **src/app/app.py**는 코드 4.1과 같이 작성한다. FastAPI 인스턴스에 **src/app/routers/routers.py** 이하의 API 엔드포인트를 추가한다.

코드 4.1 src/app/app.py

```python
import os
from fastapi import FastAPI

from src.app.routers import routers
from logging import getLogger

# 가독성을 위해 여러 파일로 나누어 작성된 코드를
# 하나의 파일로 정리하고, 불필요한 처리는 생략함


logger = getLogger(__name__)


app = FastAPI(
    title="ServingPattern",
    description="web single pattern",
    version="0.1",
)

app.include_router(routers.router, prefix="", tags=[""])
```

src/app/app.py가 실행하는 API는 코드 4.2와 같다. **src/app/routers/routers.py**의 **/predict/test**에 대한 GET 요청으로, 추론기 내에 넣어둔 샘플 데이터로 추론하고 그 결과를 응답한다. 이는 릴리스 전후의 통합 테스트 등에서 사용하는 상황을 가정하고 있기 때문이다. 실제로는 **/predict**나 **/predict/label**에 POST 요청을 통해 외부에서 데이터를 전송하여 해당 데이터에 대한 추론 결과를 응답하는 방식이다. **/predict** 엔드포인트는 입력 데이터에 대한 각 라벨의 확률 값을, **/predict/label** 엔드포인트는 가장 확률이 높은 라벨명을 응답한다.

/predict* 엔드포인트에서는 각 요청마다 id를 부여하는데, 이는 로그에서 각 요청을 유일하게 특정하기 위함이다.

이외에도 편의를 위해 다음과 같은 엔드포인트를 준비한다.

- **/health**: 헬스 체크용 엔드포인트.
- **/metadata**: 추론기 입출력 정보를 제공하는 엔드포인트.
- **/label**: 추론 라벨의 목록을 출력하는 엔드포인트.

코드 4.2 src/app/routers/routers.py

```python
from fastapi import APIRouter
from typing import Dict, List, Any
import uuid
from logging import getLogger
from src.ml.prediction import classifier, Data

logger = getLogger(__name__)
router = APIRouter()


# 헬스 체크용 엔드포인트
@router.get("/health")
def health() -> Dict[str, str]:
    return {"health": "ok"}


# 메타데이터를 제공하는 엔드포인트
@router.get("/metadata")
def metadata() -> Dict[str, Any]:
    return {
        "data_type": "float32",
        "data_structure": "(1,4)",
        "data_sample": Data().data,
```

```
        "prediction_type": "float32",
        "prediction_structure": "(1,3)",
        "prediction_sample": [0.97093159, 0.01558308, 0.01348537],
    }


# 추론 라벨을 제공하는 엔드포인트
@router.get("/label")
def label() -> Dict[int, str]:
    return classifier.label


# 테스트 데이터로 추론을 수행하는 엔드포인트
@router.get("/predict/test")
def predict_test() -> Dict[str, List[float]]:
    job_id = str(uuid.uuid4())
    prediction = classifier.predict(data=Data().data)
    prediction_list = list(prediction)
    logger.info(f"test {job_id}: {prediction_list}")
    return {"prediction": prediction_list}


# 테스트 데이터의 추론 결과를 라벨명으로
# 리스폰스하는 엔드포인트
@router.get("/predict/test/label")
def predict_test_label() -> Dict[str, str]:
    job_id = str(uuid.uuid4())
    prediction = (
        classifier.predict_label(data=Data()
        .data)
    )
    logger.info(f"test {job_id}: {prediction}")
    return {"prediction": prediction}


# 추론용 엔드포인트
@router.post("/predict")
def predict(data: Data) -> Dict[str, List[float]]:
```

```
    job_id = str(uuid.uuid4())
    prediction = classifier.predict(data.data)
    prediction_list = list(prediction)
    logger.info(f"{job_id}: {prediction_list}")
    return {"prediction": prediction_list}


# 추론 결과를 라벨명으로 리스폰스하는 엔드포인트
@router.post("/predict/label")
def predict_label(data: Data) -> Dict[str, str]:
    job_id = str(uuid.uuid4())
    prediction = classifier.predict_label(data.data)
    logger.info(f"test {job_id}: {prediction}")
    return {"prediction": prediction}
```

마지막으로, 코드 4.3은 모델을 사용해 추론을 실시하는 `Classifier` 클래스이며, `load_model` 함수는 모델을 불러오는 역할을 한다.

모델 파일의 경로는 환경변수로 지정한다. 샘플 데이터와 마찬가지로 샘플 모델을 기본으로 포함하면 좋다. 모델을 갱신할 때나 어떠한 장애로 인해 모델을 읽을 수 없을 때 표준으로 기동되는 모델이 있다면 장애를 파악하기 수월해지기 때문이다.

모델은 ONNX Runtime(ONNX라고 하는 공통된 포맷으로 출력된 모델 파일을 읽고 추론하기 위한 런타임)으로 기동해서 `predict` 함수로 각 라벨의 확률값을 예측하고, `predict_label` 함수가 가장 확률이 높은 라벨을 출력한다. 어느 함수를 사용할지는 목적에 따라 달라진다.

코드 4.3 src/ml/prediction.py

```
import os
import json
from logging import getLogger
from typing import Dict, List

import numpy as np
import onnxruntime as rt
from pydantic import BaseModel
```

```python
logger = getLogger(__name__)


# 불필요한 처리는 생략함

class Data(BaseModel):
    data: List[List[float]] = [[5.1, 3.5, 1.4, 0.2]]

class Classifier(object):
    def __init__(
        self,
        model_filepath: str,
        label_filepath: str,
    ):
        # 모델 파일의 경로
        self.model_filepath: str = model_filepath
        # 라벨 파일의 경로
        self.label_filepath: str = label_filepath
        # 분류기
        self.classifier = None
        # 라벨의 Dict
        self.label: Dict[str, str] = {}
        # 입력값의 명칭
        self.input_name: str = ""
        # 출력값의 명칭
        self.output_name: str = ""

        self.load_model()
        self.load_label()

    # 모델 불러오기
    def load_model(self):
        logger.info(
            f"load model in {self.model_filepath}",
        )
        self.classifier = rt.InferenceSession(
            self.model_filepath,
        )
```

```python
        self.input_name = (
            self.classifier
            .get_inputs()[0]
            .name
        )
        self.output_name = (
            self.classifier
            .get_outputs()[0]
            .name
        )
        logger.info(f"initialized model")

    # 라벨 불러오기
    def load_label(self):
        logger.info(
            f"load label in {self.label_filepath}",
        )
        with open(self.label_filepath, "r") as f:
            self.label = json.load(f)
        logger.info(f"label: {self.label}")

    # 추론
    def predict(
        self,
        data: List[List[int]],
    ) -> np.ndarray:
        np_data = np.array(data).astype(np.float32)
        prediction = self.classifier.run(
            None,
            {self.input_name: np_data},
        )
        output = np.array(
            list(prediction[1][0].values()),
        )
        logger.info(f"predict proba {output}")
        return output

    # 추론 결과를 라벨명으로 변환
```

```python
    def predict_label(
        self,
        data: List[List[int]],
    ) -> str:
        prediction = self.predict(data=data)
        argmax = int(np.argmax(np.array(prediction)))
        return self.label[str(argmax)]
```

추론기 서버는 Gunicorn으로 실행한다(코드 4.4). FastAPI이므로 Uvicorn을 사용할 수도 있지만, WSGI와 ASGI가 가진 장점을 모두 얻기 위해 Gunicorn에서 Uvicorn을 호출하면 유연한 서버 운용이 가능하다.

코드 4.4 run.sh

```bash
#!/bin/bash

set -eu

HOST=${HOST:-"0.0.0.0"}
PORT=${PORT:-8000}
WORKERS=${WORKERS:-4}
UV_WORKER=${UV_WORKER:-"uvicorn.workers.UvicornWorker"}
LOGLEVEL=${LOGLEVEL:-"debug"}
LOGCONFIG=${LOGCONFIG:-"./src/utils/logging.conf"}
BACKLOG=${BACKLOG:-2048}
LIMIT_MAX_REQUESTS=${LIMIT_MAX_REQUESTS:-65536}
MAX_REQUESTS_JITTER=${MAX_REQUESTS_JITTER:-2048}
GRACEFUL_TIMEOUT=${GRACEFUL_TIMEOUT:-10}
APP_NAME=${APP_NAME:-"src.app.app:app"}

gunicorn ${APP_NAME} \
    -b ${HOST}:${PORT} \
    -w ${WORKERS} \
    -k ${UV_WORKER} \
    --log-level ${LOGLEVEL} \
    --log-config ${LOGCONFIG} \
    --backlog ${BACKLOG} \
```

```
    --max-requests ${LIMIT_MAX_REQUESTS} \
    --max-requests-jitter ${MAX_REQUESTS_JITTER} \
    --graceful-timeout ${GRACEFUL_TIMEOUT} \
    --reload
```

이상으로 인터페이스와 추론기만 준비해 최소한의 REST API를 구현했다. 간단한 모델을 사용한 추론이라면 실전 운용이 충분히 가능할 것이다.

추론기는 다음과 같이 도커를 통해 기동할 수 있다.

[커맨드]

```
# Docker 이미지를 빌드
$ docker build \
    -t shibui/ml-system-in-actions:web_single_pattern_0.0.1 \
    -f Dockerfile \
    .

# Docker 컨테이너를 포트번호 8000으로 기동
# localhost:8000/으로 액세스 가능
$ docker run \
    -d \
    --name web_single_pattern \
    -p 8000:8000 \
    shibui/ml-system-in-actions:web_single_pattern_0.0.1

# 추론 요청
$ curl \
    -X POST \
    -H "Content-Type: application/json" \
    -d '{"data": [[1.0, 2.0, 3.0, 4.0]]}' \
    localhost:8000/predict
{
    "prediction": [
        0.9709315896034241,
        0.015583082102239132,
        0.013485366478562355
    ]
}
```

```
# 추론 요청을 라벨명으로 취득
$ curl \
    -X POST \
    -H "Content-Type: application/json" \
    -d '{"data": [[1.0, 2.0, 3.0, 4.0]]}' \
    localhost:8000/predict/label
{"prediction":"setosa"}
```

이상 웹 싱글 패턴의 구현 예시에 대해 알아보았다. 간단한 추론기라면 위의 예시 코드 정도의 분량으로 충분히 구현할 수 있을 것이다. 이후, 웹 API로서 추론기를 구성하는 패턴에서도 역시 비슷한 구성(도커, Gunicorn, Fast API)을 취할 예정이다.

4.2.5. 이점

웹 싱글 패턴의 장점은 추론기를 가볍고 신속하게 가동시킬 수 있다는 점이다. API와 추론기만으로 구성된 범용적이면서 심플한 구조를 갖추고 있기 때문에 가동시키는 기반의 선택지도 다양하고, 특수한 설정이나 설계도 필요하지 않다.

또한, 구성이 간단하기 때문에 장애 대응이나 복구도 간단하다. 애초에 장애가 일어날 수 있는 부분도 많지 않기에 장기간에 걸친 복구 작업을 필요로 하는 복잡한 장애가 발생하는 경우는 매우 드물다. scikit-learn 등으로 학습한 가벼운 모델을 하나 정도 가지고 있다면 웹 싱글 패턴으로 릴리스해보고 실용상 가치를 측정해 보는 것도 나쁘지 않다.

4.2.6. 검토사항

웹 싱글 패턴은 운용상의 부하도 낮고 패턴 특유의 두드러진 우려할 만한 점도 존재하지 않는다. 남은 과제가 있다면, 예를 들어 스케일 아웃이나 로그 설계와 같은 웹 시스템만이 가지는 것들이 있다. 이들에 대해서는 다른 패턴에서도 공통으로 다뤄야 할 사항이기 때문에 이후 해당하는 절에서 설명하기로 한다.

웹 싱글 패턴은 애초에 복잡한 처리를 고려하지 않았다는 것 자체가 단점이 될 수 있다. 머신러닝 모델이 추가되면서 여러 개의 모델과 복잡한 워크플로를 통해 가치를 극대화하려는 경우 웹 싱글 패턴으로는 해결이 어렵다.

이어지는 절에서는 보다 복잡한 머신러닝 시스템을 구성하기 위한 패턴에 관해 알아보기로 한다.

동기 추론 패턴

외부 클라이언트에서 웹 API로 추론 요청이 있을 때의 처리 방법에는 크게 동기처리와 비동기처리 두 가지가 있다. 이번 절에서는 동기적인 처리 방법을 TensorFlow Serving을 활용한 구현 방법과 함께 설명한다.

4.3.1. 유스케이스

- 시스템의 워크플로에서 추론 결과가 나올 때까지 다음 단계로 진행이 되지 않는 경우.
- 워크플로가 추론 결과에 의존할 경우

4.3.2. 해결하려는 과제

외부 클라이언트에서 추론기에 대한 요청이 있을 때 추론 결과를 반환하는 방법으로는 크게 두 가지가 있다.

> 1. 요청에 대해 동기적으로 추론 결과를 반환한다.
> 2. 요청과 비동기적으로 추론한다.

1번 항목을 동기 추론 패턴, 2번을 비동기 추론 패턴이라고 부른다. 이번 절에서는 먼저 동기 추론 패턴에 대해 소개한다.

클라이언트의 애플리케이션은 추론 결과에 따라 이어지는 처리를 달리하는 경우가 있다. 예를 들어, 어느 공장의 생산라인에서 제조되는 물건의 이상을 검지하는 시스템을 생각해 보자. 이때, 시스템은 제조물을 카메라로 촬영하여 정상이면 출품 라인으로, 이상이 발견되면 사람이 재차 확인하는 라인으로 내보내는 워크플로를 가진다고 한다. 그렇다면, 제조라인을 따라 들어

오는 물건들에 대해 이상 검지를 판정(정상 또는 비정상)하는 추론 결과에 따라 후속처리가 결정될 것이므로 각 제조물의 이상 여부를 신속하게 응답해야 한다.

각각의 요청에 대해 즉시, 다시 말해, 요청에 동기화하여 추론해 나가기 때문에 동기 추론 패턴인 것이다.

4.3.3. 아키텍처

동기 추론 패턴에서는 머신러닝의 추론을 동기적으로 처리해 나간다(그림 4.5). 클라이언트는 추론 요청을 전송한 후, 응답을 얻을 때까지 후속처리를 진행하지 않고 대기한다. 머신러닝의 추론 서버를 REST API 또는 gRPC로 구성했을 경우 동기 추론 패턴이 되는 경우가 많다.

동기 추론 패턴을 사용하면 추론을 포함한 워크플로를 순차적으로 만들 수 있고, 동시에 간단한 워크플로를 유지할 수 있다. 이 패턴은 구현과 운용이 간단하고 광범위하게 활용할 수 있는 아키텍처다.

동기 추론 패턴에서는 머신러닝의 추론 프로세스 또한 동기적이다. 데이터의 입력부터 전처리, 추론, 후처리, 출력까지를 차례로 실행하는 구성이다. 그렇기 때문에 추론 프로세스 일부에 느린 처리가 들어가 있는 경우, 추론기의 지연으로 클라이언트를 기다리게 하는 사태가 발생한다. 좋은 사용자 경험의 요건으로 사용자가 기다리는 시간에 제한을 두는 경우에는 추론 프로세스를 고속화하거나 비동기 추론 패턴을 활용하는 것이 좋다.

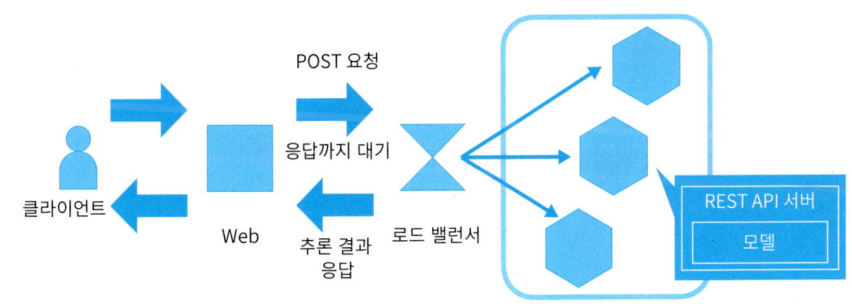

그림 4.5 동기 추론 패턴

4.3.4. 구현

동기 추론 패턴의 구현 예시를 살펴보자. 동기 추론 패턴은 웹 싱글 패턴과 거의 같은 아키텍처로 구성할 수 있는데, 이번에는 조금 방식을 바꿔 딥러닝 이미지 분류 모델을 TensorFlow Serving으로 기동하는 구현 방식을 설명한다.

머신러닝 모델이 포함된 추론기를 기동해주는 런타임으로 기존의 웹 프레임워크를 사용하는 것 이외에도, TensorFlow Serving이나 ONNX Runtime Server를 사용할 수 있다. 특히 TensorFlow나 Keras에서 개발한 모델은 TensorFlow Serving에서 가동하면 효율적인 자원 사용이 가능해 매우 안정적인 것이 특징이다.

TensorFlow Serving에서는 TensorFlow의 **SavedModel**이라는 바이너리 형식으로 출력된 파일을 읽어 추론 API를 기동할 수 있다. API는 표준으로 gRPC와 REST API 엔드포인트를 제공한다.

동기 추론 패턴의 구현 예시에서는 Keras 모델에 전처리, 추론, 후처리를 포함하여 하나의 **SavedModel**로 구성하고, 도커 컨테이너로 TensorFlow Serving을 기동한다.

> **전체 코드**
>
> - ml-system-in-actions/chapter4_serving_patterns/synchronous_pattern/
>   URL https://github.com/wikibook/mlsdp/tree/main/chapter4_serving_patterns/synchronous_pattern

먼저 Keras 모델을 생성하고 전처리, 추론, 후처리를 하나의 **SavedModel**로 만들어야 한다. 모델은 TensorFlow Hub(학습이 끝난 TensorFlow 계열의 모델이 공개되어 있는 서비스)에서 제공하는 InceptionV3(ImageNet 데이터로 학습한 이미지 분류 모델)를 사용한다. 이번 장은 모델 학습 과정을 목표로 삼지 않으므로 이미 학습이 끝난 모델을 활용한다.

코드 4.5의 InceptionV3Model 클래스는 TensorFlow의 operation을 활용해 다음과 같은 내용을 구현하고 있다.

- 전처리: 이미지 데이터의 디코딩, float32로 변환, (299, 299, 3)로 리사이즈.
- 추론: 학습이 끝난 InceptionV3 모델을 활용.
- 후처리: 추론 결과에서 가장 확률이 높은 클래스를 취득하고 라벨 목록에서 라벨명을 출력.

코드 4.5 imagenet_inception_v3/extract_inception_v3.py

```python
import json
from typing import List

import tensorflow as tf
import tensorflow_hub as hub


# 파일에서 라벨 불러오기
def get_label(
    json_path: str = "./image_net_labels.json",
) -> List[str]:
    with open(json_path, "r") as f:
        labels = json.load(f)
    return labels


# TensorFlow Hub에서 모델 가져오기
def load_hub_model() -> tf.keras.Model:
    url = "https://tfhub.dev/google/imagenet/inception_v3/classification/4"
    model = tf.keras.Sequential(
        [hub.KerasLayer(url)],
    )
    model.build([None, 299, 299, 3])
    return model


# InceptionV3 모델의 추론 클래스
class InceptionV3Model(tf.keras.Model):
    def __init__(
        self,
        model: tf.keras.Model,
```

```python
        labels: List[str],
    ):
        super().__init__(self)
        self.model = model
        self.labels = labels

    @tf.function(
        input_signature=[
            tf.TensorSpec(
                shape=[None],
                dtype=tf.string,
                name="image",
            )
        ]
    )
    def serving_fn(
        self,
        input_img: str,
    ) -> tf.Tensor:
        def _base64_to_array(img):
            # base64 디코딩
            img = tf.io.decode_base64(img)
            # jpeg 형식 디코딩
            img = tf.io.decode_jpeg(img)
            # float32로 변환
            img = tf.image.convert_image_dtype(
                img,
                tf.float32,
            )
            # 299x299사이즈로 변환
            img = tf.image.resize(img, (299, 299))
            # (299,299,3) 차원으로 변환
            img = tf.reshape(img, (299, 299, 3))
            return img

        # 추론
        img = tf.map_fn(
            _base64_to_array,
```

```python
            input_img,
            dtype=tf.float32,
        )
        predictions = self.model(img)

        def _convert_to_label(predictions):
            # Softmax 결과에서 가장 확률이 높은 클래스를 선택
            max_prob = tf.math.reduce_max(predictions)
            # 클래스 인덱스를 취득
            idx = tf.where(
                tf.equal(predictions, max_prob),
            )
            # 라벨 목록에서 라벨을 취득
            label = tf.squeeze(
                tf.gather(self.labels, idx),
            )
            return label

        return tf.map_fn(
            _convert_to_label,
            predictions,
            dtype=tf.string,
        )

    def save(
        self,
        export_path="./saved_model/inception_v3/",
    ):
        signatures = {
            "serving_default": self.serving_fn,
        }
        tf.keras.backend.set_learning_phase(0)
        tf.saved_model.save(
            self,
            export_path,
            signatures=signatures,
        )
```

```python
def main():
    labels = get_label(
        json_path="./image_net_labels.json",
    )
    inception_v3_hub_model = load_hub_model()
    inception_v3_model = InceptionV3Model(
        model=inception_v3_hub_model,
        labels=labels,
    )
    version = 0
    inception_v3_model.save(
        export_path=f"./saved_model/inception_v3/{version}",
    )


if __name__ == "__main__":
    main()
```

위는 (TensorFlow의 operation으로 데이터가 입력된 후의) 전처리부터 추론, 후처리까지의 과정을 커버한다. 이처럼 추론에 필요한 모든 과정을 TensorFlow에 포함하여 서버 간 데이터 통신 횟수를 줄이고 효율적인 추론을 수행하고 있음을 알 수 있다.

전체 과정은 **SavedModel**에 포함되어 출력된다. **SavedModel**은 TensorFlow Serving 이미지를 통해 TensorFlow Serving 기반의 추론기로서 가동시킬 수 있다. 다음 코드 4.6은 **SavedModel**을 불러오는 TensorFlow Serving의 Dockerfile이다.

코드 4.6 imagenet_inception_v3/Dockerfile

```dockerfile
# 가독성을 위해 불필요한 처리는 생략함

FROM tensorflow/serving:2.4.0

ARG SERVER_DIR=imagenet_inception_v3
ENV PROJECT_DIR synchronous_pattern
ENV MODEL_BASE_PATH /${PROJECT_DIR}/saved_model/inception_v3
ENV MODEL_NAME inception_v3
```

```
COPY /saved_model/inception_v3 ${MODEL_BASE_PATH}
EXPOSE 8500
EXPOSE 8501

COPY ./${SERVER_DIR}/tf_serving_entrypoint.sh /usr/bin/tf_serving_entrypoint.sh
RUN chmod +x /usr/bin/tf_serving_entrypoint.sh
ENTRYPOINT ["/usr/bin/tf_serving_entrypoint.sh"]
```

TensorFlow Serving의 도커 컨테이너는 다음과 같은 명령으로 기동할 수 있다.

[커맨드]

```
$ docker run \
    -d \
    --name imagenet_inception_v3 \
    -p 8500:8500 \
    -p 8501:8501 \
    shibui/ml-system-in-actions:synchronous_pattern_imagenet_inception_v3_0.0.1
```

TensorFlow Serving에서는 gRPC와 REST API의 엔드포인트를 표준으로 공개한다. gRPC 포트 번호는 8500, REST API 포트 번호는 8501이다.

코드 4.7에서 파이썬으로 gRPC 및 REST API에 추론 요청을 보내는 구현 예시를 기술한다.

코드 4.7 client/request_inception_v3.py

```
import click
import base64
import json
import numpy as np

import requests
import grpc
import tensorflow as tf
from tensorflow_serving.apis import predict_pb2
from tensorflow_serving.apis import prediction_service_pb2_grpc
```

```python
# 이미지 불러오기
def read_image(image_file: str = "./cat.jpg") -> bytes:
    with open(image_file, "rb") as f:
        raw_image = f.read()
    return raw_image


# GRPC로 요청
def request_grpc(
    image: bytes,
    model_spec_name: str = "inception_v3",
    signature_name: str = "serving_default",
    address: str = "localhost",
    port: int = 8500,
    timeout_second: int = 5,
) -> str:
    serving_address = f"{address}:{port}"
    channel = grpc.insecure_channel(serving_address)
    stub = (
        prediction_service_pb2_grpc
        .PredictionServiceStub(channel)
    )
    base64_image = base64.urlsafe_b64encode(image)
    request = predict_pb2.PredictRequest()
    request.model_spec.name = model_spec_name
    request.model_spec.signature_name = signature_name
    request.inputs["image"].CopyFrom(
        tf.make_tensor_proto([base64_image]),
    )
    response = stub.Predict(request, timeout_second)

    prediction = (
        response.outputs["output_0"]
        .string_val[0]
        .decode("utf-8")
    )
    return prediction
```

```python
# REST로 요청
def request_rest(
    image: bytes,
    model_spec_name: str = "inception_v3",
    signature_name: str = "serving_default",
    address: str = "localhost",
    port: int = 8501,
    timeout_second: int = 5,
):
    serving_address = f"http://{address}:{port}/v1/models/{model_spec_name}:predict"
    headers = {"Content-Type": "application/json"}
    base64_image = (
        base64.urlsafe_b64encode(image)
        .decode("ascii")
    )
    request_dict = {"inputs": {"image": [base64_image]}}
    response = requests.post(
        serving_address,
        json.dumps(request_dict),
        headers=headers,
    )
    return dict(response.json())["outputs"][0]


@click.command(name="inception v3 image classification")
@click.option(
    "--format",
    "-f",
    default="GRPC",
    type=str,
    help="GRPC or REST request",
)
@click.option(
    "--image_file",
    "-i",
    default="./cat.jpg",
    type=str,
    help="input image file path",
```

```python
)
@click.option(
    "--target",
    "-t",
    default="localhost",
    type=str,
    help="target address",
)
@click.option(
    "--timeout_second",
    "-s",
    default=5,
    type=int,
    help="timeout in second",
)
@click.option(
    "--model_spec_name",
    "-m",
    default="inception_v3",
    type=str,
    help="model spec name",
)
@click.option(
    "--signature_name",
    "-n",
    default="serving_default",
    type=str,
    help="model signature name",
)
def main(
    format: str,
    image_file: str,
    target: str,
    timeout_second: int,
    model_spec_name: str,
    signature_name: str,
):
```

```python
        raw_image = read_image(image_file=image_file)

        if format.upper() == "GRPC":
            prediction = request_grpc(
                image=raw_image,
                model_spec_name=model_spec_name,
                signature_name=signature_name,
                address=target,
                port=8500,
                timeout_second=timeout_second,
            )
        elif format.upper() == "REST":
            prediction = request_rest(
                image=raw_image,
                model_spec_name=model_spec_name,
                address=target,
                port=8501,
            )
        else:
            raise ValueError("Undefined format; should be GRPC or REST")
        print(prediction)

if __name__ == "__main__":
    main()
```

다음은 로컬에 별도로 준비한 고양이의 이미지 파일(그림 4.6)을 추론 요청하는 커맨드다.

그림 4.6 고양이 이미지 파일

[커맨드]

```
# GRPC 요청
$ python -m client.request_inception_v3 -f GRPC -i cat.jpg
Siamese cat

# REST API 요청
$ python -m client.request_inception_v3 -f REST -i cat.jpg
Siamese cat
```

이상으로 동기 추론 패턴의 구현 예시에 대해 알아보았다. 웹 싱글 패턴과 마찬가지로 웹 API를 구축, 가동시키고 있지만, 구성 방법에는 확연한 차이가 있음을 알 수 있다. 웹 싱글 패턴에서는 웹 API를 FastAPI로 자체 구현했지만, 동기 추론 패턴에서는 TensorFlow Serving이라고 하는 Tensorflow의 표준 라이브러리를 사용해 웹 API를 구축했다. 모델 개발에서 사용하는 라이브러리에 다수의 선택지가 존재하듯, 추론기의 가동에도 모델의 종류에 따라 다양한 구현 방법이 존재한다.

scikit-learn 라이브러리에서 학습한 모델이라면 모델을 pickle로 출력해 추론기 내부에서 scikit-learn을 사용할 수도 있고, ONNX 형식으로 출력해 ONNX Runtime을 가동시킬 수도 있다. TensorFlow 또는 Keras의 경우에는 TensorFlow Serving이 가장 일반적인 선택지가 될 것이며, PyTorch를 사용했다면 ONNX Runtime이나 Torch Serve를 선택할 수도 있다.

모델의 라이브러리에 따라 추론기의 구성 방법이 달라지기 때문에 머신러닝을 실제 시스템에 도입하기 위해서는 모델의 라이브러리 선정 단계에서부터 추론기를 구성하는 방법에 대해 검증해 둘 필요가 있다.

4.3.5. 이점

- 간단한 구성으로 개발과 운용이 용이함.
- 추론이 완료될 때까지 클라이언트는 다음 처리로 이행하지 않기 때문에 순차적인 워크플로를 만들 수 있음.

4.3.6. 검토사항

동기 추론 패턴의 단점은 추론기가 응답할 때까지 클라이언트를 기다리게 한다는 점이다. 스마트폰 앱처럼 사용자가 직접 애플리케이션을 조작하는 경우는 지연에 민감하기 때문에 불과 1~2초의 늦고 빠름이 사용자 경험을 좌우한다. 한편, 추론기는 시스템인 이상 예상치 못한 부하나 장애로 인해 성능이 악화되어 지연이 발생할 수 있다. 대기시간이 길어질 경우에는 클라이언트나 프락시에 타임아웃을 설정하고, 허용시간을 넘기면 더 이상 추론을 기다리지 않고 다음 프로세스로 넘어갈 수 있도록 검토해야 한다.

4.4 비동기 추론 패턴

시스템에 따라 클라이언트는 추론 요청만을 보내 놓고, 추론 결과는 클라이언트에서 사용하지 않는 경우도 존재한다. 비동기 추론 패턴에서는 추론 요청에 대해서 추론 결과를 응답하지 않는다. 추론 결과는 요청과는 다른 과정으로 가져온다. 비동기 추론 패턴을 사용하면 머신러닝으로 실현 가능한 시스템의 폭이 넓어진다.

4.4.1. 유스케이스

- 클라이언트 애플리케이션에서 추론 요청 직후의 처리가 추론 결과에 의존하지 않는 워크플로일 경우.
- 클라이언트와 추론 결과의 출력처를 분리하고 싶은 경우.
- 추론에 시간이 걸려 클라이언트를 기다리게 하고 싶지 않은 경우.

4.4.2. 해결하려는 과제

최근 몇 년간의 기술 혁신으로 인해 딥러닝이나 여러 종류의 특징량을 조합하는 멀티-모달 머신러닝으로 보다 복잡한 데이터를 추론할 수 있게 되었다. 이 모델들은 연산량이 커서 추론에 다소 시간이 걸릴 수 있다는 문제가 있다. 동기적인 시스템에서 이와 같은 머신러닝 모델을 활용하려면 추론 결과를 기다리는 동안 후속 처리를 중지해야 하며, 속도가 느린 추론 처리는 결국 시스템 전체의 성능 저하로 이어지게 된다.

동기적으로 처리할 필요가 없는 워크플로도 있다. 예를 들어, 사진을 클라우드에 올리고 딥러닝(초해상)으로 화질을 개선해서 사용자에게 제공하는 스마트폰 앱의 워크플로를 생각해 보자(그림 4.7). 이러한 앱에서는 파일 '업로드하기' 버튼을 누르고 난 다음의 처리를 비동기적으로 실시한다. 스마트폰 화면에 '사진을 업로드 했습니다. 화질 개선이 완료될 때까지 잠시 기다려 주십시오.'와 같은 푸시 메시지를 송신하여 클라이언트의 조작을 멈추지 않고 화질을 개선할 시간을 확보할 수 있다. 추론이 완료된 후에 '화질 개선을 완료했습니다.'라는 팝업 메시지와 함께 파일 목록 화면에 개선된 이미지가 추가되어 있다면 사용자 경험이 그리 나쁘지 않을 것이다.

많은 시스템은 상황에 따라 클라이언트의 요청과 추론의 워크플로를 비동기적으로 분리하고 있다. 특히 추론에 시간이 많이 소요되는 무거운 머신러닝 모델이라면 비동기적인 워크플로를 활용해 시스템의 전체 성능을 유지할 것을 권장하는 추세다.

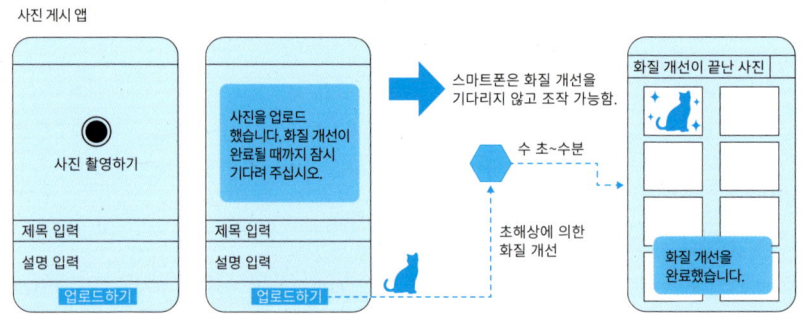

그림 4.7 딥러닝 화질 개선 스마트폰 애플리케이션

4.4.3. 아키텍처

비동기 추론 패턴에서는 요청과 추론기 사이에 큐(Apache Kafka[1])나 캐시(Rabbit MQ[2] 또는 Redis Cache[3])를 배치해 추론 요청과 추론 결과의 취득을 비동기화한다. 요청과 추론을 분리해 클라이언트의 워크플로에서 추론을 기다릴 필요가 없게 하는 것이다. 추론 결과를 얻기 위

---

[1] https://kafka.apache.org/
[2] https://www.rabbitmq.com/
[3] https://redis.io/

해서는 클라이언트에서 직접 추론 결과가 출력되는 곳으로 정기적으로 접속해 결과를 얻어내야 한다.

비동기 추론 패턴은 추론 결과가 출력되는 곳에 따라 여러 아키텍처로 구현할 수 있다. 추론 결과는 큐나 캐시에 저장할 수도 있고(그림 4.8), 전혀 다른 시스템에 출력할 수도 있다(그림 4.9). 출력되는 곳은 시스템의 워크플로에 따라 구성한다. 추론 결과를 클라이언트에 직접 전달할 수도 있지만, 추론기 측이 클라이언트에 추론을 반환하기 위한 커넥션이 필요하게 되고 시스템이 복잡해지기 때문에 권장하지 않는다.

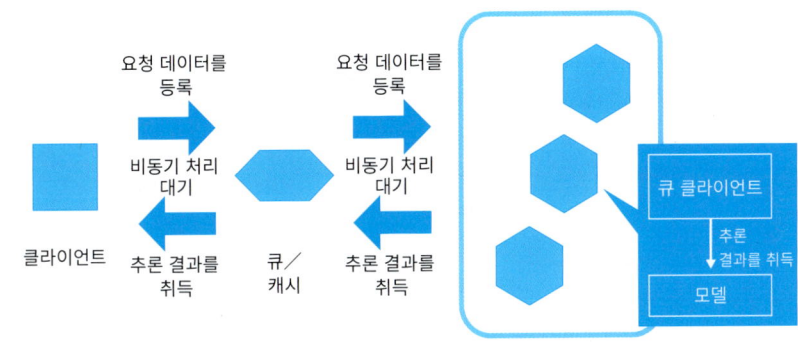

그림 4.8 비동기 추론 패턴 ①

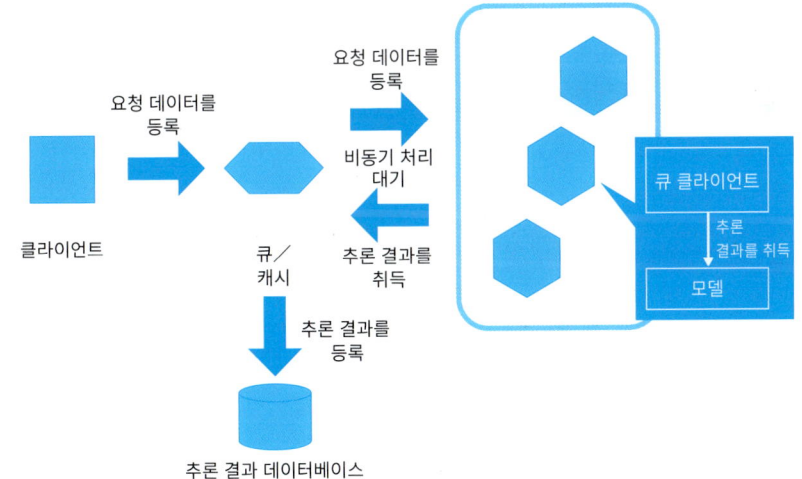

그림 4.9 비동기 추론 패턴 ②

4.4.4. 구현

비동기 추론 패턴의 구현 예시를 살펴보자. 비동기 추론 패턴에서도 동기 추론 패턴에서 사용한 TensorFlow Serving을 활용한다. 추론기에서는 전처리, 후처리를 포함한 InceptionV3 모델을 TensorFlow Serving으로 기동한다. 클라이언트로부터의 추론 요청 엔드포인트에는 FastAPI로 프락시가 중개한다. 프락시는 추론 요청에 대해 작업 ID를 응답하고, 백그라운드에서 Redis에 요청 데이터를 등록한다. Redis에 등록된 요청 데이터는 배치로 TensorFlow Serving이 추론하고, 추론 결과는 다시 Redis로 등록된다. 클라이언트가 작업 ID를 프락시에 요청하면 추론이 완료되었을 때 그 결과를 얻게 되는 구성이다(그림 4.10).

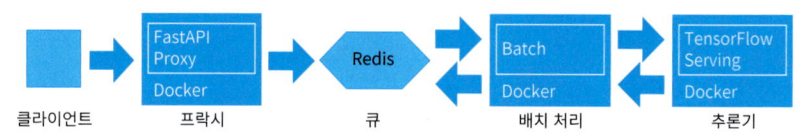

그림 4.10 비동기 추론 패턴

클라이언트와 추론기 본체(TensorFlow Serving) 사이에 FastAPI, Redis, 배치 서버가 있는 아키텍처다. 클라이언트는 비동기화로 인해 추론이 완료될 때까지 작업을 중지할 필요가 없다. 다만, 클라이언트에서 추론 결과를 얻기 위해서는 프락시를 폴링[4]해야 한다.

비동기 추론 패턴의 시스템은 프락시, Redis, 배치 서버, TensorFlow Serving 등의 여러 리소스를 조합해서 구현한다. 따라서 각 리소스를 개별 컨테이너로 구축하고, 도커 컴포즈로 가동시키는 구성을 지향한다.

전체 코드

- ml-system-in-actions/chapter4_serving_patterns/asynchronous_pattern/
  URL https://github.com/wikibook/mlsdp/tree/main/chapter4_serving_patterns/asynchronous_pattern

TensorFlow Serving의 기동 방법은 동기추론 패턴의 구현 예시와 같기 때문에 이번 절에서는 설명을 생략한다.

---

4 (옮긴이) 주기적으로 새로운 정보가 있는지 계속 확인하는 행위를 의미한다.

프락시는 웹 싱글 패턴과 마찬가지로 Gunicorn과 FastAPI로 구성한다(코드 4.8). 엔드포인트로서 **/predict/test**, **/predict** 이외에 **/job/{job_id}**를 만든다. 내부데이터에 의한 테스트는 **/predict/test**를 사용하고, 클라이언트로부터의 요청은 **/predict**를 사용한다. 추론 결과를 요청하는 엔드포인트는 **/job/{job_id}**이다.

코드 4.8 src/app/routers/routers.py

```
import os
import base64
import io
import uuid
from logging import getLogger
from typing import Dict
import requests
from fastapi import APIRouter, BackgroundTasks
from PIL import Image

from src.app.backend import (
    background_job,
    store_data_job,
)
from src.app.backend.data import Data

# 가독성을 위해 여러 파일로 나누어 작성된 코드를
# 하나의 파일로 정리하고, 불필요한 처리는 생략함

logger = getLogger(__name__)
router = APIRouter()

# 이미지 불러오기
def read_image(
    image_file: str = "./data/cat.jpg",
) -> bytes:
    return Image.open(image_file)

# 샘플 이미지
sample_image_path = os.getenv(
```

```python
        "SAMPLE_IMAGE_PATH",
        "./data/cat.jpg",
)
sample_image = read_image(
        image_file=sample_image_path,
)

# 샘플 이미지로 추론
@router.get("/predict/test")
def predict_test(
        background_tasks: BackgroundTasks,
) -> Dict[str, str]:
        job_id = str(uuid.uuid4())[:6]
        data = Data()
        data.image_data = sample_image
        background_job.save_data_job(
                data.image_data,
                job_id,
                background_tasks,
                True,
        )
        return {"job_id": job_id}

# 추론
@router.post("/predict")
def predict(
        data: Data,
        background_tasks: BackgroundTasks,
) -> Dict[str, str]:
        image = base64.b64decode(str(data.image_data))
        io_bytes = io.BytesIO(image)
        data.image_data = Image.open(io_bytes)
        job_id = str(uuid.uuid4())[:6]
        background_job.save_data_job(
                data=data.image_data,
                job_id=job_id,
                background_tasks=background_tasks,
                enqueue=True,
```

```
    )
    return {"job_id": job_id}

# 추론 결과를 취득
@router.get("/job/{job_id}")
def prediction_result(
    job_id: str,
) -> Dict[str, Dict[str, str]]:
    result = {job_id: {"prediction": ""}}
    data = store_data_job.get_data_redis(job_id)
    result[job_id]["prediction"] = data
    return result
```

/predict 요청 백그라운드에서는 Redis에 큐를 등록한다. 큐에는 작업 ID를 키로 갖는 요청 이미지를 등록한다. 백그라운드 처리는 FastAPI의 BackgroundTasks를 사용하여 요청에 응답 후 실행하게 예약할 수 있다. 코드 4.9가 Redis로의 등록을 BackgroundTasks로 실행하는 코드다.

코드 4.9 src/app/backend/background_job.py 등의 파일[5]

```python
import os
import logging
from typing import Any, Dict
import base64
import io
from fastapi import BackgroundTasks
from PIL import Image
from pydantic import BaseModel

from src.app.backend.redis_client import redis_client


# 가독성을 위해 여러 파일로 나누어 작성된 코드를
# 하나의 파일로 정리하고, 불필요한 처리는 생략함
```

---

[5] src/app/backend/ 이하의 여러 개 파일을 하나의 코드로 정리했다. 앞으로 이처럼 여러 개의 파일을 정리하여 기재한 경우는 '(파일명)' 등의 파일로 표기한다.
URL https://github.com/wikibook/mlsdp/tree/main/chapter4_serving_patterns/asynchronous_pattern/src/app/backend

```python
logger = logging.getLogger(__name__)


# 큐에 등록할 키 작성
def make_image_key(key: str) -> str:
    return f"{key}_image"


# 큐 등록
def left_push_queue(
    queue_name: str,
    key: str,
) -> bool:
    try:
        redis_client.lpush(queue_name, key)
        return True
    except Exception:
        return False


# 큐 취득
def right_pop_queue(queue_name: str) -> Any:
    if redis_client.llen(queue_name) > 0:
        return redis_client.rpop(queue_name)
    else:
        return None


# Redis에 데이터 등록
def set_data_redis(key: str, value: str) -> bool:
    redis_client.set(key, value)
    return True


# Redis로부터 데이터 취득
def get_data_redis(key: str) -> Any:
    data = redis_client.get(key)
    return data
```

```python
# Redis에 이미지 데이터 등록
def set_image_redis(
    key: str,
    image: Image.Image,
) -> str:
    bytes_io = io.BytesIO()
    image.save(bytes_io, format=image.format)
    image_key = make_image_key(key)
    encoded = base64.b64encode(bytes_io.getvalue())
    redis_client.set(image_key, encoded)
    return image_key


# Redis로부터 이미지 데이터 취득
def get_image_redis(key: str) -> Image.Image:
    redis_data = get_data_redis(key)
    decoded = base64.b64decode(redis_data)
    io_bytes = io.BytesIO(decoded)
    image = Image.open(io_bytes)
    return image


# Redis에 데이터와 작업 ID 등록
def save_image_redis_job(
    job_id: str,
    image: Image.Image,
) -> bool:
    set_image_redis(job_id, image)
    redis_client.set(job_id, "")
    return True


# Redis에 데이터를 등록하는 작업 클래스
class SaveDataRedisJob(BaseModel):
    job_id: str
    data: Any
```

```python
    queue_name: str = "redis_queue"
    is_completed: bool = False
    enqueue: bool = False

    def __call__(self):
        save_data_jobs[self.job_id] = self
        logger.info(f"registered job: {self.job_id} in {self.__class__.__name__}")
        self.is_completed = save_image_redis_job(
            job_id=self.job_id,
            image=self.data,
        )
        if self.enqueue:
            self.is_completed = left_push_queue(
                self.queue_name,
                self.job_id,
            )
        logger.info(f"completed save data: {self.job_id}")

# 작업 예약
def save_data_job(
    data: Image.Image,
    job_id: str,
    background_tasks: BackgroundTasks,
    enqueue: bool = False,
) -> str:
    task = SaveDataRedisJob(
        job_id=job_id,
        data=data,
        queue_name=os.getenv("QUEUE_NAME", "queue"),
        enqueue=enqueue,
    )
    background_tasks.add_task(task)
    return job_id



save_data_jobs: Dict[str, SaveDataRedisJob] = {}
```

Redis에는 {작업 ID}_image라고 하는 키로 바이너리 인코딩된 이미지 데이터가 등록된다. 등록된 데이터는 배치 서버에서 정기적으로 큐를 받아 추론한다. 추론된 결과는 재차 Redis에 작업 ID를 키로 하여 등록된다. 배치 서버의 구현은 코드 4.10과 같다.

코드 4.10 src/app/backend/prediction_batch.py

```python
import asyncio
import base64
import io
import os
from concurrent.futures import ProcessPoolExecutor
from time import sleep
from tensorflow_serving.apis import (
    prediction_service_pb2_grpc,
)
import grpc

from src.app.backend import (
    request_inception_v3,
    store_data_job,
)

# 가독성을 위해 여러 파일로 나누어 작성된 코드를
# 하나의 파일로 정리하고, 불필요한 처리는 생략함

# 큐가 존재하면 추론을 실행
def _trigger_prediction_if_queue(
    stub: prediction_service_pb2_grpc.PredictionServiceStub,
):
    job_id = store_data_job.right_pop_queue(
        os.getenv("QUEUE_NAME", "queue"),
    )
    if job_id is not None:
        data = store_data_job.get_data_redis(job_id)
        if data != "":
            return True
        image_key = (
            store_data_job
```

```python
            .make_image_key(job_id)
        )
        image_data = (
            store_data_job
            .get_data_redis(image_key)
        )
        decoded = base64.b64decode(image_data)
        io_bytes = io.BytesIO(decoded)
        prediction = request_inception_v3.request_grpc(
            stub=stub,
            image=io_bytes.read(),
            model_spec_name=os.getenv(
                "MODEL_SPEC_NAME",
                "inception_v3",
            ),
            signature_name=os.getenv(
                "SIGNATURE_NAME",
                "serving_default",
            ),
            timeout_second=5,
        )
        if prediction is not None:
            store_data_job.set_data_redis(
                job_id,
                prediction,
            )
        else:
            store_data_job.left_push_queue(
                os.getenv("QUEUE_NAME", "queue"),
                job_id,
            )


# 정기적으로 큐를 확인하여 추론
def _loop():
    address = os.getenv("API_ADDRESS", "localhost")
    port = int(os.getenv("GRPC_PORT", 8500))
    serving_address = f"{address}:{port}"
```

```python
    channel = grpc.insecure_channel(serving_address)
    stub = (
        prediction_service_pb2_grpc
        .PredictionServiceStub(channel)
    )

    while True:
        sleep(1)
        _trigger_prediction_if_queue(stub=stub)


# 멀티 프로세스로 기동
def prediction_loop(num_procs: int = 2):
    executor = ProcessPoolExecutor(num_procs)
    loop = asyncio.get_event_loop()

    for _ in range(num_procs):
        asyncio.ensure_future(
            loop.run_in_executor(executor, _loop),
        )

    loop.run_forever()


def main():
    NUM_PROCS = int(os.getenv("NUM_PROCS", 2))
    prediction_loop(NUM_PROCS)


if __name__ == "__main__":
    main()
```

concurrent.futures.ProcessPoolExecutor로 워커 프로세스를 기동하고, 1초에 한 번 Redis를 폴링해서 추론 대기 중인 작업이 있으면 큐에서 꺼내 TensorFlow Serving에 요청하는 구성으로 되어 있다.

이것으로 프락시, Redis, 배치 서버, TensorFlow Serving이 준비가 되었으므로 이것들을 도커 컴포즈로 기동해 보자. 도커 컴포즈의 구성 정의 파일은 코드 4.11과 같다. 리소스 간은 Redis 클라이언트나 gRPC로 액세스하는 사양이다.

코드 4.11 docker-compose.yml

```yaml
version: "3"

services:
  # 프락시
  asynchronous_proxy:
    container_name: asynchronous_proxy
    image:shibui/ml-system-in-actions: →
asynchronous_pattern_asynchronous_proxy_0.0.1
    restart: always
    environment:
      - QUEUE_NAME=tfs_queue
      - API_ADDRESS=imagenet_inception_v3
    ports:
      - "8000:8000"
    command: ./run.sh
    depends_on:
      - redis
      - imagenet_inception_v3
      - asynchronous_backend

  # 추론기
  imagenet_inception_v3:
    container_name: imagenet_inception_v3
    image: shibui/ml-system-in-actions: →
asynchronous_pattern_imagenet_inception_v3_0.0.1
    restart: always
    environment:
      - PORT=8500
      - REST_API_PORT=8501
    ports:
      - "8500:8500"
      - "8501:8501"
```

```yaml
    entrypoint: ["/usr/bin/tf_serving_entrypoint.sh"]

# 배치 서버
asynchronous_backend:
  container_name: asynchronous_backend
  image: shibui/ml-system-in-actions: →
asynchronous_pattern_asynchronous_backend_0.0.1
  restart: always
  environment:
    - QUEUE_NAME=tfs_queue
    - API_ADDRESS=imagenet_inception_v3
  entrypoint:
    - "python"
    - "-m"
    - "src.app.backend.prediction_batch"
  depends_on:
    - redis

# 큐
redis:
  container_name: asynchronous_redis
  image: "redis:latest"
  ports:
    - "6379:6379"
```

이제 기동하고 요청해 볼 차례다.

[커맨드]

```
# 도커 컴포즈 기동
$ docker-compose \
    -f ./docker-compose.yml \
    up -d
Creating network "asynchronous_pattern_default" with the default driver
Creating asynchronous_redis ... done
Creating imagenet_inception_v3 ... done
Creating asynchronous_backend ... done
Creating asynchronous_proxy ... done
```

```
# 프락시에 이미지 파일을 POST 요청. 응답은 작업 ID
$ (echo \
    -n '{"image_data": "'; \
    base64 imagenet_inception_v3/data/cat.jpg; \
    echo '"}') | \
  curl \
    -X POST \
    -H "Content-Type: application/json" \
    -d @- \
    localhost:8000/predict
# 출력
{
  "job_id":"942c3b"
}

# 프락시에 작업 ID를 요청
$ curl localhost:8000/job/942c3b
# 출력
{
  "942c3b": {
    "prediction": "Siamese cat"
  }
}
```

조금은 복잡한 구성이지만, 비동기 추론 패턴의 구현 예시는 이상으로 마무리한다.

4.4.5. 이점

- 클라이언트의 워크플로와 추론의 결합도를 낮출 수 있음.
- 추론의 지연이 긴 경우에서도 클라이언트에 대한 악영향을 피할 수 있음.

4.4.6. 검토사항

비동기 추론 패턴에서는 추론을 실행하는 타이밍에 따라 아키텍처를 검토해야 한다.

요청을 FIFO(First-In, First-Out)로 추론하는 경우, 클라이언트와 추론기의 중간에는 큐를 이용한다. 클라이언트는 요청 데이터를 큐에 추가하고(enqueue), 추론기는 큐에서 데이터를 꺼내는(dequeue) 식이다. 서버 장애 등으로 추론에 실패해서 이를 재시도하기 위해서는 디큐한 데이터를 큐로 되돌릴 필요가 있지만, 장애의 원인에 따라서는 되돌릴 수 없는 사태가 발생하기도 한다. 따라서 큐 방식으로 모든 데이터를 추론할 수 있다고는 할 수 없다.

추론의 순서에 구애되지 않는 경우는 캐시를 이용한다. 클라이언트와 추론기의 중간에 캐시 서버를 준비를 하고 클라이언트로부터 요청 데이터를 캐시 서버에 등록한다. 추론기는 추론 이전의 캐시 데이터를 가져와 추론하고, 추론 결과를 캐시에 등록한다. 그리고 추론 전 데이터를 추론이 끝난 상태로 변경하는 워크플로를 취한다. 이런 방식이라면 서버 장애로 인해 추론에 실패하더라도 재시도할 수 있다.

에러가 발생해서 추론을 재시도하는 방식의 경우, 재시도에 필요한 TTL이나 시도 횟수로 제한하는 것이 좋다. 데이터의 미비로 추론이 성공하지 못하는 경우, 데이터의 추론을 요청으로부터 5분 이내(또는 재시도 3회 이내)로 하고, 초과한 경우는 요청을 파기하는 대처도 필요하다.

또한, 비동기 추론 패턴에서는 순서가 엄밀하게 보장되지 않기 때문에 데이터나 이벤트에 대한 추론 순서를 반드시 지켜야 하는 시계열 추론 시스템에서는 비동기 추론 패턴이 아닌 동기 추론 패턴을 선택하는 것을 권장한다.

4.5 배치 추론 패턴

대량의 데이터를 하나로 정리하여 추론하고 싶은 경우, 배치 추론 패턴을 사용할 수 있다. 배치 추론 패턴에서는 작업으로서 전처리와 추론을 실행하고 추론 결과를 저장한다.

4.5.1. 유스케이스

- 실시간 또는 실시간에 준하는 추론을 할 필요가 없는 경우.
- 과거의 데이터를 정리해 추론하고 싶은 경우.
- 야간, 시간 단위 또는 월 단위 등 정기적으로 쌓인 데이터를 추론하고 싶은 경우.

4.5.2. 해결하려는 과제

머신러닝의 역할은 실시간으로 흐르는 데이터를 추론하는 것에 그치지 않는다. 지금까지 축적된 데이터에 대해 의미를 부여하기 위해 배치 처리로 데이터를 추론하는 경우가 있다.

예를 들어 클라이언트용 웹 서비스에서 새로운 위반행위를 발견했을 경우, 해당 위반행위를 실시간으로 검지하는 머신러닝 모델을 준비하고 과거에 축적된 데이터를 정리해 추론하는 방법이 있다. 또는 지난 3개월 동안의 데이터를 바탕으로 다음 달의 인력 배치를 계획하는 모델이라면 월말에 한 번 추론을 하게 될 것이다. 실시간으로 추론할 필요가 없을 때나 정리된 데이터에 대해 추론하는 경우, 배치 처리로 추론 실행을 스케줄링할 수 있다.

4.5.3. 아키텍처

배치 추론 패턴에서는 밀린 데이터를 야간 등 정기적으로 추론하고 결과를 저장한다(그림 4.11). 반드시 야간에 실행할 필요는 없으며, 유스케이스에 따라 한 시간에 한 번, 1개월에 한 번 실행하는 것도 가능하다. 단, 배치 추론 패턴에서는 배치 작업을 관리하는 서버가 필요한 데, 이 서버는 정해진 규칙(시간이나 기타 조건)이 충족되면 추론 작업을 실행시킨다. 추론기는 배치 작업을 수행할 때만 가동하고, 클라우드 및 쿠버네티스로 서버의 시작/정지를 제어하면 인스턴스 비용도 아낄 수 있다.

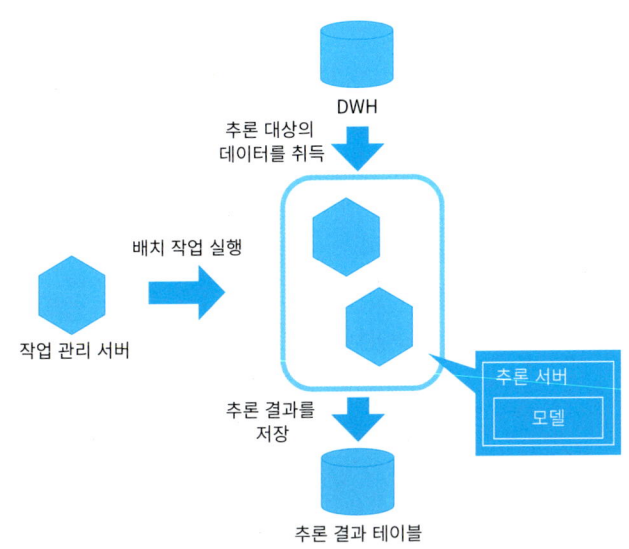

그림 4.11 배치 추론 패턴

4.5.4. 구현

배치 추론 패턴의 구현 예시를 살펴보자. 배치 추론 패턴에서는 배치 작업을 정기적으로 실행하는 배치 서버가 데이터베이스에서 정기적으로 배치 대상 데이터를 취득하여 추론하고 추론 결과를 데이터베이스에 등록하는 구성을 취한다. 구현 예시에서는 리소스로 배치 서버와 데이터베이스 서버를 준비한다. 데이터베이스는 간단하게 MySQL을 사용하고 배치 서버부터는 SQL Alchemy(URL https://www.sqlalchemy.org/)라고 하는 파이썬의 ORM 라이브러리로 액세스한다.

추론 모델은 웹 싱글 패턴에서 다룬 붓꽃 데이터셋의 서포트 벡터 머신 분류 모델을 다시 한번 사용한다.

전체 코드

- ml-system-in-actions/chapter4_serving_patterns/batch_pattern/
  URL https://github.com/wikibook/mlsdp/tree/main/chapter4_serving_patterns/batch_pattern

먼저 데이터베이스를 정의한다. SQL Alchemy와 Pydantic(URL https://pydantic-docs.helpmanual.io/)을 조합해 테이블의 스키마 정의와 CRUD(Create/Read/Update/Delete)를 파이썬 코드로 작성한다(코드 4.12). 우선 표 4.1과 같은 테이블을 준비한다.

표 4.1 테이블

컬럼	타입	부연설명
ID	Integer	기본 키
VALUES	JSON	추론 대상 데이터
PREDICTION	JSON	추론 결과
CREATED_DATETIME	TIMESTAMP	데이터 등록 타임스탬프
UPDATED_DATETIME	TIMESTAMP	데이터 갱신 타임스탬프

코드 4.12 src/db/models.py

```python
from logging import getLogger

from sqlalchemy import Column, Integer
from sqlalchemy.dialects.mysql import TIMESTAMP
from sqlalchemy.sql.expression import text
from sqlalchemy.sql.functions import current_timestamp
from sqlalchemy.types import JSON

logger = getLogger(__name__)

from src.db.database import Base


# 불필요한 처리는 생략함

# ITEMS 테이블
class Item(Base):
    __tablename__ = "items"

    id = Column(
        Integer,
```

```
        primary_key=True,
        autoincrement=True,
        comment="primary key",
    )
    values = Column(
        JSON,
        nullable=False,
        comment="data",
    )
    prediction = Column(
        JSON,
        nullable=True,
        comment="prediction",
    )
    created_datetime = Column(
        TIMESTAMP,
        server_default=current_timestamp(),
        nullable=False,
        comment="data registered date",
    )
    updated_datetime = Column(
        TIMESTAMP,
        server_default=text("CURRENT_TIMESTAMP ON UPDATE CURRENT_TIMESTAMP"),
        nullable=False,
        comment="data updated_date",
    )
```

SQL Alchemy에서 테이블로 액세스하는 데이터 정의는 코드 4.13과 같다.

코드 4.13 src/db/schemas.py

```
from typing import List, Optional, Dict, Any
import datetime

from pydantic import BaseModel


# ITEM 데이터 정의체
```

```python
class ItemBase(BaseModel):
    values: List[float]


class ItemCreate(ItemBase):
    pass


class Item(ItemBase):
    id: int
    prediction: Optional[Dict[str, float]]
    created_datetime: datetime.datetime
    updated_datetime: datetime.datetime

    class Config:
        orm_mode = True
```

이어서 CRUD는 코드 4.14와 같다. 여기서는 데이터의 취득, 등록 및 업데이트 함수를 정의한다.

코드 4.14 src/db/cruds.py

```python
from typing import Dict, List

from sqlalchemy.orm import Session
from src.db import models, schemas


# 전체 데이터 취득
def select_all_items(
    db: Session,
) -> List[schemas.Item]:
    return db.query(models.Item).all()


# prediction을 대기 중인 데이터 취득
def select_without_prediction(
    db: Session,
```

```python
) -> List[schemas.Item]:
    return (
        db
        .query(models.Item)
        .filter(models.Item.prediction == None)
        .all()
    )


# prediction이 끝난 데이터 취득
def select_with_prediction(
    db: Session,
) -> List[schemas.Item]:
    return (
        db
        .query(models.Item)
        .filter(models.Item.prediction != None)
        .all()
    )


# ID로 검색
def select_by_id(
    db: Session,
    id: int,
) -> schemas.Item:
    return (
        db
        .query(models.Item)
        .filter(models.Item.id == id)
        .first()
    )


# 데이터 등록
def register_item(
    db: Session,
    item: schemas.ItemBase,
```

```python
    commit: bool = True,
):
    _item = models.Item(values=item.values)
    db.add(_item)
    if commit:
        db.commit()
        db.refresh(_item)


# 하나 이상의 데이터를 등록
def register_items(
    db: Session,
    items: List[schemas.ItemBase],
    commit: bool = True,
):
    for item in items:
        register_item(db=db, item=item, commit=commit)


# 추론 결과를 등록
def register_predictions(
    db: Session,
    predictions: Dict[int, Dict[str, float]],
    commit: bool = True,
):
    for id, prediction in predictions.items():
        item = select_by_id(db=db, id=id)
        item.prediction = prediction
        if commit:
            db.commit()
            db.refresh(item)
```

배치 서버에서는 이들을 정기적으로 호출하고, 추론 결과를 테이블의 PREDICTION 칼럼에 등록한다. 배치 작업의 내용은 코드 4.15와 같다.

코드 4.15 src/task/job.py

```python
import time
from concurrent.futures import ThreadPoolExecutor
from typing import Tuple

import numpy as np
from src.db import cruds, schemas
from src.db.database import get_context_db
from src.ml.prediction import classifier


# 불필요한 처리는 생략함

# 추론
def predict(
    item: schemas.Item,
) -> Tuple[int, np.ndarray]:
    prediction = classifier.predict(
        data=[item.values],
    )
    return item.id, prediction


def main():
    time.sleep(60)
    with get_context_db() as db:
        data = cruds.select_without_prediction(db=db)
        predictions = {}
        with ThreadPoolExecutor(4) as executor:
            # 추론을 실행하여 결과를 취득
            results = executor.map(predict, data)
        for result in results:
            predictions[result[0]] = list(result[1])
        # 결과를 데이터베이스에 등록
        cruds.register_predictions(
            db=db,
            predictions=predictions,
            commit=True,
```

```
        )

if __name__ == "__main__":
    main()
```

여기서는 추론 결과가 등록되지 않은 데이터를 일괄적으로 취득해서 추론하고 테이블에 등록하고 있다. 이 작업을 정기적으로 수행하여 테이블에 쌓인 데이터에 추론 결과를 등록하는 구성이다.

배치 시스템에서는 작업을 정기적으로 실행해 작업의 성패를 관리하는 작업 관리 서버를 사용하는 경우가 많다. 여기서는 쿠버네티스 클러스터에 데이터베이스와 작업 서버를 배포하고 쿠버네티스의 CronJobs[6]로 작업을 정기 실행하는 간단한 구성을 취한다.

또한, 이후의 예시에서는 MySQL도 간이로 쿠버네티스 클러스터에 Pods[7]로 구축하고 있으나, 어디까지나 설명을 위한 구성이라는 점에 주의하기 바라며, 실제 환경에 구축하는 경우는 사용자명과 패스워드를 포함해서 수정해야 한다.

쿠버네티스의 매니페스트는 코드 4.16과 같다.

코드 4.16 manifests/mysql.yml 등의 파일

```
# 가독성을 위해 여러 파일로 나누어 작성된 코드를
# 하나의 파일로 정리하고, 불필요한 처리는 생략함

# MySQL의 Pod
apiVersion: v1
kind: Pod
metadata:
  name: mysql
  namespace: batch
  labels:
    app: mysql
```

---

[6] https://kubernetes.io/ko/docs/concepts/workloads/controllers/cron-jobs/
[7] 쿠버네티스로 컨테이너를 가동시키는 리소스의 명칭.
https://kubernetes.io/ko/docs/concepts/workloads/pods/

```
  spec:
    containers:
      - name: mysql
        image: mysql:5.7
        ports:
          - containerPort: 3306
        env:
          - name: MYSQL_ROOT_PASSWORD
            value: password
          - name: MYSQL_DATABASE
            value: sample_db
          - name: MYSQL_USER
            value: user
          - name: MYSQL_PASSWORD
            value: password

---
# MySQL 서비스
apiVersion: v1
kind: Service
metadata:
  namespace: batch
  labels:
    app: mysql
spec:
  ports:
    - port: 3306
  selector:
    app: mysql

---
# 배치 작업 정기 실행
apiVersion: batch/v1beta1
kind: CronJob
metadata:
  name: batch-job
  namespace: batch
spec:
```

```yaml
schedule: "0 * * * *"
jobTemplate:
  spec:
    template:
      spec:
        containers:
          - name: batch-job
            image: shibui/ml-system-in-actions:batch_pattern_batch_0.0.1
            env:
              - name: MYSQL_DATABASE
                value: sample_db
              - name: MYSQL_USER
                value: user
              - name: MYSQL_PASSWORD
                value: password
              - name: MYSQL_PORT
                value: "3306"
              - name: MYSQL_SERVER
                value: mysql.batch.svc.cluster.local
            command:
              - python
              - -m
              - src.task.job
```

코드 4.16은 한 시간에 한 번 쿠버네티스의 CronJobs이 실행되고 추론을 실행하는 구성이다.

4.5.5. 이점

- 서버 리소스 관리를 유연하게 실시하여 비용 절감이 가능함.
- 시간적인 여유를 두고 스케줄링할 수 있다면 서버 장애 등으로 추론에 실패하더라도 재시도가 가능함.

4.5.6. 검토사항

한 번의 배치 작업에서 추론의 대상으로 삼는 데이터의 범위를 정의해야 한다. 데이터의 많고 적음에 따라 추론의 소요 시간은 달라지기 때문에 추론 결과가 필요한 시점까지 추론이 완료될 수 있도록 데이터의 양이나 배치의 실행 빈도 조정을 해야 한다.

또한 배치 처리가 실패한 경우에 대한 방침도 정해 두는 것이 좋다. 여기서 방침은 크게 세 가지 패턴으로 나눌 수 있다.

1. 전체 재시도: 실패 시 대상이 되는 모든 데이터에 대해 재시도한다. 데이터 간의 상관관계가 추론에 영향을 미치는 경우(즉, 일부의 실패한 추론에 의해 다른 성공한 추론이 불량한 결과로 이어질 수 있는 경우)에 적용한다.
2. 일부 재시도: 실패한 데이터만 다시 추론한다.
3. 방치: 실패해도 재시도를 하지 않고, 다음 배치 작업에서 정리해 추론한다. 또는 실패한 데이터는 일절 추론하지 않는다. 시간 경과에 따라 추론이 필요하지 않게 되는 유스케이스에서는 실패한 추론은 방치하는 경우가 있다.

배치 추론 패턴에서는 추론 일정이 매월이나 매년 계획되어 정기 실행의 빈도가 낮은 경우도 있다. 이러한 활용 사례에서는 소량의 샘플 데이터라도 정기적으로 배치 추론을 실행하는 것을 권장한다. 특히 데이터의 경향이 정기적으로 바뀌는 유스케이스에서는 머신러닝 모델이 유효성을 상실하기 때문에 불량한 추론 결과를 초래할 수 있다. 또는 클라우드 기반과 같이 정기적으로 업데이트가 발생하는 시스템이라면 정작 배치 추론을 실행하려 해도 시스템을 기동할 수 없는 사태가 일어나기도 한다. 다소 비용이 들더라도 정기적으로 소량의 데이터로 배치 추론을 실행한다면 1년에 한 번 배치 실행을 트러블슈팅하는 큰 비용을 절감할 수 있어 안정적인 시스템 운영이 가능하다.

 ## 4.6 전처리 · 추론 패턴

머신러닝 모델 개발에서 데이터의 전처리와 학습은 동시에 이뤄지지만, 서로 다른 라이브러리를 사용하는 경우가 많다. 결과적으로 모델 파일에는 추론용 모델이 저장되지만, 전처리는 프로그램의 형태로 남게 된다. 따라서 추론기에서는 전처리와 추론을 서로 다른 서버에서 실행하여 각 서버의 유지보수를 용이하게 한다.

4.6.1. 유스케이스

- 머신러닝의 전처리와 추론에서 필요로 하는 라이브러리나 코드베이스, 미들웨어, 리소스가 크게 다를 경우.
- 전처리와 추론을 컨테이너 레벨로 분리해서 장애의 격리 및 가용성, 유지보수성이 향상될 경우.

4.6.2. 해결하려는 과제

머신러닝의 전처리와 추론은 서로 다른 라이브러리로 구현될 수 있다. 특히 딥러닝이라면 전처리에 scikit-learn이나 OpenCV(URL https://opencv.org/)를 사용하고, 모델은 TensorFlow나 PyTorch로 구현하는 것이 일반적이다. 전처리는 데이터의 종류에 따라 다음과 같이 다양한 변환이 이뤄진다.

- 수치 데이터: 표준화 및 정규화
- 카테고리 데이터: one-hot encoding 및 결손치 보완
- 자연어 처리: 형태소 분석, Bag of words, Ngram
- 이미지: 리사이즈, 픽셀의 정규화

이러한 처리는 전용 라이브러리(scikit-learn, OpenCV, MeCab 등)를 사용하면 가능하다. 전처리와 모델은 파이썬에서 동일한 라이브러리를 사용해 개발하지만, 학습 이후 결과물은 전처리와 모델이 반드시 동일한 파일로 집약된다고 단정할 수 없다. scikit-learn 라이브러리만

을 사용해서 모델을 개발하고 있다면 scikit-learn pipeline[8]으로 pickle을 통해 덤프, 저장할 수 있지만, 딥러닝과 같이 전처리가 포함되지 않은 라이브러리를 사용한다면 전처리 코드 (또는 파일)와 모델 파일(알고리즘과 가중치 등의 파라미터가 집약된 바이너리 파일)이 따로 취급되는 경우가 있다.[9]

딥러닝 모델로 추론하기 위해 데이터는 학습 때와 동일한 방법으로 전처리해야 한다. 따라서 전처리 코드와 모델 파일을 한 세트로 만들어 추론기로 릴리스한다. 한편, TensorFlow Serving이나 ONNX Runtime Server와 같이 딥러닝 라이브러리를 단독 추론기로 가동시키는 방법이 제공되기도 한다. 이때는 전처리를 수행하는 서버와 추론기 서버를 별도로 배치하고, 네트워크를 통해 결합된 추론기로 가동시키는 것이 좋다.

4.6.3. 아키텍처

먼저 클라이언트에서 전처리 서버로 요청을 보내면 전처리 서버에서 데이터를 변환한다. 이후, 추론기에 요청을 보내 추론 결과를 취득하고 클라이언트로 응답하는 흐름이 전처리·추론 패턴이다(그림 4.12). 전처리와 추론기를 개별 REST API 서버나 gRPC 서버로 배치하고 전처리 측에 추론기로의 클라이언트 기능을 구현한다. 전처리 서버 및 추론기는 서로 다른 서버이기 때문에 서버를 여럿 배치할 경우에는 전처리와 추론기 사이에 로드 밸런서(부하 분산기)가 필요하다.

전처리 서버와 추론기를 분할하기 위해서는 각각의 리소스 튜닝이나 상호 네트워크 설계, 버저닝이 필요하다. 웹 싱글 패턴보다 구성은 복잡하지만, 전처리·추론 패턴에서는 효율적인 리소스의 활용이나 별도의 개발, 그리고 장애를 격리할 수 있다.

그림 4.13과 같이 앞단에 프락시를 배치하여 전처리와 추론을 마이크로서비스화하는 패턴도 가능하다. 다시 말해, 프락시를 중개시켜 데이터의 취득, 전처리, 추론을 분할한 구성이다. 이 구성에서는 데이터 취득 서버, 전처리 서버, 추론 서버를 독립적인 라이브러리나 코드베이스, 리소스로 개발할 수 있지만, 컴포넌트가 늘어나기 때문에 코드베이스나 버전 관리, 장애 대응이 어려워지는 단점이 있다.

---

8 https://scikit-learn.org/stable/modules/generated/sklearn.pipeline.Pipeline.html
9 TensorFlow와 같은 일부 라이브러리는 전처리와 모델이 동일한 라이브러리로 지원되기도 한다.

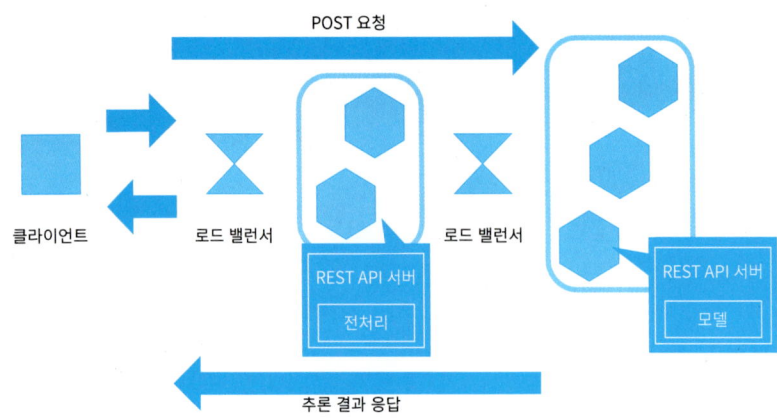

그림 4.12 간단한 전처리 · 추론 패턴

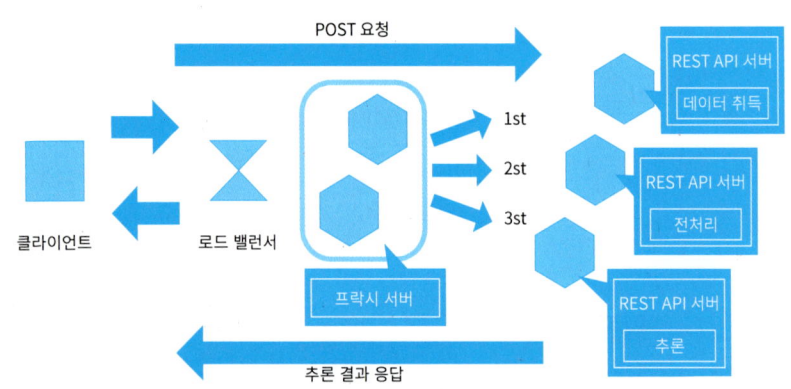

그림 4.13 앞단에 프락시를 두는 구성

4.6.4. 구현

전처리 · 추론 패턴의 구현에서는 전처리 서버와 추론 서버를 따로 구축한다. 여러 개의 리소스로 구성하기 때문에 구현 예시에서는 도커 컴포즈로 부팅한다.

비동기 추론 패턴에서 설명한 바와 같이, 전처리와 추론을 TensorFlow Serving으로 동일한 추론기에 포함시킬 수 있다면 이상적일 것이다. 그러나 전처리나 라이브러리의 사양을 통일하기 어려울 때도 있다. 예를 들어 이미지 분류 모델을 PyTorch로 학습하고 ONNX 형식으로 출력했을 경우, 이미지 전처리(이미지 데이터의 디코딩이나 리사이즈)는 ONNX 형식으로 출력할 수 없기 때문에 ONNX를 실행하는 추론 서버와는 별도로 개발해야 한다. 이번에는 PyTorch로 학습이 끝난 ResNet50 모델(URL https://arxiv.org/pdf/1512.03385.pdf)을 사용해 이미지 분류 추론기를 전처리 서버와 추론 서버로 나눠 구현한다(그림 4.14).

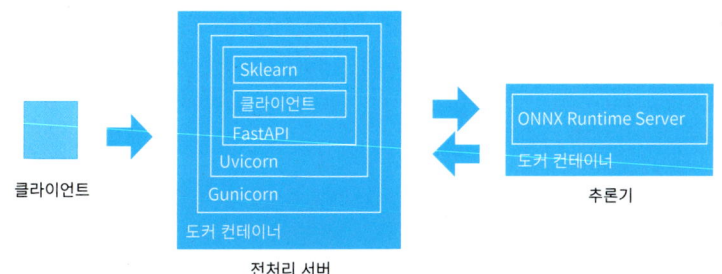

그림 4.14 전처리 · 추론 패턴

전체 코드

- ml-system-in-actions/chapter4_serving_patterns/prep_pred_pattern/
  URL https://github.com/wikibook/mlsdp/tree/main/chapter4_serving_patterns/prep_pred_pattern

먼저 전처리와 모델을 준비한다(코드 4.17). 전처리는 scikit-learn의 커스텀 트랜스포머(독자적으로 구현한 데이터 변환 클래스)로 구성하고 트랜스포머의 인스턴스를 pickle로 덤프해 저장한다. 전처리로는 이미지 데이터 디코딩부터 리사이즈, 픽셀값 표준화를 수행하고, ResNet50 모델이 학습 때 사용한 이미지와 같은 데이터 형식으로 변환한다. 그리고 추론은 PyTorch로 학습된 모델을 가져오고, ONNX 형식으로 변환한다. ResNet50 모델의 추론 결과를 확률값으로 변환하는 처리도 scikit-learn의 트랜스포머로 구현한다.

코드 4.17 resnet50_onnx_runtime/extract_resnet50_onnx.py 등의 파일

```
import json
import os
from typing import List, Tuple, Union

import click
import joblib
import numpy as np
```

```python
import onnxruntime as rt
import torch
from PIL import Image
from sklearn.base import BaseEstimator, TransformerMixin
from torchvision.models.resnet import resnet50


# 가독성을 위해 여러 파일로 나누어 작성된 코드를
# 하나의 파일로 정리하고, 불필요한 처리는 생략함

# 라벨 파일 가져오기
def get_label(
    json_path: str = "./data/image_net_labels.json",
) -> List[str]:
    with open(json_path, "r") as f:
        labels = json.load(f)
    return labels


# sklearn 모델을 pickle로 저장
def dump_sklearn(model, name: str):
    joblib.dump(model, name)


# PyTorch 이미지로 변환
class PytorchImagePreprocessTransformer(
    BaseEstimator,
    TransformerMixin,
):
    def __init__(
        self,
        image_size: Tuple[int, int] = (224, 224),
        prediction_shape: Tuple[int, int, int, int] = (1, 3, 224, 224),
        mean_vec: List[float] = [0.485, 0.456, 0.406],
        stddev_vec: List[float] = [0.229, 0.224, 0.225],
    ):
        self.image_size = image_size
        self.prediction_shape = prediction_shape
```

```python
        self.mean_vec = mean_vec
        self.stddev_vec = stddev_vec

    def fit(self, X, y=None):
        return self

    # 변환
    def transform(
        self,
        X: Union[Image.Image, np.ndarray],
    ) -> np.ndarray:
        if isinstance(X, np.ndarray):
            dim_0 = (3,) + self.image_size
            dim_1 = self.image_size + (3,)
        else:
            X = np.array(X.resize(self.image_size))
        image_data = (
            X.transpose(2, 0, 1)
                .astype(np.float32)
        )
        mean_vec = np.array(self.mean_vec)
        stddev_vec = np.array(self.stddev_vec)
        norm_image_data = (
            np.zeros(image_data.shape)
                .astype(np.float32)
        )
        for i in range(image_data.shape[0]):
            norm_image_data[i, :, :] = (
                image_data[i, :, :] \
                / 255 - mean_vec[i]) \
                / stddev_vec[i]
        norm_image_data = (
            norm_image_data
                .reshape(self.prediction_shape)
                .astype(np.float32)
        )
        return norm_image_data
```

```python
# Softmax 값 취득
class SoftmaxTransformer(
    BaseEstimator,
    TransformerMixin,
):
    def __init__(self):
        pass

    def fit(self, X, y=None):
        return self

    def transform(
        self,
        X: Union[np.ndarray, List[float], List[List[float]]],
    ) -> np.ndarray:
        if isinstance(X, List):
            X = np.array(X)
        x = X.reshape(-1)
        e_x = np.exp(x - np.max(x))
        result = np.array([e_x / e_x.sum(axis=0)])
        return result


@click.command(
    name="Resnet50 모델을 ONNX 파일로 생성",
)
@click.option(
    "--pred",
    is_flag=True,
)
@click.option(
 "--prep",
 is_flag=True,
)
def main(pred: bool, prep: bool):
    # 필요한 파일과 디렉터리를 정의
    model_directory = "./models/"
```

```python
os.makedirs(model_directory, exist_ok=True)

onnx_filename = "resnet50.onnx"
onnx_filepath = os.path.join(
    model_directory,
    onnx_filename,
)

preprocess_filename = f"preprocess_transformer.pkl"
preprocess_filepath = os.path.join(
    model_directory,
    preprocess_filename,
)

postprocess_filename = f"softmax_transformer.pkl"
postprocess_filepath = os.path.join(
    model_directory,
    postprocess_filename,
)

if pred:
    # resnet50 모델 취득
    model = resnet50(pretrained=True)
    x_dummy = torch.rand(
        (1, 3, 224, 224),
        device="cpu",
    )
    model.eval()

    # ONNX 형식으로 변환
    torch.onnx.export(
        model,
        x_dummy,
        onnx_filepath,
        export_params=True,
        opset_version=10,
        do_constant_folding=True,
        input_names=["input"],
```

```python
            output_names=["output"],
            verbose=False,
        )

    if prep:
        # 전처리를 pickle로 저장
        preprocess = PytorchImagePreprocessTransformer()
        dump_sklearn(preprocess, preprocess_filepath)

        # 후처리를 pickle로 저장
        postprocess = SoftmaxTransformer()
        dump_sklearn(postprocess, postprocess_filepath)

    if prep and pred:
        # 전처리, 추론, 후처리를 검증
        image = Image.open("./data/cat.jpg")
        np_image = preprocess.transform(image)
        print(np_image.shape)

        sess = rt.InferenceSession(onnx_filepath)
        inp = sess.get_inputs()[0]
        out = sess.get_outputs()[0]
        print(f"input \
            name={inp.name} \
            shape={inp.shape} \
            type={inp.type}")
        print(f"output \
            name={out.name} \
            shape={out.shape} \
            type={out.type}")
        pred_onx = sess.run(
            [out.name],
            {inp.name: np_image},
        )
        prediction = (
            postprocess
            .transform(np.array(pred_onx))
        )
```

```
        labels = get_label(
            json_path="./data/image_net_labels.json",
        )
        print(prediction.shape)
        print(labels[np.argmax(prediction[0])])


if __name__ == "__main__":
    main()
```

전처리 서버는 FastAPI를 사용해 REST API 서버로 구축한다. FastAPI의 엔드포인트는 코드 4.18처럼 이미지가 입력되는 것을 제외하면 웹 싱글 패턴과 동일하다.

코드 4.18 src/app/routers/routers.py

```
import base64
import io
from logging import getLogger
from typing import Dict, List

from fastapi import APIRouter
from PIL import Image
from src.ml.prediction import Data, classifier

logger = getLogger(__name__)
router = APIRouter()


# 불필요한 처리는 생략함

# 샘플 데이터로 추론
@router.get("/predict/test")
def predict_test() -> Dict[str, List[float]]:
    prediction = classifier.predict(data=Data().data)
    return {"prediction": list(prediction)}
```

```python
@router.get("/predict/test/label")
def predict_test_label() -> Dict[str, str]:
    prediction = classifier.predict_label(
        data=Data().data,
    )
    return {"prediction": prediction}


# 입력 데이터로 추론
@router.post("/predict")
def predict(data: Data) -> Dict[str, List[float]]:
    image = base64.b64decode(str(data.data))
    io_bytes = io.BytesIO(image)
    image_data = Image.open(io_bytes)
    prediction = classifier.predict(data=image_data)
    return {"prediction": list(prediction)}


@router.post("/predict/label")
def predict_label(data: Data) -> Dict[str, str]:
    image = base64.b64decode(str(data.data))
    io_bytes = io.BytesIO(image)
    image_data = Image.open(io_bytes)
    prediction = classifier.predict_label(
        data=image_data,
    )
    return {"prediction": prediction}
```

전처리 서버에서는 **/predict**로의 요청에 대해 `Classifier` 클래스에 정의한 `predict` 함수를 호출하여 전처리를 실행하고, 추론 서버에 gRPC로 추론 요청을 보낸다. 이 시점에서 전처리 서버는 추론 서버에 대해 gRPC 클라이언트로서 가동되고 있다. 전처리 서버는 추론 결과를 **SoftmaxTransformer**를 통해 확률값으로 변환하고 클라이언트에 응답하는 흐름을 취한다. 이에 대한 구현은 코드 4.19와 같다.

코드 4.19 src/ml/prediction.py 등의 파일

```python
import os
import json
from typing import Any, List

import grpc
import joblib
import numpy as np
from PIL import Image
from pydantic import BaseModel
from src.ml.transformers import (
    PytorchImagePreprocessTransformer,
    SoftmaxTransformer,
)
from src.proto import (
    onnx_ml_pb2,
    predict_pb2,
    prediction_service_pb2_grpc,
)


# 가독성을 위해 여러 파일로 나누어 작성된 코드를
# 하나의 파일로 정리하고, 불필요한 처리는 생략함

# 샘플 데이터 경로
sample_image_path = os.getenv(
    "SAMPLE_IMAGE_PATH",
    "/prep_pred_pattern/data/cat.jpg",
)
# 샘플 이미지 불러오기
sample_image = Image.open(sample_image_path)


# 데이터
class Data(BaseModel):
    data: Any = sample_image
```

```python
# 추론 클래스
class Classifier(object):
    def __init__(
        self,
        preprocess_transformer_path: str,
        softmax_transformer_path: str,
        label_path: str,
        serving_address: str,
        input_name: str,
        output_name: str,
    ):
        self.preprocess_transformer_path = preprocess_transformer_path
        self.softmax_transformer_path = softmax_transformer_path
        self.preprocess_transformer = None
        self.softmax_transformer = None

        self.serving_address = serving_address
        self.channel = grpc.insecure_channel(
            self.serving_address,
        )
        self.stub = (
            prediction_service_pb2_grpc.
            PredictionServiceStub(self.channel)
        )

        self.label_path = label_path
        self.label: List[str] = []

        self.input_name: str = input_name
        self.output_name: str = output_name

        self.load_model()
        self.load_label()

    # 모델 불러오기
    def load_model(self):
        self.preprocess_transformer = joblib.load(
            self.preprocess_transformer_path,
```

```python
    )
    self.softmax_transformer = joblib.load(
        self.softmax_transformer_path,
    )

# 라벨 불러오기
def load_label(self):
    with open(self.label_path, "r") as f:
        self.label = json.load(f)

# 추론
def predict(self, data: Image) -> List[float]:
    preprocessed = (
        self.preprocess_transformer
        .transform(data)
    )

    input_tensor = onnx_ml_pb2.TensorProto()
    input_tensor.dims.extend(preprocessed.shape)
    input_tensor.data_type = 1
    input_tensor.raw_data = preprocessed.tobytes()

    request_message = predict_pb2.PredictRequest()
    request_message.inputs[self.input_name].data_type = (
        input_tensor.data_type
    )
    (
        request_message
        .inputs[self.input_name]
        .dims.extend(preprocessed.shape)
    )
    request_message.inputs[self.input_name].raw_data = (
        input_tensor
        .raw_data
    )

    response = self.stub.Predict(request_message)
```

```python
        output = np.frombuffer(
            response.outputs[self.output_name].raw_data,
            dtype=np.float32,
        )

        softmax = (
            self.softmax_transformer
            .transform(output)
            .tolist()
        )
        return softmax

    # 추론 결과를 라벨값으로 응답
    def predict_label(self, data: Image) -> str:
        softmax = self.predict(data=data)
        argmax = int(np.argmax(np.array(softmax)[0]))
        return self.label[argmax]
```

코드 4.19의 전처리 서버에서는 추론 서버에 대해 gRPC로 요청을 보내고 있다.

추론 서버는 ONNX Runtime Server로 기동한다. ONNX Runtime Server는 TensorFlow Serving과 마찬가지로 ONNX 형식의 모델 파일을 열고 REST API 겸 gRPC 서버로서 기동할 수 있다.

- **onnxruntime/docs/ONNX_Runtime_Server_Usage.md**
  URL https://github.com/microsoft/onnxruntime/blob/master/docs/ONNX_Runtime_Server_Usage.md

ONNX Runtime Server는 `mcr.microsoft.com/onnxruntime/server:latest` 이미지를 사용하여 코드 4.20과 같은 스크립트로 기동할 수 있다.

코드 4.20 run.sh

```bash
#!/bin/bash

set -eu
```

```
HTTP_PORT=${HTTP_PORT:-8001}
GRPC_PORT=${GRPC_PORT:-50051}
LOGLEVEL=${LOGLEVEL:-"debug"}
NUM_HTTP_THREADS=${NUM_HTTP_THREADS:-4}
MODEL_PATH=${MODEL_PATH:-"/models/resnet50.onnx"}

./onnxruntime_server \
    --http_port=${HTTP_PORT} \
    --grpc_port=${GRPC_PORT} \
    --num_http_threads=${NUM_HTTP_THREADS} \
    --model_path=${MODEL_PATH}
```

전처리 서버와 추론 서버는 도커 컴포즈로 기동한다. 도커 컴포즈 구성은 코드 4.21과 같다.

코드 4.21 docker-compose.yml

```yaml
version: "3"

services:
  # 전처리
  prep:
    container_name: prep
    image: shibui/ml-system-in-actions:prep_pred_pattern_prep_0.0.1
    restart: always
    environment:
      - API_ADDRESS=pred
    ports:
      - "8000:8000"
    command: ./run.sh
    depends_on:
      - pred

  # 추론
  pred:
    container_name: pred
    image: shibui/ml-system-in-actions:prep_pred_pattern_pred_0.0.1
    restart: always
    environment:
```

```
        - HTTP_PORT=8001
        - GRPC_PORT=50051
      ports:
        - "8001:8001"
        - "50051:50051"
      entrypoint: ["./onnx_runtime_server_entrypoint.sh"]
```

도커 컴포즈로 기동한 전처리 서버에 JPEG 고양이 이미지 파일의 분류를 요청한다.

[커맨드]

```
# 도커 컴포즈 기동
$ docker-compose \
    -f ./docker-compose.yml \
    up -d
Creating network "prep_pred_pattern_default" with the default driver
Creating pred ... done
Creating prep ... done

# 전처리 서버에 이미지 파일을 POST 요청
# 응답은 분류 라벨
$ (echo \
    -n '{"image_data": "'; \
    base64 data/cat.jpg; \
    echo '"}') | \
  curl \
    -X POST \
    -H "Content-Type: application/json" \
    -d @- \
    localhost:8000/predict/label
# 출력
{
  "prediction":"Siamese cat"
}
```

전처리 · 추론 패턴에서 지금까지 패턴에는 없었던 파이썬을 사용한 처리 계열과 ONNX Runtime, TensorFlow Serving을 조합한 추론기의 구축이 가능했다. 학습에 사용한 라이브러리를 지원하는 전용 런타임으로 추론기를 구성할 수 있다면 번거로움을 덜 수 있겠지만, 모든 전처리나 후처리가 런타임으로 지원되는 것은 아니기 때문에 일부를 파이썬으로 실행하고 추론만을 런타임으로 가동시키는 아키텍처가 되는 것이다.

4.6.5. 이점

- 전처리와 추론기를 통해 서버나 코드베이스를 분할하여 효율적인 리소스 사용이나 장애 분리가 가능함.
- 리소스의 증감을 유연하게 구현할 수 있음.
- 사용할 라이브러리의 버전을 전처리와 추론기에서 독립적으로 선택할 수 있음.

4.6.6. 검토사항

전처리와 추론기가 분리되었다 할지라도 전처리와 모델은 모두 학습할 때 사용했던 것을 사용해야 한다. 학습이 완료된 모델이 받는 입력값은 전처리에 의존하기 때문에 전처리 방식이 바뀐다면 추론 결과는 달라지는 것이 당연하다. 따라서 전처리와 추론기의 버전은 릴리스할 때 반드시 일치시켜야 한다. 전처리와 추론기의 버전이 일치하지 않아도 데이터의 형식이 바뀌지 않는 한 추론 자체는 에러 없이 성공할 것이기 때문에 전처리 · 추론 패턴을 사용할 때는 반드시 원하는 추론 결과를 얻었는지 직접 확인해 볼 필요가 있다(물론 모든 패턴에서 추론 결과를 직접 확인하는 것은 매우 당연하다).

전처리 · 추론 패턴처럼 한 종류의 모델을 추론기로 가동시키려 해도 여러 서버로 구성해야만 하는 경우가 있다는 것을 알게 되었다. 다음 절에서는 동일 시스템 안에서 여러 모델을 추론기로 가동시키는 방법에 대해 설명한다.

 **4.7 직렬 마이크로서비스 패턴**

클라우드의 등장 이후 서비스를 구성하는 기능을 작은 독립된 서비스로 분할하는 마이크로서비스 아키텍처가 확산되고 있다. 마이크로서비스 아키텍처는 서비스 간 결합도를 낮춰 독립성을 높임과 동시에, 각 서비스를 최적의 라이브러리나 프로그래밍 언어로 개발할 수 있게 한다. 머신러닝의 추론기 개발에서도 마이크로서비스 아키텍처의 방법론을 도입할 수 있다.

4.7.1. 유스케이스

- 여러 개의 추론기로 구성되는 시스템에서 추론기 사이의 의존성이 명확한 경우.
- 여러 개의 추론기로 구성되는 시스템에서 추론의 실행 순서가 정해져 있는 경우.

4.7.2. 해결하려는 과제

하나의 입력 데이터에 대해 여러 개의 추론기를 조합하여 하나의 추론을 완성하는 워크플로도 있다. 특히 딥러닝으로 이미지 데이터에서 특징을 추출하여 각종 변환을 수행하는 것처럼 여러 종류의 추론을 조합해 가치를 제공하는 시스템은 더이상 드물지 않다. 예를 들어 고양이가 찍힌 사진에서 고양이의 위치와 품종을 분류하고 삼색 고양이라면 일본식으로, 서양품종 고양이라면 서양식으로 스타일을 변환하는 서비스를 만든다고 해보자.

사진 내의 고양이 검지에 객체인식(SSD[10]나 YOLO[11] 등)을 사용해 검지된 고양이의 바운딩 박스 내부(이미지 안에서 고양이가 찍혀 있는 범위)에 대해 고양이 이미지 분류를 실시하고 마지막으로 스타일 변환(Neural style transfer)을 하는 서로 다른 세 개의 추론을 차례로 실행하는 흐름이 될 것이다.

이처럼 여러 추론 모델들이 의존관계를 가지고 차례대로 수행되는 용도는 많이 찾아볼 수 있다. 그러나 모든 추론 모델을 동일한 추론기에 포함시킨다면 추론기의 사이즈가 방대해지고 효

---

[10] Single Shot MultiBox Detector의 약어. 객체 인식 알고리즘.
[11] You Only Look Once의 약어. 객체 인식 알고리즘.

율성이 떨어진다. 추론 모델과 추론기를 일대일로 구성하는 것이 개발과 운용 측면에서 매우 유연하다.

4.7.3. 아키텍처

직렬 마이크로서비스 패턴에서는 의존관계가 있는 여러 개의 추론 모델을 각각의 추론기로 배치하여 추론을 하나로 이어 붙인 워크플로를 실현한다(그림 4.15). 각 추론기는 마이크로서비스로 배치하고, 클라이언트와 추론기 사이에는 프락시를 배치한다. 클라이언트로부터의 요청은 프락시가 중개하며, 각 추론기로 요청을 보낸다. 추론기는 프락시로부터 요청을 받는 마이크로서비스로 배치되기 때문에 각 추론기의 갱신은 다른 추론기에 영향을 주지 않고 유연하게 실행할 수 있다. 단, 전처리·추론 패턴과 마찬가지로, 추론 모델이 다른 추론 모델에 의존해서 학습된 경우 추론 모델을 한쪽만 갱신하는 것은 불가능하며, 일괄적으로 추론기를 갱신해야 한다.

프락시는 클라이언트와 추론기 전체를 중개한다. 프락시에서 요청을 보내는 추론기의 엔드포인트는 환경변수로 설정할 수 있게 해 두면 운용상 편리하다. 프락시에서 모든 요청을 제어할 수 있어 요청 처리 경로를 유연하게 바꿀 수 있다. 예를 들어 고양이 이미지에서 객체 인식에 문제가 있는 경우, 객체 인식을 건너뛰고 이미지 분류를 진행하는 흐름도 가능하다. 물론 결과는 예상과 다르겠지만, 요청에 응답하지 않은 채로 에러를 발생시킬 바에는 최소한 응답이라도 가능하게 해주는 것이 서비스로서 유익한 상황에서는 유효하다. 특정 추론기에서 에러가 발생해도 전체를 멈추지 않는 구성인 것이다. 시스템의 요건에 따라 달라지겠지만, 프락시를 두는 것은 운용과 가동을 유연하게 하기 위함이다.

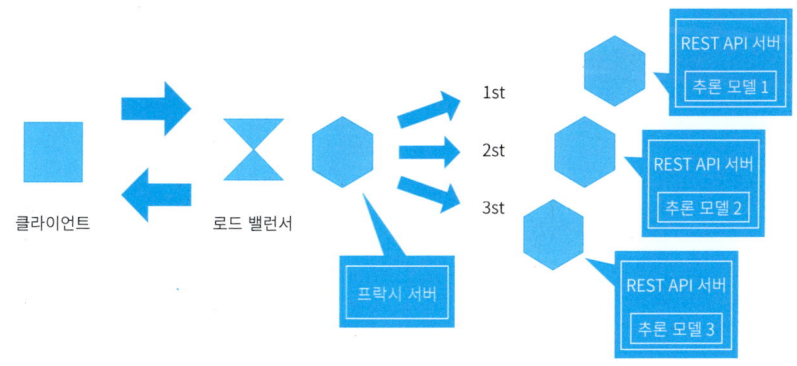

그림 4.15 직렬 마이크로서비스 패턴

4.7.4. 구현

직렬 마이크로서비스 패턴은 전처리·추론 패턴과 거의 동일하기 때문에 구현에 대한 설명은 생략하기로 한다.

4.7.5. 이점

- 각 추론 모델을 순서대로 실행하는 것이 가능함.
- 앞의 추론 모델의 결과에 따라 다음 모델로의 추론 요청을 선택하는 구성도 가능함.
- 각 추론에서 서버나 코드베이스를 분할해 효율적인 리소스의 활용과 장애 분리가 가능함.

4.7.6. 검토사항

각 추론기의 소요 시간의 합이 곧 클라이언트에 대한 응답 소요 시간이다. 따라서 각 추론기의 추론이 빨라도 서비스 전체로 보면 응답이 늦는 경우가 있다. 가벼운 모델을 사용하거나 퍼포먼스 튜닝 또는 리소스 증강을 하는 등 전체적인 지연의 개선이 필요하다. 하나의 추론기에 모든 모델을 도입하여 연계시키는 구성(모든 모델을 포함한 추론기)에 비하면 직렬 마이크로서비스 패턴은 아무래도 응답이 늦어지기 마련이다. 모든 모델을 포함한 추론기는 서버 내부에서 통신이 완결되기 때문에 모델 간 데이터 통신의 지연을 최소화할 수 있다. 단, 추론기에 모든 모델이 들어가 있기 때문에 개별 모델의 갱신이나 스케일 아웃은 어렵다. 한편, 직렬 마이크로서비스 패턴은 추론기별 스케일 아웃이나 모델의 갱신이 유연한 대신, 서버 간 지연이 발생한다. 운용상으로는 직렬 마이크로서비스 패턴이 더 유연하지만, 속도가 우선이라면 모든 모델을 포함한 추론기를 사용하는 것도 나쁘지 않은 선택지가 될 수 있다.

직렬 마이크로서비스 패턴은 시스템 구성이 복잡해지는 경향이 있다. 프락시가 각 추론기로 요청을 보내기 때문에 추론기로의 요청 방법은 통일하는 것이 좋다. 다시 말해, 추론기 측 인터페이스를 REST API나 gRPC 어느 한쪽으로 공통화하고, 프락시 측도 REST 클라이언트 또는 gRPC 클라이언트만을 구현하는 방식을 취한다. 유연성은 다소 떨어지지만, 간단한 설계를 유지할 수 있다. 그러나 복수의 추론기들이 의존관계를 유지하며 구성되기 때문에 하나의 추론기가 유발한 에러가 시스템 전체의 에러를 수반하게 된다. 에러의 원인에는 소프트웨어의 에러

(예를 들어 추론 서버의 장애로 응답할 수 없음)가 있는가 하면, 추론 모델 자체의 에러(잘못된 추론 결과를 얻음)도 있다. 장애를 판별할 때는 각 가능성을 따로 검토하고 그 원인이 무엇인지 분석해야 한다.

4.8 병렬 마이크로서비스 패턴

여러 개의 추론기를 결합하는 방법에는 직렬 마이크로서비스 패턴만이 존재하는 것은 아니다. 병렬 마이크로서비스 패턴에서는 추론기를 병렬로 구성해 각 추론기에 개별적으로 요청을 보낸다. 병렬 마이크로서비스 패턴은 서로 다른 모델의 추론 결과를 집약시키는 아키텍처다.

4.8.1. 유스케이스

- 의존관계가 없는 여러 개의 추론을 병렬로 실행할 경우.
- 여러 개의 추론 결과를 마지막으로 집계하는 워크플로일 경우.
- 하나의 데이터에 대해 여러 개의 추론 결과를 필요로 할 경우.

4.8.2. 해결하려는 과제

하나의 데이터를 반드시 하나의 추론기로 추론해야 한다는 규칙은 없다. 하나의 데이터에 대해 분류와 회귀로 서로 다른 추론 결과를 얻어 놓고, 각 결과를 다른 목적으로 사용하고 싶은 경우도 드물지 않다. 예를 들어 웹 서비스의 이벤트 로그라면 동일한 로그에 대해 분류나 회귀, 즉 위반 행동 검지를 분류 문제로, 구매 예측을 회귀 문제로 접근하는 방법을 생각해볼 수 있다.

또 하나는 이진 분류를 여러 번 실행한 결과를 집계해서 하나의 통합된 추론 결과로 만들기도 한다. 웹 서비스의 이벤트 로그에 대해 서로 다른 몇 가지의 위반 행동을 검지하고 싶은 경우에도 개별적인 위반 행동에 대한 검지 모델을 이진분류로 개발해 병렬로 추론하는 방법도 있다.

이처럼 동일한 데이터에 대해 여러 추론기를 수평으로 배치해 마이크로서비스로 실행하는 아키텍처가 병렬 마이크로서비스 패턴이다.

4.8.3. 아키텍처

병렬 마이크로서비스 패턴에서는 의존관계가 없는 여러 개의 추론 모델을 병행하여 실행하고, 각 추론기로 동시에 추론 요청을 전송하여 서로 다른 여러 개의 추론 결과를 얻는다. 병렬 마이크로서비스 패턴은 클라이언트와 추론기 사이에 중개 역할을 하는 독자적인 프락시를 두어 실현한다. 프락시를 배치하여 데이터의 취득이나 추론 결과를 집약하는 등 각종 태스크를 클라이언트로부터 격리시킬 수 있다(그림 4.16).

프락시는 마이크로서비스 패턴의 API 컴포지션 패턴[12]으로 동작하며 통합된 엔드포인트다.

프락시를 두면 머신러닝의 추론 결과에 따라 클라이언트의 응답을 제어할 수 있다는 장점이 있다. 위반 행동 검지를 예로 들자면, 위반 행동의 리스크는 다양하다. 중대한 범죄 행위와 같은 위반도 있는가 하면, 비매너 정도로 끝나는 위반도 있을 것이다. 웹 서비스 이용자 수가 늘어나면 이러한 모든 위반에 대해 서포트 데스크로 대응하는 것에는 한계가 있다. 리스크가 낮은 위반은 일단 뒤로 미뤄두고, 중요하다고 생각하는 위반 행동을 실시간으로 집계해 경보를 울리는 워크플로가 필요해진다. 그렇다면 머신러닝의 위반 검지로 얻은 추론 결과에 따른 로직이 필요하다. 프락시에 해당 로직을 구현하고 추론 결과에 대한 응답을 제어함으로써 워크플로를 유연하게 관리할 수 있다.

추론을 위한 입력 데이터는 프락시에서 일괄 수집할 수도 있지만, 각 추론 서버에서 취득하는 방법도 있다. 전자는 DWH나 스토리지의 액세스 횟수를 줄여 오버헤드를 삭감할 수 있다는 것이 장점이고, 후자는 각 모델이 필요한 데이터를 취득해 복잡한 워크플로를 실현할 수 있다는 장점이 있다(그림 4.17).

추론은 용도에 따라 동기적 또는 비동기적으로 실행하는 방침을 정해야 한다. 동기적으로 실행하는 유스케이스로 모든 추론을 취득한 후 결과를 집계하는 경우를 생각할 수 있다. 이 케이스에서는 모든 추론 결과를 얻을 때까지 후속 워크플로가 진행되지 않는다. 비동기적으로 실행

---

[12] https://microservices.io/patterns/data/api-composition.html

하는 유스케이스는 추론을 얻는 즉시 액션을 취하는 경우다(그림 4.18). 이때는 다른 추론 결과를 기다리지 않고 결과가 나온 순서대로 처리해야 한다. 동일 화면에 여러 개의 콘텐츠가 게재되어 있는 웹 애플리케이션이라면 비동기 추론의 유스케이스가 유용한 것으로 볼 수 있다.

본 패턴은 마이크로서비스 아키텍처이기 때문에 추론기의 추가와 삭제를 유연하게 제어할 수만 있다면 운용이 매우 쉬워진다. 추론기의 추가와 삭제는 프락시로 컨트롤하는 것이 좋다. 각각의 추론기를 REST API나 gRPC 등에서 개별 엔드포인트를 갖는 서비스로 가동시켜 각 엔드포인트에 대한 요청을 프락시 환경변수를 통해 추가, 삭제할 수 있게 한다. 이렇게 하면 신속하게 릴리스해야 할 추론기를 추가하거나 추론 성능이 나쁜 추론기를 제외하는 것이 쉬워진다.

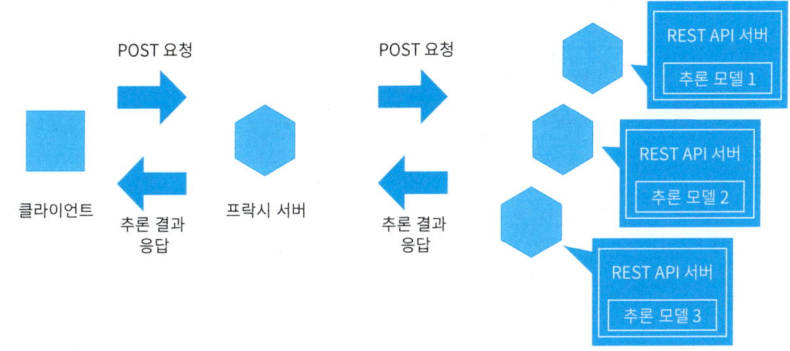

그림 4.16 병렬 마이크로서비스 패턴

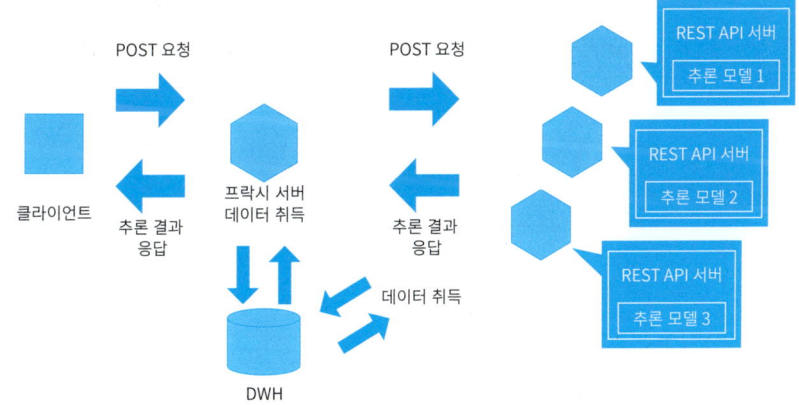

그림 4.17 병렬 마이크로서비스 패턴 (데이터 취득 분리)

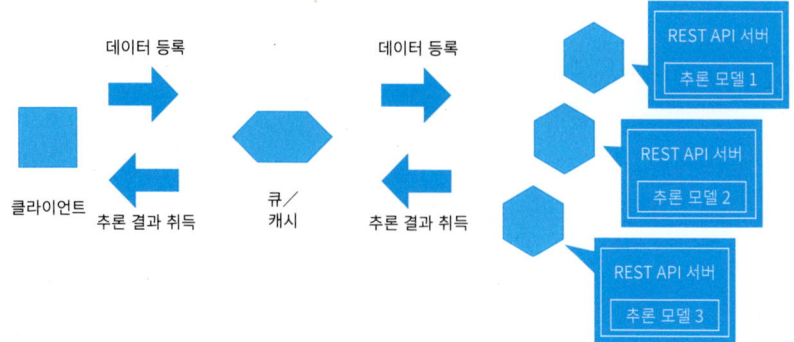

그림 4.18 비동기 병렬 마이크로서비스 패턴

4.8.4. 구현

병렬 마이크로서비스 패턴에서는 여러 개의 추론기를 가동시킨다. 이번에는 붓꽃 데이터셋의 클래스(setosa, versicolor, virginica)별로 이진 분류 모델 3개를 간단하게 만들어 서로 다른 추론기로 가동시켜 보겠다. 추론기로의 요청은 프락시가 중개한다. 프락시를 경유해서 전 추론기에 추론을 요청하고, 그 결과들을 프락시에서 집약한 다음 클라이언트에 응답하는 구성을 취한다.

리소스로는 다음을 개발한다.

- 프락시: 추론기로의 접근을 중개, 추론 결과를 집약함.
- setosa 추론기: setosa와 그 외로 이진 분류. 라벨은 0=setosa, 1=그 외.
- versicolor 추론기: versicolor와 그 외로 이진 분류. 라벨은 0=versicolor, 1=그 외.
- virginica 추론기: virginica와 그 외로 이진 분류. 라벨은 0=virginica, 1=그 외.

각 리소스는 REST API 서버로 구축한다.

전체 코드

- ml-system-in-actions/chapter4_serving_patterns/horizontal_microservice_pattern/
  URL https://github.com/wikibook/mlsdp/tree/main/chapter4_serving_patterns/horizontal_microservice_pattern

먼저 프락시부터 준비한다. 프락시는 클라이언트의 요청을 받아 그 내용을 전 추론기로 보낸다. 추론기의 입장에서는 프락시가 클라이언트가 된다.

프락시는 FastAPI로 기동하고, 프락시에서 추론기로의 요청에는 **httpx**라고 하는 파이썬의 웹 클라이언트 라이브러리를 사용한다. **httpx**란 파이썬에서 범용적으로 사용되는 **requests**라고 하는 웹 클라이언트의 후속 버전으로, 비동기 요청이나 HTTP/2를 지원한다. 여러 추론을 효율적으로 수행하기 위해서 **httpx**와 **asyncio**를 통해 비동기적으로 요청을 실행한다.

프락시의 엔드포인트 구현은 코드 4.22와 같다.

코드 4.22 src/api_composition_proxy/routers/routers.py

```python
import asyncio
import os
import uuid
from typing import Any, Dict, List

import httpx
from fastapi import APIRouter
from pydantic import BaseModel

# 가독성을 위해 불필요한 처리는 생략함

router = APIRouter()

# 추론기의 엔드포인트를 환경변수로 설정
services: Dict[str, str] = {}
for environ in os.environ.keys():
    if environ.startswith("SERVICE_"):
        url = f"http://{os.getenv(environ)}"
        services[environ] = url


class Data(BaseModel):
    data: List[List[float]] = [[5.1, 3.5, 1.4, 0.2]]
```

```python
# 전 추론기 헬스체크
@router.get("/health/all")
async def health_all() -> Dict[str, Any]:
    results = {}
    async with httpx.AsyncClient() as ac:

        async def req(ac, service, url):
            response = await ac.get(f"{url}/health")
            return service, response

        tasks = [req(ac, service, url) for service, url in services.items()]

        responses = await asyncio.gather(*tasks)

        for service, response in responses:
            results[service] = response.json()
    return results


# 전 추론기에 요청
@router.post("/predict")
async def predict(data: Data) -> Dict[str, Any]:
    job_id = str(uuid.uuid4())[:6]
    results = {}
    async with httpx.AsyncClient() as ac:

        async def req(ac, service, url, job_id, data):
            response = await ac.post(
                f"{url}/predict",
                json={"data": data.data},
                params={"id": job_id},
            )
            return service, response

        tasks = [req(ac, service, url, job_id, data) for service, url →
in services.items()]

        responses = await asyncio.gather(*tasks)
```

```python
        for service, response in responses:
            results[service] = response.json()
    return results


# 전 추론기에 요청하고, 추론 결과를 집약
# 가장 확률이 높은 결과를 클라이언트에게 응답
@router.post("/predict/label")
async def predict_label(data: Data) -> Dict[str, Any]:
    job_id = str(uuid.uuid4())[:6]
    results = {
        "prediction": {
            "proba": -1.0,
            "label": None,
        },
    }
    async with httpx.AsyncClient() as ac:

        async def req(ac, service, url, job_id, data):
            response = await ac.post(
                f"{url}/predict",
                json={"data": data.data},
                params={"id": job_id},
            )
            return service, response

        tasks = [req(ac, service, url, job_id, data) for service, url →
in services.items()]

        responses = await asyncio.gather(*tasks)

        for service, response in responses:
            proba = response.json()["prediction"][0]
            if results["prediction"]["proba"] < proba:
                results["prediction"] = {
                    "proba": proba,
                    "label": service,
                }
    return results
```

/predict와 /predict/label은 요청된 데이터에 대한 추론으로, 모두 httpx로 추론기에 대해 POST 요청을 수행하고 추론 결과를 얻는 구성이다.

/predict 엔드포인트는 각 추론기의 이진 분류 결과를 응답한다. 데이터에 따라서는 전체 추론기가 양성(setosa, versicolor, virginica가 맞음)으로 추론하는 경우가 있는가 하면, 전체 추론기가 음성(setosa, versicolor, virginica가 아님)으로 추론하는 경우도 있을 것이다. /predict/label 엔드포인트에서는 각 추론기가 수행한 이진 분류 결과를 집약하고, 가장 확률이 높은 클래스를 응답한다.

각 추론기는 웹 싱글 패턴에서 구현한 것과 같기 때문에 여기서는 생략한다.

병렬 마이크로서비스 패턴의 실행 예시로 프락시와 추론기를 도커 컴포즈로 기동시켜 보자. 도커 컴포즈 구성 관리는 코드 4.23과 같다.

코드 4.23 docker-compose.yml

```yaml
version: "3"

services:
  # 프락시
  proxy:
    container_name: proxy
    image: shibui/ml-system-in-actions:→
horizontal_microservice_pattern_proxy_0.0.1
    restart: always
    environment:
      - APP_NAME=src.api_composition_proxy.app.proxy:app
      - PORT=9000
      - SERVICE_SETOSA=service_setosa:8000
      - SERVICE_VERSICOLOR=service_versicolor:8001
      - SERVICE_VIRGINICA=service_virginica:8002
    ports:
      - "9000:9000"
    command: ./run.sh
    depends_on:
      - service_setosa
      - service_versicolor
```

```yaml
      - service_virginica

  # setosa 추론기
  service_setosa:
    container_name: service_setosa
    image: shibui/ml-system-in-actions:→
horizontal_microservice_pattern_setosa_0.0.1
    restart: always
    environment:
      - PORT=8000
      - MODE=setosa
    ports:
      - "8000:8000"
    command: ./run.sh

  # versicolor 추론기
  service_versicolor:
    container_name: service_versicolor
    image: shibui/ml-system-in-actions:→
horizontal_microservice_pattern_versicolor_0.0.1
    restart: always
    environment:
      - PORT=8001
      - MODE=versicolor
    ports:
      - "8001:8001"
    command: ./run.sh

  # virginica 추론기
  service_virginica:
    container_name: service_virginica
    image: shibui/ml-system-in-actions:→
horizontal_microservice_pattern_virginica_0.0.1
    restart: always
    environment:
      - PORT=8002
      - MODE=virginica
    ports:
```

```
      - "8002:8002"
    command: ./run.sh
```

프락시를 9000번 포트로 기동하고 각 추론기는 8000~8002번 포트로 공개한다.

클라이언트는 프락시에 결과를 요청하고 모든 추론기로부터 집약된 추론 결과를 얻을 수 있다.

[커맨드]

```
# 도커 컴포즈 기동
$ docker-compose \
    -f ./docker-compose.yml \
    up -d
Creating network "horizontal_microservice_pattern_→
default" with the default driver
Creating service_setosa ... done
Creating service_virginica ... done
Creating service_versicolor ... done
Creating proxy ... done

# /predict에 요청. 각 추론기의 이진 분류 결괏값을 취득
$ curl \
    -X POST \
    -H "Content-Type: application/json" \
    -d '{"data": [[1.0, 2.0, 3.0, 4.0]]}' \
    localhost:9000/predict
# 출력
{
  "setosa": {
    "prediction": [0.2897033989429474, 0.710296630859375]
  },
  "virginica": {
    "prediction": [0.3042130172252655, 0.6957869529724121]
  },
  "versicolor": {
    "prediction": [0.05282164365053177, 0.9471783638000488]
  }
}
```

```
# /predict/label에 요청. 가장 확률값이 높은 setosa를 응답
$ curl \
    -X POST \
    -H "Content-Type: application/json" \
    -d '{"data": [[1.0, 2.0, 3.0, 4.0]]}' \
    localhost:9000/predict/label
{
  "prediction": {
    "proba": 0.3042130172252655,
    "label": "virginica"
  }
}
```

이처럼 병렬 마이크로서비스 패턴에서는 여러 개의 모델을 가동시킨다. 목적에 따른 모델을 개발하고 위의 예시처럼 추론기를 가동해서 더욱 유연한 추론 시스템을 구축할 수 있다.

4.8.5. 이점

- 추론 서버를 분할하여 리소스의 조정과 장애 분리가 가능함.
- 추론 워크플로 사이에 의존관계를 두지 않으면서도 유연한 시스템 구축이 가능함.

4.8.6. 검토사항

병렬 마이크로서비스 패턴을 구축할 때의 주의사항 중 하나는 동기적으로 추론할지, 비동기적으로 추론할지를 결정하는 것이다. 동기 추론 패턴과 비동기 추론 패턴의 차이를 생각해보면 동기와 비동기는 시스템의 용도나 워크플로에 따라 결정하는 것이 옳다. 두 방식은 클라이언트로 추론 결과를 응답하기까지 걸리는 시간이 다르기 때문에 서비스의 워크플로와 함께 검토해야 한다.

먼저, 동기적으로 추론할 경우 병렬 마이크로서비스 패턴에서는 타임아웃이 중요하다. 여러 개의 추론기로 추론을 수행하는 이상, 한 개라도 느린 추론기가 있으면 전체 추론속도는 가장 느린 추론기의 지연속도를 가지게 된다. 아무리 속도가 빠른 추론기가 있어도 클라이언트 측에 대기시간에 관한 서비스 수준이 정해져 있고 이 대기시간 이내에 응답할 수 없다면 의미가 없다. 이 경우 타임아웃의 설정 전략으로 두 가지 패턴이 존재한다. 첫 번째는 전체 추론에 대해 타임아웃을 설정하는 all or nothing 패턴이다. 추론 결과를 응답하거나 타임아웃으로 응답하지 않거나, 둘 중 하나다. 두 번째 패턴은 각 추론기에 대한 요청에 타임아웃을 설정하고, 대기시간 이내에 추론된 것만 클라이언트에게 응답하는 패턴이다. 느린 추론기의 추론을 끝까지 기다리지 않으면서 나머지 추론 결과들을 응답할 수 있다. 단, 추론 결과들 사이에 관계성이 있고 반드시 집계가 필요한 구조라면 이 패턴은 성립할 수 없다는 것에 주의해야 한다.

비동기적으로 추론하는 경우, 추론기의 속도로 추론의 우열을 결정하는 구성을 취하면 느리더라도 유익한 추론을 하는 추론기는 활용되지 못할 가능성이 있다. 동기적으로 처리하는 병렬 마이크로서비스 패턴과 마찬가지로, 추론기의 지연시간 차이에는 주의가 필요하다(그림 4.16).

병렬 마이크로서비스 패턴은 여러 개의 추론기를 조합하기 때문에 시스템이 복잡해질 가능성이 있다. 프락시에서 추론기 서비스의 추가, 삭제나 응답 로직을 제어한다고 설명했지만, 추론기의 수가 늘어나 로직이 복잡해지면 운용 측면에서 효율은 떨어지기 마련이다. 나아가 운용상 실수로 장애가 발생할 리스크도 높아질 것이다. 구조가 복잡해질 것 같은 상황에서는 또 다른 프락시를 만들어 엔드포인트를 분할하는 방식을 검토하는 것이 좋다. 이 역시 시스템이나 운용 체제마다 다르지만, 프락시와 연관된 추론기가 10개를 넘는다면 엔드포인트를 분할할 것을 권장한다.

시간차 추론 패턴

마이크로서비스 패턴에서 설명한 대로 여러 모델을 조합하게 되면 해당 과제의 추론기 사이에 지연시간의 차이가 발생한다. 같은 데이터에 대한 추론이라도 전체 추론 결과를 반드시 같은 타이밍에 응답할 필요는 없다. 지연에 차이가 있는 추론이라도 시스템 차원에서 새롭게 고안된 유효하게 활용할 수 있는 패턴이 있다.

4.9.1. 유스케이스

- 인터랙티브한 애플리케이션에 추론기를 삽입할 경우.
- 응답이 빠른 추론기와 느린 추론기를 조합한 워크플로를 만들고 싶은 경우.

4.9.2. 해결하려는 과제

앞 절에서 병렬 마이크로서비스 패턴으로 동일한 데이터에 대해 여러 개의 추론기를 조합하는 방법에 대해 설명했다. 여러 추론기를 조합할 때 해결해야 할 과제 중 하나는 추론기 간의 지연 시간에 차이가 있다는 것이었다. 동기적으로 처리하는 경우라면 병렬 마이크로서비스 패턴 전체 추론속도는 가장 느린 추론기의 추론속도다. 가장 늦은 추론기의 평균적인 추론 소요 시간이 1초라면 1초, 5초라면 5초가 추론기 전체의 레이턴시다. 항상 느린 추론기를 기준으로 시스템의 성능 요건을 충족시킨다면 문제없을 것이다.

그러나 인터랙티브한 웹 애플리케이션에서는 불과 1초의 대기시간도 너무 길다고 보는 요건도 있다. 가장 느린 추론기 이외의 추론기들이 0.2밀리초로 응답이 가능하고, 그 추론기들만으로도 충분히 좋은 추론 결과를 낼 수 있다면 0.2밀리초 이내로 클라이언트에 응답이 가능한 요건을 충족한 시스템 설계가 되는 것이다.

소요 시간이 1초나 5초인 추론기도 물론 사용할 수 있다. 시간차 추론 패턴에서는 빠른 추론기를 동기적인 추론과 응답에 활용하는 한편, 느린 추론기는 비동기적으로 추론해 두었다가 추론이 완료되면 결과를 클라이언트에 반영하는 전략을 세울 수 있다.

4.9.3. 아키텍처

시간차 추론 패턴은 추론 결과를 여러 단계로 나눠 클라이언트에 응답할 경우에 유효한 구성이다. 일반적인 머신러닝에서 정형 데이터를 다루는 모델은 추론이 빠르고, 이미지나 텍스트 같은 비정형 데이터를 다루면 느려지는 경향이 있다. 서비스는 보통 요청에 대해 빠르게 응답해야 하지만, 다소 늦더라도 좋은 결과를 반환하는 것이 사용자 경험 개선에 도움이 될 수 있다. 웹 애플리케이션에서 머신러닝을 다루는 경우, 이와 같은 속도와 정확도의 균형이 중요하게 작용한다. 즉, 추론의 정확도나 속도 중 하나만이 중요하다는 것은 아니다. 애플리케이션이 인터랙티브하게 사용된다면 빠른 추론기로 즉시 추론 결과를 응답한 이후에 사용자가 서비스를 사용하는 동안 더 좋은 추론 결과를 다음 화면(또는 스크롤한 화면 등)에 준비해 두는 라이프 사이클을 생각할 수 있다. 본 패턴은 이와 같은 인터랙티브한 애플리케이션에서 그 효과를 발휘한다.

여기서는 두 종류의 추론기를 배치한다. 빠르고 동기적으로 추론 결과를 응답하는 추론기와 비동기적이고 처리가 무거운 추론기다. 전자는 요청에 대해 신속하게 응답하기 위해 REST API 또는 gRPC 등을 인터페이스로 하면 좋다. 반면, 후자는 처리시간이 발생하기 때문에 비동기적인 처리가 가능한 메시징이나 큐를 중개한다. 전자와 후자에 탑재하는 모델의 종류는 클라이언트에 응답하는 속도 및 추론의 정확도 요건에 따라 달라지지만, 예를 들어 입력 데이터가 숫자, 카테고리, 이미지, 자연어 등의 조합으로 이뤄져 있다면 전자에는 신속한 추론이 가능한 숫자와 카테고리를, 후자에는 이미지와 자연어를 나눠 입력하는 방법을 생각할 수 있다.

4.9.4. 구현

시간차 추론 패턴에서는 추론을 처리함에 있어 시간차가 있는 추론기 여러 개를 가동시킨다. 이번 구현 예시에서는 이미지를 분류하기 위해 MobileNetV2[13]와 InceptionV3[14] 두 가지 모델을 사용하며, MobileNetV2로는 동기적으로, InceptionV3로는 비동기적으로 추론한다. 모두 TensorFlow Hub(URL https://tfhub.dev/)에서 제공된 이미 학습이 끝난 모델을 사용하고, TensorFlow Serving으로 기동한다.

클라이언트로부터의 요청은 프락시를 경유한다. 프락시에서는 MobileNetV2로의 추론 요청에 대해 동기적으로 응답한 후 Redis에 요청된 이미지를 큐에 추가하는 구성을 취한다. 배치 서버가 Redis의 큐를 폴링하고, 처리하지 못한 데이터가 있으면 큐에서 꺼내 InceptionV3에 요청을 보내는 구성이다(그림 4.19).

---

[13] URL https://arxiv.org/pdf/1801.04381.pdf
[14] URL https://static.googleusercontent.com/media/research.google.com/ja//pubs/archive/44903.pdf

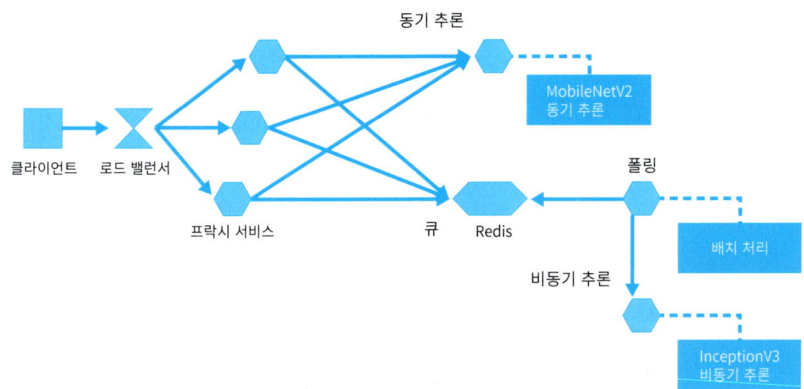

그림 4.19 시간차 추론 패턴

전체 코드는 다음 주소의 리포지토리에 있다.

- ml-system-in-actions/chapter4_serving_patterns/sync_async_pattern/
  URL https://github.com/wikibook/mlsdp/tree/main/chapter4_serving_patterns/sync_async_pattern

TensorFlow Serving을 사용한 추론기와 배치 서버는 비동기 추론 패턴에서 기술한 것과 다르지 않기 때문에 여기서는 생략한다.

프락시는 병렬 마이크로서비스 패턴에서의 프락시와 유사하나, Redis에 데이터를 등록하는 과정이 추가된다. 구현 예시는 코드 4.24와 같다. FastAPI로 웹 API를 기동하고, MobileNetV2 추론기에 대한 요청은 gRPC 클라이언트로 전송하며, InceptionV3에서 추론하기 위한 큐는 Redis에 등록한다. Redis의 등록은 FastAPI BackgroundTasks를 사용하며, 동기적으로 응답한 이후에 실시되기 때문에 응답이 방해받는 일은 없다.

코드 4.24 src/api_composition_proxy/routers/routers.py 등의 파일

```
import base64
import io
import uuid
from typing import Any, Dict

import grpc
import httpx
```

```python
from fastapi import (
    APIRouter,
    BackgroundTasks,
)
from PIL import Image
from tensorflow_serving.apis import (
    prediction_service_pb2_grpc,
)

from src.api_composition_proxy.backend import (
    background_job,
    request_tfserving,
    store_data_job,
)
from src.api_composition_proxy.backend.data import Data


# 가독성을 위해 여러 파일로 나누어 작성된 코드를
# 하나의 파일로 정리하고, 불필요한 처리는 생략함

router = APIRouter()


# MobileNetV2로의 GRPC 접속
channel = grpc.insecure_channel("sync:8500")
stub = prediction_service_pb2_grpc.PredictionServiceStub(channel)


# 추론 요청
@router.post("/predict")
def predict(
    data: Data,
    background_tasks: BackgroundTasks,
) -> Dict[str, Any]:
    job_id = str(uuid.uuid4())[:6]
    results = {"job_id": job_id}
    image = base64.b64decode(str(data.image_data))
```

```python
        bytes_io = io.BytesIO(image)
        image_data = Image.open(bytes_io)

        image_data.save(
            bytes_io,
            format=image_data.format,
        )
        bytes_io.seek(0)

        # MobileNetV2에 동기적으로 요청
        r = request_tfserving.request_grpc(
            stub=stub,
            image=bytes_io.read(),
            model_spec_name="mobilenet_v2",
            signature_name="serving_default",
            timeout_second=5,
        )
        results["mobilenet_v2"] = r

        # InceptionV3에 비동기적으로 요청
        background_job.save_data_job(
            data=image_data,
            job_id=job_id,
            background_tasks=background_tasks,
            enqueue=True,
        )
        return results


# InceptionV3 추론 결과를 요청
@router.get("/job/{job_id}")
def prediction_result(job_id: str):
    result = {job_id: {"prediction": ""}}
    data = store_data_job.get_data_redis(job_id)
    result[job_id]["prediction"] = data
    return result
```

프락시의 API는 비동기 추론 패턴과 동일하다. **/predict**가 클라이언트로부터 요청 데이터를 받아들이는 엔드포인트다. 비동기 추론의 결과는 **/job/{job_id}** 엔드포인트에서 취득한다.

시간차 추론 패턴은 여러 리소스로 구성되기 때문에 도커 컴포즈(URL https://docs.docker.com/compose/)로 기동한다. 도커 컴포즈의 구성 관리는 코드 4.25와 같다.

코드 4.24 docker-compose.yml

```yaml
version: "3"

services:
  # 프락시
  proxy:
    container_name: proxy
    image: shibui/ml-system-in-actions:→
sync_async_pattern_sync_async_proxy_0.0.1
    restart: always
    environment:
      - QUEUE_NAME=tfs_queue
      - SERVICE_MOBILENET_V2=sync:8501
      - SERVICE_INCEPTION_V3=async:8601
      - GRPC_MOBILENET_V2=sync:8500
      - GRPC_INCEPTION_V3=async:8600
    ports:
      - "8000:8000"
    command: ./run.sh
    depends_on:
      - redis
      - sync
      - async
      - backend

  # 동기적 추론기
  sync:
    container_name: sync
    image: shibui/ml-system-in-actions:→
sync_async_pattern_imagenet_mobilenet_v2_0.0.1
    restart: always
```

```yaml
    environment:
      - PORT=8500
      - REST_API_PORT=8501
    ports:
      - "8500:8500"
      - "8501:8501"
    entrypoint: ["/usr/bin/tf_serving_entrypoint.sh"]

  # 비동기적 추론기
  async:
    container_name: async
    image: shibui/ml-system-in-actions:→
sync_async_pattern_imagenet_inception_v3_0.0.1
    restart: always
    environment:
      - PORT=8600
      - REST_API_PORT=8601
    ports:
      - "8600:8600"
      - "8601:8601"
    entrypoint: ["/usr/bin/tf_serving_entrypoint.sh"]

  # 비동기적 추론기의 배치 서버
  backend:
    container_name: backend
    image: shibui/ml-system-in-actions:→
sync_async_pattern_sync_async_backend_0.0.1
    restart: always
    environment:
      - QUEUE_NAME=tfs_queue
      - SERVICE_MOBILENET_V2=sync:8501
      - SERVICE_INCEPTION_V3=async:8601
      - GRPC_MOBILENET_V2=sync:8500
      - GRPC_INCEPTION_V3=async:8600
    entrypoint:
      - "python"
      - "-m"
      - src.api_composition_proxy.backend.prediction_batch"
```

```
    depends_on:
      - redis

  # Redis
  redis:
    container_name: redis
    image: "redis:latest"
    ports:
      - "6379:6379"
```

각 리소스를 기동해서 고양이 이미지 파일을 요청해 보자.

[커맨드]

```
# 도커 컴포즈 기동
$ docker-compose \
    -f ./docker-compose.yml \
    up -d
Creating network "sync_async_pattern_default" with the default driver
Creating redis ... done
Creating async ... done
Creating sync ... done
Creating backend ... done
Creating proxy ... done

# 고양이 이미지 jpg를 요청
# 응답에는 MobileNetV2의 추론 결과와 작업 ID가 포함됨
$ (echo \
    -n '{"image_data": "'; \
    base64 data/cat.jpg; \
    echo '"}') | \
  curl \
    -X POST \
    -H "Content-Type: application/json" \
    -d @- \
    localhost:8000/predict/label
# 출력
{
```

```
  "job_id": "3800a3",
  "mobilenet_v2": "Persian cat"
}

# 작업 ID로부터 InceptionV3의 추론 결과를 요청
$ curl localhost:8000/job/3800a3
{"3800a3":{"prediction":"Siamese cat"}}
```

이상으로 시간차 추론 패턴의 구현 예시를 살펴보았다. 전처리 · 추론 패턴, 마이크로서비스 패턴, 시간차 추론 패턴까지 여러 개의 모델로 구성된 추론 시스템의 구현 예를 설명했다. 해결하려는 과제는 서로 다르지만, 여러 개의 모델로 하나의 추론 시스템을 구축할 수 있다면, 시스템은 더욱 유연해지고 높은 확장성을 가질 수 있다.

4.9.5. 이점

- 신속하게 응답하면서 더욱 나은 추론 결과를 제공할 수 있음.

4.9.6. 검토사항

시간차 추론 패턴에서 검토할 사항은 추론의 정확도와 속도의 균형이다. 어떤 추론기에서 동기적으로 응답하고 어떤 추론기로 비동기적으로 처리를 할 것인가에 대한 분담이 중요하다. 어떤 시스템이라도 빠르고 정확하게 처리하는 것이 이상적이다.

머신러닝에서는 일반적으로 심플하고 가벼운 머신러닝 모델보다 연산량이 많은 딥러닝이 정확도가 높으면서 속도가 느린 경향이 있다. 딥러닝이 아닌 머신러닝 분류 모델에서도 로지스틱 회귀나 의사결정나무에 비해 XGBoost(URL https://xgboost.readthedocs.io/en/latest/)는 무겁고 정확한 모델로 평가된다. 딥러닝에서도 가볍고 빠른 추론을 목적으로 한 모델(MobileNet[15]이나 MobileBERT[16], ALBERT[17] 등)이 있는 반면, 속도는 고려하지 않고 정

---

15 URL https://arxiv.org/pdf/1704.04861.pdf
16 URL https://arxiv.org/pdf/2004.02984.pdf
17 URL https://arxiv.org/pdf/1909.11942.pdf

확성만을 중시한 모델(NASNet[18]이나 BERT[19]등)도 있다. 해결하고 싶은 과제에 대해 즉시 응답해야 하는 추론과 시간이 다소 걸리더라도 제공하고 싶은 추론(≒사용자를 기다리게 하지만 가치 있는 추론)으로 모델을 선정하고 시간차 추론 패턴을 구성한다.

느린 추론기의 결과를 보여주는 방법은 일종의 사용자 경험을 만드는 방법이라고 생각하고 검토할 필요가 있다. 사용자가 조작하는 중간에 추론 결과를 제공할 수 있는 애플리케이션도 있으며, 동일 화면 안에서 이동하지 않고 추론 결과를 제공해야만 하는 경우도 있다. 전자라면 화면의 이동 타이밍에 표시할 수 있을 것이다. 콘텐츠가 목록이 된 게시판 형식의 응용 프로그램이라면 스크롤을 조작한 후에 보여지는 콘텐츠에 느린 추론기의 결과를 반영할 수 있다. 후자의 경우에 추론 결과에 따라 갑자기 보는 화면이 바뀌게 되면 사용자를 당황시킬 위험이 있다. 화면을 갑자기 바꾸는 것이 아닌, 팝업이나 공지 등으로 결과를 반영하려는 노력이 필요할 것이다.

4.10 추론 캐시 패턴

같은 데이터를 여러 차례 추론하는 경우도 더러 있다. 사내 데이터처럼 반복적으로 사용되는 기존 데이터의 경우, 같은 데이터를 같은 추론기로 여러 번 추론하는 경우가 있을 수 있다. 식별이 가능한 데이터라면 추론 캐시 패턴으로 이전에 추론했던 결과를 그대로 사용할 수 있다.

4.10.1. 유스케이스

- 동일 데이터에 대해 추론 요청이 발생함과 동시에 그 데이터를 식별할 수 있는 경우.
- 동일 데이터에 대해 동일한 추론 결과를 응답할 수 있는 경우.
- 입력 데이터를 검색할 수 있는 경우.
- 추론의 지연을 단축하고 싶은 경우.

---

18 URL https://arxiv.org/pdf/1707.07012.pdf
19 URL https://arxiv.org/pdf/1810.04805.pdf

4.10.2. 해결하려는 과제

모든 시스템은 갖춰야 할 기능을 요구되는 속도와 비용으로 가동시킬 필요가 있다. 기능의 많은 부분에서 비용이 늘어나면 이익을 가져다주지 못하는 시스템이 되는 것은 당연하다. 반대로 비용 절감을 위해 필요한 자원마저 깎아내어 속도를 떨어뜨린다면 시스템이 제 기능을 못하게 된다. 기능 요건과 비기능 요건은 해결하고자 하는 비즈니스에 따라 달라진다. 대부분의 경우, 기능, 속도, 비용이 밸런스를 갖추게 하는 것이 중요하다(그림 4.20).

머신러닝 시스템은 다른 시스템보다 고성능의 자원을 필요로 하는 경향이 있다. 학습이나 추론에서 필요로 하는 연산량이 방대하기 때문이다. 게다가 추론의 용도가 사용자나 시스템의 동작에 직접적인 영향을 미치는 경우, 사용자나 시스템을 기다리게 하지 않을 정도의 속도가 요구된다. 예를 들어 웹 검색 서비스는 검색 결과를 최적의 순서로 나열하는 순위 학습 모델을 사용할 때가 있다. 순위 학습의 결과를 얻는 데 10초 정도의 시간이 필요하다면(또는 10초나 소요해서 사용자를 기다리게 할 것 같다면) 결과를 정렬하지 않고 응답하는 것이 사용자 경험 측면에서 유리할지도 모른다. 온프레미스나 클라우드 환경에서도 속도를 유지하기 위해서는 고성능 자원을 사용해야 하고 그만큼 비용이 필요하다.

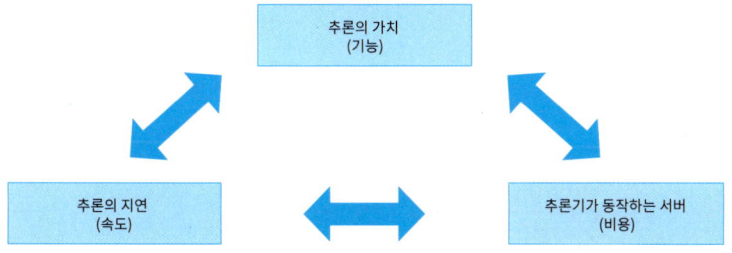

그림 4.20 기능, 속도, 비용 사이의 밸런스

4.10.3. 아키텍처

이번 절에서 설명할 추론 캐시 패턴과 다음 절의 데이터 캐시 패턴에서는 캐시를 이용해 비용과 속도에 관한 문제를 개선한다. 추론 캐시 패턴에서는 추론 결과를 캐시해두고, 동일한 입력 데이터가 요청된 경우에는 캐시해 둔 추론 결과를 응답하는 시스템을 목표로 한다. 데이터베이스로의 효율적인 접근을 위해 접근 빈도가 높은 데이터를 캐시해 두는 시스템이 있는데, 추론 캐시 패턴은 마치 이 시스템의 추론기 버전이라고 생각할 수 있다. 캐시 서버는

Memcached(URL http://www.memcached.org/)나 Redis 등에서 추론기와는 별도로 준비해 두고, 입력 데이터를 Key(키)로, 추론 결과를 Value(밸류)로 검색할 수 있어야 한다. 캐시의 양과 검색 성능이 추론 캐시 패턴의 성능지표다.

추론 캐시 패턴에서는 다음과 같은 캐시 타이밍이 있다.

1. 사전에 배치 추론을 실행하고 캐시함.
2. 추론 시에 캐시함.
3. 1과 2의 조합.

사전에 배치 추론해 놓는 1의 경우는(그림 4.21) 캐시 대상이 되는 입력 데이터를 사전에 예측할 수 있어야 한다. 검색 시스템이라면 검색 빈도가 높은 키워드 상위 1,000건 등을 캐시해 두는 것을 고려할 수 있다. 배치 추론을 실행하는 타이밍은 워크플로의 요건에 따라 달라지나, 추론 결과가 시간에 따라 변하지 않는다면 추론기를 릴리스하는 타이밍에 캐시를 해두는 것이 좋을 것이다. 1의 문제점은 캐시의 대상이 되는 데이터가 요청되지 않으면 캐시가 소용이 없다는 점이다. 캐시 작성 시부터 높은 빈도로 요청되는 입력 데이터가 바뀌지 않아야 한다는 조건이 있어야 한다.

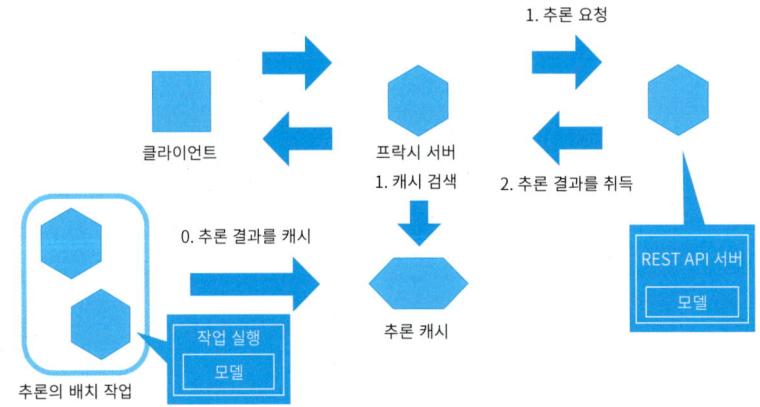

그림 4.21 추론 캐시 패턴(사전에 배치 추론을 실행해서 캐시해 놓는 경우). 캐시 검색과 추론 요청을 동시에 실행.

추론 시에 캐시하는 2의 경우는(그림 4.22) 추론 후에 캐시 서버에 등록하는 처리가 필요하다. 추론마다 캐시를 등록하기 때문에 추론 건수가 많으면서 중복되는 입력 데이터가 적을 경우 캐시 양이 증가할 우려가 있다.

실용화하기 위해서는 1과 2를 조합해서 운용하는 것이 좋다. 1처럼 사전에 캐시 데이터를 작성해 두고, 2와 같이 1에서 캐시되지 않은 데이터를 추가해 나가는 방식이다.

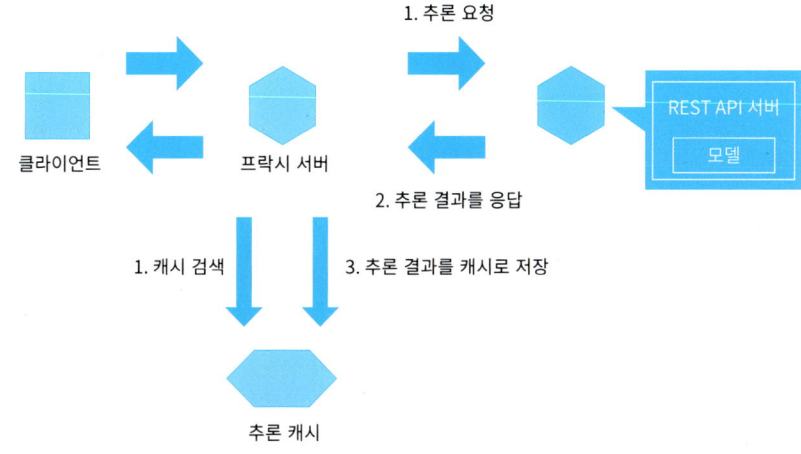

그림 4.22 추론 캐시 패턴(추론 시에 캐시해 두는 경우). 캐시 검색과 추론 요청을 동시에 실행.

캐시는 메모리를 사용하기 때문에 비록 적은 용량이라 할지라도 디스크에 비해 비용이 든다. 캐시 양이 몇 GB 정도라면 버틸 만하지만, 수십~수백 GB를 초과하면 무시할 수 없는 비용으로 치닫게 될 것이다. 따라서 캐시를 정기적으로 클리어해주는 대책이 필요하다. 캐시 클리어 전략에는 여러 가지가 있지만, 가장 많이 쓰지 않는 캐시(LRU: Least Recently Used) 또는 최근에 사용되지 않은 캐시(LFU: Least Frequently Used)를 삭제하는 것이 가장 적절하다.

캐시 검색 타이밍에도 다음과 같은 선택지가 있다.

1. 추론기에 추론을 요청하기 전에
2. 추론기에 추론을 요청함과 동시에

1번의 경우에는 캐시 히트(hit) 수만큼 추론기의 부하를 줄일 수 있다. 캐시 히트 때는 추론기로 요청하지 않으므로, 캐시 적중률이 높으면 자원을 효율적이고 저렴하게 사용할 수 있다. 한편, 캐시 미스(miss)가 많으면 캐시를 검색하는 데 걸리는 시간이 전체적인 추론 지연에 더해지므로 성능 저하로 이어질 수 있다.

2번의 경우 캐시 검색과 추론 요청을 동시에 실행한다. 캐시 히트하면 추론 요청을 바로 취소하고 응답하며, 캐시 히트하지 않으면 추론 결과를 기다렸다가 응답한다. 모든 요청을 추론기로 송신하기 때문에 추론기의 자원을 모두 사용해야 하지만, 성능이 저하될 우려는 없다.

추론 캐시 패턴에서는 입력한 데이터와 추론이 끝난 데이터가 같은 것인지 식별할 수 있어야 한다. 따라서 캐시 키에 입력 데이터로부터 변환한 해시 값을 사용하는 것이 좋다.

4.10.4. 구현

추론 캐시 패턴의 구현 방법을 살펴보자. 추론 캐시 패턴은 반복되는 데이터의 추론 요청이 전송된다는 전제로부터 시작한다. 따라서 요청된 데이터가 이미 캐시가 끝난 것으로 보아야 한다. 일반적인 사내 데이터가 추론 대상이라면 데이터의 ID 등으로 확인할 수 있을지도 모른다.

이번 구현에서는 ID가 부여된 데이터가 준비되어 있고 클라이언트에서 데이터의 ID를 요청하는 상황을 가정해서 구현한다. 물론 사내의 기존 데이터가 대상이라면 일일이 요청하지 않더라도 미리 모든 데이터를 추론해두고 데이터베이스에 등록하는 것이 좋아 보인다. 그러나 데이터의 양이 방대하면 비용적으로나 시간적으로 어려울 것이고, 과거부터 지금까지의 모든 데이터의 추론 결과가 필요하다고는 할 수 없다. 게다가 추론 모델이 바뀔 가능성도 있다. 따라서 추론 캐시 패턴은 필요한 경우에만 추론하고 재이용이 가능한 케이스를 상정한다.

> 전체 코드
>
> - ml-system-in-actions/chapter4_serving_patterns/prediction_cache_pattern/
>   URL https://github.com/wikibook/mlsdp/tree/main/chapter4_serving_patterns/prediction_cache_pattern

추론 요청을 받는 웹 API 서버로 FastAPI, 추론 결과를 캐시해 두는 환경으로는 Redis를 사용한다. 모델은 딥러닝을 통한 이미지 인식으로 PyTorch의 학습이 완료된 ResNet50 모델을 사용하고 ONNX Runtime Server로 가동한다.

웹 API 서버는 Redis에서 데이터 ID를 검색한 후, 캐시 히트 시에는 그대로 응답한다. 캐시 히트에 실패하면 ResNet50 ONNX Runtime Server로부터 추론 결과를 취득하고 클라이언트에 응답한 후 추론 결과를 Redis에 등록한다(그림 4.23).

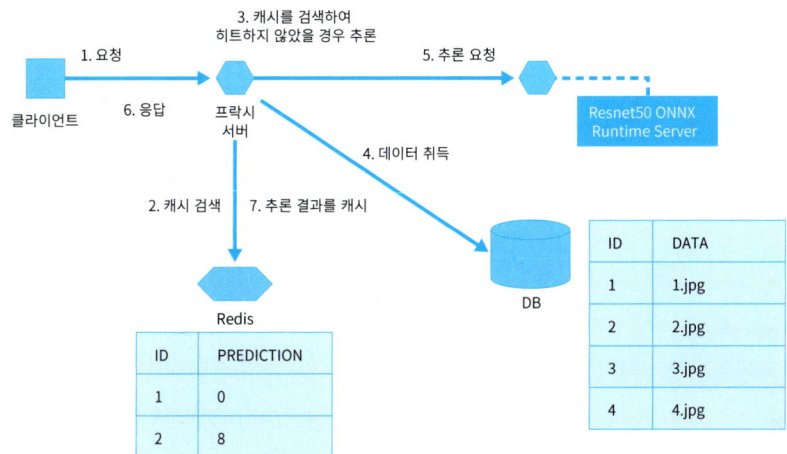

그림 4.23 추론 시 캐시하는 경우의 예시

API 엔드포인트는 코드 4.26과 같다.

코드 4.26 src/app/routers/routers.py

```
from typing import Dict, List

from fastapi import APIRouter, BackgroundTasks
from src.ml.prediction import Data, classifier

# 불필요한 처리는 생략함

router = APIRouter()
# 추론 엔드포인트
@router.post("/predict")
def predict(
    data: Data,
    background_tasks: BackgroundTasks,
) -> Dict[str, List[float]]:
```

```
    prediction = classifier.predict(
        data=data,
        background_tasks=background_tasks,
    )
    return {
        "prediction": list(prediction),
    }
```

캐시의 등록과 검색은 Classifier 클래스의 predict 함수로 실행한다(코드 4.27).

코드 4.27 src/ml/prediction.py

```
import json
import os
from typing import List

import grpc
import joblib
import numpy as np
from fastapi import BackgroundTasks
from PIL import Image
from pydantic import BaseModel
from src.app.backend import background_job
from src.ml.transformers import (
    PytorchImagePreprocessTransformer,
    SoftmaxTransformer,
)
from src.proto import (
    onnx_ml_pb2,
    predict_pb2,
    prediction_service_pb2_grpc,
)


# 불필요한 처리는 생략함

class Data(BaseModel):
    data: str = "0000"
```

```python
class Classifier(object):
    def __init__(
        self,
        preprocess_transformer_path: str,
        softmax_transformer_path: str,
        label_path: str,
        serving_address: str,
        input_name: str,
        output_name: str,
    ):
        self.preprocess_transformer_path = preprocess_transformer_path
        self.softmax_transformer_path = softmax_transformer_path
        self.preprocess_transformer = None
        self.softmax_transformer = None

        self.serving_address = serving_address
        self.channel = grpc.insecure_channel(
            self.serving_address,
        )
        self.stub = (
            prediction_service_pb2_grpc
            .PredictionServiceStub(self.channel)
        )
        self.label_path = label_path
        self.label: List[str] = []

        self.input_name: str = input_name
        self.output_name: str = output_name

        self.load_model()
        self.load_label()

    # 모델 불러오기
    def load_model(self):
        self.preprocess_transformer = joblib.load(
            self.preprocess_transformer_path,
```

```python
        )

        self.softmax_transformer = joblib.load(
            self.softmax_transformer_path,
        )

    # 라벨 파일 불러오기
    def load_label(self):
        with open(self.label_path, "r") as f:
            self.label = json.load(f)

    def predict(
        self,
        data: Data,
        background_tasks: BackgroundTasks,
    ) -> List[float]:
        # 캐시 검색
        cache_data = background_job.get_data_redis(
            key=data.data,
        )

        # 캐시 히트한 경우는 캐시로부터 응답
        if cache_data is not None:
            return list(cache_data)

        # 캐시 히트하지 않은 경우는 추론을 실행
        image = Image.open(
            os.path.join(
                "data/",
                f"{data.data}.jpg",
            ),
        )
        prep = self.preprocess_transformer.transform(
            image,
        )

        tensor = onnx_ml_pb2.TensorProto()
        tensor.dims.extend(prep.shape)
```

```python
        tensor.data_type = 1
        tensor.raw_data = prep.tobytes()

        message = predict_pb2.PredictRequest()
        message.inputs[self.input_name].data_type = tensor.data_type
        message.inputs[self.input_name].dims.extend(
            prep.shape,
        )
        message.inputs[self.input_name].raw_data = tensor.raw_data

        response = self.stub.Predict(message)
        output = np.frombuffer(
            (
                response
                .outputs[self.output_name]
                .raw_data),
            dtype=np.float32,
        )

        # 추론 결과를 Softmax로 변환
        softmax = (
            self.softmax_transformer
            .transform(output)
            .tolist()
        )

        # 추론 결과를 캐시에 등록
        background_job.save_data_job(
            data=list(softmax),
            item_id=data.data,
            background_tasks=background_tasks,
        )

        return softmax

    def predict_label(
        self,
        data: Data,
```

```python
        background_tasks: BackgroundTasks,
    ) -> str:
        softmax = self.predict(
            data=data,
            background_tasks=background_tasks,
        )
        argmax = int(np.argmax(np.array(softmax)[0]))
        return self.label[argmax]
```

이제 도커 컴포즈로 기동하고 요청해보자.

[커맨드]

```
# 도커 컴포즈 기동
$ docker-compose \
    -f ./docker-compose.yml \
    up -d
Creating network "prediction_cache_pattern_default" with the default driver
Creating pred ... done
Creating redis ... done
Creating proxy ... done

# 데이터 ID 0000을 요청
$ curl \
    -X POST \
    -H "Content-Type: application/json" \
    -d '{"data": "0000"}' \
    localhost:8000/predict/label
{"prediction":"Persian cat"}

# 데이터 ID 0000을 재차 요청
$ curl \
    -X POST \
    -H "Content-Type: application/json" \
    -d '{"data": "0000"}' \
    localhost:8000/predict/label
{"prediction":"Persian cat"}
```

```
# 로그에서 캐시 확인
$ docker logs proxy | grep cache
[20210101 08:44:04] [INFO] [src.ml.prediction] registering cache: 0000
[20210101 08:44:05] [INFO] [src.ml.prediction] cache hit: 0000
```

이상으로 추론 캐시 패턴의 구현 예시를 살펴보았다. 추론 캐시 패턴에서는 캐시가 쌓일수록 추론기에 대한 요청이 줄어들어 리소스 효율에 기여하게 된다. 딥러닝 추론기는 일반적으로 Redis 등에서 캐시 서버를 준비하는 것보다 비용이 높아질 수 있는데, 본 패턴을 사용해서 캐시 히트율이 오르면 비용 절감을 기대할 수 있다.

4.10.5. 이점

- 추론속도의 개선이 가능함.
- 추론기의 비용을 절감할 수 있음.

4.10.6. 검토사항

추론 캐시 패턴에서 주의할 점은 캐시 서버의 비용이 오히려 커질 수 있다는 것이다. 캐시를 키울수록 메모리양에 따른 비용이 증가한다. 따라서 캐시를 이용해 추론 횟수를 줄여 추론기의 부하를 덜었다 하더라도, 추론기에서 절약한 비용보다 캐시 서버에 들어가는 비용이 더 많다면 캐시가 필요한지 재검토해야 한다. 물론 캐시 덕분에 지연이 개선되는 경향을 보인다면 좋겠지만, 비용 절감만이 목적인 경우라면 캐시 용량을 줄이기 위한 대책이 필요하다.

게다가 추론 캐시 패턴은 같은 데이터에 대한 히트로 인해 효과를 발휘하지만, 유사한 데이터로는 사용할 수 없다. 같은 데이터에 대한 추론이 종종 발생하는 시스템에서는 강점을 낼 수 있어도, 비슷하기만 하고 엄밀하게는 같지 않은 데이터의 추론이 자주 발생하는 시스템(예를 들어 동영상을 프레임 단위로 추론하는 경우)에서는 캐시가 없는 추론기와 다를 바 없는 성능을 보이게 된다. 유사한 데이터의 검색은 최근접 이웃(Nearest neighbor) 탐색 방법이 대표적이며, 연구 및 실용화가 진행되고 있는 기술이나 캐시를 대체하는 것은 어려운 문제이므로 여기서는 이에 대한 자세한 설명은 생략하고 추론 캐시 패턴을 마무리 짓겠습니다.[20]

 데이터 캐시 패턴

추론 캐시 패턴에서는 추론 결과를 캐시하며 검색이 가능하게 했다. 데이터 캐시 패턴에서는 데이터와 전처리된 데이터를 캐시하고 데이터를 매우 빠르게 취득하는 것을 목적으로 한다.

4.11.1. 유스케이스

- 동일한 데이터의 추론 요청이 발생하고, 동시에 그 데이터가 동일한 것으로 식별이 가능한 경우.
- 동일한 데이터를 반복적으로 처리할 경우.
- 입력 데이터를 캐시 등으로 검색할 수 있는 경우.
- 데이터를 매우 빠르게 처리하고 싶은 경우.

4.11.2. 해결하려는 과제

이전 절의 추론 캐시 패턴에서는 입력 데이터에 대해 추론 결과를 캐시하고 지연을 개선하는 방법에 대해 설명했다. 머신러닝 추론기에서 캐시가 가능한 데이터는 추론 결과만 있는 것은 아니다. 데이터 캐시 패턴에서는 입력 데이터나 전처리가 이뤄진 데이터도 캐시할 수 있다.

추론 시스템에서 지연이 발생하는 태스크 중 하나로 데이터 취득을 들 수 있다. 클라이언트에서 보내오는 데이터가 추론에 필요한 전체 데이터는 아닐 것이다. 예를 들어 이미지나 텍스트 데이터를 데이터베이스로 관리하는 시스템의 경우, 추론기에 대한 요청은 원시적인 이미지나

---

[20] 저자가 예전에 근무했던 메루카리 사에서는 최근접 이웃 근사법(Approximate nearest neighbor)을 이용해 비슷한 외형의 사진을 검색하는 기능을 제공한다. 2019년 3월 릴리스 이후 저자가 퇴직할 때까지 담당했던 시스템으로, 아주 좋은 기능이니 꼭 사용해 보길 바란다.
URL https://logmi.jp/tech/articles/322889
URL https://engineering.mercari.com/blog/entry/miru2018/

텍스트 데이터가 아니라, 데이터베이스상의 ID가 될 수 있다. 유일하게 특정이 가능한 ID가 할당되어 있다면 이미지나 텍스트 그 자체를 송신하는 것보다 고유한 ID로 통신하는 것이 효율적이다. 그러나 추론기에서는 데이터를 필요로 하기 때문에 추론하기 전에 추론 대상 데이터를 취득해야만 한다. 이미지나 텍스트 등의 콘텐츠는 데이터 용량이 큰 경향이 있으며, 따라서 데이터의 다운로드는 무시할 수 없는 병목현상이 될 수도 있다. 이러한 국소적인 병목에 대해 높은 빈도로 요청하게 되는 데이터를 캐시해 두는 것이 바로 데이터 캐시 패턴이다.

또한 이미지나 텍스트가 입력 데이터인 경우, 사전에 데이터를 가공하는 작업이 흔히 있다. 대표적으로 이미지의 사이즈나 RGB 변환, 텍스트의 형태소 분석이나 워드 필터 등을 들 수 있다. 이러한 전처리를 진행한 후 데이터를 캐시하는 것도 가능하다. 나아가 딥러닝으로 입력 데이터의 특징을 뉴럴 네트워크로 추출하여 추론하는 경우라면, 뉴럴 네트워크에 의한 특징 추출이 딥러닝의 병목(bottleneck)에 해당하는데, 동일한 데이터의 추론이 이뤄진다면 추출한 특징 데이터(수치의 배열)를 캐시해 두는 것도 매우 효과적이다. 특히 동일한 데이터에 대해 같은 특징 추출기를 사용해 목적이 다른 추론을 수행한다면 추출한 특징 데이터의 캐시를 가장 유용하게 활용하는 케이스로 볼 수 있을 것이다.

데이터의 취득이나 특징 추출기와 같은 시스템상에 병목이 발생하는 것을 피하기 위해서는 높은 성능을 내는 네트워크나 자원이 필요하며, 비용이 증가할 가능성을 부정할 수 없다. 데이터 캐시 패턴으로 추론 전의 데이터를 캐시해두면 시스템의 비용 절감 또한 꾀할 수 있다.

4.11.3. 아키텍처

데이터 캐시 패턴은 변환 전의 입력 데이터나 데이터로부터 추출된 특징을 캐시해 효율적인 추론을 꾀하는 패턴이다. 다운로드가 필요한 콘텐츠 데이터를 캐시한다면 데이터 액세스 오버헤드를 줄일 수도 있다.

먼저 전처리가 끝난 데이터나 데이터로부터 추출된 특징을 캐시해 두는 경우, 전처리나 특징 추출기를 범용적으로 사용할 수 있어야 하는 것도 충족해야 할 요건이 된다. 특정 용도로만 사용할 수 있는 알고리즘이라면 그것을 통해 추출된 데이터 역시 범용성이 없기 때문에 다른 목적의 추론에서 활용이 어렵다. 또한, 모델을 개발할 때 특징 추출기는 공통화해 놓을 필요가 있기에 새로운 알고리즘을 시험하는 것이 불필요한 수고로 작용하는 일도 있을 것이다. 보다 범용적이고 유효한 알고리즘이 등장했을 경우, 특징 추출기와 캐시뿐만 아니라 그에 의존하는 추론기의 교체가 필요하다. 특징 추출기의 공통화는 유효하게 활용 가능하다면 시스템 전체로 봤을 때는 대폭적인 비용 삭감이 가능하지만, 특징 추출기에 크게 의존하는 시스템이 될 수도 있다.

데이터의 캐시 타이밍은 추론 캐시 패턴과 마찬가지로, 1. 사전에 배치로(그림 4.24), 2. 추론 요청 시에(그림 4.25), 그리고 3은 1과 2를 조합한 경우다. 용량이 허락한다면 딥러닝으로 특징을 추출하는 워크플로에서는 1에서 미리 특징을 추출해 두는 것이 좋다. 캐시의 Key(키)는 데이터 ID, Value(밸류)는 데이터 그 자체나 추출된 특징 데이터가 된다. 데이터 캐시 패턴은 캐시하는 데이터가 증가하는 양에 주의해야 한다. 캐시의 용량은 비용과 트레이드오프 관계에 있다. 대부분의 캐시는 스토리지보다 비용이 높고 용량이 작은 경향이 있기 때문에 비용이나 용량의 초과를 회피하기 위해서는 캐시 클리어 방침이 필요하다. 특히 용량이 큰 콘텐츠 데이터라면 정기적인 캐시 클리어와 갱신이 반드시 이뤄져야 한다.

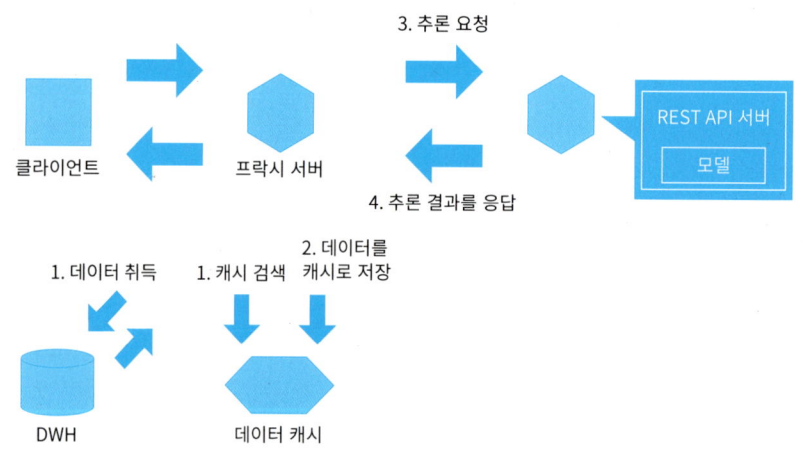

그림 4.24 데이터 캐시 패턴(추론 요청 시에 캐시하는 경우). 데이터 취득과 캐시 검색을 동시에 병렬로 진행.

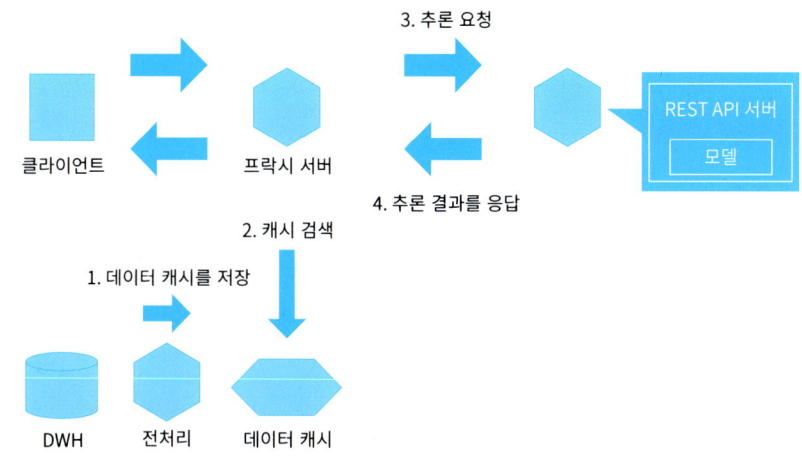

그림 4.25 데이터 캐시 패턴(사전에 배치 단위로 캐시하는 경우).

4.11.4. 구현

데이터 캐시 패턴은 추론 캐시 패턴과 구현 방식이 유사하다. 차이가 있다면 캐시하는 타이밍과 그 대상이다. 추론 캐시 패턴이 추론 이후에 추론 결과를 캐시했다면 데이터 캐시 패턴에서는 데이터를 취득하는 시점과 전처리를 수행하는 시점에서 데이터를 캐시한다.

데이터 캐시 패턴이 유효한 상황 역시 추론 캐시 패턴과 비슷하다. 요청된 데이터와 캐시가 끝난 데이터가 같은 것으로 식별, 검색할 수 있어야 하기 때문에 사내에서 ID가 부여되어 특정할 수 있는 데이터의 경우에 유효하다.

추론 캐시 패턴과 달리 데이터 캐시 패턴이 유효할 때는 앞서 언급했듯이 변환한 데이터를 다시 사용하는 시스템을 구축하는 경우다. 예를 들어 이미지 인식 추론기를 가동시켜 모델을 갱신하는 상황을 가정해보자. 추론 캐시 패턴에서 추론 결과는 가동 중인 모델에 의존하기 때문에 모델을 변경하면 추론 결과가 달라지므로 캐시를 사용할 수 없게 된다. 반면 입력 이미지의 전처리는 모델 간 공통화가 가능하기 때문에(이미지를 $3 \times 224 \times 224$의 표준화된 배열로 받는 등) 전처리가 끝난 데이터를 캐시해 두면 재이용이 가능하다(그림 4.26).

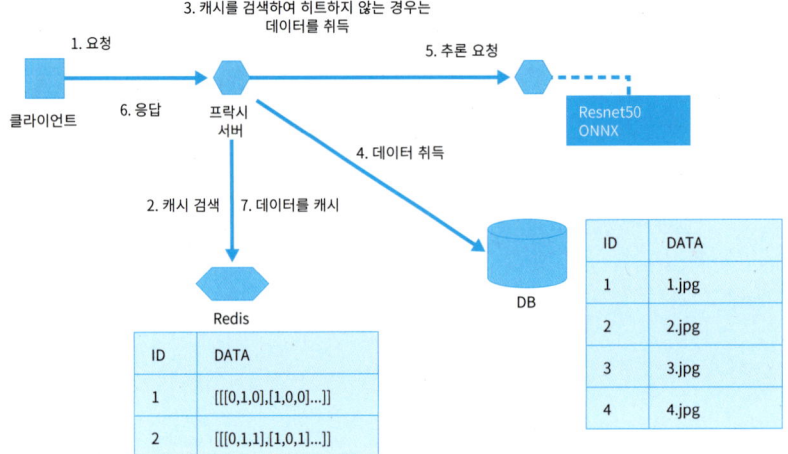

그림 4.26 데이터 캐시 패턴

이번 절에서는 추론 캐시 패턴과 다른 부분만 기재한다.

전체 코드

- ml-system-in-actions/chapter4_serving_patterns/data_cache_pattern/
  URL https://github.com/wikibook/mlsdp/tree/main/chapter4_serving_patterns/data_cache_pattern

데이터 캐시 패턴은 추론 캐시 패턴과 캐시를 등록하고 검색하는 시점이 다르다. 코드 4.28에서는 전처리 후에 데이터를 캐시하고 있다. 동일한 데이터라면 캐시에서 검색해 추론기로 요청한다.

코드 4.28 src/ml/prediction.py

```
import json
import os
from typing import List

import grpc
import joblib
import numpy as np
from fastapi import BackgroundTasks
from PIL import Image
```

```python
from pydantic import BaseModel

from src.app.backend import background_job
from src.ml.transformers import (
    PytorchImagePreprocessTransformer,
    SoftmaxTransformer,
)
from src.proto import (
    onnx_ml_pb2,
    predict_pb2,
    prediction_service_pb2_grpc,
)


# 불필요한 처리는 생략함
class Data(BaseModel):
    data: str = "0000"


class Classifier(object):
    def __init__(
        self,
        preprocess_transformer_path: str,
        softmax_transformer_path: str,
        label_path: str,
        serving_address: str,
        input_name: str,
        output_name: str,
    ):
        self.preprocess_transformer_path = preprocess_transformer_path
        self.softmax_transformer_path = softmax_transformer_path
        self.preprocess_transformer = None
        self.softmax_transformer = None

        self.serving_address = serving_address
        self.channel = grpc.insecure_channel(
            self.serving_address,
        )
```

```python
        self.stub = (
            prediction_service_pb2_grpc
            .PredictionServiceStub(self.channel)
        )

        self.label_path = label_path
        self.label: List[str] = []

        self.input_name: str = input_name
        self.output_name: str = output_name

        self.load_model()
        self.load_label()

    # 모델 불러오기
    def load_model(self):
        self.preprocess_transformer = joblib.load(
            self.preprocess_transformer_path,
        )

        self.softmax_transformer = joblib.load(
            self.softmax_transformer_path,
        )

    # 라벨 파일 불러오기
    def load_label(self):
        with open(self.label_path, "r") as f:
            self.label = json.load(f)

    # 추론
    def predict(
        self,
        data: Data,
        background_tasks: BackgroundTasks,
    ) -> List[float]:
        # 캐시 검색
        cache_data = background_job.get_data_redis(
            key=data.data,
```

```python
    )

    # 캐시가 히트하지 않는 경우
    if cache_data is None:
        image = Image.open(
            os.path.join(
                "data/",
                f"{data.data}.jpg",
            ),
        )
        prep = (
            self.preprocess_transformer
            .transform(image)
        )
        # 백그라운드에서 캐시 등록
        background_job.save_data_job(
            data=prep.tolist(),
            item_id=data.data,
            background_tasks=background_tasks,
        )

    # 캐시 히트한 경우
    else:
        prep = (
            np.array(cache_data)
            .astype(np.float32)
        )

    tensor = onnx_ml_pb2.TensorProto()
    tensor.dims.extend(prep.shape)
    tensor.data_type = 1
    tensor.raw_data = prep.tobytes()

    message = predict_pb2.PredictRequest()
    message.inputs[self.input_name].data_type = tensor.data_type
    message.inputs[self.input_name].dims.extend(
        prep.shape,
    )
```

```
        message.inputs[self.input_name].raw_data = tensor.raw_data
        response = self.stub.Predict(message)
        output = np.frombuffer(
            (response.outputs[self.output_name].raw_data),
            dtype=np.float32,
        )

        softmax = (
            self.softmax_transformer
            .transform(output)
            .tolist()
        )

        return softmax
```

데이터 캐시 패턴을 실제로 적용하기 위해 다음과 같이 도커 컴포즈로 기동하고 요청한다.

[커맨드]

```
# 도커 컴포즈 기동
$ docker-compose \
    -f ./docker-compose.yml \
    up -d
Creating network "data_cache_pattern_default" with the default driver
Creating pred  ... done
Creating redis ... done
Creating proxy ... done

# 데이터 ID 0000을 요청
$ curl \
    -X POST \
    -H "Content-Type: application/json" \
    -d '{"data": "0000"}' \
    localhost:8000/predict/label
{"prediction":"Persian cat"}

# 데이터 ID 0000을 재차 요청
$ curl \
```

```
    -X POST \
    -H "Content-Type: application/json" \
    -d '{"data": "0000"}' \
 localhost:8000/predict/label
{"prediction":"Persian cat"}

# 로그에서 캐시를 확인
$ docker logs proxy | grep cache
[20210101 08:44:04] [INFO] [src.ml.prediction] registering cache: 0000
[2021-01-01 08:44:05] [INFO] [src.ml.prediction] cache hit: 0000
```

여기까지 이미지 데이터의 사이즈를 변경하고 표준화한 뒤 캐시에 등록했다. 그 처리가 복잡하고 연산량이 많을수록 데이터 캐시의 가치는 올라간다.

4.11.5. 이점

- 데이터 취득이나 전처리, 특징 추출의 오버헤드를 줄일 수 있음.
- 고속으로 추론 개시가 가능함.

4.11.6. 검토사항

데이터 캐시 패턴에서는 필요한 캐시의 용량이 거대해진다는 점에 주의해야 한다. 콘텐츠 데이터의 캐시는 일반적으로 추론 결과보다 큰 용량을 갖는 경향이 있기 때문이다. 캐시 메모리의 비용을 무시할 수 없을 정도로 규모가 커지게 되면 데이터 캐시 패턴을 적용하기 어려울 것이다. 한편, 데이터의 캐시를 만들어 놓음으로써 지연을 개선하고 비즈니스 임팩트를 낼 수 있다면 본 패턴을 검토해도 좋을 것이다.

4.12 추론기 템플릿 패턴

지금까지 추론기를 구성하는 다양한 방법에 대해 설명했지만, 모든 추론기를 매번 처음부터 작성하는 것은 매우 비효율적이다. 추론기 템플릿 패턴에서는 추론기의 템플릿을 미리 준비한다. 베이스가 되는 추론기는 템플릿을 통해 만들고, 추가로 필요한 부분만 변경하면서 효율적인 추론기의 개발을 도모한다.

4.12.1. 유스케이스

- 동일한 입출력의 추론기를 대량으로 개발하고 릴리스하는 경우.
- 추론기 중 모델 이외의 부분을 공통화하는 경우.

4.12.3. 해결하려는 과제

다양한 추론기를 가동시킬 때 해결해야 할 과제 중 하나는 추론기가 서로 다른 코드로 구현되어 개발과 운용이 비효율적이라는 점이다. 같은 형식의 입력 데이터로 같은 클래스 분류를 수행하는 추론기들이 같은 워크플로로 가동된다고 해도, 다른 OS나 파이썬 버전, 라이브러리 버전, 소스코드에서는 각기 다른 운용방침을 만들어야 한다. 추론기를 개발하는 단계에서 추론기를 작성하는 방법을 정해 놓고 공통화해 두면 개발의 중복을 방지할 수 있으며 운용도 간편하다.

서로 다른 추론기는 다른 종류의 모델을 가동하기 마련이다. 학습할 때 사용한 라이브러리나 입출력 데이터의 형식에 맞춰야 하기 때문에 다른 코드가 필요할 수도 있다. 그러나 추론기 안에서 학습이나 모델과 관련이 없는 부분은 개발상의 규칙으로 공통화할 수 있다.

공통화 가능한 요소에는 다음과 같은 것들이 포함된다.

- 인프라
  - OS
  - 네트워크
  - 인증인가
  - 보안
  - 로그 수집
  - 감시 통보
- 머신러닝과 관련성이 없는 미들웨어나 라이브러리
  - 웹 애플리케이션 서버나 작업 관리 서버
  - REST API 라이브러리 및 Protocol Buffers(URL https://github.com/protocolbuffers/protobuf/releases/)와 gRPC(URL https://www.grpc.io/)
  - 로그의 형식

추론기를 가동시키는 기반이나 네트워크, 보안은 머신러닝 엔지니어보다 인프라 엔지니어가 더욱 빛을 발하는 영역일 것이다. 추론기 서버에 가상 머신을 사용할지, 도커 컨테이너를 사용할지(쿠버네티스를 사용할지)와 같은 것도 인프라 엔지니어가 선정하는 것이 좋다.

로그의 수집과 감시 통보는 머신러닝 엔지니어나 인프라 엔지니어 모두 관심을 가지는 요소지만, 각자의 시각에서 필요로 하는 로그 및 감시 항목은 약간 다를 수 있다. 머신러닝 엔지니어는 입력 데이터와 추론 결과, 그리고 추론에 대한 클라이언트의 평가를 흥미로운 대상으로 여기는 반면, 인프라 엔지니어는 애플리케이션의 로그나 인프라 로그, 프로파일, 자원 사용률, 에러 로그 등을 중점적으로 주시할 것이다.

머신러닝과 관련성이 없는 미들웨어나 라이브러리는 소프트웨어 엔지니어가 선택하자.

한편, 다음은 머신러닝 모델의 고유한 요소로 분류될 수 있다. 다만 입출력 인터페이스나 함수의 네이밍 규칙은 공통화하는 것이 좋다.

- 머신러닝 모델을 가동시키기 위한 프로그래밍 언어와 라이브러리
  - 프로그래밍 언어의 버전
  - 머신러닝 라이브러리의 버전
  - 입출력 인터페이스
  - 데이터의 전처리 및 후처리의 구현

4.12.3. 아키텍처

추론기 템플릿 패턴에서는 추론기의 코드나 인프라 구성, 배포 방침 등을 공통화해서 재사용성을 높인 템플릿을 준비한다(그림 4.27). 공통의 템플릿을 사용해 추론기의 개발과 릴리스의 효율을 높임과 동시에 시스템에 대한 이해나 트러블슈팅의 노하우를 응용할 수 있다. 추론기를 많이 사용하는 시스템을 개발하는 경우, 입출력 인터페이스나 추론 모델을 호출하는 방법 등이 각 추론기마다 다르게 구성되어 있으면 개발 효율이 떨어진다. 모든 머신러닝 모델이 다른 입출력과 라이브러리, OS, 칩셋을 사용해야 한다면 어쩔 수 없겠지만, 그렇지 않은 경우(예를 들어 머신러닝 모델이 파이썬 3.x를 사용해서 Ubuntu 20.0x 상에서 x86_64 아키텍처로 Nginx 프락시를 사용하고, FastAPI에 의한 REST API 서버로 가동하며, 모델은 scikit-learn과 PyTorch를 사용해서 개발한 경우), 공통의 개발 추론 템플릿이 준비되어 있으면 개발자의 환경 구축 시간을 단축할 수 있다. 심지어 전처리와 추론 모델의 호출 방법, 출력과 같은 인터페이스를 공통화하면 모델을 포함시키는 것만으로 추론기를 가동시킬 수 있는 템플릿을 마련할 수 있다.

추론기 템플릿 패턴에서는 공통화 가능한 부분은 공통화하고 재이용을 가능하게 한다. 이상적으로는 모델 고유의 요소들을 JSON이나 YAML 형식의 파라미터로 설정하여 추론기를 릴리스하면 편리할 것이다. 그러나 여기까지 공통화하지 않더라도 전처리와 추론 이외의 파이썬 코드를 공통화하는 것만으로도 개발자의 코딩 업무를 상당히 줄일 수 있을 것이다. 추가로 인프라 레이어로서 통보나 로그의 수집, 인증 허가 등을 공통화할 수도 있다. 모든 추론기를 망라하는 템플릿을 만들기가 어렵다면 사내에서는 인프라만 공통화하고, 팀 내에서는 머신러닝과 직접적인 관련이 없는 미들웨어와 라이브러리를 템플릿으로 만들며, 프로젝트 단위에서는 머신러닝 모델 이외의 부분을 공통화하는 방침을 마련함으로써 개발 효율을 향상시킬 수 있다.

추론기 템플릿 패턴을 사용할 때 주의할 점은 템플릿의 버전을 업데이트할 때 가동 중인 서비스도 업데이트할 것인지를 따져보는 것이다. 템플릿의 갱신은 기본적으로 하위호환성을 유지해야 한다. 하위호환성이 유지되고 있다면 각 서비스의 레벨에 맞춰 추론기를 교체한다. 배치 서버일 경우에는 배치 가동 중 이외의 타이밍에 갱신이 가능하며, REST API 서버를 이용한 온라인 서비스라면 6장에서 설명할 온라인 A/B 테스트 패턴으로 서서히 교체해 나가는 방안을 고려할 수 있다. 단, 하위호환성을 유지할 수 없을 정도의 파괴적인 템플릿 갱신이 필요할 경우엔 주의가 필요하고, 상황에 따라서는 모든 추론기의 통합 테스트를 다시 실행해야 한다.

그림 4.27 추론기 템플릿 패턴

4.12.4. 구현

추론 템플릿 패턴 구현에서는 jinja2(URL https://jinja.palletsprojects.com/en/master/)라고 하는 파이썬의 템플릿 엔진을 사용하여 추론기의 템플릿을 작성한다. jinja2에서는 파이썬의 .py 파일뿐만 아니라 .html이나 .md, .yaml 등 각종 확장자의 파일을 읽고 지정한 변수를 변환할 수 있다.

이번에는 웹 싱글 패턴 템플릿을 작성해 볼 것이다. 템플릿에는 다음이 포함된다.

- FastAPI로 웹 API 구현
- ONNX Runtime에 의한 추론 클래스
- Dockerfile
- 도커 컴포즈 매니페스트
- 쿠버네티스 매니페스트

전체 코드

- ml-system-in-actions/chapter4_serving_patterns/template_pattern/
  URL https://github.com/wikibook/mlsdp/tree/main/chapter4_serving_patterns/template_pattern

jinja2의 방식으로 쓰여진 템플릿은 코드 4.29 와 같다.

코드 4.29 template_files/routers.py.j2

```python
import uuid
from typing import Any, Dict, List
from fastapi import APIRouter

from src.ml.prediction import Data, classifier

router = APIRouter()


@router.get("/health")
def health() -> Dict[str, str]:
    return {
        "health": "ok",
    }


# 메타데이터에 변수를 지정
@router.get("/metadata")
def metadata() -> Dict[str, Any]:
    return {
        "data_type": "{{data_type}}",
        "data_structure": {{data_structure}},
        "data_sample": {{data_sample}},
        "prediction_type": "{{prediction_type}}",
        "prediction_structure": {{prediction_structure}},
        "prediction_sample": {{prediction_sample}},
    }


@router.get("/label")
def label() -> Dict[int, str]:
    return classifier.label


@router.get("/predict/test")
def predict_test() -> Dict[str, List[float]]:
    job_id = str(uuid.uuid4())
```

```python
        prediction = classifier.predict(
            data=Data().data,
        )
        prediction_list = list(prediction)
        return {"prediction": prediction_list}


@router.get("/predict/test/label")
def predict_test_label() -> Dict[str, str]:
    job_id = str(uuid.uuid4())
    prediction = classifier.predict_label(
        data=Data().data,
    )
    return {"prediction": prediction}


@router.post("/predict")
def predict(data: Data) -> Dict[str, List[float]]:
    job_id = str(uuid.uuid4())
    prediction = classifier.predict(data.data)
    prediction_list = list(prediction)
    return {"prediction": prediction_list}


@router.post("/predict/label")
def predict_label(data: Data) -> Dict[str, str]:
    job_id = str(uuid.uuid4())
    prediction = classifier.predict_label(data.data)
    return {"prediction": prediction}
```

이번에 변환하는 부분은 `def metadata()` 함수 값이다. jinja2에서는 {{}}를 사용하여 변환 대상이 될 변수를 지정한다.

템플릿에서 각종 파일을 생성하기 위해서는 변수의 설정이나 변환 후 파일의 경로에 관한 정의가 필요하다. 변환 대상의 변수와 변환 후의 값은 `vars.yaml`에 기술한다. 변환 후 파일을 배치할 파일 경로는 `correspond_file_path.yaml`에서 지정한다. jinja2를 통한 파일 변환 및 파일의 배치는 `builder.py`에서 실행한다. 각 파일의 내용은 다음과 같다.

[커맨드]

```
# 템플릿이 될 파일 목록과 변환 후 파일 경로
$ cat correspond_file_path.yaml
Dockerfile.j2: "{}/Dockerfile"
prediction.py.j2: "{}/src/ml/prediction.py"
routers.py.j2: "{}/src/app/routers/routers.py"
deployment.yml.j2: "{}/manifests/deployment.yml"
namespace.yml.j2: "{}/manifests/namespace.yml"
makefile.j2: "{}/makefile"
docker-compose.yml.j2: "{}/docker-compose.yml"

# 변수
$ cat vars.yaml
name: sample
model_file_name: iris_svc.onnx
label_file_name: label.json
data_type: float32
data_structure: (1,4)
data_sample: [[5.1, 3.5, 1.4, 0.2]]
prediction_type: float32
prediction_structure: (1,3)
prediction_sample: [0.97093159, 0.01558308, 0.01348537]
```

이 템플릿 파일과 변수를 사용하여 추론기의 원형을 작성한다. jinja2의 파일 변환은 파이썬으로부터 호출이 가능하다. 파일 변환 코드는 다음과 같다(코드 4.30).

코드 4.30 builder.py

```python
import os
import click
from distutils.dir_util import copy_tree
import yaml
from typing import Dict
from jinja2 import Environment, FileSystemLoader


# 불필요한 처리는 생략함
```

```python
TEMPLATE_DIRECTORY = "./template"
TEMPLATE_FILES_DIRECTORY = "./template_files"

# 변수 불러오기
def load_variable(
    variable_file: str,
) -> Dict:
    with open(variable_file, "r") as f:
        variables = yaml.load(
            f,
            Loader=yaml.SafeLoader,
        )
    return variables


# 경로를 수정
def format_path(
    correspond_file_paths: Dict,
    name: str,
) -> Dict:
    formatted_correspond_file_paths: Dict = {}
    for k, v in correspond_file_paths.items():
        formatted_correspond_file_paths[k] = v.format(name)
    return formatted_correspond_file_paths


# 양식을 담을 디렉터리 작성
def copy_directory(name: str):
    copy_tree(TEMPLATE_DIRECTORY, name)


# 템플릿 파일로부터 추론기 파일을 작성
def build(
    template_file_name: str,
    output_file_path: str,
    variables: Dict,
):
    env = Environment(
```

```
        loader=FileSystemLoader("./", encoding="utf8"),
    )

    tmpl = env.get_template(
        os.path.join(
            TEMPLATE_FILES_DIRECTORY,
            template_file_name,
        ),
    )

    file = tmpl.render(**variables)

    with open(output_file_path, mode="w") as f:
        f.write(str(file))


@click.command(help="template pattern")
@click.option(
    "--name",
    type=str,
    required=True,
    help="name of project",
)
@click.option(
    "--variable_file",
    type=str,
    default="vars.yaml",
    required=True,
    help="path to variable file yaml",
)
@click.option(
    "--correspond_file_path",
    type=str,
    default="correspond_file_path.yaml",
    required=True,
    help="file defining corresponding file path",
)
def main(
```

```python
    name: str,
    variable_file: str,
    correspond_file_path: str,
):
    variables = load_variable(
        variable_file=variable_file,
    )
    correspond_file_paths = load_variable(
        variable_file=correspond_file_path,
    )
    formatted_correspond_file_paths = format_path(
        correspond_file_paths=correspond_file_paths,
        name=name,
    )
    os.makedirs(name, exist_ok=True)
    copy_directory(name=name)
    for k, v in formatted_correspond_file_paths.items():
        build(
            template_file_name=k,
            output_file_path=v,
            variables=variables,
        )


if __name__ == "__main__":
    main()
```

코드 4.30의 파이썬 코드를 실행하면 추론기의 양식을 생성할 수 있다. 실행 방법은 다음과 같다.

[커맨드]

```
$ python \
    -m builder \
    --name sample \
    --variable_file vars.yaml \
    --correspond_file_path correspond_file_path.yaml
```

여기서는 **sample**이라고 하는 디렉터리에 추론기의 양식을 작성하고 있다. **sample** 디렉터리의 내용은 다음과 같다.

[커맨드]

```
$ tree sample
sample
├── Dockerfile
├── __init__.py
├── docker-compose.yml
├── makefile
├── manifests
│   ├── deployment.yml
│   └── namespace.yml
├── models
├── requirements.txt
├── run.sh
└── src
    ├── __init__.py
    ├── app
    │   ├── __init__.py
    │   ├── app.py
    │   └── routers
    │       ├── __init__.py
    │       └── routers.py
    ├── configurations.py
    ├── constants.py
    ├── ml
    │   ├── __init__.py
    │   └── prediction.py
    └── utils
        ├── __init__.py
        ├── logging.conf
        └── profiler.py
```

이것으로 추론기의 원형이 완성되었다. 그러나 아직은 모델 파일이 포함되어 있지 않아 별도로 **sample/models/**라는 디렉터리에 배치되어야 한다. 또한 추론기의 요건에 부합하도록 일부 코드를 수정할 필요가 있을지도 모른다.

이처럼 추론 템플릿 패턴을 사용하면 효율적이면서 정형화된 추론기를 개발할 수 있다.

4.12.5. 이점

- 개발 효율을 향상시킬 수 있음.
- 동일한 운용 방침으로 관리가 가능함.
- 릴리스나 통합 테스트의 공통화가 가능함.

4.12.6. 검토사항

템플릿의 하위호환성과 업데이트의 방침을 미리 정해 둘 필요가 있다. 모든 템플릿에서 호환성을 유지하는 것은 불가능하므로 일정한 과거 버전까지(예를 들어 최신 두 개의 버전까지)를 지원한다는 방침을 정해두는 식이다. 가능한 한 넓은 범위를 지원하려고 하면 보안에 취약해지거나 버전마다 조건 분기 등으로 소프트웨어가 복잡해질 가능성이 있다. 효율적인 운용과 실수 방지를 위해 업데이트 방침을 정하고 준수하는 것이 좋다.

4.13 에지 AI 패턴

추론기의 실행 기반은 클라우드나 서버에 그치지 않는다. 스마트폰 앱이나 자동차에서 실시간으로 추론하는 경우, 인터넷을 통해 클라우드로 추론 요청을 보내면 지연이 발생한다. 스마트폰 단말 내부나 자동차 내부에서 추론하면 실시간성을 확보할 수 있다. 이러한 기술을 에지 AI(Edge AI)라고 한다.

4.13.1. 유스케이스

- 디바이스(스마트폰이나 가전기기, 자동차 등)에서 직접 추론하고 싶은 경우.
- 실시간으로 추론하고 싶은 경우.
- 보안 문제상 추론에 사용한 데이터를 서버 사이드로 송신하고 싶지 않은 경우.
- 디바이스의 컴퓨팅 리소스, 데이터, 전력량으로 전처리를 포함한 추론이 가능한 경우.

4.13.2. 해결하려는 과제

지금까지는 머신러닝 추론기를 서버 사이드(또는 클라우드 사이드)에 배포하는 것을 전제로 설명했다. 머신러닝은 GPU를 포함한 풍부한 컴퓨팅 리소스와 축적된 대량의 데이터를 바탕으로 개발되어 왔기 때문에 서버 친화적으로 발전해온 것은 자연스러운 일이다. 한편 스마트폰이나 Raspberry PI 등으로 대표되는 소형 컴퓨터(마이크로컴퓨터)가 발전함에 따라 디바이스 사이드의 컴퓨팅 자원도 증강, 범용화되고 디바이스에서 실시간 처리가 필요한 유스케이스가 늘고 있다. 인터랙티브한 스마트폰 앱이라면 지연시간을 최소화하고 사용자 경험을 훼손하지 않는 것이 중요한 요건이 된다. 자율주행이라면 시시각각 변하는 주변 상황을 최대한 빠른 속도로 추론해서 주행에 반영해야 한다. 또한 정보 보안의 중요성이 제기되고 있는 오늘날에는 PII(Personally Identifiable Information, 개인을 특정할 수 있는 정보)를 서버 사이드로 송신하지 않고, 디바이스 안에 가둔 채 추론함으로써 사용자의 정보를 보호하는 것도 중요한 요소다(그림 4.28).

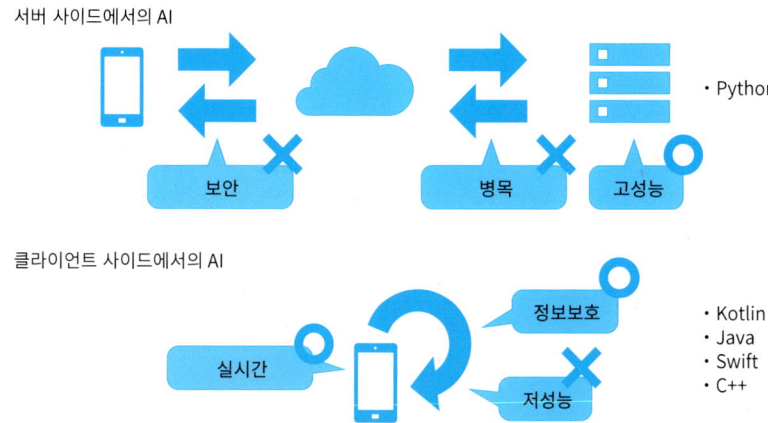

그림 4.28 서버 사이드 추론기와 클라이언트 사이드 추론기

기술적으로는 뉴럴 네트워크에 대한 연산(방대한 양의 텐서 연산)을 효율적으로 수행하기 위한 연구가 소프트웨어와 하드웨어의 측면에서 개발되고 있다.

예를 들어 연산량을 줄이기 위한 양자화(Quantization)에서는 부동소수점(Float) 연산을 정수(Integer)로 근사시켜 추론의 정확도는 유지하면서 연산 비용을 삭감하는 방법이 있다. 양자화로 인해 추론의 정확도는 다소 떨어지지만, 모델 사이즈의 축소와 메모리 사용량 및 연산량이 삭감되는 효과가 예상된다. 뉴럴 네트워크 모델로서는 디바이스 사이드에 특화된 MobileNet 모델의 개발이나 Neural architecture search(뉴럴 네트워크 아키텍처의 자동 탐색, AutoML)를 사용해 추론 정확도와 연산 비용을 최적화한 모델의 탐색이 연구되고 있다. 딥러닝 라이브러리에는 TensorFlow는 TensorFlow Lite[21]가, PyTorch는 PyTorch Mobile[22]이 있으며, 주로 스마트폰에서 딥러닝 모델의 추론을 실행하기 위한 모델 변환 기능을 제공하고 있다.

하드웨어 측면에서는 구글사의 에지 TPU[23] 등이 있으며 뉴럴 네트워크 추론에 특화된 칩셋이 제공된다. NVIDIA의 Jetson Nano[24] 역시 에지 사이드에서 뉴럴 네트워크 추론 자원을 제공하기 위한 시도로 볼 수 있다. 스마트폰 디바이스의 iOS에서는 CoreML[25], Android에서는

---

21 https://www.tensorflow.org/lite/guide?hl=ko
22 https://pytorch.org/mobile/home/
23 https://cloud.google.com/edge-tpu
24 https://www.nvidia.com/ko-kr/autonomous-machines/embedded-systems/jetson-nano-developer-kit/
25 https://developer.apple.com/machine-learning/

NNAPI[26]에 의해 뉴럴 네트워크의 연산을 텐서 연산 전용 칩셋으로 델리게이트하는 기능이 제공되고 있다(그림 4.29).

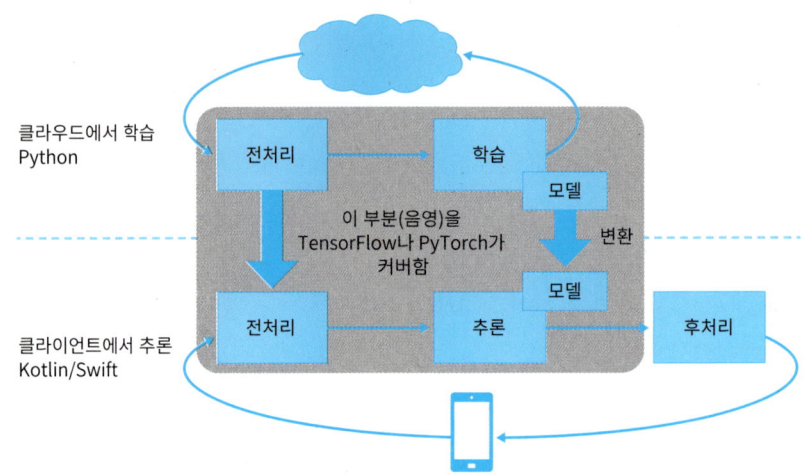

그림 4.29 학습과 에지 AI

소프트웨어와 하드웨어의 중간으로서 뉴럴 네트워크 모델을 컴파일하는 단계에서 특정 디바이스에 특화해 텐서 연산을 최적화하려는 시도도 있다. Apache TVM(URL https://tvm.apache.org/)에서는 각종 딥러닝 라이브러리(TensorFlow, Keras, PyTorch 등)로 학습한 모델을 각종 컴퓨팅 자원(Intel CPU, NVIDIA GPU, ARM, FPGA 등)을 타깃으로 빌드할 수 있다.

에지 AI는 비즈니스상의 요구와 기술적인 발전이 맞물려 개발이 진행 중인 영역이다. 이처럼 에지 AI의 실용화는 실시간 추론과 보안 대책의 실현을 가능케 한다.

4.13.3. 아키텍처

에지 AI 패턴에서는 추론기를 스마트폰이나 디바이스상에 구현해 에지 사이드에서 추론을 완료한다. 워크플로상 굳이 외부 서비스에 접속할 필요가 없는 한 디바이스에서 데이터가 나오는 경우는 없다. 에지 사이드에서의 추론은 데이터 전처리, 추론, 후처리를 포함해 모두 디바이스 내부에서 실행한다. Edge AI에서 해결해야 할 과제는 딥러닝에 필요한 연산을 모두 에지 사

26 https://developer.android.com/ndk/guides/neuralnetworks?hl=ko

이드에서 실행해야 한다는 점이다. 사용자가 디바이스를 사용하는 상태에서 추론을 실행하기 때문에 대기시간이 발생하는 처리는 최대한 회피해야 한다. 따라서 하드웨어, 컴파일, 소프트웨어 레벨에서 최적화를 실시해야 한다. 스마트폰에서 딥러닝 추론을 실행하는 라이브러리로 TensorFlow Lite와 PyTorch Mobile이 있으며, 두 라이브러리 모두 학습된 모델을 스마트폰 전용 모델로 변환해서 사용한다. 이때 입력 데이터의 전처리나 추론의 후처리는 각 디바이스에서 지원하는 프로그래밍 언어(Android라면 Java나 Kotlin, iOS라면 Swift)로 구현해야 한다.

한편 스마트폰 이외의 에지 추론은 해당 디바이스에 적합한 추론기를 별도로 구현해야 한다. Jetson Nano와 같은 NVIDIA GPU를 에지 추론에 사용할 때는 모델을 TensorRT라고 하는 방식으로 변환한다. Unity에서 에지 추론을 실행하는 게임을 개발하는 경우에는 ONNX로 변환한 모델을 Unity Barracuda(URL https://github.com/Unity-Technologies/barracuda-release)로 읽어 추론한다.

mediapipe

최적화를 마쳤다 하더라도 Edge AI를 구현하는 애플리케이션의 코드가 비효율적이면 전체적인 속도는 향상되지 않는다. 구글사에서는 스마트폰으로 데이터의 입력부터 전처리, 추론, 후처리까지를 일련의 연산으로 변환해주는 mediapipe(URL https://github.com/google/mediapipe)라는 라이브러리를 제공하고 있다. mediapipe에서는 End to End의 연산 처리를 스트림으로서 pbtxt 형식으로 정의하고, 입력부터 출력까지의 데이터 변환 처리를 DAG(유향비순회 그래프)로 정의한다. 정의된 pbtxt를 bazel에서 타깃 디바이스용으로 컴파일함으로써 워크플로를 망라한 계산 그래프를 생성할 수 있다.

4.13.4. 구현

에지 AI를 구현하는 방법은 디바이스에 따라 매우 다양하기 때문에 여기에서는 Android에서 TensorFlow Lite를 실행하는 샘플 프로그램을 소개한다.

샘플 프로그램은 스마트폰 카메라에 찍힌 피사체의 이미지를 분류하고 화면에 그 추론 결과를 표시한다. 화면 이미지는 그림 4.30과 같다.

그림 4.30 화면 이미지

전체 코드

- ml-system-in-actions/chapter4_serving_patterns/edge_ai_pattern/
  URL https://github.com/wikibook/mlsdp/tree/main/chapter4_serving_patterns/edge_ai_pattern

코드 4.31은 TensorFlow Lite에서 모델을 호출하고 Android 단말기 내에서 추론을 실행하는 코드다. Android에서는 TensorFlow Lite 모델을 `org.tensorflow.lite` 라이브러리로 호출할 수 있다.

코드 4.31 app/src/test/java/com/shibuiwilliam/tflitepytorch/ExampleUnitTest.kt 등의 파일

```
package com.shibuiwilliam.tflitepytorch

# 가독성을 위해 여러 파일로 나누어 작성된 코드를
# 하나의 파일로 정리하고, 불필요한 처리는 생략함

import android.graphics.Bitmap
import android.graphics.Matrix
import android.os.Bundle
import android.util.Log
import android.view.TextureView
import android.widget.TextView
```

```kotlin
import androidx.annotation.Nullable
import androidx.annotation.UiThread
import androidx.annotation.WorkerThread
import androidx.camera.core.ImageProxy
import org.tensorflow.lite.Interpreter
import org.tensorflow.lite.gpu.GpuDelegate
import org.tensorflow.lite.nnapi.NnApiDelegate
import org.tensorflow.lite.support.common.FileUtil
import org.tensorflow.lite.support.common.TensorOperator
import org.tensorflow.lite.support.common.TensorProcessor
import org.tensorflow.lite.support.common.ops.NormalizeOp
import org.tensorflow.lite.support.image.ImageProcessor
import org.tensorflow.lite.support.image.TensorImage
import org.tensorflow.lite.support.image.ops.ResizeOp
import org.tensorflow.lite.support.image.ops.ResizeOp.ResizeMethod
import org.tensorflow.lite.support.image.ops.ResizeWithCropOrPadOp
import org.tensorflow.lite.support.label.TensorLabel
import org.tensorflow.lite.support.tensorbuffer.TensorBuffer
import java.nio.MappedByteBuffer

class TFLiteActivity : AppCompatActivity() {
    /*모델 불러오기*/
    private fun initializeTFLite(device: String = "NNAPI", numThreads: Int = 4) {
        val delegate = when (device) {
            "NNAPI" -> NnApiDelegate()
            "GPU" -> GpuDelegate()
            "CPU" -> "" }
        if (delegate != "") tfliteOptions.addDelegate(delegate)

        tfliteOptions.setNumThreads(numThreads)
        tfliteModel = FileUtil.loadMappedFile(this, tflite_model_path)
        tfliteInterpreter = Interpreter(tfliteModel, tfliteOptions)
        inputImageBuffer = TensorImage →
(tfliteInterpreter.getInputTensor(0).dataType())
        outputProbabilityBuffer = TensorBuffer.createFixedSize(
            tfliteInterpreter.getOutputTensor(0).shape(),
            tfliteInterpreter.getInputTensor(0).dataType())
```

```kotlin
        probabilityProcessor = TensorProcessor
            .Builder()
            .add(NormalizeOp(0.0f, 1.0f))
            .build()
    }

    /*추론*/
    @WorkerThread
    override fun analyzeImage(image: ImageProxy, →
rotationDegrees: Int): Map<String, Float> {
        val bitmap = Utils.imageToBitmap(image)
        val cropSize = Math.min(bitmap.width, bitmap.height)
        inputImageBuffer.load(bitmap)
        val inputImage = ImageProcessor
            .Builder()
            .add(ResizeWithCropOrPadOp(cropSize, cropSize))
            .add(ResizeOp(224, 224, ResizeMethod.NEAREST_NEIGHBOR))
            .add(NormalizeOp(127.5f, 127.5f))
            .build()
            .process(inputImageBuffer)

        tfliteInterpreter.run(inputImage!!.buffer, →
outputProbabilityBuffer.buffer.rewind())
        val labeledProbability: Map<String, Float> = TensorLabel(
            labelsList, probabilityProcessor.process(outputProbabilityBuffer)
        ).mapWithFloatValue
        return labeledProbability
    }
}
```

analyzeImage 함수 중 카메라에서 취득한 Bitmap 이미지를 224×224로 리사이즈 및 표준화하고 **tfliteInterpreter**를 통해 추론하고 있다. 추론 결과는 확률값(Softmax)으로 얻어지기 때문에 라벨 목록에 매핑한 뒤 응답한다.

4.13.5. 이점

- 디바이스 내에서 추론이 가능해져 실시간에 가까운 속도로 추론 결과를 응답할 수 있음.
- 데이터를 외부로 노출시킬 필요가 없으므로 정보 보안과 관련된 위험을 경감할 수 있음.

4.13.6. 검토사항

ML옵스의 관점에서 본 에지 AI에는 다음과 같은 검토사항이 있다.

1. 모델의 갱신, 수정이 어려움.
2. 애플리케이션의 용량이 커짐.
3. 디바이스에 맞는 모델 개발 자체가 어려움.

1에서 모델의 갱신과 수정은 모델 파일을 디바이스로 배포하기 때문에 서비스 제공자가 다시 임의로 모델을 갱신하는 것이 곤란하다는 뜻이다. 모델을 배포하기 위해서는 기기가 네트워크에 접속되어 있어야 한다. 스마트폰용 에지 AI라면 모델 갱신을 위해 인터넷으로 모델을 다운로드하게 될 것이다. 그러나 마이크로컴퓨터 등 인터넷에 기본적으로 접속할 수 없는 디바이스라면 모델을 갱신하기 위해 디바이스를 물리적으로 회수해야 한다. 머신러닝 모델은 데이터의 축적 상태나 경향에 따라 좋기도 하고 나쁘기도 하기 때문에 시간이 지남에 따라 정기적으로 모델의 갱신이 필요하다. 따라서 모델을 적절한 시기에 갱신하지 못하면 예측 성능이 불확실한 모델로 애플리케이션을 실행하게 되므로 사용자 경험이 저하될 수 있다.

그렇다면 여러 종류의 추론 모델을 배포해 놓고, 상황에 따라 구분해서 사용하는 것이 나을 수도 있다고 생각할 수 있지만, 그 역시 완전한 해결책은 아니다. 추론 모델의 파일 사이즈는 수 MB~수십MB 이상이 될 수 있으며, 디바이스에 넣을 수 있는 파일 사이즈로는 큰 편이기 때문이다. 최신 스마트폰이라면 수십MB 정도의 파일은 큰 사이즈가 아닐 수도 있지만, 마이크로컴퓨터나 소규모 디바이스에서는 상황에 따라 수십MB의 용량도 줄이고 싶은 경우가 있을 것이다. 더욱이 앱을 실행하면 모델을 메모리상에 전개하기 때문에 모델 파일의 크기 이상으로 메모리 용량이 필요하다. 이런 모델이 여러 개 제공된다면 모델이나 데이터가 메모리에 올라가지 못하는 Out-of-Memory(메모리 부족) 에러를 일으키게 된다. 가능하다면 굳이 필요하지 않은 모델은 빼고, 필요에 따라 다운로드할 수 있도록 구성하는 것이 좋다. 단, 인터넷에 접속하지 못해 다운로드가 불가능한 경우에는 앞서 설명했듯이 디바이스를 직접 회수해야 한다.

디바이스에 부합하는 모델을 개발하는 것도 에지 AI의 과제 중 하나다. 스마트폰 단말기에 내장되어 있는 CPU와 GPU 칩셋은 다르다. 모든 단말기에 최적화된 모델을 개발하는 것은 기본적으로 어렵다. 지구상에서 사용되는 모든 단말기를 준비하고 속도 검증을 실시할 수 있다면 좋겠지만, 비용 대비 효과 면에서 유력한 몇 가지 단말기만 검증하면 충분하다. 아이폰은 단말기 가짓수가 많지 않아, 최신 기종 몇 가지만 고려하면 지구상에서 사용되는 단말기 대부분에 충분히 대응할 수 있다. 그러나 안드로이드는 최신 단말기만 해도 수십 종이 있으므로 최신 기종에 대응하는 것만으로도 많은 비용이 소요된다. 유력한 단말기나 칩셋으로 타깃을 좁히거나 범용적인 모델(MobileNet 등)을 활용해야 한다.

지금까지 추론기를 실행하고 클라이언트로 머신러닝 추론을 통한 서비스를 제공하는 방법에 대해 알아보았다. 다양한 아키텍처를 소개했는데, 비즈니스의 워크플로나 알고리즘마다 유용한 아키텍처는 바뀌기 마련이다. 해결하려는 과제 자체가 상황과 맞지 않거나 아키텍처와 어울리지 않아 사용하기 곤란할 때도 있을 것이다. 추론 시스템 패턴은 비즈니스 가치에 직결되는 추론을 제공하기 때문에 적용하려는 아키텍처가 어떤 상황에서 적절한지 이해하고 도입하는 것이 바람직하다.

반면, 어떤 상황에서라도 채택해서는 안 되는 배드 프랙티스(Bad practice)도 있다. 추론기의 두 가지 안티 패턴을 알아보자.

안티 패턴 (온라인 빅사이즈 패턴)

머신러닝에서는 복잡하고 파라미터 수가 많은 알고리즘을 사용하여 높은 정확도의 모델을 얻을 수 있다. 그러나 그러한 모델이 반드시 실용적이라는 보장은 없다. 연산량이 많은 만큼 느리고, 웹 시스템에서는 사용자가 장시간 기다리게 되어 비즈니스 가치를 창출하지 못하는 결과를 초래할 수 있다.

4.14.1. 상황

- 온라인 웹 서비스나 실시간 처리가 필요한 시스템에서 지연이 큰 추론 모델을 이용하고 있는 경우.
- 서비스가 요구하는 지연과 머신러닝 모델이 실현 가능한 추론의 지연이 일치하지 않는 경우.
- 완료시간이 정해져 있는 배치 처리에서 '추론 횟수×회당 추론 시간'이 완료시간을 초과하는 경우.

4.14.2. 구체적인 문제

웹 서비스나 배치 처리에서 한 번의 처리에 요구되는 허용 가능한 최대 추론 소요 시간이 있다. 예를 들어 웹 서비스라면 한 번의 요청에 대해 2초 이내에 응답해야 한다거나, 배치 처리라면 정해진 야간 6시간 동안 총 1억 건의 레코드를 완료해야 하는 등의 요건이 있다. 어떠한 비즈니스나 시스템에서도 시간은 유한하며 대체 불가능한 자원이기 때문에 한 번의 처리에 소요되는 시간을 불필요하게 낭비할 수는 없다.

머신러닝 추론기를 시스템에 포함해서 가동시킬 때는 한 번의 추론에 소요되는 시간이 시스템 요건을 충족할 수 있게 해야 한다. 특히 딥러닝처럼 복잡하고 연산량이 방대한 모델을 웹 서비스나 실시간 처리로 사용하기에는 어려울 수 있다. 스케일 아웃이나 스케일 업으로 부하 분산과 고속화를 도모할 수는 있지만, 어쨌든 추론 시간이 요건을 충족하고 비용 대비 효과를 전망할 수 있어야 하는 것이 우선이다. 추론을 고속화하기 위해 추론용 GPU를 사용할 수도 있지만, CPU보다 상대적으로 비싸다. 가벼우면서 빠른 모델(MobileNet 등)로 추론속도를 향상시킬 수도 있으나, Accuracy(정답율) 등의 평가치는 복잡한 모델(NASNet 등)보다 낮아질 것이다.

복잡한 모델일수록 모델의 용량은 커지기 마련이다. 모델의 사이즈가 커진다는 것은 모델을 가동시키는 가상 머신 이미지와 컨테이너 이미지가 커진다는 뜻으로도 볼 수 있다. 게다가 모델을 메모리에 로딩하는 시간이나 메모리의 사용량도 늘어나기 때문에 자원 사용의 측면에서도 비효율적이고 운용도 어려워질 것이다.

예를 들어 Accuracy 99.999%로 추론이 가능하고, CPU상에서 1회 추론당 평균 소요 시간이 10초, 사이즈는 100MB가 넘는 추론 모델이 있다고 하자(그림 4.31, 상단). 평가치는 비즈니스 요건을 충족하지만, 추론 소요 시간과 모델 사이즈를 단점으로 볼 수 있다. 추론용 GPU를 사용해 추론시간을 단축하는 것이 하나의 대책일 것이다.

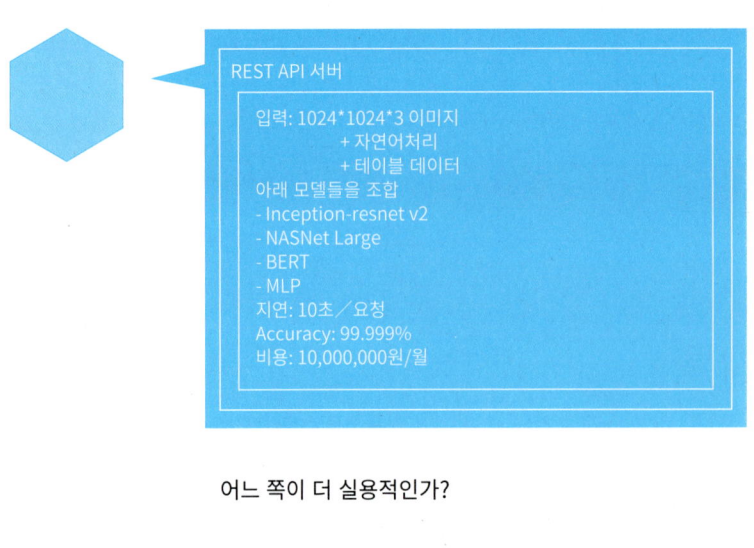

그림 4.31 안티 패턴(온라인 빅사이즈 패턴)

다른 한편으로 Accuracy는 99.5%이지만, 1회 추론당 평균 소요 시간이 0.01초이고 모델 사이즈는 10MB인 추론 모델이 있다고 한다(그림 4.31 하단). 이 경우의 평가치는 앞의 모델에 비하면 떨어지지만, 합리적인 비용으로 서비스를 제공한다는 점에서는 충분히 채택 가능한 모델이 될 것이다.

모델의 평가 vs. 속도의 균형에 정해진 기준은 없지만, 어느 정도의 추론과 속도에서 비즈니스 및 시스템 요건을 충족할 수 있을 것인지 프로덕트 매니저나 소프트웨어 엔지니어는 머신러닝 엔지니어와 협력하여 서비스의 레벨을 정하는 것이 중요하다.

4.14.3. 이점

- 연산량이 많고 복잡한 모델일수록 머신러닝의 평가치가 개선되는 경향이 있음.
- 일반적으로 복잡한 모델을 만드는 것이 즐거움.

4.14.4. 과제

- 속도와 비용의 희생을 최소화해야 함.
- 간단하고 합리적인 모델을 만드는 것도 흥미로워해야 함.

4.14.5. 회피 방법

- 추론기의 평가치와 동시에 비즈니스적 또는 시스템적으로 요구되는 처리 시간이나 스피드를 정의하고 이 요건들을 충족하는 모델을 개발함.
- 비용에 여유가 있다면 스케일 아웃이나 스케일 업, 추론용 GPU 사용을 검토함.
- 시간차 추론 패턴으로 경량화된 추론기와 무거운 추론기의 균형을 맞춤.
- 추론 캐시 패턴이나 데이터 캐시 패턴으로 고속화를 도모함.

4.15 안티 패턴 (올-인-원 패턴)

비즈니스 과제를 하나의 머신러닝 모델만으로 해결할 수 있는 경우는 사실 드물다. 대다수의 상황에서 여러 시스템이나 머신러닝 모델을 조합한 문제해결을 목표로 삼고 있다. 여러 모델을 사용한 추론기로서 마이크로서비스 패턴이나 시간차 추론 패턴을 앞서 살펴보았는데, 올-인-원 패턴에서는 모든 모델이 서버로 집약된다.

4.15.1. 상황

- 여러 개의 추론 모델을 가동시키는 시스템에서 모든 모델이 동일한 서버에서 가동 중인 경우.

4.15.2. 구체적인 문제

한 가지 목적을 위해 여러 개의 추론 모델을 가동시키고 싶은 활용 사례는 분명 존재한다. 하지만 모든 추론 모델을 동일한 서버에서 가동시키는 것은 피하는 편이 좋다. 모든 추론 모델을 동일 환경에서 모놀리식(Monolithic)하게 가동시키는 경우, 서버 비용은 다소 저렴할 수 있으나 모델의 개발이나 장애 분리, 갱신이 어려워 운영 비용은 늘어나게 된다.

올-인-원 패턴을 채택한 경우 모델 개발의 단점으로는 환경 선택의 자유도가 제한된다는 점이 있다. 머신러닝의 라이브러리나 알고리즘은 하루가 다르게 변화하며 개발되고 있다. 모놀리식 아키텍처로 다른 모델과 보조를 맞춰 환경을 구축하면 사용할 수 있는 로직이 제한되어 최적의 선택을 할 수 없게 될 가능성이 있다.

모놀리식 환경에서 장애가 발생하면 장애가 발생한 부분을 모든 로그로부터 검색해서 특정해야 한다. 하나의 장애가 다른 컴포넌트에 파급되어 시스템적으로 분리가 어려울 수 있다. 마찬가지로 머신러닝 모델로서의 장애(정상적인 추론이 이루어지지 않은 상황)도 단일 환경에서 모든 로직을 추적해야 하므로 복잡성이 커지고 장애 대응이 늦어진다.

시스템이나 모델의 수립 역시 마찬가지로 복잡하고 충분한 시간을 요한다. 모델의 전개 방법(모델-인-이미지 패턴인지 또는 모델 로드 패턴인지)에 따라서도 달라지지만, 시스템 갱신과 동시에 모델 갱신이 발생하기 때문에 정합성을 검증할 필요가 있다. 시스템의 갱신 빈도와 모델의 갱신 빈도는 일치하지 않는 일이 많은데, 모놀리식 구성이면 시스템과 모델 양측을 동시에 갱신하게 되므로 작업의 비용이 늘어난다.

예를 들어 운용이 어려운 모놀리식 머신러닝 시스템의 예를 생각해보자. 10개의 모델이 동일한 컨테이너 이미지에 포함되어 있다고 한다(모델-인-이미지 패턴). 모델에는 이미지용 딥러닝, 자연어처리의 딥러닝, 자연어처리를 위한 형태소 분석과 사전, 머신러닝을 통한 이진 분류, 다중클래스 분류, 그리고 룰 기반 분류기가 혼재되어 있는 상태다. 모델-인-이미지 패턴이기 때문에 한 모델의 갱신에는 모든 모델의 재학습이 필요하므로 한 모델의 학습이 실패하면 모든 모델을 다시 학습해야 한다. 가장 작은 이진 분류 모델을 갱신하기 위해서 딥러닝을 재학습해야 하고, 이를 위해서는 GPU 서버를 가동해야 하며, 최악의 경우에는 심지어 모든 모델의 정확도가 요건을 충족시킬 때까지 다시 학습을 시작하게 된다. 이처럼 매우 운용하기 어려운 상황을 타파하기 위해서는 재설계와 수정이 필요하다. 아마도 몇 주에서 몇 달에 걸쳐 추론기를 다시 만들어야 할지도 모른다. 물론, 재설계와 수정이 완료되면 성취감을 얻을 수도 있을 것이다. 하지만 처음부터 고생하지 않도록 여러 모델을 가동시킬 경우에는 모델과 추론기가 1대1로 대응하는 마이크로서비스로 운용하는 것을 권장한다(그림 4.32).

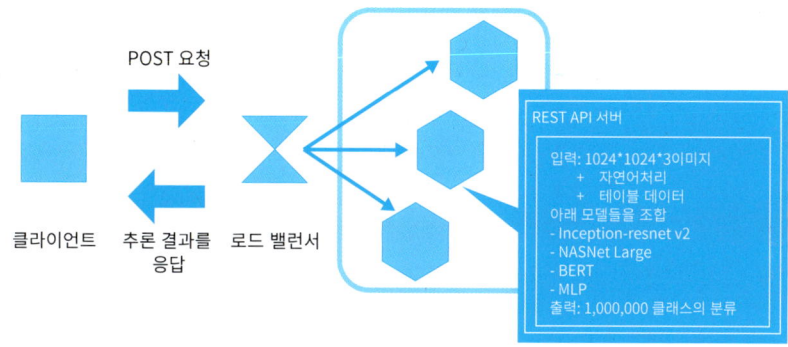

그림 4.32 안티 패턴(올-인-원 패턴)

4.15.3. 이점

- 추론기의 서버 비용을 아낄 수 있음.

4.15.4. 과제

- 개발과 운용 비용이 증가함.

4.15.5. 회피 방법

- 각 추론 모델을 마이크로서비스로 구현하고 낮은 결합도로 운용함.
- 병렬 마이크로서비스 패턴을 활용함.

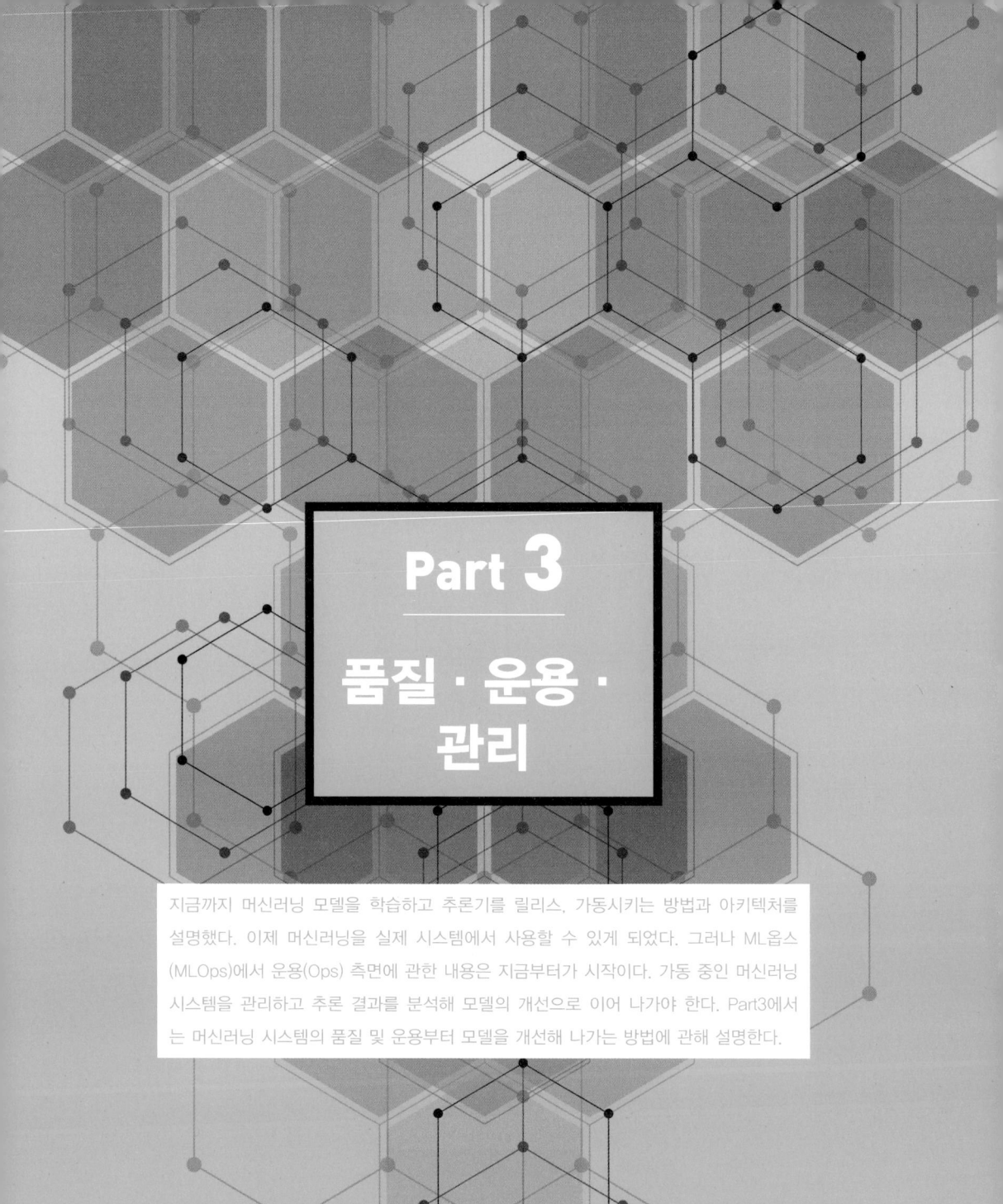

Part 3
품질·운용·관리

지금까지 머신러닝 모델을 학습하고 추론기를 릴리스, 가동시키는 방법과 아키텍처를 설명했다. 이제 머신러닝을 실제 시스템에서 사용할 수 있게 되었다. 그러나 ML옵스(MLOps)에서 운용(Ops) 측면에 관한 내용은 지금부터가 시작이다. 가동 중인 머신러닝 시스템을 관리하고 추론 결과를 분석해 모델의 개선으로 이어 나가야 한다. Part3에서는 머신러닝 시스템의 품질 및 운용부터 모델을 개선해 나가는 방법에 관해 설명한다.

CHAPTER 5
머신러닝 시스템의 운용

모든 소프트웨어에서 운용은 필수다. 시스템의 완성은 끝이 아니라, 지속적으로 가치를 창출해 나가야 하는 페이즈의 시작에 불과하다. 머신러닝에서도 마찬가지로 모델을 학습하고 완성하는 것이 끝이 아니라, 추론기로 릴리스한 다음에야 비로소 사용자가 이용할 수 있게 된다. 5장과 6장에서는 사용자의 사용 현황과 반응을 통해 머신러닝 모델을 개선하는 방법을 설명한다.

 ## 5.1 머신러닝의 운용

ML옵스(MLOps)가 'ML(머신러닝)'과 'Ops(운용)'라는 단어로 이뤄져있는 것처럼, 머신러닝 시스템을 운용하고 유지하는 것은 머신러닝을 효과적으로 활용함에 있어 중요한 작업이다.

시스템은 만들어진 후에 실제로 사용되어야 그 가치를 발휘한다. 사용되지 않는 시스템은 무용지물이며, 처음에는 사용되고 있었다 할지라도 시간이 지남에 따라 점차 사용되지 않는 시스템이라면 중지를 검토하는 편이 좋다. 사용자로부터 외면받는 시스템에는 여러 가지 원인이 있겠지만, 특히 머신러닝 시스템은 추론 결과가 실용상 그 유효성을 발휘하지 못하면 사용자로부터 점차 잊혀지기 마련이다.

머신러닝이 비즈니스에 좋은 영향을 주는 경우는 추론의 속도나 양, 정확도의 측면에서 사람의 예측보다 월등한 성능을 내는 경우에 한한다. 머신러닝 모델이 처음부터 낮은 성능, 다시 말해 사람의 예측보다 느리고, 적은 양의 추론밖에 소화하지 못하며, 낮은 정확도를 보인다면 머신러닝을 실제 시스템에 도입할 이유는 없다. 따라서 이미 모델이 추론기로 가동되고 있었다면 해당 모델은 릴리스 시점에서 분명 어떤 비즈니스적인 가치(또는 유효성 검증 목적)가 있었기 때문일 것이다.

사람의 예측이 머신러닝의 추론을 능가하는 경우는 추론 대상의 데이터가 달라져 학습에 사용했던 데이터셋과 괴리가 발생해 모델이 더 이상 유효한 추론을 출력할 수 없게 되었을 때다. 스케일이 큰 규모의 변화가 빈번한 현대사회에서는 수집되는 데이터의 경향도 밤낮으로 변화하기 마련이다. 데이터가 바뀌는 타이밍이나 주기는 데이터를 실제로 발생시키는 현실세계가 좌우한다. 예를 들어 2019년 이전, '코로나'라는 단어는 주로 '코로나 맥주'나 '태양을 둘러싼 코로나'라는 의미로 사용되었지만, 2020년에는 '코로나 바이러스'의 의미로 사용하는 경우가 대부분이 되었다. 결과적으로, 자연어처리 분야에서 이미 '코로나'라는 단어를 사용하고 있었다면 이제는 '코로나 바이러스'의 의미를 포함하도록 데이터를 검토해야 하고, 이전에 학습한 모델에서는 이와 같은 이유로 결함이 발생할 가능성이 있다.

사람은 뉴스나 각종 커뮤니케이션을 통해 정보를 얻어내고 말의 의미나 맥락, 디지털화되지 않은 정보의 변화를 쫓을 수 있다. 하지만 머신러닝 모델은 한 번 학습을 거치고 나면 학습에 사용했던 데이터로 모델의 가중치가 고정되기 때문에 최신 데이터의 경향을 반영하기 위해서는 모델을 재학습하는 방법이 유일하다. 그렇다면 모델을 재학습하는 타이밍은 어떻게 판단하면 좋을까?

지금까지 설명한 바와 같이, 머신러닝 시스템은 크게 학습 파이프라인, 추론기의 릴리스, 추론 시스템으로 구성된다. 각 기반을 구성하는 컴포넌트는 다양하지만, 모두 시스템의 가동상황을 고려하여 이상 발생 여부를 감시하고 통보할 필요가 있다.

먼저, 학습 파이프라인에서는 데이터 수집, 전처리, 학습, 빌드, 평가 등의 작업이 문제없이 실행되어야 함은 물론이고, 학습한 모델이 목표하는 성능을 내는 것까지 포함해서 정상여부를 평가해야 한다.

추론기의 릴리스에서는 머신러닝 모델을 다른 소프트웨어와 통합해 소프트웨어 또는 머신러닝으로서 정상 가동되는지 검증해야 한다. 검증에 통과하면 릴리스하고 실제 시스템으로 가동한다. 그리고 릴리스하는 기능에도 품질 보증이 필요하다.

추론 시스템은 온라인이든 배치 시스템이든 추론 요청에 대한 결과와 속도, 가용성에 있어 정상적으로 응답할 수 있어야 한다.

어느 기반에서든지 시스템이 정상적으로 가동되고 있음을 증명하고 평가하는 것이 중요하다. 시스템의 정상 여부를 평가하기 위해서는 우선 로그를 수집하고, 이를 통해 비정상적인 경향이나 오류를 감지하며 수정하는 운용이 필요하다. 이번 장에서는 머신러닝 시스템을 정상적으로 운용하기 위한 로그 수집 패턴 및 감시 통보 패턴에 대해 알아보기로 한다.

추론 로그 패턴

로그를 출력하지 않으면 시스템의 가동 상황을 파악하기 힘들다. 컴퓨터 내부에서 이뤄지는 연산이 자동으로 기록되는 경우는 없기 때문이다. 연산의 경과나 에러를 로그 형태로 출력해 두지 않으면 연산 결과는 사라진다. 머신러닝에서도 마찬가지로 추론하기 위해 입력한 데이터나 추론 결과를 로그 형태로 출력하지 않는 한, 무엇을 추론해서 어떤 결과를 얻었는지 알 수 없게 된다.

5.2.1. 유스케이스

- 추론 결과나 소요 시간, 로그를 토대로 서비스를 개선하고 싶은 경우.
- 로그를 사용해 경보를 보내고 싶은 경우.

5.2.2. 해결하려는 과제

머신러닝 시스템을 운용하고 개선하기 위해서는 추론 결과나 추론 속도, 클라이언트에 대한 영향, 기타 이벤트 및 메트릭(CPU 사용률이나 통신 지연 등)을 수집하고 분석할 필요가 있다.

머신러닝의 추론 모델은 데이터의 경향이 변화함에 따라 그 품질이나 유용성이 달라진다. 범용성이 그리 높지 않은 모델이거나 학습할 때 존재하지 않던 범주형 데이터 등이 추론에서 입력되면 예상하지 못했던 결과가 출력될 수 있다. 데이터가 계속 변화하는 이상 이러한 사태는 피할 수 없다. 데이터의 경향이 변하거나 추론의 품질이 나빠지면 최신 데이터로 모델을 개선(재학습)하는 것이 바람직한 선택이다.

시스템으로서의 응답 성능이나 가용성도 갱신이 필요한 경우가 있다. 외부 시스템의 구성은 서서히 변화할 것이고, 사용하고 있는 OS나 라이브러리의 지원이 끊기는 등 기존 상태로는 더 이상 운용하기 어려워지는 경우도 적지 않다. 이와 같은 변화로 인해 머신러닝 시스템에서는 문제가 발생할 위험이 있다. 게다가 특정 이벤트나 장애로 머신러닝 시스템에 대한 부하가 급격하게 요동치기도 한다.

이와 같은 상황을 감지하고 시스템이 처한 상황을 정확하게 파악하기 위해서라도 로그는 반드시 수집해야 한다.

5.2.3. 아키텍처

로그는 머신러닝 시스템의 각 컴포넌트에서 출력되지만, 분석을 위해서는 DWH나 로그 수집 기반으로 모으는 것이 좋다. 로그 수집 기반으로는 큐나 Fluentd(URL https://www.fluentd.org/)와 같은 수집 도구를 채택하고, 이를 통해 로그를 수집한다(그림 5.1).

로그는 분석 이외의 경우에서도 유용하다. 예를 들어 클라이언트 로그나 추론 로그의 결과가 예상과 다르다면(또는 기존과 비교해 크게 달라짐) 워크플로에 이상이 생겼을 가능성이 크다. 이와 같은 경우는 로그에서 정보를 받아 이상 여부를 분석, 해결해야 한다. 또는 클라이언트의 사양 변경에 따라 갑자기 입력 데이터가 바뀌는 경우도 존재한다. 이때는 추론이 실패해서 시스템에 장애가 생겼을 때 알아채는 것이 가장 발생하기 쉽겠지만, 추론은 무사히 통과한 채 결괏값이 불량인 상황도 일어날 수 있다. 이와 같은 케이스를 대비하여 추론 로그나 클라이언트 로그의 이상 상태를 미리 정의하고, 경보 대상으로 두는 것이 좋다.

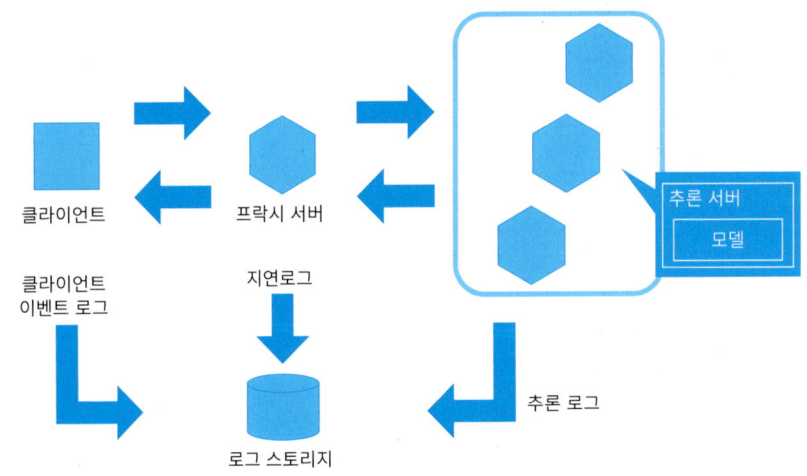

그림 5.1 추론 로그 패턴

5.2.4. 구현

추론 로그 패턴에서는 추론기의 로그를 출력하고 감시 가능한 상태를 유지한다. 추론기의 상태를 검지하기 위해서는 인프라로서의 추론기와, 머신러닝 모델로 추론을 수행하는 추론기 애플리케이션, 그리고 머신러닝의 추론 그 자체로서의 추론기까지, 총 세 가지를 감시할 수 있어야 한다.

먼저, 인프라로서의 추론기 로그는 추론기를 가동시키고 있는 인프라에 따라 결정된다. AWS 라면 CloudWatch[1]의 메트릭으로 감시할 수 있고, GCP에서는 Cloud Logging[2]을 사용한다. 쿠버네티스 클러스터[3]라면 노드와 컨테이너를 감시하게 된다. 사실 인프라 감시에 관한 주제는 기술적으로 매우 중요하지만, 설명하자면 머신러닝 시스템의 범위를 벗어나기 때문에 이 책에서는 깊게 다루지 않겠다.

추론기 애플리케이션의 감시는 추론기를 웹 API로 가동시킨다면 웹의 외형감시와 내부감시가 있고, 배치 시스템이라면 각 작업의 가동 여부 감시가 해당된다.

머신러닝의 추론 자체는 입력 데이터와 추론 결과 로그가 그 감시 대상이다. 추론 결과가 학습할 때와 동일하게 분포한다면 상관없겠지만, 특정 라벨이나 수치에 편중되어 있다면 원인으로는 다음과 같은 것들을 생각할 수 있다.

1. 추론 코드가 잘못되었음: 앱의 내부 및 모델에서 요청을 받고 추론하기까지의 입력 데이터의 변화를 로그로 출력해 볼 필요가 있다.
2. 추론 모델이 실제 데이터를 반영하지 못함: 학습에 사용한 데이터와 추론에 사용한 데이터 사이에 괴리가 있다. 추론 데이터를 일정기간 수집한 후에 분포나 경향의 차이를 확인해야 한다.
3. 입력 데이터의 이상: 예상하지 못한 데이터가 입력된 경우다. 이것은 위의 2번과 별개로 생각하기 어려울 수 있으나, 추론 데이터 수집 후에 장기적인 경향의 변화가 보이지 않는다면 입력 데이터가 정상이 아닌 것으로 예상할 수 있다.

이번에는 웹 API로 추론기를 가동시켜 입력 데이터, 추론 결과, 추론속도를 로그로 출력한다. 시스템의 구성은 4장에서 설명한 웹 싱글 패턴과 동일하나, 실전에 가까운 가동 상태로 만들기

---

[1] https://aws.amazon.com/ko/cloudwatch/
[2] https://cloud.google.com/logging?hl=ko
[3] https://kubernetes.io/ko/docs/tutorials/kubernetes-basics/create-cluster/cluster-intro/

위해 시스템은 쿠버네티스 클러스터에 구축한다. 또한, 입력 데이터의 이상 여부를 검지하기 위해 One-class SVM(URL https://scikit-learn.org/stable/modules/outlier_detection.html)을 활용한 이상치(outlier) 검지를 추론기에 추가한다.

전체 코드

- ml-system-in-actions/chapter5_operations/prediction_log_pattern/
    URL https://github.com/wikibook/mlsdp/tree/main/chapter5_operations/prediction_log_pattern

웹 API는 FastAPI로 구축하고, 엔드포인트는 코드 5.1과 같이 정의한다.

코드 5.1 src/app/routers/routers.py

```python
import uuid
from logging import getLogger
from typing import Any, Dict

from fastapi import APIRouter, HTTPException
from src.ml.data import Data
from src.ml.outlier_detection import outlier_detector
from src.ml.prediction import classifier
from src.utils.profiler import log_decorator

# 불필요한 처리는 생략함

logger = getLogger(__name__)
router = APIRouter()


# 추론 결과 취득
@log_decorator(
    endpoint="/predict",
    logger=logger,
)
def _predict(data: Data, job_id: str) -> Dict[str, Any]:
    logger.info(f"execute: [{job_id}]")
    if len(data.data) != 1 or len(data.data[0]) != 4:
        raise HTTPException(
```

```python
            status_code=404,
            detail="Invalid input data",
        )
    prediction = classifier.predict(data.data)
    is_outlier, outlier_score = outlier_detector.predict(
        data=data.data,
    )
    prediction_list = list(prediction)
    return {
        "job_id": job_id,
        "prediction": prediction_list,
        "is_outlier": is_outlier,
        "outlier_score": outlier_score,
    }


# 추론 요청 엔드포인트
@router.post("/predict")
def predict(data: Data) -> Dict[str, Any]:
    job_id = str(uuid.uuid4())[:6]
    return _predict(data=data, job_id=job_id)


# 추론 결과를 라벨로 취득
@log_decorator(
    endpoint="/predict/label",
    logger=logger,
)
def _predict_label(
    data: Data,
    job_id: str,
) -> Dict[str, str]:
    logger.info(f"execute: [{job_id}]")
    if len(data.data) != 1 or len(data.data[0]) != 4:
        raise HTTPException(
            status_code=404,
            detail="Invalid input data",
        )
```

```
    prediction = classifier.predict_label(data.data)
    is_outlier, outlier_score = outlier_detector.predict(
        data=data.data,
    )
    return {
        "job_id": job_id,
        "prediction": prediction,
        "is_outlier": is_outlier,
        "outlier_score": outlier_score,
    }


# 라벨에서의 추론 요청 엔드포인트
@router.post("/predict/label")
def predict_label(data: Data) -> Dict[str, Any]:
    job_id = str(uuid.uuid4())[:6]
    return _predict_label(data=data, job_id=job_id)
```

로그 수집이나 이상치 검지를 위해 다음과 같은 조치를 취하고 있다.

- **_predict**와 **_predict_label** 함수에서 입력 데이터의 배열 사이즈가 4인 것을 필터링하고 4 이외에는 상태 코드 404로 응답.
- **outlier_detector**로 입력 데이터의 이상 여부를 검지.
- 추론 후의 응답에 작업 ID와 이상치 판정을 추가.
- **@log_decorator** 데코레이터로 작업 ID, 입력 데이터, 추론 결과, 이상치 검지 결과를 출력.

입력 데이터의 사이즈 필터링을 추가해서 추론에 사용할 수 없는 형식의 데이터가 입력된 경우에는 추론을 수행하기 전에 에러를 응답한다. 여기에 이상치 검지를 통해 정상적인 형식의 데이터라도 이상치가 입력되지 않게 한다.

이상치 검지의 구현은 코드 5.2와 같다.

코드 5.2 src/ml/outlier_detection.py

```python
from logging import getLogger
from typing import List, Tuple

import numpy as np
import onnxruntime as rt

# 불필요한 처리는 생략함

logger = getLogger(__name__)


class OutlierDetector(object):
    def __init__(
        self,
        outlier_model_filepath: str,
        outlier_lower_threshold: float,
    ):
        self.outlier_model_filepath = outlier_model_filepath
        self.outlier_detector = None
        self.outlier_input_name = ""
        self.outlier_output_name = ""
        self.outlier_lower_threshold = outlier_lower_threshold
        self.load_outlier_model()

    def load_outlier_model(self):
        logger.info(
            f"load outlier model in {self.outlier_model_filepath}",
        )
        self.outlier_detector = rt.InferenceSession(
            self.outlier_model_filepath,
        )
        self.outlier_input_name = (
            self.outlier_detector
            .get_inputs()[0]
            .name
        )
        self.outlier_output_name = (
```

```python
            self.outlier_detector
            .get_outputs()[0]
            .name
        )
        logger.info(f"initialized outlier model")

    def predict(
        self,
        data: List[List[int]],
    ) -> Tuple[bool, float]:
        np_data = np.array(data).astype(np.float32)
        prediction = self.outlier_detector.run(
            None,
            {self.outlier_input_name: np_data},
        )
        output = float(prediction[1][0][0])
        is_outlier = output < self.outlier_lower_threshold
        logger.info(f"outlier score {output}")
        return is_outlier, output
```

모델은 One-class SVM으로 학습하고, ONNX 형식으로 출력한 것을 사용한다. 이때, 검지 스코어가 0.0 이하일 경우를 이상치로 정의한다.

@log_decorator 데코레이터는 코드 5.3과 같이 구현한다. 함수의 실행 전후의 `time.time()` 값을 받아 그 차이를 처리에 소요되는 시간으로 계산하고 있음을 알 수 있다.

코드 5.3 src/utils/profiler.py

```python
import time
from logging import getLogger

# 불필요한 처리는 생략함

logger = getLogger(__name__)

def log_decorator(
    endpoint: str = "/",
```

```python
        logger=logger,
):
    def _log_decorator(func):
        def wrapper(*args, **kwargs):
            start = time.time()
            res = func(*args, **kwargs)
            elapsed = 1000 * (time.time() - start)
            job_id = kwargs.get("job_id")
            data = kwargs.get("data")
            prediction = res.get("prediction")
            is_outlier = res.get("is_outlier")
            outlier_score = res.get("outlier_score")
            logger.info(
                f"[{endpoint}] [{job_id}] →
 [{elapsed} ms] [{data}] [{prediction}] [{is_outlier}] [{outlier_score}]"
            )
            return res
        return wrapper
    return _log_decorator
```

로그는 `/var/log/gunicorn_error.log`와 `/var/log/gunicorn_access.log`로 출력된다.

추론 모델 및 이상치 검지 모델은 도커 이미지에 포함시켜 빌드한다. 쿠버네티스 클러스터에 배포하기 위한 추론기의 매니페스트를 정의한다.

코드 5.4에서는 출력된 로그를 로그 수집 기반으로 송신하기 위해 쿠버네티스의 디플로이먼트에 Fluentd 사이드카(쿠버네티스의 Pods에 보조적으로 부여하는 컨테이너)를 추가했다. 로그의 송신은 GCP로 되어 있는데, Fluentd 설정을 실제 시스템에 맞춰 추론기의 로그를 로그 수집 기반으로 집약시킬 수 있다.

코드 5.4 manifests/api.yml

```yaml
# 추론기 배포
apiVersion: apps/v1
kind: Deployment
metadata:
  name: api # 추론기의 명칭
```

```yaml
  namespace: prediction-log
  labels:
    app: api
spec:
  replicas: 1
  selector:
    matchLabels:
      app: api
  template:
    metadata:
      labels:
        app: api
    spec:
      containers:
        - name: api
          image: shibui/ml-system-in-actions:prediction_log_pattern_api_0.0.1
          imagePullPolicy: Always
          env:
            - name: PORT
              value: "8000"
          ports:
            - containerPort: 8000 # 포트 8000 공개
          resources:
            limits:
              cpu: 500m
              memory: "300Mi"
            requests:
              cpu: 500m
              memory: "300Mi"
          volumeMounts: # 로그 출력처
            - name: varlog
              mountPath: /var/log
        - name: count-agent # Fluentd의 사이드카
          image: k8s.gcr.io/fluentd-gcp:1.30
          env:
            - name: FLUENTD_ARGS
              value: -c /etc/fluentd-config/fluentd.conf
          resources:
```

```yaml
          limits:
            cpu: 128m
            memory: "300Mi"
          requests:
            cpu: 128m
            memory: "300Mi"
        volumeMounts: # 로그 수집
          - name: varlog
            mountPath: /var/log
          - name: config-volume
            mountPath: /etc/fluentd-config
      volumes:
        - name: varlog
          emptyDir: {}
        - name: config-volume
          configMap:
            name: fluentd-config

---
# 추론기 엔드포인트
apiVersion: v1
kind: Service
metadata:
  name: api
  namespace: prediction-log
  labels:
    app: api
spec:
  ports:
    - name: rest
      port: 8000 # 포트번호 8000 공개
      protocol: TCP
  selector:
    app: api

---
# Fluentd 설정값
apiVersion: v1
```

```
kind: ConfigMap
metadata:
  name: fluentd-config
  namespace: prediction-log
data:
  fluentd.conf: |
    <source>
      type tail
      format none
      path /var/log/gunicorn_error.log
      pos_file /var/log/gunicorn_error.log
      tag gunicorn_error.log
    </source>

    <source>
      type tail
      format none
      path /var/log/gunicorn_access.log
      pos_file /var/log/gunicorn_access.log
      tag gunicorn_access.log
    </source>

    <match **>
      type google_cloud
    </match>
```

지금까지 구현한 로그 수집 패턴을 쿠버네티스 클러스터에 배포하고 추론 요청을 해보자.

[커맨드]

```
# 쿠버네티스에 API 배포
$ kubectl apply -f manifests/namespace.yml
namespace/prediction-log created
$ kubectl apply -f manifests/
deployment.apps/api created
service/api created
configmap/fluentd-config created
```

```
# API에 요청
$ kubectl \
    -n prediction-log \
    port-forward \
    service/api \
    8000:8000 &
$ curl \
    -X POST \
    -H "Content-Type: application/json" \
    -d '{"data": [[6.7, 3.0, 5.2, 2.3]]}' \
    localhost:8000/predict
{
  "job_id": "07d394",
  "prediction": [
    0.0097,
    0.0098,
    0.9803
  ],
  "is_outlier": false,
  "outlier_score": 0.4404
}

# API 로그
# [2021-01-02 06:53:46] [INFO] [11] →
[src.app.routers.routers] [wrapper] [33] →
[/predict] [07d394] [1.0851 ms] →
[data=[[6.7, 3.0, 5.2, 2.3]]] [[0.0097, 0.0098, 0.9803]] [False] [0.4404]

# API에 이상치를 요청
$ curl \
    -X POST \
    -H "Content-Type: application/json" \
    -d '{"data": [[600.0, 300.0, -100.0, 23]]}' \
    localhost:8000/predict
Handling connection for 8000
{
  "job_id": "4c850a",
```

```
  "prediction": [
    0.3613,
    0.2574,
    0.3812
  ],
  "is_outlier": true,
  "outlier_score": -2.9413
}

# API 로그
# [2021-01-02 06:54:32] [INFO] [11] →
[src.app.routers.routers] [wrapper] [33] →
[/predict] [4c850a] [1.1301 ms] →
[data=[[600.0, 300.0, -100.0, 23.0]]] →
[[0.3613, 0.2574, 0.3812]] [True] [-2.9413]
```

추론 요청에 대해 추론속도나 입력 데이터, 추론 결과, 이상치 검지는 한 줄의 로그로 출력된다. 이처럼 각 로그에는 작업 ID가 부여되어 있기 때문에 작업 ID를 사용해 검색이 가능하게 출력되는 것을 확인할 수 있다.

5.2.5. 이점

- 추론에 의한 클라이언트나 사용자, 외부 시스템에 대한 영향 분석이 실행 가능함.
- 필요에 따라 경보 추가가 가능함.

5.2.6. 검토사항

모든 로그는 필요한 로그지만, 그 안에 중요한 로그만 있는 것은 아니다. 시스템에서 인프라를 포함한 모든 로그를 수집하면 로그 데이터는 방대해지고, 검색과 조회가 힘들어진다. 모든 시스템에서 verbose나 debug 수준(개발 중이거나 디버깅 시에 사용하는 로그 수준)의 로그를 따로 수집할 필요는 없을 것이다. CPU나 메모리 사용량, 네트워크 I/O를 밀리초 단위로 수집하는 것도 지나친 행위다. 필요한 로그만을 압축해서 수집하고 검색하기 쉽게 설계하는 것이 핵심이다. 불안정한 시스템이라면 불안정한 컴포넌트의 로그를 debug 수준으로 출력한 뒤 분석할 필요가 있다. 그러나 시스템이 안정화되면 시스템의 가동과 추론 결과를 압축해서 로그를 취득하도록 변경해도 문제없을 것이다.

5.3 추론 감시 패턴

추론 로그 패턴으로 로그를 출력하는 방법에 대해 알아보았다. 로그를 단순히 모으는 것에 그치지 않고 유효하게 활용해야 의미가 있다. 흔히 볼 수 있는 로그의 활용 방법으로는 감시가 있다. 이번 절에서는 로그의 감시를 통해 에러나 이상을 검지하고 경보를 보내는 방법에 대해 설명한다.

5.3.1. 유스케이스

- 추론 결과를 감시해서 그 경향이 비정상인 경우에 검지 및 통보하고 싶은 경우.
- 추론의 결괏값 또는 집계가 상정된 범위 안에 있음을 담보하고 싶은 경우.
- 추론의 속도나 입력 데이터의 이상 여부를 감시하고, 이상 시에 검지 및 통보하고 싶은 경우.

5.3.2. 해결하려는 과제

추론 시스템의 이상에는 여러 패턴이 존재한다.

1. **추론기의 이상**: 추론기 자체가 비정상인 경우다. 예를 들어, TensorFlow Serving이나 ONNX Runtime과 같은 라이브러리를 사용해 추론을 실행할 때 라이브러리 자체에서 에러가 출력되거나 에러로 인해 정지한 경우다. 릴리스 당시에 잘 작동하던 런타임이 갑자기 비정상으로 바뀌는 일은 드물다. 런타임보다는 인프라나 부하에 원인이 있을 가능성이 높다. 이런 경우에는 런타임을 가동시키는 인프라나 미들웨어의 변경, 부하를 의심해 보는 것이 좋다.

    추론기를 시스템으로 가동시키려는 이상, 서버 기반이 필요하며, CPU, 메모리, 디스크, 네트워크, OS, 미들웨어 등의 컴포넌트를 활용해야 한다. 그리고 병목현상을 검지하고 리소스 변경이나 소프트웨어 업데이트, 파라미터 튜닝 등을 실시할 필요가 있다.

2. **추론 결과가 예상을 벗어남**: 예상과 다른 추론 결과를 출력하는 경우다. 추론 결과가 빗나가는 원인으로는 입력 값의 형태가 Float에서 Int로 바뀌어 있는(또는 Int에서 String으로 바뀌어 있는) 경우이거나 딥러닝 모델에서 Adversarial Examples(이미지에 노이즈를 입혀 딥러닝의 추론을 사칭하는 기술. URL https://arxiv.org/pdf/1312.6199.pdf)처럼 모델을 속이려는 입력이 요청되고 있는 경우를 생각할 수 있다. 이들은 예상치 못한 데이터가 입력되어 이상이 발생하고 있기 때문에 전자라면 입력의 형태를 체크하거나 변환을 추가하고, 후자라면 Adversarial Examples를 검지하는 추론기를 도입해야 한다. 한편, 정상적인 범위 내의 입력 데이터에 대해 예상치 못한 추론 결과를 반환하고 있다면 모델 자체의 정확도를 의심해 봐야 한다. 이상해 보이는 입력 데이터를 오프라인 검증 환경에서 평가하고, 필요하다면 해당 데이터를 포함시켜 모델을 재학습해 보는 것도 좋은 방법이다.

어느 경우든 이상임을 검지하지 못했다면 그에 관한 대책을 강구할 수 없다. 따라서 입력 데이터나 추론 결과, 지연, 인프라 로그 등을 수집해서 이상인 경우에는 기록해서 통보하는 구조가 필요하다.

5.3.2 아키텍처

인프라나 애플리케이션의 로그를 감시하고 통보하는 것은 운용상 반드시 필요한 시스템이다. 추론 결과에 대해서도 마찬가지로 감시하는 것이 좋다. 특히 실제 서비스와 프로덕트에 포함되어 있는 추론기나 추론 결과에 서비스 수준 목표가 정해져 있는 추론기라면 추론의 경향까지도 감시해야 한다.

추론 감시 패턴에서는 추론기에 주목한 감시와 통보를 수행한다. 추론 결과의 이상 여부가 의심스러운 케이스로는 다음과 같은 것들이 알려져 있다.

- 평소라면 발생하는 추론 결과가 일정 시간 발생하지 않을 때 (또는 거의 발생하지 않는 추론 결과가 높은 빈도로 발생할 때).
  예) 이상 검지 시스템에서 높은 빈도로 이상이 검지되는 경우.
- 일정 시간 동안 추론 횟수가 평상시와 비교해 비정상적으로 적을 때 (또는 많을 때).
  예) 보통 때는 액세스가 '요청 100회/1초'로 실행되는 서비스에서 '요청 1,000회/1초'로 추론이 실행되는 경우.
  예) 사용자가 많은 웹 서비스에서 일정 시간 동안 추론이 실행되지 않는 경우.
- 같은 입력 데이터에 의한 추론이 연속적으로 실행되고 있을 때.
  예) 디도스 공격을 받고 있는 경우.
  예) 특정 데이터가 입력되면 에러가 발생하는 추론기에서 동일한 데이터로 재시도 에러가 반복적으로 발생하는 경우.

케이스에 관계없이 추론기의 이상 또는 외부 시스템의 이상을 분리해서 정상화해야 한다. 이를 위해서는 비정상적인 상태(또는 정상적인 상태)를 앞서 정의하고 감시 · 통보하는 시스템이 필요하다(그림 5.2). 추론기의 실행 빈도에 따라 다르겠지만, 웹 서비스라면 단 몇 번의 추론만 가지고 이상으로 판단하는 경우는 드물며, 일정 시간 동안의 추론 경향으로부터 판단하는 것이 바람직하다. 이때, 감시 대상은 추론기가 아니라 로그를 수집하는 DWH에 대해서 주기적인 쿼리를 통해 감시하는 것이 좋다. 또는 추론을 시각화하는 대시보드를 준비하는 방법도 생각해 볼 수 있다.

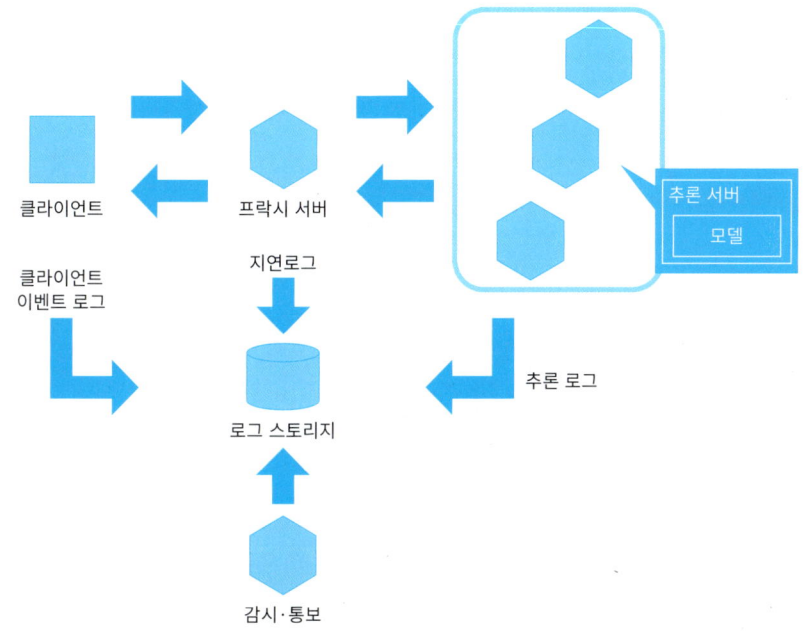

그림 5.2 감시 · 통보 시스템의 추가

감시 · 통보의 레벨이나 빈도는 추론기의 서비스 수준과 중요성에 달려 있다. 막대한 비즈니스 손실로 이어지거나 인명에 관련된 중요한 추론기라면 작은 이상이라도 높은 빈도로 통보해야 될지도 모른다. 이런 경우에는 운용 담당자를 24시간 365일 배치할 필요가 있다. 반대로 비교적 중요도가 낮은 서비스라면 주간에는 통보하고, 야간에는 감시만 하는 체제도 가능하다. 결국, 감시 · 통보에 필요한 것은 서비스 수준에 따른 적절한 운용 방침이며, 추론기와 서비스의 중요성을 이해하여 적절한 체제를 확립하는 것이 포인트다.

로그 데이터는 일반적으로 시스템의 이용 부하에 비례하여 증대된다. 특히, 머신러닝 시스템은 데이터의 양이 방대해지는 경향이 있다는 점이 걸림돌이다. 이미지나 텍스트, 음성 등의 비정형 데이터를 다루는 머신러닝 시스템은 추론 대상의 콘텐츠 데이터를 기록해 나가는 것만으로도 로그의 비용이 증대된다. 전체 로그 데이터를 있는 그대로 계속 기록해 나가는 것이 바람직하다고 할지라도 정기적으로 압축해 비용을 절감하는 것이 좋다.

5.3.4. 구현

추론 감시 패턴의 구현에서는 추론기와 함께 간단한 로그 집계 데이터베이스나 감시 시스템을 만들어 보기로 한다(그림 5.3). 로그 집계 데이터베이스나 감시 시스템은 다양한 제품이나 서비스가 사용된다. 그러나 특정 제품에 의존하게 되면 그 제품의 매뉴얼을 따라하는 것에 불과하기 때문에 여기서는 심플한 시스템을 독자적으로 구축해 본다. 실제 시스템으로 반영하기 위해 추론 감시 시스템을 구축한다면 기존 시스템을 반드시 고려해야 한다.

추론기에는 붓꽃 데이터셋 분류 모델을 사용하고, FastAPI를 이용해 웹 서비스로서 기동한다.

먼저, 추론기에 정상적인 요청을 보낼 작업 서버를 준비한다. 요청 데이터나 추론 결과는 추론기에서 로그 기록용 데이터베이스(MySQL)로 전송한다.

감시 서버는 정기적으로 로그 기록용 데이터베이스로부터 추론 로그를 수집한 뒤, 다음과 같은 조건에서 경보를 보내는 구성을 취한다(단, 이번 예시에서는 경보를 보낼 곳이 마땅치 않기 때문에 감시 서버에서 에러 로그를 직접 출력하기로 한다).

- 감시 인터벌: 1분마다 최근 2분간의 데이터 집계.
- 이상치 감시: 이상치의 비율이 전체의 20%를 초과할 경우 경보.
- 입력 데이터 감시: 추론 데이터의 꽃잎(sepal length=꽃받침의 길이, sepal width=꽃받침의 너비, petal length=꽃잎의 길이, petal width=꽃잎의 너비)의 평균 사이즈가 학습 데이터 평균 크기와 5% 이상 차이가 날 경우 경보.

본 패턴으로 구현하려는 시스템의 전체상은 그림 5.3과 같다.

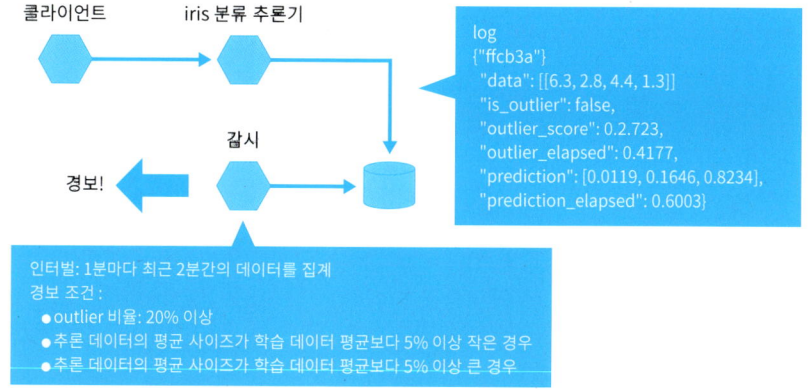

그림 5.3 추론 감시 패턴의 구현

조건에 따른 경보가 발생하도록 작업 서버에서 송신하는 데이터에 일정한 간격으로 인위적인 이상치를 포함했다.

이제 코드를 살펴보자. 코드의 분량이 매우 많아 이번에도 중요한 부분만 발췌했다.

전체 코드

- ml-system-in-actions/chapter5_operations/prediction_monitoring_pattern/
  URL https://github.com/wikibook/mlsdp/tree/main/chapter5_operations/prediction_monitoring_pattern

먼저, 로그 기록용 데이터베이스에는 추론 기록과 이상치 기록을 위한 테이블을 2개 준비한다 (표 5.1). 두 테이블 구조는 동일하며, 이름만 prediction_log와 outlier_log로 구분한다.

표 5.1 추론 기록용 테이블 및 이상치 기록용 테이블의 구조

log_id	log	created_datetime
char	JSON	datetime

데이터베이스로는 MySQL을 사용하고, 파이썬에서 데이터베이스로의 액세스는 SQL Alchemy를 사용한다. 테이블의 구조는 코드 5.5와 같이 정의한다.

코드 5.5 src/db/models.py

```python
from sqlalchemy import Column, DateTime, String
from sqlalchemy.sql.functions import current_timestamp
from sqlalchemy.types import JSON
from src.db.database import Base

# 추론 로그 테이블
class PredictionLog(Base):
    __tablename__ = "prediction_log"

    log_id = Column(String(255), primary_key=True)
    log = Column(JSON, nullable=False)
    created_datetime = Column(
        DateTime(timezone=True),
        server_default=current_timestamp(),
        nullable=False,
    )


# 이상치 로그 테이블
class OutlierLog(Base):
    __tablename__ = "outlier_log"

    log_id = Column(String(255), primary_key=True)
    log = Column(JSON, nullable=False)
    created_datetime = Column(
        DateTime(timezone=True),
        server_default=current_timestamp(),
        nullable=False,
    )
```

다음으로 CRUD를 위한 함수를 준비한다. 여기서는 로그의 등록과 일정 기간 동안의 데이터 집계가 주된 용도이기 때문에 이를 위한 함수만을 만들어 두기로 한다(코드 5.6).

코드 5.6 src/db/cruds.py

```python
from typing import Dict, List

from sqlalchemy.orm import Session
from src.db import models, schemas


# 일정 기간 내의 추론 로그 취득
def select_prediction_log_between(
    db: Session,
    time_before: str,
    time_later: str,
) -> List[schemas.PredictionLog]:
    return (
        db.query(models.PredictionLog)
        .filter(
            models.PredictionLog.created_datetime >= time_before,
        )
        .filter(
            models.PredictionLog.created_datetime <= time_later,
        )
        .all()
    )


# 일정 기간 내의 이상치 로그 취득
def select_outlier_log_between(
    db: Session,
    time_before: str,
    time_later: str,
) -> List[schemas.OutlierLog]:
    return (
        db.query(models.OutlierLog)
        .filter(
            models.OutlierLog.created_datetime >= time_before,
        )
        .filter(
            models.OutlierLog.created_datetime <= time_later,
```

```
        )
        .all()
    )


# 추론 로그 기록
def add_prediction_log(
    db: Session,
    log_id: str,
    log: Dict,
    commit: bool = True,
) -> schemas.PredictionLog:
    data = models.PredictionLog(
        log_id=log_id,
        log=log,
    )
    db.add(data)
    if commit:
        db.commit()
        db.refresh(data)
    return data


# 이상치 로그 기록
def add_outlier_log(
    db: Session,
    log_id: str,
    log: Dict,
    commit: bool = True,
) -> schemas.OutlierLog:
    data = models.OutlierLog(
        log_id=log_id,
        log=log,
    )
    db.add(data)
    if commit:
        db.commit()
        db.refresh(data)
    return data
```

이것으로 테이블 설계가 완료됐다. 다음으로 추론기를 FastAPI로 구현한다. 코드 5.7은 추론용 엔드포인트의 구현이다. 추론 로그는 추론이 끝난 다음 백그라운드 태스크로 로그 기록용 데이터베이스에 등록한다.

코드 5.7 src/app/routers/routers.py 등의 파일

```python
import time
import uuid
from logging import getLogger
from typing import Any, Dict

import numpy as np
from fastapi import (
    APIRouter,
    BackgroundTasks,
    HTTPException,
)
from src.db import cruds
from src.db.database import get_context_db
from src.ml.data import Data
from src.ml.outlier_detection import outlier_detector
from src.ml.prediction import classifier

# 가독성을 위해 여러 파일로 나누어 작성된 코드를
# 하나의 파일로 정리하고, 불필요한 처리는 생략함


logger = getLogger(__name__)
router = APIRouter()


# 추론 결과를 취득
def _predict(
    data: Data,
    job_id: str,
) -> Dict[str, Any]:
    logger.info(f"execute: [{job_id}]")
    if len(data.data) != 1 or len(data.data[0]) != 4:
        raise HTTPException(
```

```python
            status_code=404,
            detail="Invalid input data",
        )

    prediction_start = time.time()
    prediction = classifier.predict(data.data)
    prediction_elapsed = 1000 \
        * (time.time() - prediction_start)

    outlier_start = time.time()
    is_outlier, outlier_score = outlier_detector.predict(
        data=data.data,
    )
    outlier_elapsed = 1000 \
        * (time.time() - outlier_start)

    return {
        "job_id": job_id,
        "prediction": list(prediction),
        "prediction_elapsed": prediction_elapsed,
        "is_outlier": is_outlier,
        "outlier_score": outlier_score,
        "outlier_elapsed": outlier_elapsed,
    }


# 추론 요청 엔드포인트
@router.post("/predict")
def predict(
    data: Data,
    background_tasks: BackgroundTasks,
) -> Dict[str, Any]:
    job_id = str(uuid.uuid4())[:6]
    result = _predict(data=data, job_id=job_id)

    # BackgroundTasks로 로그를 기록
    background_tasks.add_task(
        register_log,
```

```python
            job_id=job_id,
            prediction_elapsed=result["prediction_elapsed"],
            prediction=result["prediction"],
            is_outlier=result["is_outlier"],
            outlier_elapsed=result["outlier_elapsed"],
            outlier_score=result["outlier_score"],
            data=data,
        )
    return result

# 라벨에서의 추론 요청 엔드포인트
@router.post("/predict/label")
def predict_label(
    data: Data,
    background_tasks: BackgroundTasks,
) -> Dict[str, Any]:
    job_id = str(uuid.uuid4())[:6]

    result = _predict(data=data, job_id=job_id)
    argmax = int(
        np.argmax(
            np.array(
                result["prediction"],
            ),
        ),
    )
    result["prediction_label"] = classifier.label[str(argmax)]

    # BackgroundTasks로 로그를 기록
    background_tasks.add_task(
        register_log,
        job_id=job_id,
        prediction_elapsed=result["prediction_elapsed"],
        prediction=result["prediction"],
        is_outlier=result["is_outlier"],
        outlier_elapsed=result["outlier_elapsed"],
        outlier_score=result["outlier_score"],
        data=data,
```

```python
    )
    return result


# 로그 기록
def register_log(
    job_id: str,
    prediction_elapsed: float,
    prediction: np.ndarray,
    is_outlier: bool,
    outlier_elapsed: float,
    outlier_score: float,
    data: Data,
):
    with get_context_db() as db:
        prediction_log = {
            "prediction": prediction,
            "prediction_elapsed": prediction_elapsed,
            "data": data.data,
        }
        cruds.add_prediction_log(
            db=db,
            log_id=job_id,
            log=prediction_log,
            commit=True,
        )

        outlier_log = {
            "is_outlier": is_outlier,
            "outlier_score": outlier_score,
            "outlier_elapsed": outlier_elapsed,
            "data": data.data,
        }
        cruds.add_outlier_log(
            db=db,
            log_id=job_id,
            log=outlier_log,
            commit=True,
        )
```

여기까지 해서, 추론기를 기동하여 로그를 기록할 수 있게 되었다. 다음으로 로그의 감시를 작성한다. 앞서 설명했지만, 다음과 같은 조건으로 감시하기 위해 정기적으로 테이블에 액세스해 데이터를 집계하는 구현이 필요하다.

- 감시 인터벌: 1분마다 최근 2분간의 데이터 집계.
- 이상치 감시: 이상치의 비율이 전체의 20%를 초과할 경우 경보.
- 입력 데이터 감시: 추론 데이터의 꽃잎(sepal length=꽃받침의 길이, sepal width=꽃받침의 너비, petal length=꽃잎의 길이, petal width=꽃잎의 너비)의 평균 사이즈가 학습 데이터 평균 크기와 5% 이상 차이가 날 경우 경보

코드 5.8에서는 1분마다 1회, 최근 2분간의 데이터를 SELECT한다. 취득한 추론 로그는 꽃잎의 사이즈(sepal length=꽃받침의 길이, sepal width=꽃받침의 너비, petal length=꽃잎의 길이, petal width=꽃잎의 너비)를 학습 데이터의 사이즈와 비교하고 학습 데이터의 평균치보다 5% 이하일 경우 또는 5% 웃도는 경우는 경보 로그를 남긴다.

Iris 학습 데이터셋의 평균 사이즈는 다음과 같다.

- sepal length: 5.84
- sepal width: 3.06
- petal length: 3.76
- petal width: 1.20

코드 5.8 src/monitor/main.py

```python
import datetime
import time
from logging import (
    DEBUG,
    Formatter,
    StreamHandler,
    getLogger,
)
from typing import List
```

```python
# 불필요한 처리는 생략함

import click
from src.db import cruds, schemas
from src.db.database import get_context_db


logger = getLogger(__name__)
logger.setLevel(DEBUG)
formatter = Formatter(
    "[%(asctime)s] [%(process)d] \
    [%(name)s] [%(levelname)s] %(message)s",
)

handler = StreamHandler()
handler.setLevel(DEBUG)
handler.setFormatter(formatter)
logger.addHandler(handler)


# 추론 결과를 평가
def evaluate_prediction(
    ave_sepal_length: float,
    ave_sepal_width: float,
    ave_petal_length: float,
    ave_petal_width: float,
    threshold: float,
    prediction_logs: List[schemas.PredictionLog],
):
    logger.info("evaluate predictions...")
    sepal_lengths = [0.0 for _ in prediction_logs]
    sepal_widths = [0.0 for _ in prediction_logs]
    petal_length = [0.0 for _ in prediction_logs]
    petal_width = [0.0 for _ in prediction_logs]
    for i, p in enumerate(prediction_logs):
        sepal_lengths[i] = p.log["data"][0][0]
        sepal_widths[i] = p.log["data"][0][1]
        petal_length[i] = p.log["data"][0][2]
        petal_width[i] = p.log["data"][0][3]
```

```python
pred_ave_sepal_length = \
    sum(sepal_lengths) / len(sepal_lengths)
pred_ave_sepal_width = \
    sum(sepal_widths) / len(sepal_widths)
pred_ave_petal_length = \
    sum(petal_length) / len(petal_length)
pred_ave_petal_width = \
    sum(petal_width) / len(petal_width)

# sepal length의 임곗값 검지
if pred_ave_sepal_length < \
    ave_sepal_length * (1 - threshold) or \
    pred_ave_sepal_length > \
    ave_sepal_length * (1 + threshold):
    logger.error(
        f"sepal length over threshold: \
            {pred_ave_sepal_length}",
    )

# sepal width의 임곗값 검지
if pred_ave_sepal_width < \
    ave_sepal_width * (1 - threshold) or \
    pred_ave_sepal_width > \
    ave_sepal_width * (1 + threshold):
    logger.error(
        f"sepal width over threshold: \
            {pred_ave_sepal_width}",
    )

# petal length의 임곗값 검지
if pred_ave_petal_length < \
    ave_petal_length * (1 - threshold) or \
    pred_ave_petal_length > \
    ave_petal_length * (1 + threshold):
    logger.error(
        f"petal length over threshold: \
            {pred_ave_petal_length}",
    )
```

```python
    # petal width의 임곗값 검지
    if pred_ave_petal_width < \
        ave_petal_width * (1 - threshold) or \
        pred_ave_petal_width > \
        ave_petal_width * (1 + threshold):
        logger.error(
            f"petal width over threshold: \
                {pred_ave_petal_width}",
        )

    logger.info(
        f"ave sepal length: {pred_ave_sepal_length}",
    )
    logger.info(
        f"ave sepal width: {pred_ave_sepal_width}",
    )
    logger.info(
        f"ave petal length: {pred_ave_petal_length}",
    )
    logger.info(
        f"ave petal width: {pred_ave_petal_width}",
    )
    logger.info("done evaluating predictions")


# 이상치 평가
def evaluate_outlier(
    outlier_threshold: float,
    outlier_logs: List[schemas.OutlierLog],
):
    logger.info("evaluate outliers...")
    outliers = 0
    for o in outlier_logs:
        if o.log["is_outlier"]:
            outliers += 1
    if outliers > \
        len(outlier_logs) * outlier_threshold:
        logger.error(f"too many outliers: {outliers}")
```

```python
    logger.info(f"outliers: {outliers}")
    logger.info("done evaluating outliers")


@click.command(
    name="request job",
)
@click.option(
    "--interval",
    type=int,
    default=1,
)
@click.option(
    "--outlier_threshold",
    type=float,
    default=0.2,
)
@click.option(
    "--ave_sepal_length",
    type=float,
    default=5.84,
)
@click.option(
    "--ave_sepal_width",
    type=float,
    default=3.06,
)
@click.option(
    "--ave_petal_length",
    type=float,
    default=3.76,
)
@click.option(
    "--ave_petal_width",
    type=float,
    default=1.20,
)
@click.option(
```

```python
        "--threshold",
        type=float,
        default=0.05,
)
def main(
    interval: int,
    outlier_threshold: float,
    ave_sepal_length: float,
    ave_sepal_width: float,
    ave_petal_length: float,
    ave_petal_width: float,
    threshold: float,
):
    logger.info("start monitoring...")
    while True:
        now = datetime.datetime.now()
        interval_ago = now - datetime.timedelta(
            minutes=(interval + 1),
        )
        time_later = now.strftime(
            "%Y-%m-%d %H:%M:%S",
        )
        time_before = interval_ago.strftime(
            "%Y-%m-%d %H:%M:%S",
        )
        logger.info(f"time between \
            {time_before} and {time_later}")

        # 데이터베이스에서 로그 취득
        with get_context_db() as db:
            prediction_logs = \
                cruds.select_prediction_log_between(
                    db=db,
                    time_before=time_before,
                    time_later=time_later,
                )
            outlier_logs = \
                cruds.select_outlier_log_between(
```

```python
                    db=db,
                    time_before=time_before,
                    time_later=time_later,
                )
            logger.info(
                f"prediction_logs between \
                    {time_before} and {time_later}: \
                    {len(prediction_logs)}",
            )
            logger.info(
                f"outlier_logs between \
                    {time_before} and {time_later}: \
                    {len(outlier_logs)}",
            )

            # 추론 로그가 존재하면 평가
            if len(prediction_logs) > 0:
                evaluate_prediction(
                    ave_sepal_length=ave_sepal_length,
                    ave_sepal_width=ave_sepal_width,
                    ave_petal_length=ave_petal_length,
                    ave_petal_width=ave_petal_width,
                    threshold=threshold,
                    prediction_logs=prediction_logs,
                )

            # 이상치 로그가 존재하면 평가
            if len(outlier_logs) > 0:
                evaluate_outlier(
                    outlier_threshold=outlier_threshold,
                    outlier_logs=outlier_logs,
                )

        time.sleep(interval * 60)


if __name__ == "__main__":
    main()
```

여기까지 로그를 감시하고 (실제는 아니지만) 통보가 가능하게 되었다. 이제 추론기로 추론 요청을 보내 확인해보자. 추론용 데이터는 학습 데이터에 난수를 곱해 총 12,000건을 준비했다. 일부 데이터는 일부러 이상치가 되도록 설정했으므로 시스템이 정상 가동하면 감시 시스템에 정기적으로 경보 로그가 남게 될 것이다. 준비한 데이터는 다음 주소를 통해 받을 수 있다.

- ml-system-in-actions/chapter5_operations/prediction_monitoring_pattern/job/rand_iris.csv

  URL https://github.com/wikibook/mlsdp/tree/main/chapter5_operations/prediction_monitoring_pattern/job/rand_iris.csv

시스템은 도커 컴포즈로 기동한다. 도커 컴포즈를 up으로 기동하면, 로그 데이터베이스(MySQL), 추론기(FastAPI), 추론 작업 서버, 감시 서버가 연동된다.

감시 서버에는 코드 5.9와 같은 로그가 출력될 것이다.

코드 5.9 감시 서버 로그

```
# 인터벌 안의 데이터가 정상값의 범위일 경우 :
[2021-01-17 09:31:23,181] [INFO] time between 2021-01-→
17 09:29:23 and 2021-01-17 09:31:23
[2021-01-17 09:31:23,239] [INFO] evaluate predictions...
[2021-01-17 09:31:23,241] [INFO] average sepal length: 5.899276672694402
[2021-01-17 09:31:23,241] [INFO] average sepal width: 3.070705244122965
[2021-01-17 09:31:23,241] [INFO] average petal length: 3.860036166365286
[2021-01-17 09:31:23,241] [INFO] average petal width: 1.2492766726943987
[2021-01-17 09:31:23,241] [INFO] done evaluating predictions
[2021-01-17 09:31:23,241] [INFO] evaluate outliers...
[2021-01-17 09:31:23,242] [INFO] outliers: 180
[2021-01-17 09:31:23,242] [INFO] done evaluating outliers

# 인터벌 안의 데이터에 이상치가 많은 경우 :
[2021-01-17 09:32:23,179] [INFO] time between 2021-01-→
17 09:30:23 and 2021-01-17 09:32:23
[2021-01-17 09:32:23,249] [INFO] evaluate predictions...
[2021-01-17 09:32:23,253] [ERROR] average sepal length →
out of threshold: 6.157414104882
[2021-01-17 09:32:23,253] [ERROR] average petal length →
```

```
out of threshold: 4.033544303797
[2021-01-17 09:32:23,253] [ERROR] average petal →
width out of threshold: 1.307323688969
[2021-01-17 09:32:23,253] [INFO] average sepal length: 6.157414104882456
[2021-01-17 09:32:23,253] [INFO] average sepal width: 3.201898734177215
[2021-01-17 09:32:23,253] [INFO] average petal length: 4.03354430379747
[2021-01-17 09:32:23,253] [INFO] average petal width: 1.30732368896926 17
[2021-01-17 09:32:23,254] [INFO] done evaluating predictions
[2021-01-17 09:32:23,254] [INFO] evaluate outliers...
[2021-01-17 09:32:23,255] [ERROR] too many outliers: 262
[2021-01-17 09:32:23,255] [INFO] outliers: 262
[2021-01-17 09:32:23,255] [INFO] done evaluating outliers
```

무사히 에러 로그가 출력되고 있음을 확인할 수 있다.

이것으로 추론기를 감시하고 입력 데이터에서 이상이나 변화가 발생했을 때 경보를 발령할 수 있게 되었다.

이번 예시에서는 1분 정도의 짧은 인터벌로 평가했지만, 실제 시스템 대부분에서 데이터의 변화는 이보다 더 천천히 발생한다. 계절성을 가진 데이터라면, 그 변화는 몇 개월 단위일지도 모른다. 반대로 데이터에 이상이 발생한 경우(외부 시스템으로 인해 장애나 에러가 발생하는 경우)에는 급격하게 에러 수가 오르내리는 거동을 보일 것이다.

추론 데이터를 감시하기 위한 심플한 구성을 만들어 보았는데, 실제 시스템의 감시는 해당 시스템에서 어떤 이상이나 장애가 발생하는지(또는 어떤 상태를 정상으로 간주하는지) 조건을 먼저 설정한 후에 감시 방법이나 경보 방법에 대해 정의해 보길 바란다.

5.3.5. 이점

- 추론 시스템의 이상을 검지하고, 수정이나 장애 대응을 할 수 있음.

5.3.6. 검토사항

감시·통보 시스템에서는 반드시 필요한 비정상만을 통보하는 것이 중요하다. 실제로 큰 해가 없는 경미한 에러(예: 통상보다 추론 지연이 5% 늦음!)까지 모든 것을 통보하면 운용 담당자가 일일이 대응하기가 힘들어진다. 비즈니스로서 또는 시스템으로서 어떤 에러가 중요하고 중요하지 않은지를 분리해서 통보할 양을 조정해야 한다. 가능하다면 자동 복구를 통해 장애를 해결하려는 운용도 필요하다. 그럼에도 불구하고 통보 횟수나 자동 복구 횟수가 운용상 대처할 수 있을 정도의 양이 아니라면 해당 시스템은 애초에 실제 시스템으로 릴리스하지 말았어야 할 만한 결함이 있었다고 보는 것이 옳다.

그러나 중요하지 않은 에러가 발생했거나 장애를 자동 복구할 수 있다고 해서 시스템을 방치해도 된다는 뜻은 아니다. 에러 로그나 장애는 반드시 기록하고 중요한 장애부터 수정해 나가며 시스템의 가용성을 향상시켜 나가야 한다.

머신러닝 모델에서도 마찬가지로, 예기치 못한 입력 데이터나 추론 에러는 기록을 통해 모델 개선에 활용해야 한다. 모델과 시스템을 모두 개선해 나감으로써 서비스의 사용자 만족도는 점차 향상된다.

안티 패턴 (로그가 없는 패턴)

앞 절에서 로그와 감시의 중요성에 대해 설명했다. 이를 통해 얻을 수 있는 이점은 충분히 이해했을 것이라 생각한다. 이번에는 반대로 로그의 준비나 감시를 하지 않으면 어떤 문제점이 발생하는지 로그가 없는 패턴을 통해 알아보기로 한다.

5.4.1. 상황

- 로그나 프로파일을 얻지 않은 상태.

5.4.2. 구체적인 문제

머신러닝 시스템뿐만 아니라, 시스템을 운용하기 위해서는 로그의 확보가 필수다. 로그를 수집하지 않으면(그림 5.4) 에러의 검지나 장애 대응, 시스템 개선을 수행할 수 없어 블랙박스 시스템으로 전락하게 된다. 특히 머신러닝 시스템에서는 추론 결과와 이후의 이벤트를 로그로부터 추적해서 추론 모델의 효과를 리뷰할 수 있기에 로그는 매우 중요하다.

머신러닝의 실용화에서 흥미로운 부분은 머신러닝을 통해 나온 아웃풋이 비즈니스 및 사용자 경험과 밀접하게 이어진다는 점이다. 머신러닝은 복잡한 처리의 자동화를 가능케 한다. 매우 정성들인 if-else 제어로도 통제하기 힘든 워크플로라 할지라도, 머신러닝을 사용하면 비교적 쉽게 해결되기도 한다. 비즈니스나 사용자의 행동, 그리고 물리적인 세계에 영향을 끼친다는 것은 항상 변화하는 현실에 적응해야 한다는 것을 의미한다. 이것을 머신러닝 시스템의 관점에서 보면 로그를 수집해 원인과 결과를 분석하고 지속적으로 개선해 나가야 한다는 뜻으로 해석할 수 있다.

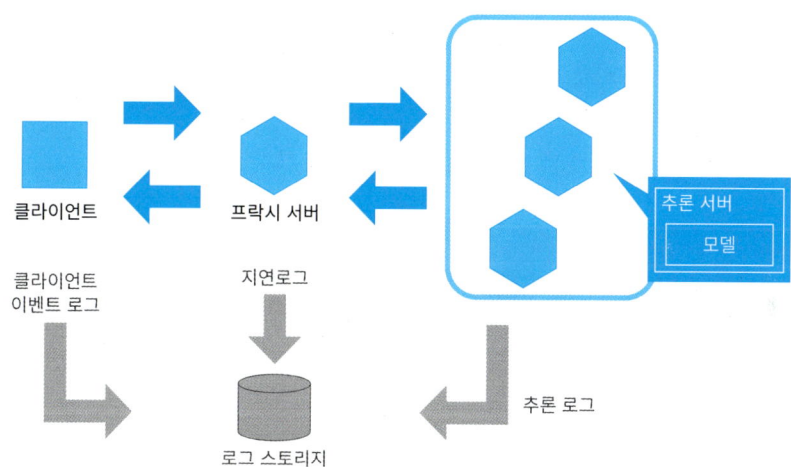

그림 5.4 안티 패턴(로그가 없는 패턴)의 아키텍처

5.4.3. 이점

- 굳이 말하자면, 로그에 의한 비용이 필요하지 않기 때문에 비용 절감이 가능함.

5.4.4. 과제

- 시스템을 운용, 개선할 수 없음.

5.4.5. 회피 방법

- 최소한의 Fatal, Error, Warning, Info 수준의 로그를 수집함.
- 추적 가능한 이벤트 로그를 정의하고 구현함.
- 예외를 묵살하지 않음.

5.5 안티 패턴 ('그리고 아무도 없었다' 패턴)

이번 절에서는 시스템을 운영하는 사람이 떠나고 없는 안티 패턴을 설명한다. 무언가를 구축하는 것을 좋아하는 엔지니어들은 많지만, 시스템의 유지보수를 즐기는 엔지니어는 그리 많지 않을 것이다. 운용 페이즈로 넘어가면 처음 시작했던 멤버는 떠나 없어지고 시스템만 남겨진 채 아무도 모르는 상태가 되어 버리는 사태가 종종 발생한다.

5.5.1. 상황

- 모델을 개발했던 머신러닝 엔지니어, 시스템 개발자, 운용자의 부재(또는 퇴직)에 의해 가동중인 시스템을 이해하고 있는 사람이 없는 상태.
- 어느 누구의 리뷰도 없이 코드나 모델, 데이터, 설정을 수동으로 변경할 수 있는 상태.

5.5.2. 구체적인 문제

머신러닝 시스템뿐만 아니라 가동 중인 시스템이 왜, 어떻게 움직이고 있는지를 아무도 모르는 상태는 불안한 것이 당연하다(그림 5.5). 단체로 움직이고 있고 사업 영향이 없는 시스템이면 좋겠지만, '아무도 모른다'라는 것은 의존관계나 사업에 대한 영향의 유무도 정확하게 파악할 수 없을 가능성이 있어 시스템이 정지한 순간 사업도 끝나는 상황도 생각할 수 있다.

프로젝트에 항상 같은 멤버가 투입되는 경우는 없다. 그리고 개인적인 또는 조직적인 사정으로 부재중일 수도 있다. 그러나 멤버의 투입, 철수와 시스템의 가동을 연관 지어서는 안 된다. 담당자가 퇴직했다고 해서 갑자기 사업에 사용 중인 실제 시스템을 정지시킬 수는 없는 일이다. 머신러닝 모델이나 시스템에 대해서도 마찬가지로, 구성원이 부재중이라 할지라도 추가적인 개발이나 사업을 유지할 수 있도록 여러 명이 모델의 로직이나 시스템의 구성, 코드를 공유하고 인계받는 것이 이상적이다. 최악의 경우라도 소스코드를 읽어 보면 알 수 있을지도 모르기 때문이다. 하지만 머신러닝 모델이나 학습 데이터는 관리하지 않으면 복원이 불가능한 경우가 흔하기 때문에 주의를 기울여야 한다.

'아무도 모르는' 상태는 멤버의 투입, 철수 이외의 경우에도 발생한다. 예를 들어, 물리 디바이스의 로그를 토대로 추론하고 있는 머신러닝 시스템이 있다고 해보자(예: 민가나 공장에 설치되어 있는 실내 온도계). 온도의 단위에는 섭씨, 화씨, 켈빈이 있고, 온도계에서는 원하는 단위로 측정할 수 있으며, 한국이나 일본에서는 일반적으로 섭씨를 사용한다. 섭씨를 화씨로 바꾸면 범위가 크게 달라진다(섭씨 0°는 화씨 32°, 섭씨 100°는 화씨 212°). 만약 온도계의 단위를 바꿔 입력 데이터의 계측 단위를 섭씨에서 화씨로 바꾸는 경우, 추론 시에도 같은 변환을 실시하지 않으면(≒ 섭씨에서 화씨로의 변환을 검지할 수 없으면) 추론 결과는 크게 바뀔 것이다. 이와 같은 변환이라면 수치적으로 큰 차이가 발생하기 때문에 이상치 검지가 가능할지도 모른다. 하지만 미터와 야드의 변환(1미터=1.09 야드)이라면 수치의 절대적인 차이가 작아 단위가 변했음에도 불구하고 그럴듯한 추론이 로그로 기록되어 이상임을 눈치채지 못할 가능성이 크다. 이러한 물리 디바이스의 변환은 머신러닝 시스템을 의식하지 않고 사용자의 편의를 위해 실시되기 때문에 '아무도 모르는' 상태에서는 추론이 비정상적일 수 있는 것이다.

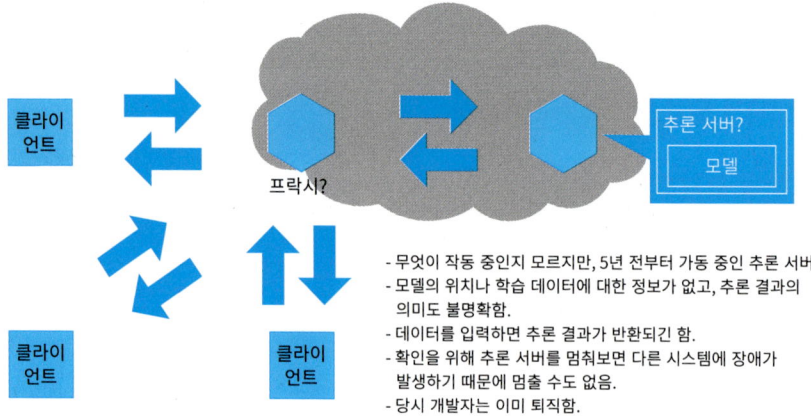

그림 5.5 안티 패턴('그리고 아무도 없었다' 패턴)의 아키텍처

5.5.3. 이점

- 트러블슈팅 매니아라면 이 상황을 즐길 수 있음.

5.5.4. 과제

- 머신러닝 시스템 운용이 곤란함.
- 추론 결과가 비정상임.

5.5.5. 회피 방법

- 시스템의 개발, 운용을 한 사람에게 집중시키지 않음.
- 입력 데이터에 계측 단위를 포함함.

머신러닝 시스템의 품질관리

5장에서는 머신러닝 시스템을 운용하기 위한 로그와 감시에 대해 설명했다. 로그와 감시는 시스템 운용의 기초이자 가장 중요한 요소다. 시스템을 24시간 365일 계속 가동하기 위해서는 시스템이 움직이고 있음을 나타내는 정보(로그)와 그것이 타당한 정보인지를 검증(감시)할 필요가 있고, 이는 머신러닝 시스템에서도 예외는 아니다.

이번 장에서는 머신러닝 시스템의 품질을 평가하는 지표와 그 평가 방법에 대해 설명한다. 머신러닝 시스템이 다른 시스템과 다른 점은 머신러닝에 의한 추론이 시스템의 로직에 들어가게 된다는 것이다. 머신러닝의 추론이 반드시 옳지는 않으며, 항상 일정한 품질이 유지되지도 않는다. 즉, 시스템에서 추론이 잘못되어 결함이 있는 추론 결과를 사용자에게 응답하게 될 위험이 항상 존재한다. 머신러닝 시스템의 품질을 유지하기 위해서는 먼저 모델의 품질을 평가해 문제가 없으면 유지하고, 그렇지 않으면 개선하려는 노력이 필요하다. 그렇다면 머신러닝 시스템을 어떻게 평가하면 좋을까? 이번 Chapter에서는 머신러닝 시스템을 가용성과 모델, 두 가지 측면에서 평가하고 개선해 나가는 시스템 패턴에 대해 알아보기로 한다.

 **머신러닝 시스템의 품질과 운용**

많은 사용자, 비즈니스 종사자, 시스템 엔지니어들은 시스템이 안정적으로 가동되기를 바랄 것이다. 머신러닝을 도입한 시스템에 대해서도 이는 마찬가지이며, 안정적이면서 신속하게, 그리고 올바른 추론의 동작이 요구된다.

5장에서도 언급했듯이, 머신러닝 시스템이 비정상인 경우는 다음과 같다.

1. 추론기의 이상
2. 추론 결과가 예상을 벗어남

통상적인 시스템에서도 이와 같은 이상은 발생한다. 위의 내용을 아래와 같이 해석하면, 통상적인 시스템에서 발생하는 이상과 차이가 없다는 것을 알 수 있다.

1. 추론기의 이상 → 애플리케이션이나 인프라의 이상 정지나 지연. 가동 중인 애플리케이션이 인프라나 미들웨어와 상성이 좋지 않아 정지 또는 성능이 열화된 상태. 또는, 소프트웨어 버그나 인프라의 고장, 디그레이드에 의한 정지 및 지연이 발생하는 상태.
2. 추론 결과가 예상을 벗어남 → 로직의 이상. 모델이나 코드의 알고리즘, 조건 분기가 잘못되어 있어 예상을 벗어난 처리나 출력을 수행하는 경우.

머신러닝을 도입한다고 해서 시스템의 품질 평가나 운용방법이 크게 달라지는 일은 없다. 소프트웨어가 입력에 대해 계산된 출력을 반환하는 시스템인 이상, 입력, 연산, 출력 기반이 안정적으로 서비스를 제공하는 것이 이상적인 머신러닝 시스템의 품질이다.

평가 방법에 대해 구체적으로 설명하면 다음과 같다.

1. 추론기를 움직이는 런타임이나 OS가 정상 가동하며, 추론 요청 사항에 대해 정상적인 응답이 가능한지를 평가지표로 삼는다. 애플리케이션의 정상 여부는 평균 고장 간격(MTBF)과 평균 수복시간(MTTR)을 사용해 다음의 가동률로 판별할 수 있다.

$$가동률 = MTBF / (MTBF + MTTR)$$

   가동률은 일정 기간을 정해 한 번에 측정해야 할 뿐 아니라, 특정 시간대나 요일로 좁혀 측정하는 것도 중요하다. 웹 시스템이든 사내 시스템이든, 시스템이 사용되는 시간대와 가동 중인 시간대는 서로 차이가 있다. 어느 시스템이나 심야에는 사용자가 적을 것이고, 시스템에 따라서는 주말이나 이벤트를 할 때 접속자가 늘어날 수도 있을 것이다. 사용하고 싶을 때 사용하지 못하는 시스템은 가치가 없다. 예를 들어, 온라인 EC 시스템에서 가장 접속이 활발하고, 매출이 오르는 시간대가 19:00-22:00이라면 그 시간대의 가동률을 따로 산출해 평가해 보는 것도 좋은 방법이다.

2. 예상을 벗어난 추론 결과가 나타난 경우에는 머신러닝 모델의 평가지표를 사용한다. 분류 모델이면 Precision이나 Recall이, 회귀라면 RMSE나 MAE가 일반적인 평가지표다. 어떤 평가지표를 사용할지는 모델이 지원하는 비즈니스의 목적에 달려 있다.

   머신러닝 모델 자체의 평가는 요청 전체에 대한 추론 결과와 평가뿐만 아니라, 특정 그룹에 관한 평가도 실시하는 것이 좋다. 예를 들어, 머신러닝을 도입한 서비스 사용자들이 연령대별로 서로 다른 사용법을 선택하는 경향이 있다면 20대부터 60대까지를 한꺼번에 평가했을 때는 비정상적인 추론 패턴이 드러나지 않을 것이다. 모델에 따라서는 20대에 유효하지만, 40대에서는 유효하지 않은(또는 서울에서는 유효하지만 부산에서는 유효하지 않은) 경우도 있기 때문에 유의미한 그룹으로 분할해 평가함으로써 정확하게 모델을 개선하기 위한 방법을 얻을 수 있을 것이다.

위의 두 가지가 의미하는 것처럼, 머신러닝 시스템이 정상이기 위해서는 추론이 정상적으로 동작하는(=학습 때와 동등한 성능을 발휘하는) 것과 추론기 자체가 정상적으로 동작하는(=지연 및 가용성이 서비스 수준을 유지하고 있는) 것, 두 가지가 요구된다. 다시 말해, 머신러닝 시스템이 어떤 상태일 때 정상이라고 할 수 있는지 정상성을 정의하고, 현재의 머신러닝 시스템과 비교해서 평가해야 한다. 동시에, 가동시키려는 머신러닝 시스템은 그 정상성을 담보할 수 있도록 구성해야 한다(※ 그 밖에도 시스템의 정상성에는 보안이나 재해에 관한 대책과 같은 부분도 있지만, 이 책에서는 다루지 않음).

이번 장에서는 머신러닝 시스템의 정상성을 정의하는 지표와 머신러닝 시스템이 정상성을 담보할 수 있는지 릴리스하기 전에 평가하는 방법에 대해 알아본다.

머신러닝 시스템의 정상성 평가 지표

머신러닝 시스템의 정상성을 소프트웨어와 머신러닝, 두 가지 측면에서 평가하는 지표에 대해 설명한다.

6.2.1. 머신러닝의 정상성

머신러닝 모델은 비즈니스의 요건과 부합해 효과적으로 활용되어야 한다.

평가 관리

- 학습의 평가와 버전 관리: 2장에서 언급한 것처럼, 학습한 모델은 평가와 함께 모델 파일이나 데이터 등을 아티팩트로 관리한다. 관리 대상에는 학습 환경이나 모델 알고리즘, 하이퍼파라미터, 학습 데이터, 추론 데이터, 평가, 모델 파일의 저장소 등을 포함한다. 편리한 운용을 위한 관리 방법으로는 데이터베이스에 모델의 정보를 등록함과 동시에, 버전을 부여해 모델을 유일하게 특정할 수 있어야 한다.

- 머신러닝 모델의 미비함 관리: 준비가 되지 않은(미비한) 머신러닝 모델을 검지하고 수정할 수 있는 시스템이 필요하다. 실제 데이터를 사용해 원하지 않는 추론 결과를 얻었다면 그 모델은 아직 준비가 되지 않은 상태다. 물론, 머신러닝에서 정답률이 100%인 모델을 만들 수는 없지만, 비즈니스에서 허용 가능한 오류의 범위를 넘어서는 안 될 것이다. 또한, 데이터의 종류에 따라 에러에 편차가 있을 경우, 그 종류의 에러가 허용 범위를 벗어나지 않도록 국소적인 판정도 필요하다.

데이터 관리

- 학습 및 평가 데이터 관리: 학습에 사용하는 데이터의 타당성을 관리한다. 머신러닝으로 해결하려는 과제에 대해서 학습 데이터와 평가 데이터는 서로 대변할 수 있어야 한다. 예를 들어 고양이의 품종을 판정하는 이미지 인식 모델을 학습하는데, 비행기의 이미지를 평가에 사용하는 것은 부적절하다. 평가 데이터가 타당해야 한다. 타당한 평가 데이터란 해결하고 싶은 과제에 필요한 데이터의 구성을 갖추고(고양이 품종의 분류라면 각 품종의 고양이에 대해 여러 종류의 각도, 줌인, 줌아웃, 나이, 색, 배경, 밝기 등으로 필요한 다양성을 포함할 것) 평가 데이터에 학습 데이터가 포함되지 않아야(학습 데이터와 평가 데이터를 명확하게 분리하는 구조가 준비되어 있을 것) 한다.

6.2.2. 소프트웨어의 정상성

머신러닝 시스템에서 소프트웨어 측면의 정상성에는 머신러닝의 기반이 되는 소프트웨어를 정상적으로 동작시키는 지표가 포함된다.

변경 관리

- 모델이나 소프트웨어의 버전 관리 및 정합성 관리: 모델을 추론기로 가동시키기 위한 소프트웨어의 버전이 모델 버전과 일치하고 있음을 확인하고 유지한다. 3장에서 설명한 바와 같이, 추론기를 학습할 때와 동등하게 가동시키기 위해서는 모델의 학습환경과 추론기의 소프트웨어 버전을 일치시키거나 지원 범위에 넣는 등 모델과 소프트웨어 버전의 정합성을 관리해야 한다.

인시던트 관리

- 소프트웨어 장애 관리: 소프트웨어의 가용성을 관리한다. 가용성이란 가동률이나 지연을 포함해 머신러닝 시스템으로의 요청에 대해 정상적이면서 특정 시간 내에 응답할 수 있는 것을 말한다. 이 상태를 유지할 수 없는 경우를 장애로 판정하고, 시스템의 서비스 수준에 요구되는 조건으로 장애 복구 작업을 실시하게 된다. 장애의 트래킹(경과 관찰)이나 포스트모템(Postmortem, 장애의 상세 내용을 기록하고 근본 원인을 분석해 재발 방지를 강구하는 것)도 실시한다.

운용 관리

- 운용 시스템 관리: 운용을 위한 시스템을 준비하고 관리한다. 운용 시스템에는 로그 수집, 데이터 수집, 감시통보, 모니터링, 비용 관리, 보안 취약성 관리 등 각종 시스템이 포함된다.

- 운용 체제 관리: 머신러닝 시스템을 운용하기 위한 인원이나 팀, 구조를 유지한다. 머신러닝 시스템은 다른 모든 시스템과 마찬가지로, 운용을 위해서는 인적자원이 필요하다. 운용 인원을 투입해 서비스 수준에 따라 장애 대응이 가능한 체제를 유지해야 한다.

테스트 관리

- 테스트 시스템 관리: 모델을 지속적으로 학습하고(CT=Continuous Training) 평가하는(CI=Continuous Integration) 시스템을 준비하고 관리한다. CT에서는 학습에서 평가, 모델 관리까지 일련의 파이프라인을 유지한다. CI에서는 완성된 모델을 소프트웨어에 통합해 시스템으로서 가동이 가능한지를 테스트한다.

- 머신러닝 시스템 릴리스 판정 관리: 머신러닝 시스템을 릴리스하기에 충분한 품질임을 판정한다. 이를 위해서는 각종 컴포넌트의 테스트(단위 테스트, 통합 테스트, 시스템 테스트를 포함)나 머신러닝 시스템을 이용하는 이해관계자와의 운용 테스트, A/B 테스트를 실시하고 시스템의 정상성을 평가한다. 동시에 머신러닝 모델도 평가해 사용자가 이용했을 때 위화감이 없는 추론 및 추론 이후에 적절한 액션이 취해지고 있는지 확인한다.

부하 테스트 패턴

복잡한 머신러닝 모델이 그렇지 않은 모델에 비해 더 좋다고 평가받을 수 있다. 하지만 복잡한 모델일수록 연산량이 크고 속도가 느리다. 사용자는 단순히 머신러닝을 통한 추론 결과만을 목적으로 하지 않는다. 웹 서비스에서 추론 결과를 얻기까지 대략 10초를 초과한다면, 사용자는 높은 확률로 웹 서비스에서 이탈하게 될 것이다. 추론기를 실제 시스템에서 사용하기 위해서는 속도와 부하에 대한 내성이 요구된다.

6.3.1. 유스케이스

- 추론 서버의 응답속도를 측정하고 싶은 경우.
- 추론 서버의 액세스 부하 테스트를 실시해서 실제 환경에 필요한 자원을 측정하고 싶은 경우.

6.3.2. 해결하려는 과제

추론 서버의 응답속도나 동시 액세스가 가능한 수는 서비스의 가용성과 직결되는 매우 중요한 수치다. 아무리 좋은 머신러닝 모델을 준비했더라도 하나의 응답에 1분이 걸리거나 한 서버가 동시에 하나의 요청밖에 받을 수 없다면 서비스는 성립하지 않는다. 물론 대규모 리소스나 추론용 GPU를 준비하면 가용성을 담보할 수 있을지는 모르지만, 그만큼 비용도 늘어나기 때문에 비즈니스로서는 성립하지 않을 수도 있다.

6.3.3. 아키텍처

부하 테스트 패턴은 기존의 웹 서비스나 온라인 시스템에서 행해왔던 부하 테스트를 추론기에 대해 실시하는 것이다(그림 6.1). 추론기를 웹 서비스나 온라인 시스템으로 생각하면 기존의 방법론으로 부하 테스트를 할 수 있다. 머신러닝 추론기의 실제 운용에서 대부분은 처리속도가 CPU에 의존하는 경우가 많기 때문에 속도나 동시 요청 수가 목표를 채우지 못한다면 CPU나 서버 대수를 조정해야 한다. 또한, 추론기를 한 프로세스로 동작시키는 경우, 사용할 수 있는 CPU도 1코어가 된다. 효율적인 자원의 이용을 위해서는 멀티 프로세스나 멀티 스레드로 동작시키는 것이 좋다.

이와 더불어 머신러닝에서는 입력 데이터의 종류를 검토해야 한다. 서비스에 따라서는 이미지나 음성, 동영상, 텍스트와 같은 용량이 큰 데이터를 입력하는 경우가 있다. 실제 서비스에서 입력하는 이미지나 음성의 사이즈가 무작위라면 부하 테스트에서도 그 크기를 무작위로 실행할(또는 최대 사이즈를 입력할) 필요가 있다. 입력 데이터는 전처리로 조정되는데, 예를 들어 입력 데이터의 사이즈가 너무 큰 나머지 메모리에 데이터가 모두 올라가지 못하고 Out-of-memory 에러가 발생해 서버가 정지될 수도 있다. 이런 경우는 전처리 방법을 변경하거나 데이터의 크기를 제한할 필요가 있다.

그 외 웹 서비스에서는 로드 밸런서나 네트워크, 또는 부하 테스트 서버 측에 병목이 존재할 가능성도 있다. 기대한 응답 속도나 동시 접속 수를 충족하지 못할 때는 부하 테스트를 구성하는 각 자원을 조감하는 것이 중요하다.

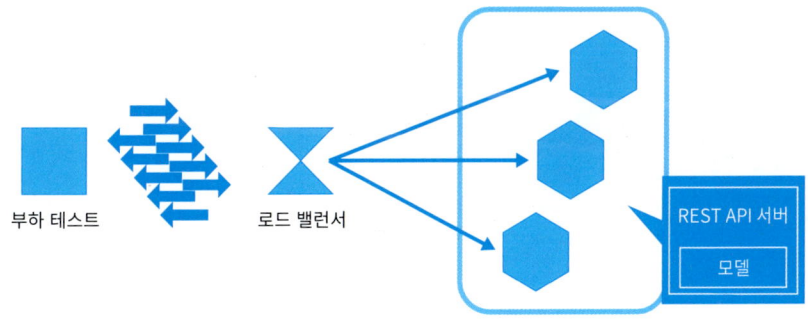

그림 6.1 부하 테스트 패턴

6.3.4. 구현

부하 테스트 패턴에서는 쿠버네티스 클러스터에 웹 싱글 패턴을 구축하고, 이 클러스터 내부의 부하 테스트 툴로 부하를 건다. 부하 테스트 툴에는 **vegeta attack**이라고 하는 오픈소스를 사용한다. **vegeta attack**은 커맨드라인에서 쉽게 사용할 수 있는 툴로 웹 API에 대해 경량으로 고부하를 가할 수 있다.

- tsenart/vegeta
  URL https://github.com/tsenart/vegeta

부하 테스트는 그림 6.2와 같은 구조로 수행한다.

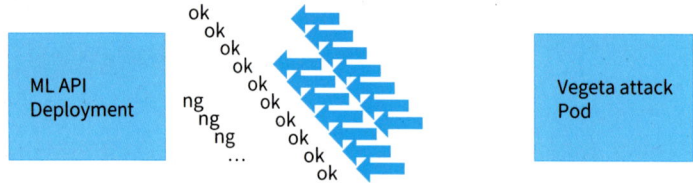

그림 6.2 부하 테스트

전체 코드

- ml-system-in-actions/chapter6_operation_management/load_test_pattern/
  URL https://github.com/wikibook/mlsdp/tree/main/chapter6_operation_management/load_test_pattern

부하 테스트를 위해 쿠버네티스 클러스터에 API의 Deployment와 부하 테스트 툴의 Pods를 배포한다.

먼저 API 리소스의 매니페스트는 코드 6.1과 같다.

코드 6.1 manifests/deployment.yml

```
# 웹 싱글 패턴
apiVersion: apps/v1
kind: Deployment
metadata:
```

```yaml
      name: iris-svc # 추론기 명칭
      namespace: load-test
      labels:
        app: iris-svc
    spec:
      replicas: 3
      selector:
        matchLabels:
          app: iris-svc
      template:
        metadata:
          labels:
            app: iris-svc
        spec:
          containers:
            - name: iris-svc
              image: shibui/ml-system-in-actions:load_test_pattern_api_0.0.1
              imagePullPolicy: Always
              ports:
                - containerPort: 8000 # 공개 포트
              resources:
                limits:
                  cpu: 500m # CPU 할당
                  memory: "300Mi" # 메모리 할당
                requests:
                  cpu: 500m # CPU 할당
                  memory: "300Mi" # 메모리 할당
              env:
                - name: MODEL_FILEPATH
                  value: "/workdir/iris_svc.onnx"
                - name: WORKERS
                  value: "8"

---

apiVersion: v1
kind: Service
metadata:
  name: iris-svc
```

```yaml
  namespace: load-test
  labels:
    app: iris-svc
spec:
  ports:
    - name: rest
      port: 8000 # 공개 포트
      protocol: TCP
  selector:
    app: iris-svc
```

Pods를 3대 배치해서 각 Pods의 CPU를 500m, 메모리를 300Mi로 설정했다. 부하 내성을 도모하기 위해 리소스 양은 고정한다.

부하 테스트 툴의 매니페스트는 코드 6.2와 같다.

코드 6.2 manifests/client.yml

```yaml
# 부하 테스트 클라이언트
apiVersion: v1
kind: Pod
metadata:
  name: client # 부하 테스트 클라이언트명
  namespace: load-test
spec:
  containers:
    - name: client
      image: shibui/ml-system-in-actions:load_test_pattern_client_0.0.1
      imagePullPolicy: Always
      command:
        - tail
        - -f
        - /dev/null
      resources:
        requests:
          cpu: 1000m
          memory: "1000Mi"
```

```yaml
      volumeMounts:
        - name: client
          mountPath: "/opt/vegeta"
          readOnly: true
  volumes:
    - name: client
      configMap:
        name: client

---
apiVersion: v1
kind: ConfigMap
metadata:
  name: client
  namespace: load-test
data:
  # 웹 API의 GET 액세스
  get-target: "GET http://iris-svc.load-test.svc.cluster.local:8000/predict/test"
  #웹 API의 POST 액세스
  post-target: "POST http://iris-svc.load-test.svc.cluster.local:8000/predict \n
  Content-Type: application/json \n
  @/opt/data.json"
```

부하 테스트 툴 역시 CPU와 메모리의 사용량을 고정한다. 부하 테스트를 실행할 때 부하 테스트 툴이 병목 상태가 되어 정상적으로 측정할 수 없는 경우가 생긴다. 부하 테스트 툴이 어느 정도의 부하에서 요청을 보낼 수 없게 되는지, 부하 테스트의 병목을 간과하지 않기 위해서는 부하 테스트 툴의 자원 사용량은 지정해 두는 것을 권장한다.

부하 테스트 정의 파일은 쿠버네티스의 ConfigMap(URL https://kubernetes.io/ko/docs/concepts/configuration/configmap/)으로 지정해 부하 테스트 툴에 마운트하는 형식을 취한다. GET과 POST에서 모두 부하 테스트를 수행할 수 있게 두 가지 정의를 담는다.

부하 테스트 툴에 접속해 커맨드라인에서 추론기 API에 대해 부하 테스트를 수행한다. 다음과 같은 커맨드로 초당 100의 POST 요청을 60초간 실행해 추론기 API의 부하 내성과 성능을 측정해보자.

[커맨드]

```
$ vegeta attack \
    -duration=60s \
    -rate=100 \
    -targets=vegeta/post-target | \
vegeta report \
    -type=text

# 요청 수
Requests [total, rate, throughput]
6000, 100.02, 100.01
# 부하 검증 시간
Duration [total, attack, wait]
59.992s, 59.99s, 2.054ms
# 지연
Latencies [min, mean, 50, 90, 95, 99, max]
1.68ms, 2.41ms, 2.32ms, 2.63ms, 2.84ms, 3.44ms, 49.49ms
# 입력 Byte 사이즈
Bytes In [total, mean]
438000, 73.00
# 출력 Byte 사이즈
Bytes Out [total, mean]
210000, 35.00
# 성공률
Success [ratio]
100.00%
# 상태 코드와 그 개수
Status Codes [code:count]
200:6000
```

결과적으로 99%의 요청을 3.44밀리초 이내에 응답하고 있음을 알 수 있다. 지연은 **Latencies**에 기록되어 있다.

부하 테스트로 거는 부하는 추론 시스템에 요구되는 서비스 수준에 따라 달라지지만, 추론 시스템에 대한 최대 요청 수가 초당 50 정도라면, 위의 결과로 안심하고 시스템을 릴리스할 수 있을 것이다. 더 높은 부하가 걸리는 시스템이라면 추론기의 자원을 다시 검토해서 더 높은 부하로 테스트할 필요가 있다.

조금 더 부하 테스트를 실시해 보자. 다음은 초당 500의 요청을 전송한 경우다.

[커맨드]

```
$ vegeta attack \
    -duration=60s \
    -rate=500 \
    -targets=vegeta/post-target | \
vegeta report \
    -type=text

Requests [total, rate, throughput]
30000, 500.02, 499.98
Duration [total, attack, wait]
1m0s, 59.998s, 4.469ms
Latencies [min, mean, 50, 90, 95, 99, max]
1.09ms, 2.29ms, 1.56ms, 2.39ms, 2.88ms, 26.03ms, 72.65ms
Bytes In [total, mean]
2190000, 73.00
Bytes Out [total, mean]
1050000, 35.00
Success [ratio]
100.00%
Status Codes [code:count]
200:30000
```

전체 요청에 대해 정상적으로 응답할 수 있었지만, 초당 100의 요청에 비해 지연(**Latencies**)이 발생하고 있음을 알 수 있다.

이어서 초당 1,000의 요청이다.

[커맨드]

```
$ vegeta attack \
    -duration=60s \
    -rate=1000 \
    -targets=vegeta/post-target | \
vegeta report \
    -type=text

Requests [total, rate, throughput]
60000, 999.93, 390.80
Duration [total, attack, wait]
1m14s, 1m0s, 14.272s
Latencies [min, mean, 50, 90, 95, 99, max]
1.25ms, 10.19s, 9.30s, 18.74s, 22.07s, 29.70s, 30.04s
Bytes In [total, mean]
2118971, 35.32
Bytes Out [total, mean]
1015945, 16.93
Success [ratio]
48.38%
Status Codes [code:count]
0:30973  200:29027
```

Success 결과는 48.38%다. 절반 이상의 요청이 실패했고, 지연도 평균 10초에 가까운 상태를 보였다. 이것으로 위의 추론 시스템은 현 리소스로 초당 500의 요청은 견딜 수 있지만, 1,000이 넘는 요청이면 에러가 발생하는 것을 알 수 있다.

이번 구현에서는 쿠버네티스 클러스터 내부에서 부하 테스트를 실시하는 구성이었지만, 실제 시스템으로 릴리스하는 것을 가정한다면 개발 환경이나 테스트 환경에 추론 시스템과 클라이언트를 준비하고 부하 테스트를 실시하는 것이 좋다. 실제 시스템에서는 네트워크상에 병목이 발생하는 경우가 다분하기 때문에 실제 네트워크에 상응하는 수준으로 측정해서 지연의 원인을 특정해 두는 것을 권장한다.

6.3.5. 이점

부하 테스트를 실시해 운용 측면에서 추론 시스템이 어느 정도의 부하에 견딜 수 있고 어느 정도의 지연이 발생하는지를 미리 파악할 수 있다. 릴리스 이전에 이와 같은 정보를 통해 장애 발생 시나 성능 열화 시에 고부하가 원인인지(부하 테스트에서 걸친 부하 이상의 액세스 수가 발생하지 않았는지) 확인할 수 있다.

6.3.6. 검토사항

추론 시스템에 대해 부하 테스트를 실행하는 이유는 시스템이 서비스 수준을 충족할 수 있는지를 판정하기 위함이다. 아무리 부하 테스트를 실시해도 요구되는 속도와 부하 내성을 만족시킬 수 없다면 비즈니스에 끼치는 영향을 고려해서 릴리스 여부나 병목이 발생하지 않았는지 조사가 필요하다. 머신러닝 모델의 알고리즘이나 사용한 데이터를 재검토해야 할 수도 있다. 또는, 비용을 들여 추론 시스템에 서버를 추가해 CPU 코어 수나 메모리 용량을 늘리는 방안도 효과적일 수 있다. 로직 자체를 완벽하게 최적화하는 것은 어렵다 하더라도 서버 자원이라면 비용을 많이 들여서 개선할 수 있는 경우도 있다.

로직의 개선을 장담할 수 없고 비용 대비 효과 때문에 서버 자원을 추가할 수 없을 때는 추론 시스템의 서비스 수준을 낮춰서 운용하는 선택지도 있다. 물론 서비스 수준이나 속도를 낮추면 사용자에게는 좋지 않은 영향을 끼칠 수 있지만, 비즈니스상 중요하지 않은 기능이라면 이 또한 나쁘지 않은 선택이다.

6.4 추론 서킷브레이커 패턴

안정적으로 가동 중이던 시스템이 불안정해지는 요인은 다양하겠지만, 그중 한 가지로 예상치 못한 고부하가 발생한 경우를 들 수 있다. 현행 서버로 처리할 수 없는 부하가 발생하고 있는 경우, 스케일 아웃이 유효한 대처 방법 중 하나다. 하지만 스케일 아웃에는 시간이 필요하고, 그 시간을 벌기 위해 서킷브레이커를 이용해 일부 통신을 차단할 수 있다.

6.4.1. 유스케이스

- 추론기의 액세스가 급격히 증감하는 경우.
- 급격한 액세스 증감을 추론 서버나 인프라가 대응할 수 없는 경우.
- 전 요청에 응답을 반환할 필요가 없는 경우.

6.4.2. 해결하려는 과제

앞 절에서 추론기에 대한 부하 테스트 방법에 대해 설명했다. 시스템에서 급격한 고부하가 발생해 전 요청에 대해 추론을 마칠 수 없는 상황은 종종 발생한다. 어떤 상황에서 고부하가 발생하는지 미리 알고 있다면 안전하게 리소스를 증강할 수 있다. 하지만 사건 사고로 인해 순간적으로 급격하게 요청이 증가하는 경우는 종종 발생하며, 이를 예측하기란 매우 어렵다.

인프라를 운용할 때는 요청 증가에 대비해 여분의 리소스를 배치해 두기도 한다. 그러나 순간적으로 요청 수가 평소의 5~10배가 되는 사태는 일반적이지 않으므로 상정하지 않는다. 급격한 요청 증가에 대비하기 위해 5~10배 정도의 리소스를 상시 배치해 두는 것은 매우 비효율적이다.

클라우드나 컨테이너를 이용한 시스템 개발이 일상이 된 요즘, 리소스를 시스템 부하에 따라 증감시키는 스케일 아웃의 도입은 일반적인 흐름이다. 하지만 스케일 아웃에는 시간이 필요하다. 부하가 증가하기 시작하고 나서 수 분 이내에 리소스가 추가된다. 실시간으로 시스템의 부하를 따라가는 것은 아니다.

부하의 증가로 인한 장애가 요청의 일부를 처리할 수 없는 정도로 그친다면, 아직은 귀여운 단계다. 그러나 부하가 몇 배 또는 수십 배 정도까지 급증하게 되면, 서비스의 전 자원이 부하에 견디지 못하고 다운되는 일이 발생한다. 전체 요청에 응답할 수 없는 상태가 되고 만다. 클라우드나 컨테이너에 의해 다운된 자원을 리커버하기 위해 서버가 다시 시작되기는 하지만, 재부팅하자마자 다운되었을 때와 동등한 부하가 발생해 다시 서버가 정지되는 일이 반복될 것이다. 부하를 평상시 정도로 되돌리거나 네트워크 차원에서 통신을 정지해 서버를 재부팅하거나 해서 장애 대처가 완료될 때까지 이 증상으로부터 벗어날 수 없다.

일부 요청을 처리할 수 없는 정도라면 아직 귀엽다, 라고 언급했지만, 일부 요청을 일부러 처리하지 않는 선택을 하는 것이 서킷브레이커의 핵심이다. 웹 시스템에서는 널리 사용되고 있는 구조로, 부하가 급증했을 때 일정 이상의 요청은 애플리케이션 서버에 전송하지 않고 프락시에서 자동으로 에러를 응답한다. 일부 요청을 차단해 완전한 서비스의 중단을 방지한다. 이는 에러를 반환하면서 요청 증가에 대응할 수 있도록 스케일 아웃 완료를 기다리는 것으로, 경제적, 운용적으로 매우 합리적인 구조라 할 수 있다.

추론 시스템을 웹 시스템으로 구축하는 경우, 추론기에도 같은 구조를 도입할 수 있다.

6.4.3. 아키텍처

추론 서킷브레이커 패턴은 리소스의 증가가 완료될 때까지 추론 서버가 모두 꺼지는 것을 막기 위한 아키텍처다(그림 6.3). 이 패턴에서는 일정 이상의 빈도로 발생하는 요청을 프락시로 차단해 추론 서버로 송신되는 요청 수를 처리 가능한 양으로 제한한다. 서비스가 모두 꺼지는 사태를 '최악'이라고 한다면, 일부 요청을 차단한 채 기타 요청에 응답하면서 서비스를 계속 이어가는 것은 '그래도 낫다'라는 발상인 것이다. 고부하로 추론 서버가 정지 또는 재부팅될 가능성을 감안한다면, 현행 추론 서버는 정상적인 상태를 유지하면서 스케일 아웃으로 고부하를 견딜 수 있는 추론 서버 수가 될 때까지 일부 요청을 차단하는 것은 이치에 맞는 아키텍처다.

추론 서킷브레이커 패턴을 구성할 때 중요한 것은 차단된 요청에 대한 대책이다. 차단으로 인해 클라이언트가 정지하여 후속 워크플로가 망가지는 사태는 피해야 한다. 차단되었을 때의 워크플로나 주의사항 등 애플리케이션을 정지시키지 않고 사용자 경험을 '최악'으로 치닫게 하지 않는 방법을 준비하는 것이 중요하다.

그림 6.3 추론 서킷브레이커 패턴

6.4.4. 구현

앞 절의 부하 테스트 패턴에서는 쿠버네티스 클러스터 내에서 **vegeta attack**이라고 하는 오픈소스로 부하 테스트를 수행했다. 추론 서킷브레이커 패턴 구현에서도 마찬가지로 쿠버네티스 클러스터로 서킷브레이커를 도입하고 vegeta attack으로 부하를 걸도록 한다.

쿠버네티스에는 Istio('이스티오'라고 읽음)라는 애드온 툴이 있다(그림 6.4). Istio는 쿠버네티스에서 마이크로서비스 아키텍처를 실현하고, 서비스 간 상호 통신을 지원하기 위한 기능을 제공한다. 그 일부에 네트워크 제어를 위한 프락시가 존재한다. Istio에서는 Istio 사이드카로 알려진 프락시를 쿠버네티스에 도입해, 내부 및 외부 통신을 제어한다. 기능으로는 트래픽 관리(통신 라우팅 및 규칙 설정), 보안(인증 인가, 암호화, 통신 거부 등), 로깅(Service Trace 및 감시)을 제공한다. Istio의 트래픽 관리 기능으로 서킷브레이커가 준비되어 있어 일정 이상의 조회 수를 차단할 수 있다.

- Istio
  URL https://istio.io/latest/

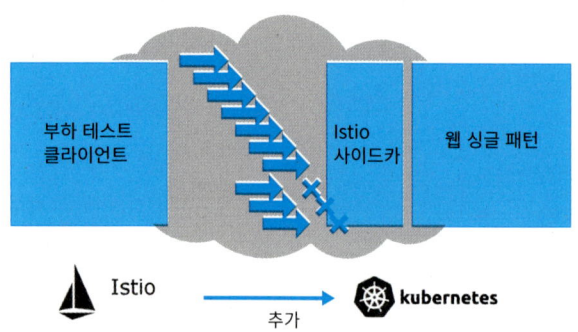

그림 6.4 Istio를 사용한 서킷브레이커

Istio는 **istioctl**이라고 하는 커맨드라인 툴로 관리할 수 있다. 쿠버네티스 클러스터에 Istio 도입은 다음과 같은 커맨드로 실행한다.

[커맨드]

```
$ istioctl install
This will install the Istio default profile with →
["Istio core" "Istiod" "Ingress gateways"] components →
into the cluster. Proceed? (y/N) y
✔ Istio core installed
✔ Istiod installed
✔ Ingress gateways installed
✔ Installation complete
```

설치는 5분 정도면 끝나고, 쿠버네티스 클러스터의 네트워크에 변경이 가해진다. 실제 시스템이 이미 가동 중인 쿠버네티스 클러스터에서는 최악의 경우 외부 접근이 중단될 수 있다. 현행 쿠버네티스 클러스터에 도입하는 경우는 스테이징 환경 등에서 사전 검증하자.

추론 서킷브레이커 패턴의 구현에서는 부하 테스트 패턴과 동등한 시스템에 서킷브레이커를 추가한다.

전체 코드

- ml-system-in-actions/chapter6_operation_management/circuit_breaker_pattern/
  URL https://github.com/wikibook/mlsdp/tree/main/chapter6_operation_management/circuit_breaker_pattern

Istio를 설치한 쿠버네티스 클러스터에서 Istio를 사용하는 구성으로 자원을 배포하면 Pods에 envoy 프락시라고 하는 사이드카가 추가될 것이다. envoy 프락시가 추가된 Pods에서는 인바운드, 아웃바운드 통신이 모두 envoy 프락시를 경유하여 실행된다. envoy 프락시는 DestinationRule이라는 기능을 가지고 있다. DestinationRule에서는 DestinationRule을 적용한 서비스로의 통신을 제어한다. 제어에는 부하 분산이나 타임아웃, 페일오버 등이 포함되고, DestinationRule에 서킷브레이커를 설정해 네트워크 차원에서 부하 대책을 실현할 수 있다.

추론 API의 매니페스트에 Istio DestinationRule을 추가한 매니페스트가 코드 6.3이다.

코드 6.3 manifests/deployment.yml

```yaml
apiVersion: apps/v1
kind: Deployment
metadata:
  name: iris-svc # 명칭
  namespace: circuit-breaker
  labels:
    app: iris-svc
spec:
  replicas: 3
  selector:
    matchLabels:
      app: iris-svc
  template:
    metadata:
      labels:
        app: iris-svc
        version: svc
      annotations: # Istio를 사용한 설정
        sidecar.istio.io/inject: "true"
        sidecar.istio.io/proxyCPU: "128m"
        sidecar.istio.io/proxyMemory: "128Mi"
        proxy.istio.io/config: "{'concurrency':'4'}"
    spec:
      containers:
        - name: iris-svc
          image: shibui/ml-system-in-actions:circuit_breaker_pattern_api_0.0.1
          imagePullPolicy: Always
          ports:
            - containerPort: 8000 # 공개 포트
          resources:
            limits:
              cpu: 500m # CPU 할당
              memory: "300Mi" # 메모리 할당
            requests:
              cpu: 500m # CPU 할당
              memory: "300Mi" # 메모리 할당
          env:
```

```yaml
        - name: MODEL_FILEPATH
          value: "/workdir/iris_svc.onnx"
        - name: WORKERS
          value: "8"

---
apiVersion: v1
kind: Service
metadata:
  name: iris-svc
  namespace: circuit-breaker
  labels:
    app: iris-svc
spec:
  ports:
    - name: rest
      port: 8000 # 공개 포트
      protocol: TCP
  selector:
    app: iris-svc

---
apiVersion: networking.istio.io/v1alpha3
kind: DestinationRule
metadata:
  name: iris-svc
  namespace: circuit-breaker
spec:
  host: iris-svc
  trafficPolicy:
    loadBalancer:
      simple: ROUND_ROBIN
    connectionPool:
      tcp:
        # 최대 접속 수
        maxConnections: 100
      http:
        # 최대 요청 수
```

```yaml
      http1MaxPendingRequests: 100
      # 커넥션의 최대 요청 수
      maxRequestsPerConnection: 100
  # 고부하 대처
  outlierDetection:
    # 계속되는 장애임을 판정하는 값
    consecutiveErrors: 100
    # 에러 판정 간격 (초)
    interval: 1s
    # 에러일 경우 에러를 반환하는 최소 간격(밀리초)
    baseEjectionTime: 10m
    maxEjectionPercent: 10
  subsets:
    - name: svc
      labels:
        version: svc

---
apiVersion: networking.istio.io/v1alpha3
kind: VirtualService
metadata:
  name: iris-svc
  namespace: circuit-breaker
spec:
  hosts:
    - iris-svc
  http:
    - route:
        - destination:
            host: iris-svc
            subset: svc
          weight: 100
```

부하 테스트 툴의 매니페스트는 코드 6.4와 같다. Istio로 인한 어노테이션이 추가된 것 이외에는 부하 테스트 패턴과 동일하다.

코드 6.4 manifests/client.yml

```yaml
apiVersion: v1
kind: Pod
metadata:
  name: client
  namespace: circuit-breaker
  annotations:
    sidecar.istio.io/inject: "true"
    sidecar.istio.io/proxyCPU: "128m"
    sidecar.istio.io/proxyMemory: "128Mi"
    proxy.istio.io/config: "{'concurrency':'16'}"
spec:
  containers:
    - name: client
      image: shibui/ml-system-in-actions:circuit_breaker_pattern_client_0.0.1
      imagePullPolicy: Always
      command:
        - tail
        - -f
        - /dev/null
      resources:
        requests:
          cpu: 1000m
          memory: "1000Mi"
      volumeMounts:
        - name: client
          mountPath: "/opt/vegeta"
          readOnly: true
  volumes:
    - name: client
      configMap:
        name: client

---
apiVersion: v1
kind: ConfigMap
metadata:
  name: client
```

```
  namespace: circuit-breaker
data:
  get-target: "GET http://iris-svc.circuit-breaker.→
svc.cluster.local:8000/predict/test"
  post-target: "POST http://iris-svc.circuit-breaker.→
svc.cluster.local:8000/predict \n
  Content-Type: application/json \n
  @/opt/data.json"
```

이 구성으로 초당 1,000의 요청으로 부하 테스트를 실시해보자. 같은 구성의 부하 테스트 패턴으로 검증했을 때는 초당 1,000의 요청에 대해 약 50%의 요청이 실패했고, 평균 지연은 10초 정도였다. 서킷브레이커 패턴에서는 성공률과 평균 지연이 모두 개선된 것을 확인할 수 있다.

[커맨드]

```
# 부하 테스트 클라이언트 접속
$ kubectl \
    -n circuit-breaker exec \
    -it pod/client bash

# 부하 테스트 실행
$ vegeta attack \
    -duration=10s \
    -rate=1000 \
    -targets=vegeta/post-target | \
  vegeta report \
    -type=text

# 송신한 요청 수
Requests [total, rate, throughput]
10000, 1000.11, 710.57
# 부하 테스트 시간
Duration [total, attack, wait]
10.484s, 9.999s, 485.526ms
# 지연
Latencies [min, mean, 50, 90, 95, 99, max]
1.63ms, 171.34ms, 71.43ms, 403.98ms, 1.09s, 1.76s, 4.02s
```

```
1.76s, 4.02s
# 입력 Byte 사이즈
Bytes In [total, mean]
750400, 75.04
# 출력 Byte 사이즈
Bytes Out [total, mean]
350000, 35.00
# 성공률 (에러율 25.5%)
Success [ratio]
74.50%
# 상태 코드와 그 수
Status Codes [code:count]
200:7450  503:2550
# 발생한 에러
Error Set:
503 Service Unavailable
```

에러율은 25.5% 정도임을 확인할 수 있다. 서킷브레이커에서 차단한 통신은 상태 코드 503을 응답하는 사양이므로 실패하는 통신은 모두 서킷브레이커를 통한 것임을 알 수 있다.

지연은 1초 이내로 수렴된 모습이다. 서킷브레이커를 사용하지 않고 부하 테스트를 실시한 부하 테스트 패턴에 비해 가용성과 지연 모두 개선되었음을 알 수 있다.

6.4.5. 이점

추론 서킷브레이커 패턴의 장점은 급격한 부하 증가가 발생해도 시스템을 전체 차단시키지 않아도 된다는 점이다. 일부 요청은 에러가 나겠지만, 모든 시스템이 장애로 정지하는 것보다는 훨씬 나을 것이다.

6.4.6. 검토사항

이번에는 Istio를 사용해 서킷브레이커를 구현했는데, 동일한 기능을 NGINX도 제공한다. Istio의 도입이 어려운 환경이나 쿠버네티스가 아닌 인프라라면 NGINX를 이용한 서킷브레이커가 더 범용적으로 사용될 것이다.

서킷브레이커에서는 차단된 요청에 자동으로 상태 코드 503을 응답하고 있으나, 다른 내용으로 응답하는 것을 검토해도 좋다. 비동기 추론 패턴을 이용해 일정 이상의 요청은 큐에 쌓아 비동기적으로 응답하는 방법도 생각할 수 있다. 비록 추론 결과를 얻는 데 시차가 발생하지만, 에러를 반환하는 것보다 비즈니스적인 가치를 기대해 볼 수 있을 것이다.

서킷브레이커의 임계치에도 검토가 필요하다. 임계치가 너무 낮으면 추론 시스템으로서는 안정적으로 운용할 수 있겠지만, 사용자 입장에서는 빈번한 에러로 인해 사용할 수 없는 시스템으로 전락할 것이다. 반대로 임계치가 너무 높으면 추론 시스템의 안정적인 운용이 어려워진다. 사전에 서킷브레이커 없이 부하 테스트를 실시해보고, 추론 시스템이 견딜 수 없을 정도의 부하에서 대략 80% 정도의 서킷브레이커 임계치를 설정해 두면 여유를 가지고 효율적인 리소스 활용이 가능할 것이다.

섀도 A/B 테스트 패턴

실제 가동 중인 추론기를 갱신해야 하는 이유는 다양하다. 예를 들어 추론 대상인 데이터의 경향이 바뀌어 현재 사용 중인 모델의 추론 결과가 더 이상 유효하지 않은 케이스를 생각할 수 있다. 모델을 다시 학습해서 릴리스하고 싶을 때 우려되는 점은 갱신된 모델이 정말로 실제 시스템에서 효율적으로 작동하는지 릴리스하지 않으면 알 수 없다는 점이다. A/B 테스트 패턴에서는 새로운 모델을 현행 모델과 병행해서 유효성을 비교한다.

6.5.1_ 유스케이스

- 새로운 추론 모델이 실제 데이터로 문제없이 추론 가능한지 확인하고 싶은 경우.
- 새로운 추론기가 실제 액세스의 부하로부터 견딜 수 있는지 확인하고 싶은 경우.

6.5.2. 해결하려는 과제

머신러닝을 도입하려는 추론 시스템에서는 실제 데이터로 모델을 평가하기 위해 온라인으로 A/B 테스트를 실시하는 케이스가 적지 않다. 모델을 개발할 때는 학습 데이터나 테스트 데이터로 모델을 평가한 뒤 일정 이상의 퍼포먼스를 발휘하는 모델을 실제 시스템으로 포함하지만, 그 모델이 현재 실제로 가동 중인 시스템에서 사용 중인 데이터로 유효한 추론을 수행하는지는 실제 시스템에 릴리스하기 전까지는 알 수 없다. 모델의 추론 결과는 나쁠 수도 있고, 느린 추론 속도로 사용자가 이탈할 가능성도 있다. 또는, 추론기의 가용성이 낮아 에러로 인한 정지나 지연을 유발할 위험도 물론 있다.

온라인에서 A/B 테스트를 실시하기 이전 단계에서 새로운 모델과 추론기가 실제 데이터로 정상적으로 동작해 머신러닝 시스템으로서 실제 도입을 견뎌낼 수 있는지 검증한다면 더욱 안전하다.

섀도 A/B 테스트 패턴에서는 실제 시스템에서 가동 중인 요청을 새롭게 가동시키려는 추론기에 미러링해서 추론 결과를 클라이언트에 반환하지 않으면서 추론만을 실행하는 시스템을 실현한다. 섀도 A/B 테스트를 사용하면 안전하게 머신러닝 시스템을 갱신할 수 있다.

6.5.3. 아키텍처

섀도 A/B 테스트 패턴은 여러 개의 추론 모델과 추론기를 실제 데이터를 사용해 테스트하는 방법으로 볼 수 있다(그림 6.5). 섀도 A/B 테스트 패턴에서는 하나 이상의 추론기를 가동시킨다. 먼저, 클라이언트와 추론기 사이에 프락시 서버를 배치한다. 프락시 서버는 추론 모델 모두에 요청을 보내지만, 클라이언트로 추론 결과를 반환하는 것은 현행 모델뿐이다. 새로운 모델의 추론 결과는 클라이언트로 송신하지 않는다. 그리고 프락시 서버는 양쪽의 추론 결과를 분석용 DWH에 격리한다. 섀도 A/B 테스트 패턴에서는 클라이언트에 영향을 끼치지 않고 새로운 모델의 추론 결과와 스피드를 측정해 실전 도입 여부를 판단하게 된다.

새로운 추론 모델의 추론 결과나 속도, 가용성에 문제가 있는 경우는 새로운 추론 모델을 정지한다. 새로운 추론 모델의 유효성을 계측하는 기간은 충분한 검토가 필요하다. 계절성을 갖는 서비스라면 장기적으로 측정할 필요가 있고, 매일 사용하는 서비스라면 1주일 정도로 결론을 낼 수 있을 것이다. 한편, 새로운 추론 모델의 릴리스부터 바로 결과를 알 수 있는 경우(주가 등 결과가 순차적으로 판명되는 경우)도 있다. 기존 모델과 새로운 모델의 지속, 정지 여부는 추론 결과와 그 영향을 보고 판단한다.

섀도 A/B 테스트 패턴은 다음 절에서 설명할 온라인 A/B 테스트 패턴과 달리 실제 비즈니스에 대한 리스크 없이 새로운 추론 모델을 시험할 수 있다. 반면, 새로운 모델의 추론 결과는 클라이언트에 반환되지 않기 때문에 최종적인 비즈니스 가치를 측정하는 것은 쉽지 않다. 섀도 A/B 테스트 패턴에서 추론 모델이 문제없이 가동되는 것을 확인했다면 온라인 A/B 테스트 패턴으로 비즈니스 가치를 측정할 것을 권장한다.

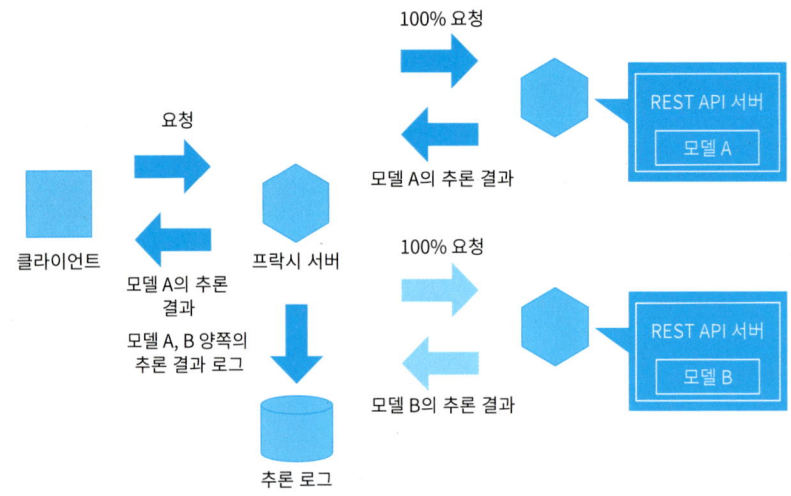

그림 6.5 섀도 A/B 테스트 패턴

6.5.4. 구현

앞 절에서 추론 서킷브레이커 패턴으로 쿠버네티스 클러스터에 Istio라는 네트워크 툴을 도입했다. Istio에는 서킷브레이커 이외에도 여러 개의 트래픽을 엔드포인트에 미러링하는 기능이 준비되어 있다. 트래픽의 미러링을 이용해 현재의 추론기와 새로운 추론기에 모두 같은 요청을 보낼 수 있다. 새로운 추론기에서는 이 요청에 대해 추론을 수행하지만, 추론 결과는 클라이언트로 응답되지 않는다. 어디까지나 클라이언트로는 현행 추론기의 추론 결과만 응답한다.

섀도 A/B 테스트의 예로 두 가지 모델을 추론기로 가동시켜 보자. 모델은 붓꽃 데이터셋으로 학습한 다중 클래스 분류기로, 하나는 서포트 벡터 머신 모델, 다른 하나는 랜덤 포레스트 모델이다. 현행 추론기로는 서포트 벡터 머신 모델이 가동되고 있고, 여기에 섀도 A/B 테스트로 랜덤 포레스트 추론기를 추가한다.

전체 코드

- ml-system-in-actions/chapter6_operation_management/shadow_ab_pattern/
  URL https://github.com/wikibook/mlsdp/tree/main/chapter6_operation_management/shadow_ab_pattern

추론기는 FastAPI를 사용해 웹 API로 가동시킨다. 구현은 웹 싱글 패턴과 같기 때문에 중복된 설명은 생략한다.

섀도 A/B 테스트를 실현하기 위해 Istio VirtualService를 이용한다. VirtualService는 각 엔드포인트로의 통신 할당을 컨트롤하는 기능을 제공한다. 서포트 벡터 머신 추론기의 엔드포인트에 요청을 보내면서 랜덤 포레스트의 엔드포인트에도 동등한 요청을 보내 응답을 취득하지 않는 구성을 하는 것도 가능하다(그림 6.6).

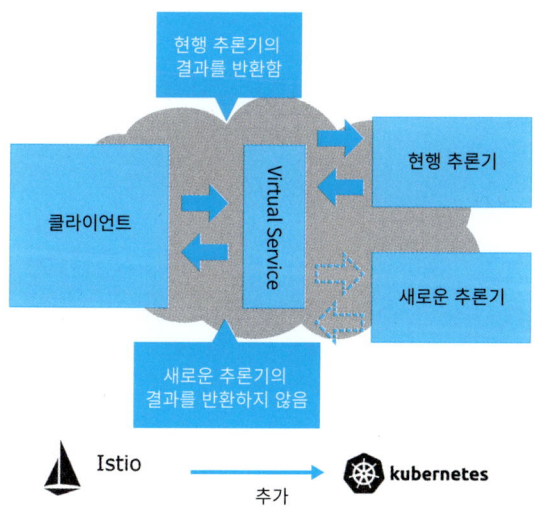

그림 6.6 섀도 A/B 테스트의 구현 예시

서포트 벡터 머신 추론기와 랜덤 포레스트 추론기, 그리고 섀도 A/B 테스트를 위한 VirtualService의 매니페스트는 코드 6.5 와 같다.

코드 6.5 manifests/deployment.yml

```
# 불필요한 일부 리소스는 생략함


# 웹 싱글 패턴에 Istio 추가
# 현행 추론기
apiVersion: apps/v1
kind: Deployment
metadata:
  name: iris-svc
  namespace: shadow-ab
  labels:
    app: iris-svc
spec:
  replicas: 1
  selector:
    matchLabels:
      app: iris
  template:
    metadata:
      labels:
        app: iris
        version: svc
      # istio 설정
      annotations:
        sidecar.istio.io/inject: "true"
        sidecar.istio.io/proxyCPU: "128m"
        sidecar.istio.io/proxyMemory: "128Mi"
        proxy.istio.io/config: "{'concurrency':'4'}"
    spec:
      containers:
        - name: iris-svc
          image: shibui/ml-system-in-actions:shadow_ab_pattern_api_0.0.1
          imagePullPolicy: Always
          ports:
```

```yaml
        - containerPort: 8000 # 공개 포트
      resources:
        limits:
          cpu: 500m
          memory: "300Mi"
        requests:
          cpu: 500m
          memory: "300Mi"
      env:
        - name: MODEL_FILEPATH
          value: "/workdir/iris_svc.onnx"
        - name: WORKERS
          value: "8"

---
# 새로운 추론기 (섀도)
apiVersion: apps/v1
kind: Deployment
metadata:
  name: iris-rf
  namespace: shadow-ab
  labels:
    app: iris-rf
spec:
  replicas: 1
  selector:
    matchLabels:
      app: iris
  template:
    metadata:
      labels:
        app: iris
        version: rf
      # istio 설정
      annotations:
        sidecar.istio.io/inject: "true"
        sidecar.istio.io/proxyCPU: "128m"
        sidecar.istio.io/proxyMemory: "128Mi"
```

```yaml
        proxy.istio.io/config: "{'concurrency':'4'}"
    spec:
      containers:
        - name: iris-rf
          image: shibui/ml-system-in-actions:shadow_ab_pattern_api_0.0.1
          imagePullPolicy: Always
          ports:
            - containerPort: 8000 # 공개 포트
          resources:
            limits:
              cpu: 500m
              memory: "300Mi"
            requests:
              cpu: 500m
              memory: "300Mi"
          env:
            - name: MODEL_FILEPATH
              value: "/workdir/iris_rf.onnx"
            - name: WORKERS
              value: "8"

---
apiVersion: v1
kind: Service
metadata:
  name: iris
  namespace: shadow-ab
  labels:
    app: iris
spec:
  ports:
    - name: rest
      port: 8000 # 공개 포트
      protocol: TCP
  selector:
    app: iris

---
```

```yaml
apiVersion: networking.istio.io/v1alpha3
kind: DestinationRule
metadata:
  name: iris
  namespace: shadow-ab
spec:
  host: iris
  trafficPolicy:
    loadBalancer:
      simple: ROUND_ROBIN
  subsets:
    - name: svc
      labels:
        version: svc
    - name: rf
      labels:
        version: rf

---
# VirtualService 사용
apiVersion: networking.istio.io/v1alpha3
kind: VirtualService
metadata:
  name: iris
  namespace: shadow-ab
spec:
  hosts:
    - iris
  http:
    - route:
        # 100%의 요청을 서포트 벡터 머신 추론기에 송신
        - destination:
            host: iris
            subset: svc
          weight: 100
      # 100%의 요청을 랜덤 포레스트 추론기에 미러링
      mirror:
        host: iris
```

```
      subset: rf
  mirror_percent: 100
```

마지막 부분의 mirror 이하는 랜덤 포레스트 추론기로 요청 복사본을 송신하는 설정이다. 위의 **containerPort: 8000**과 같이 모두 같은 포트번호 8000을 공유한 설정으로 되어 있지만, 클라이언트의 요청에 대한 응답은 서포트 벡터 머신 추론기에서만 되돌아오지 않으며, 랜덤 포레스트 추론기의 응답은 차단된다.

시험 삼아 포트번호 8000 엔드포인트에 요청을 보내 보자. 응답 결과는 서포트 벡터 머신 추론기의 추론 결과로 되어 있으나, 랜덤 포레스트 추론기로도 동시에 추론되고 있음을 로그를 통해 알 수 있다.

[커맨드]

```
# 클라이언트에 접속
$ kubectl -n shadow-ab exec -it pod/client bash

# 랜덤 포레스트 추론기에 요청이 가지 않는 것을 확인하기 위해
# /predict/test에 대해 연속적으로 요청을 송신함.
# 모든 요청에 대해 응답이 같은 결과를 나타냄.
$ curl http://iris.shadow-ab.svc.cluster.local:8000/predict/0000
{"prediction":[0.9709,0.0155,0.0134]}
$ curl http://iris.shadow-ab.svc.cluster.local:8000/predict/0001
{"prediction":[0.9709,0.0155,0.0134]}
$ curl http://iris.shadow-ab.svc.cluster.local:8000/predict/0002
{"prediction":[0.9709,0.0155,0.0134]}
$ curl http://iris.shadow-ab.svc.cluster.local:8000/predict/0003
{"prediction":[0.9709,0.0155,0.0134]}

# 서포트 벡터 머신 추론기의 로그
# [2021-01-02 10:06:10] [INFO] [iris_svc.onnx] →
[/predict] [0000] [1.0731 ms] [[0.9709, 0.0155, 0.0134]]
# [2021-01-02 10:06:13] [INFO] [iris_svc.onnx] →
[/predict] [0001] [1.2598 ms] [[0.9709, 0.0155, 0.0134]]
# [2021-01-02 10:06:15] [INFO] [iris_svc.onnx] →
[/predict] [0002] [1.3172 ms] [[0.9709, 0.0155, 0.0134]]
```

```
# [2021-01-02 10:06:18] [INFO] [iris_svc.onnx] →
[/predict] [0003] [2.0592 ms] [[0.9709, 0.0155, 0.0134]]

# 랜덤 포레스트 추론기의 로그
# [2021-01-02 10:06:10] [INFO] [iris_rf.onnx] →
[/predict] [0000] [4.4090 ms] [[1.000, 0.0, 0.0]]
# [2021-01-02 10:06:13] [INFO] [iris_rf.onnx] →
[/predict] [0001] [2.9642 ms] [[1.000, 0.0, 0.0]]
# [2021-01-02 10:06:15] [INFO] [iris_rf.onnx] →
[/predict] [0002] [2.0020 ms] [[1.000, 0.0, 0.0]]
# [2021-01-02 10:06:18] [INFO] [iris_rf.onnx] →
[/predict] [0003] [2.1064 ms] [[1.000, 0.0, 0.0]]
```

6.5.5. 이점

섀도 A/B 테스트의 이점은 실제 시스템에 영향을 주지 않으면서 새로운 모델과 추론기를 동등한 상황에서 테스트할 수 있다는 것이다. 섀도 A/B 테스트를 실시함으로써 모델의 추론 결과와 지연, 가용성이 실제 릴리스에 적합한지 평가하기 위한 데이터를 얻을 수 있다.

6.5.6. 검토사항

섀도 A/B 테스트 패턴에서는 여러 모델과 추론기를 실제 요청에서 검증하는 방법에 대해 설명했다. 각 모델이 실제 시스템에서 유효한지, 릴리스할 가치가 있는지는 추론기를 사용하는 목적에 달려 있다. 섀도 A/B 테스트에서는 새로운 모델과 추론기의 로그를 취득할 수 있다. 하지만 새로운 추론기가 현행 추론기보다 우수한지는 머신러닝과 시스템, 두 가지 측면의 평가지표와 대조해 판단해야 한다.

6.6 온라인 A/B 테스트 패턴

섀도 A/B 테스트 패턴에서는 새롭게 배치한 추론기에 요청을 미러링하는 방법에 대해 설명했다. 미러링에서는 추론만 실행하고, 추론 결과는 클라이언트로 응답하지 않았다. 이어지는 온라인 A/B 테스트 패턴에서는 요청의 일부를 새로운 추론기를 통해 응답하고, 사용자의 반응이나 효과를 측정한다.

6.6.1. 유스케이스

- 새로운 추론 모델이 실제 데이터로 문제없이 추론 가능한지 확인하고 싶은 경우.
- 새로운 추론기가 실제 액세스의 부하에 견딜 수 있는지 확인하고 싶은 경우.
- 온라인으로 복수의 추론 모델의 비즈니스 가치를 측정할 경우.
- 새로운 추론 모델이 현행 추론 모델보다 나쁜 결과를 내지 않음을 확인하고 싶은 경우.

6.6.2. 해결하려는 과제

섀도 A/B 테스트에서 새로운 추론기가 실제 시스템에서 정상 가동되는지 확인 가능했다. 이어지는 온라인 A/B 테스트에서는 추론기를 실제 시스템의 일부에 릴리스하고 모델의 유효성을 주변 시스템이나 사용자 영향으로부터 평가한다.

6.6.3. 아키텍처

온라인 A/B 테스트 패턴은 복수의 추론 모델과 추론기를 실제 데이터로 테스트하는 방법이다(그림 6.7). 온라인 A/B 테스트 패턴에서는 복수의 추론기를 가동시켜 현행 추론기에 과반수의 액세스를 배분하면서 새로운 추론기에 서서히 액세스를 흘려보낸다. 액세스 양의 조정은 프락시 서버가 수행한다. 프락시 서버는 요청을 특정하는 ID와 입력 데이터, 그리고 추론 결과를 분석용 DWH에 격리한다. 워크플로에 따라서는 추론을 얻은 클라이언트의 행동 로그를 수집해 새로운 모델과 기존 모델의 비교에 이용한다. 액세스를 할당하는 규칙은 목적에 따라 달라진다. 새로운 모델을 통해 최종 사용자의 행동을 분석하고 싶다면 동일 사용자는 동일 추론기로 흘려보내는 것이 좋다. 그리고 위반 검지와 같이 추론 결과를 모아두는 것이라면, 무작위로 배분하거나 양쪽 모두에 액세스시키는 전략도 생각할 수 있다.

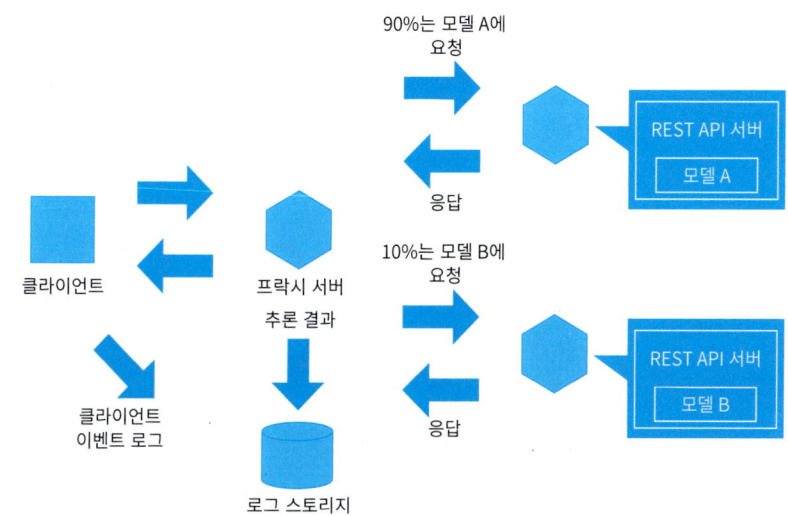

그림 6.7 온라인 A/B 테스트 패턴

새로운 추론 모델의 추론 결과나 속도, 가용성에 문제가 있는 경우, 현행 추론기로 액세스를 되돌리고 새로운 추론기는 정지한다. 새로운 추론 모델의 유효성을 계측하는 기간은 충분한 검토가 필요하다. 계절성을 띠는 서비스라면 장기적으로 측정할 필요가 있고, 매일 사용하는 서비스라면 1주일 정도로 결론을 낼 수 있을 것이다. 한편, 새로운 추론 모델의 릴리스부터 바로 결과를 알 수 있는 경우(주가 등 결과가 순차적으로 판명되는 경우)도 있다. 기존 모델과 새로운 모델의 지속, 정지 여부는 추론 결과와 그 영향을 보고 판단해야 한다.

온라인 A/B 테스트 패턴은 새로운 모델을 실제 시스템에 접속시켜 추론 결과를 클라이언트에 반환한다. 비즈니스나 주변 시스템에 영향을 주는 테스트 패턴이다.

6.6.4. 구현

섀도 A/B 테스트와 마찬가지로, 온라인 A/B 테스트에서도 Istio VirtualService를 활용한다. VirtualService는 트래픽 미러링뿐만 아니라 트래픽 분할도 가능하다. 트래픽 분할에서는 복수의 엔드포인트에 요청을 송신하는 비율을 지정해서 요청의 일부는 현행 추론기로, 나머지는 새로운 추론기로 나누어 송신할 수 있게 된다(그림 6.8).

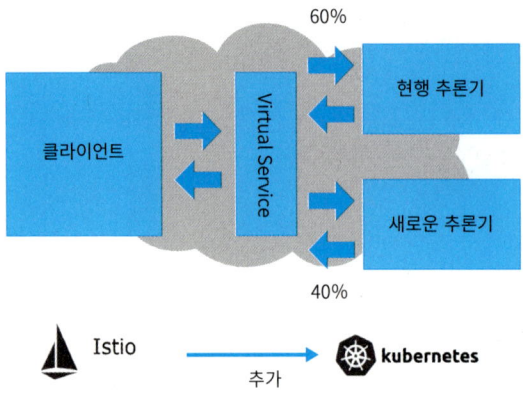

그림 6.8 온라인 A/B 테스트의 구현 예시

추론기는 새도 A/B 테스트와 마찬가지로 현행 추론기를 서포트 벡터 머신 모델, 새로운 추론기를 랜덤 포레스트 모델로 구현한다. 새도 A/B 테스트와의 차이는 추론기의 VirtualService 설정뿐이다.

전체 코드

- ml-system-in-actions/chapter6_operation_management/online_ab_pattern/
  URL https://github.com/wikibook/mlsdp/tree/main/chapter6_operation_management/online_ab_pattern

추론기의 매니페스트는 코드 6.6과 같다.

코드 6.6 manifests/deployment.yml

```
# 불필요한 일부 리소스는 생략함

# 웹 싱글 패턴에 Istio 추가
# 현행 추론기
apiVersion: apps/v1
kind: Deployment
```

```yaml
metadata:
  name: iris-svc
  namespace: online-ab
  labels:
    app: iris-svc
spec:
  replicas: 1
  selector:
    matchLabels:
      app: iris
  template:
    metadata:
      labels:
        app: iris
        version: svc
      # istio 설정
      annotations:
        sidecar.istio.io/inject: "true"
        sidecar.istio.io/proxyCPU: "128m"
        sidecar.istio.io/proxyMemory: "128Mi"
        proxy.istio.io/config: "{'concurrency':'4'}"
    spec:
      containers:
        - name: iris-svc
          image: shibui/ml-system-in-actions:online_ab_pattern_api_0.0.1
          imagePullPolicy: Always
          ports:
            - containerPort: 8000
          resources:
            limits:
              cpu: 500m
              memory: "300Mi"
            requests:
              cpu: 500m
              memory: "300Mi"
          env:
            - name: MODEL_FILEPATH
              value: "/workdir/iris_svc.onnx"
```

```yaml
      - name: WORKERS
        value: "8"

---
# 새로운 추론기
apiVersion: apps/v1
kind: Deployment
metadata:
  name: iris-rf
  namespace: online-ab
  labels:
    app: iris-rf
spec:
  replicas: 1
  selector:
    matchLabels:
      app: iris
  template:
    metadata:
      labels:
        app: iris
        version: rf
      # istio 설정
      annotations:
        sidecar.istio.io/inject: "true"
        sidecar.istio.io/proxyCPU: "128m"
        sidecar.istio.io/proxyMemory: "128Mi"
        proxy.istio.io/config: "{'concurrency':'4'}"
    spec:
      containers:
        - name: iris-rf
          image: shibui/ml-system-in-actions:online_ab_pattern_api_0.0.1
          imagePullPolicy: Always
          ports:
            - containerPort: 8000
          resources:
            limits:
              cpu: 500m
```

```yaml
              memory: "300Mi"
          requests:
            cpu: 500m
            memory: "300Mi"
        env:
          - name: MODEL_FILEPATH
            value: "/workdir/iris_rf.onnx"
          - name: WORKERS
            value: "8"

---
apiVersion: v1
kind: Service
metadata:
  name: iris
  namespace: online-ab
  labels:
    app: iris
spec:
  ports:
    - name: rest
      port: 8000
      protocol: TCP
  selector:
    app: iris

---
apiVersion: networking.istio.io/v1alpha3
kind: DestinationRule
metadata:
  name: iris
  namespace: online-ab
spec:
  host: iris
  trafficPolicy:
    loadBalancer:
      simple: ROUND_ROBIN
  subsets:
```

```yaml
  - name: svc
    labels:
      version: svc
  - name: rf
    labels:
      version: rf

---
# VirtualService 사용
apiVersion: networking.istio.io/v1alpha3
kind: VirtualService
metadata:
  name: iris
  namespace: online-ab
spec:
  hosts:
    - iris
  http:
    - route:
        # 서포트 벡터 머신 추론기로 60%
        - destination:
            host: iris
            subset: svc
          weight: 60
        # 랜덤 포레스트 추론기로 40%
        - destination:
            host: iris
            subset: rf
          weight: 40
```

VirtualService의 마지막 부분에서 서포트 벡터 머신에 대한 부하(weight)를 60, 랜덤 포레스트에 대한 부하를 40으로 지정했다. 이렇게 전체 요청의 60%는 서포트 벡터 머신으로, 40%는 랜덤 포레스트로 전송된다.

실제로 트래픽이 분할되고 있는지 확인해 보자.

[커맨드]

```
# 클라이언트로 접속
$ kubectl \
    -n online-ab exec \
    -it pod/client bash

# 테스트로 요청 10회 송신
$ target="iris.online-ab.svc.cluster.local"

$ curl http://${target}:8000/predict/test
{"prediction":[0.9709,0.0155,0.0134], "mode":"iris_svc.onnx"}
$ curl http://${target}:8000/predict/test
{"prediction":[0.9709,0.0155,0.0134], "mode":"iris_svc.onnx"}
$ curl http://${target}:8000/predict/test
{"prediction":[0.9709,0.0155,0.0134], "mode":"iris_svc.onnx"}
$ curl http://${target}:8000/predict/test
{"prediction":[1.0000,0.0,0.0], "mode":"iris_rf.onnx"}
$ curl http://${target}:8000/predict/test
{"prediction":[0.9709,0.0155,0.0134], "mode":"iris_svc.onnx"}
$ curl http://${target}:8000/predict/test
{"prediction":[1.0000,0.0,0.0], "mode":"iris_rf.onnx"}
$ curl http://${target}:8000/predict/test
{"prediction":[1.0000,0.0,0.0], "mode":"iris_rf.onnx"}
$ curl http://${target}:8000/predict/test
{"prediction":[1.0000,0.0,0.0], "mode":"iris_rf.onnx"}
$ curl http://${target}:8000/predict/test
{"prediction":[0.9709,0.0155,0.0134], "mode":"iris_svc.onnx"}
$ curl http://${target}:8000/predict/test
{"prediction":[0.9709,0.0155,0.0134], "mode":"iris_svc.onnx"}
```

응답의 `mode`라는 키로 어느 추론기에서 응답하고 있는지 명시하고 있다. 실제로 세어 보면 `iris_svc.onnx`(서포트 벡터 머신)가 6회, `iris_rf.onnx`(랜덤 포레스트)가 4회 응답한 것을 알 수 있다.

동일한 엔드포인트(URL http://iris.online-ab.svc.cluster.local:8000/predict/test, 쿠버네티스 내부 URL)에 대한 요청으로 트래픽이 분할되어 있다.

6.6.5. 이점

온라인 A/B 테스트의 장점은 새로운 모델을 실제 시스템에 도입해 사용자 또는 비즈니스에 대한 영향을 확인할 수 있다는 점이다. 현행 모델과 새로운 모델을 오프라인에서 평가하면 큰 차이를 보이지 않을 때가 많이 있다. 그러나 확률을 포함한 추론 결과나 지연이 완전히 일치하는 경우는 드물며, 다소의 차이는 존재하기 마련이다. 그 차이가 비즈니스에 끼치는 영향을 알아내기 위해서는 실제 시스템에서 새로운 모델을 활용해 보는 것이 가장 빠르다. 물론 실제 시스템의 일부에 릴리스하기 때문에 비즈니스에 악영향을 미칠 가능성도 부정할 수 없다. 이런 경우에는 악영향이 있다는 것을 알게 된 시점에서 새로운 모델은 정지하고 원래의 현행 모델만 가동 중인 상태로 롤백해야 한다.

6.6.6. 검토사항

온라인 A/B 테스트를 실시할 때 검토해야 할 점은 새로운 모델과 현행 모델의 트래픽 분할 비율에 관한 설정이다. 새로운 모델에 대한 트래픽 양이 너무 적으면 모델을 올바르게 평가하기 어렵다. 반대로 트래픽 양을 너무 크게 설정하면 좋지 않은 방면에 대한 비즈니스 임팩트를 허용해야 할 수도 있다. Istio VirtualService처럼 추론기를 정지하지 않고도 트래픽 양을 컨트롤할 수 있다면 새로운 모델로의 유입량은 1% 정도부터 점차 늘려가는 것을 권장한다.

6.7 파라미터 기반 추론 패턴

머신러닝의 추론 결과를 항상 신뢰할 수는 없다. 신뢰할 수 없는 추론 결과나 그것이 이상임을 알고 있는 경우, 룰 베이스로 추론 결과를 조정해야 한다. 추론 결과에 따라서 응답이나 거동을 바꾸는 방법을 파라미터 기반 추론 패턴이라고 칭한다.

6.7.1. 유스케이스

- 추론기나 추론 결과를 변수로 제어하고 싶은 경우.
- 추론기를 룰 베이스로 제어하는 경우.

6.7.2. 해결하려는 과제

머신러닝의 추론은 확률적인 것으로, 그 결과가 반드시 옳다고는 할 수 없다. 분류 모델의 추론이라면 입력 데이터가 각 클래스에 속해 있을 확률을 산출하는데, 가장 확률이 높은 클래스만으로 결과를 판단하는 것은 위험한 행위이다. 예를 들어 붓꽃 데이터셋의 분류 모델에서 **[setosa, versicolor, virginica]**의 각 클래스에 대한 추론 결과가 [0.98, 0.01, 0.01]인 경우와 [0.34, 0.33, 0.33]인 경우에 대해 각 모델의 용도는 다를 것이다. 가장 확률이 높은 클래스만을 응답하는 것만으로는 잘못된 결과를 응답할 리스크가 있다. 입력 데이터에 대해 확실한 추론 결과를 얻고 싶은 경우, 즉 False Positive(위양성)를 피하고 싶은 용도라면 [0.98, 0.01, 0.01]과 같은 결과를 얻어내어 이를 setosa로 응답하는 것은 안전한 선택이지만, [0.34, 0.33, 0.33]과 같은 결과가 나왔을 때 이를 setosa로 응답하는 것은 False Positive가 발생할 리스크가 클 것이다.

분류와 관련된 태스크는 이러한 확률의 크고 작음이 비즈니스에 영향을 끼치는 경우가 있다. 위반 감지나 추천 시스템에서는 확률이 낮은 분류 결과를 채택하지 않고, 일부러 모두 부정적으로 응답하여 어느 클래스로도 분류하지 않겠다는 전략도 구사할 수 있다. 구체적으로는 각 클래스에 임곗값을 설정해 두고, 그 임곗값을 밑도는 추론 결과는 응답 대상으로 하지 않는 방식이다. 임곗값은 학습에서 이뤄진 평가 결과에 근거해 결정하는 것이 좋다. 예를 들어 **[setosa, versicolor, virginica]**의 정답률이 [95%, 85%, 99%]라면 각 클래스별 임곗값은 이 정답률을 참고해서 setosa는 0.95, versicolor는 0.85, virginica는 0.99로 정한다. 물론 임곗값은 정답률 이외의 지표를 참고로 해도 되고, 운용 중에 조정해 나갈 수도 있다. 이 전략이 비즈니스로서 유효한지는 별도의 검증이 필요하며, 앞서 언급한 온라인 A/B 테스트가 유효할 것이다. 어떤 방식이든지 모델의 평가와 A/B 테스트에 따른 각 클래스별 임곗값의 튜닝을 통해 추론의 가치를 향상시킬 수 있다.

6.7.3. 아키텍처

머신러닝 모델은 학습에 의해 모델의 가중치가 고정되기 때문에 일반적으로 학습 후에 수정할 수 있는 방법은 없다. 한편, 모델의 학습과 비즈니스 로직이나 시스템 사양이 항상 일치하는 법은 없다. 예를 들어 추론기가 비정상적인 추론을 반복하고 있어 비즈니스에 악영향이 있을 때는 모델을 재학습해 릴리스 하거나 추론기를 서비스에서 분리해야 한다. 재학습에 시간이 많이 걸린다면 일시적으로 분리하는 판단도 가능하다. 데이터의 일부에서만 추론이 이상하고 나머지 부분은 정상일 수도 있다. 이 경우 역시 재학습을 진행하거나 비정상적인 부분만을 추론하지 않도록 하는 로직이 필요하다. 실제 서비스에 머신러닝 모델을 포함시키는 경우, 모델의 정확도가 좋다고 해서 반드시 비즈니스가 성공한다는 보장은 없다. 에지 케이스(일부 극단적인 데이터)나 시스템적인 사정으로 인해 룰 베이스로 대처해야 할 수도 있다.

이러한 경우에 대비해 추론을 정지하거나 일부 데이터를 추론에서 제외, 재시도나 타임아웃 등 시스템 안에서 추론기를 운용하는 데 필요한 로직을 심어두면 바로 대응할 수 있다(그림 6.9). 애플리케이션이라면 실행 커맨드를 통해 지정 가능한 변수를 준비해 두는 것이 좋다. 컨테이너형 시스템인 경우 환경 변수로 지정하는 것이 일반적이다. 결과적으로, 아무리 정확도가 높은 머신러닝 모델이라도 모든 에지 케이스나 앞으로 발생할지도 모르는 이상에 대해서 정상적으로 추론하기는 어려우므로 발생할 수 있는 이슈는 룰 베이스로 제어할 수 있게 해 두면 운용이 한층 안정될 것이다. 또한, 모든 이슈를 룰 베이스로 커버할 수 있는 것은 아니므로 최악의 경우를 대비해 추론기로의 접속을 정지할 수 있도록 가동 여부를 제어하는 ACTIVATE 변수만큼은 준비해 두는 것을 권장한다.

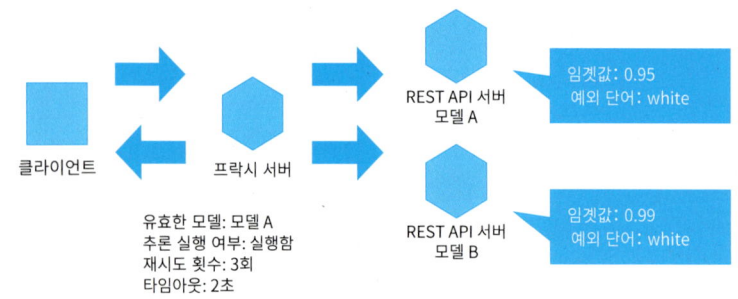

그림 6.9 파라미터 기반 추론 패턴

6.7.4. 구현

여기서는 4장의 병렬 마이크로서비스 패턴으로 만든 붓꽃 데이터셋의 이진 분류 추론기를 응용해서 파라미터 기반 추론 패턴을 구현한다. 추론 모델은 setosa, versicolor, virginica에 대해 각 추론기를 개별 서버로 가동시킨다. 프락시가 클라이언트로부터의 요청을 받아들여 각 추론기로의 전송을 중개한다. 프락시는 추론 결과를 집약하고 임곗값을 통해 필터링한다. 프락시에는 접속 중인 추론기를 관리하고, 추론기마다 임곗값을 필터링해 불필요한 추론기에는 요청하지 않도록 하는 기능이 필요하다. 이런 기능은 환경변수를 통해 제어하도록 한다(그림 6.10).

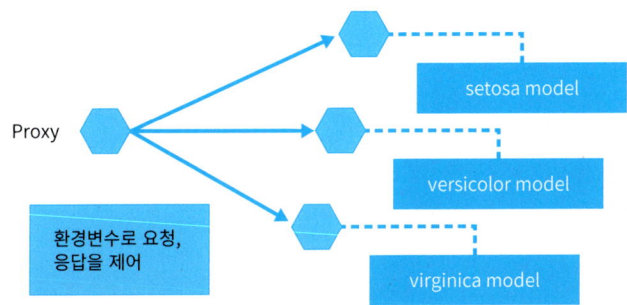

그림 6.10 파라미터 기반 추론 패턴의 구현 예시

이번 예시에서는 프락시 구현에 관해 중점적으로 설명한다. 추론기는 병렬 마이크로서비스 패턴에서 설명했기 때문에 생략하겠다.

전체 코드

- ml-system-in-actions/chapter6_operation_management/paramater_based_pattern/
  URL https://github.com/wikibook/mlsdp/tree/main/chapter6_operation_management/paramater_based_pattern

프락시는 코드 6.7과 같이 구현한다.

우선, 환경변수로 요청하게 될 추론기와 임곗값을 지정하기 위해 다음과 같이 환경변수를 가져온다.

코드 6.7 src/api_composition_proxy/configurations.py

```
# 환경변수 목록
# SERVICE_SETOSA=setosa:8000
# SERVICE_VERSICOLOR=versicolor:8001
# SERVICE_VIRGINICA=virginica:8002
# DEFAULT_THRESHOLD="0.95"
# THRESHOLD_SETOSA="0.90"
# THRESHOLD_VERSICOLOR="0.85"
# THRESHOLD_VIRGINICA="0.95"
```

```python
# ACTIVATE_SETOSA="1"  # "1"=유효, "0"=무효
# ACTIVATE_VERSICOLOR="1"  # "1"=유효, "0"=무효
# ACTIVATE_VIRGINICA="0"  # "1"=유효, "0"=무효

import os
from logging import getLogger
from typing import Dict

# 불필요한 처리는 생략 또는 수정하여 작성함

logger = getLogger(__name__)


class ServiceConfigurations:
    services: Dict[str, str] = {}
    thresholds: Dict[str, float] = {}
    default_threshold: float = float(
        os.getenv(
            "DEFAULT_THRESHOLD",
            0.95,
        )
    )
    activates: Dict[str, bool] = {}
    for environ in os.environ.keys():
        # 엔드포인트
        if environ.startswith("SERVICE_"):
            url = str(os.getenv(environ))
            if not url.startswith("http"):
                url = f"http://{url}"
            env_lower = environ.lower()
            env_lower = env_lower.replace("service_", "")
            services[env_lower] = url
        # 임곗값
        if environ.startswith("THRESHOLD_"):
            threshold_key = environ.lower()
            threshold_key = threshold_key.replace("threshold_", "")
            thresholds[threshold_key] = float(
```

```
            os.getenv(environ, 0.95),
        )
    # 유효 · 무효
    if environ.startswith("ACTIVATE_"):
        activate_key = environ.lower()
        activate_key = activate_key.replace("activate_", "")
        if int(os.getenv(environ)) == 1:
            activates[activate_key] = True
        else:
            activates[activate_key] = False
```

SERVICE_로 시작하는 환경변수는 추론기의 URL을, ACTIVATE_로 시작하는 환경변수는 추론기의 유효(1), 무효(0)를 설정한다. THRESHOLD_로 시작하는 환경변수는 추론기의 임곗값을 설정하는 반면, THRESHOLD_가 지정되지 않은 경우에는 범용적인 임곗값으로 DEFAULT_THRESHOLD라는 환경변수를 준비한다. 코드 6.7에서는 setosa 추론기, versicolor 추론기, virginica 추론기의 URL과 임곗값을 설정했지만, 이중 virginica 추론기는 무효화했다.

프락시는 FastAPI로 작성한다. 프락시의 API는 코드 6.8과 같이 배후의 추론기에 요청을 라우팅하는 기능을 구현한다. 각 추론기에 요청하여 유효에 해당하는 추론기에서만 추론 결과를 임곗값과 비교해, 임곗값보다 크면 1, 작으면 0을 응답한다. 무효한 추론기에도 요청을 보내는 것은 모든 추론기에서 추론 결과를 수집하기 위한 목적이다. 추론 결과를 응답하지 않더라도 향후 분석이나 서비스 개선을 위해서 요청만이라도 보내놓는 것이 효과적인 것은 섀도 A/B 테스트 패턴에서 설명한 바와 같다.

코드 6.8 src/api_composition_proxy/routers/routers.py

```
import asyncio
import logging
import uuid
from typing import Any, Dict, List

import httpx
from fastapi import APIRouter
from pydantic import BaseModel
from src.api_composition_proxy.configurations import (
```

```python
    ServiceConfigurations as svc,
)

# 불필요한 처리는 생략함

router = APIRouter()


# 전 추론기 헬스체크
@router.get("/health/all")
async def health_all() -> Dict[str, Any]:
    results = {}
    # httpx로 비동기 요청
    async with httpx.AsyncClient() as ac:

        async def req(ac, service, url):
            response = await ac.get(f"{url}/health")
            return service, response

        tasks = [req(ac, service, url) for service, url in svc.services.items()]

        responses = await asyncio.gather(*tasks)

        for service, response in responses:
            if response.status_code == 200:
                results[service] = "ok"
            else:
                results[service] = "ng"
    return results


# 전 추론기에 요청
@router.post("/predict")
async def predict(data: Data) -> Dict[str, Any]:
    job_id = str(uuid.uuid4())[:6]
    results = {}
    # httpx로 비동기 요청
    async with httpx.AsyncClient() as ac:
```

```python
        async def req(ac, service, url, job_id, data):
            response = await ac.post(
                f"{url}/predict",
                json={"data": data.data},
                params={"id": job_id},
            )
            return service, response

        tasks = [req(ac, service, url, job_id, data) for service, url in svc.services.items()]

        responses = await asyncio.gather(*tasks)

        # 추론 결과를 집계
        for service, response in responses:
            if not svc.activates[service]:
                continue
            proba = response.json()["prediction"][0]
            # 임계치보다 크면 1, 작으면 0
            if proba >= svc.thresholds.get(
                service,
                svc.default_threshold,
            ):
                results[service] = 1
            else:
                results[service] = 0
    return results
```

시스템은 쿠버네티스 클러스터에 배포한다. Istio는 사용하지 않고, 프락시의 쿠버네티스 매니페스트에 코드 6.9와 같이 환경변수를 설정한다.

코드 6.9 manifests/proxy.yml

```yaml
apiVersion: apps/v1
kind: Deployment
metadata:
  name: proxy
  namespace: parameter-based
```

```yaml
  labels:
    app: proxy
spec:
  replicas: 3
  selector:
    matchLabels:
      app: proxy
  template:
    metadata:
      labels:
        app: proxy
    spec:
      containers:
        - name: proxy
          image: shibui/ml-system-in-actions:parameter_based_pattern_proxy_0.0.1
          env:
            - name: APP_NAME
              value: src.api_composition_proxy.app.proxy:app
            - name: PORT
              value: "9000"
            - name: WORKERS
              value: "8"
            - name: SERVICE_SETOSA
              value: iris-setosa.parameter-based.svc.cluster.local:8000
            - name: SERVICE_VERSICOLOR
              value: iris-versicolor.parameter-based.svc.cluster.local:8001
            - name: SERVICE_VIRGINICA
              value: iris-virginica.parameter-based.svc.cluster.local:8002
            - name: THRESHOLD_SETOSA
              value: "0.90"
            - name: THRESHOLD_VERSICOLOR
              value: "0.85"
            - name: THRESHOLD_VIRGINICA
              value: "0.95"
            - name: ACTIVATE_SETOSA
              value: "1"
            - name: ACTIVATE_VERSICOLOR
              value: "1"
```

```
        - name: ACTIVATE_VIRGINICA
          value: "0"
      ports:
        - containerPort: 9000

---
apiVersion: v1
kind: Service
metadata:
  name: proxy
  namespace: parameter-based
  labels:
    app: proxy
spec:
  ports:
    - name: rest
      port: 9000
      protocol: TCP
  selector:
    app: proxy
```

추론 시스템을 배포하고 추론 결과를 살펴보자.

[커맨드]

```
# 쿠버네티스 클러스터에 매니페스트를 배포
$ kubectl apply -f manifests/namespace.yml
# 출력
namespace/parameter-based created

$ kubectl apply -f manifests
# 출력
namespace/parameter-based unchanged
deployment.apps/proxy created
service/proxy created
deployment.apps/iris-setosa created
```

```
service/iris-setosa created
deployment.apps/iris-versicolor created
service/iris-versicolor created
deployment.apps/iris-virginica created
service/iris-virginica created
```

추론 시스템의 배포가 완료되면 클라이언트 Pods에 접속해서 추론 요청을 보낸다.

[커맨드]

```
$ kubectl \
    -n parameter-based exec \
    -it pod/client bash
# setosa일 것 같은 데이터로 추론을 요청
$ curl \
    -X POST \
    -H "Content-Type: application/json" \
    -d '{"data": [[5.1, 3.5, 1.4, 0.2]]}' \
    proxy.parameter-based.svc.cluster.local:9000/predict
# 출력
{"setosa":1,"versicolor":0}

# 어떤 클래스로도 분류되지 않을 법한 데이터로 추론을 요청
$ curl \
    -X POST \
    -H "Content-Type: application/json" \
    -d '{"data": [[50.0, 30.1, 111.4, 110.2]]}' \
    proxy.parameter-based.svc.cluster.local:9000/predict
# 출력
{"setosa":0,"versicolor":0}
```

이처럼, 추론 결과로 setosa와 versicolor에 관해서만 응답하고 있음을 알 수 있다.

6.7.5. 이점

파라미터 기반 추론 패턴은 추론에 대해 룰 베이스에 의한 제어를 추가할 수 있다는 이점이 있다. 환경변수 등의 파라미터로 추론 결과나 응답에 규칙을 마련함으로써 머신러닝 모델이 비즈니스 요구에 따라 동작하도록 조정할 수 있다. 모델을 비즈니스 요구에 맞추려고 하면 학습에 비용을 많이 쏟게 되는 것이 일반적이지만, 그렇다고 해서 원하는 모델이 완성된다는 보장은 없다. 그러나 룰 베이스로 추론기를 제어하면 품질을 높일 수 있다.

6.7.6. 검토사항

파라미터로 머신러닝 모델의 추론을 일정 부분 커버할 수는 있지만, 모든 추론을 마음대로 제어할 수 있는 것은 아니다. 추론 결과에 대한 임곗값이나 유효 또는 무효 플래그를 붙일 수 있고, 파라미터를 더 늘려 로직을 구현하게 되면 복잡한 룰도 적용할 수 있다. 그러나 파라미터가 너무 많아져 규칙이 복잡해지면 각 제어 패턴마다 테스트가 필요하게 되고, 시스템 품질을 담보하기 어려워진다. 또한, 머신러닝 모델의 추론을 제어하기 때문에 모델을 갱신하면 파라미터나 룰이 더 이상 유효하게 작용하지 않는 경우도 발생한다. 예를 들어 붓꽃 데이터셋의 setosa 이진분류 추론 모델에서도 ROC 곡선의 AUC(곡선 아래 면적)가 0.8인 모델과 0.99인 모델에서는 임곗값의 설정이나 유·무효 판단도 달라질 것이다.

파라미터에 대한 로직이 바뀌면 추론기의 코드도 수정해야 한다. 운용에 무게를 둔다면, 파라미터와 규칙을 단순하게 유지하면서 룰 베이스의 로직을 범용적으로 활용할 수 있도록 설정해둘 것을 권장한다.

6.8 조건 분기 추론 패턴

한 종류의 머신러닝 모델만으로 반드시 과제를 해결할 수 있는 것은 아니다. 대상으로 하는 데이터가 복잡하거나 사용자의 경향이 다양한 케이스가 그렇다. 범용적인 추론 모델 한 가지를 만드는 것보다 각 그룹에 맞는 모델을 만들고 룰 베이스로 요청을 배분하는 것이 유효하다면 조건 분기 추론 패턴을 사용한다.

6.8.1. 유스케이스

- 상황에 따라 추론 대상에 큰 차이가 있는 경우.
- 여러 개의 추론 모델을 룰 베이스로 나누어 사용할 수 있는 경우.

6.8.2. 해결하려는 과제

사용자의 상황(시간이나 장소, 페르소나 등)에 따라 적절한 추론 대상이 변하는 경우가 있다. 예를 들어 식사 메뉴를 머신러닝으로 추천하는 유스케이스에서 아침 시간대에 스테이크나 와인을 추천하는 것이 적절하다고는 볼 수 없다. 그리고 카메라를 이용해 랜드마크 분류를 하는 경우, 일본에 있는 사용자가 캘리포니아주에 있는 금문교를 추론 결과로 얻게 되는 경우도 배제해야 한다. 추론의 대상을 적절하게 상황에 따라 구분하는 것이 조건 분기 추론 패턴이다.

6.8.3. 아키텍처

조건 분기 추론 패턴에서는 각 상황별로 모델을 준비하고 추론기로 배포한다(그림 6.11). 각 추론기로의 액세스는 프락시로 제어한다. 시간대에 따라 나누어 추론하는 유스케이스라면 오전 전용, 오후 전용, 저녁 전용 모델로 요청한다. 모델 개발에서 어려운 것 중 하나는 각 상황에서 데이터의 경향이나 목적 변수가 바뀌는 것이다. 상황에 따라 특징이 크게 다를 경우에는 개별적인 모델 개발이 필요하다. 상황에 맞게 학습한 모델을 준비하기 때문에 범용적인 모델보다 적절한 추론이 가능하다는 점을 기대해 볼 수 있는 패턴이다.

상황의 분할 방법은 상황에 따른 데이터의 특징과 목적변수의 내용에 따라 결정된다. 경우에 따라서는 아침과 저녁에 같은 추론 모델을 사용하는 것이 가능할 수도 있다. 한편, 인간의 감각에서 벗어난 상황 분해는 시스템적으로 운용 실수를 초래할 가능성도 있기 때문에 주의가 필요하다.

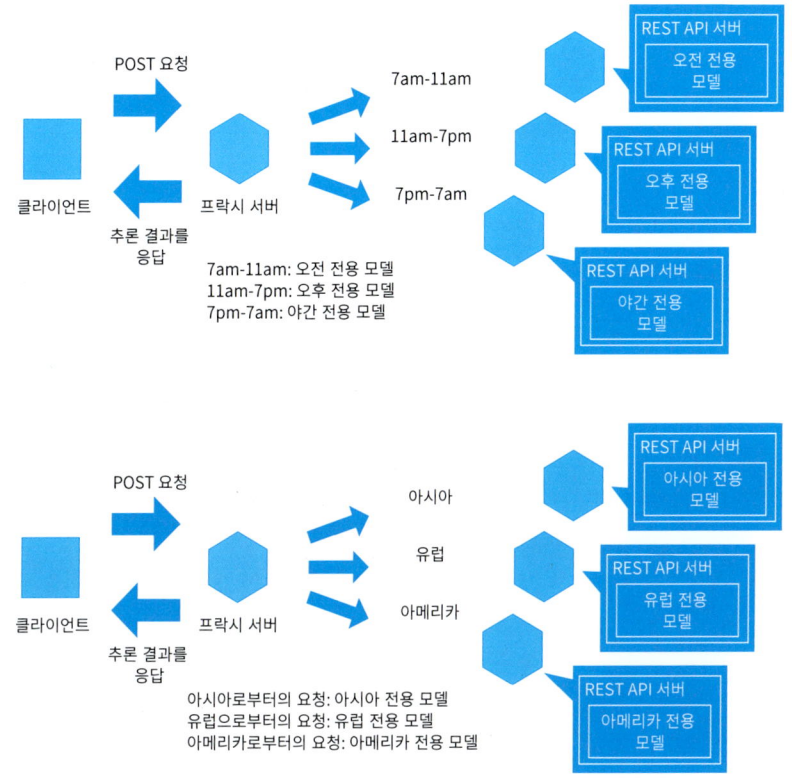

그림 6.11 조건 분기 추론 패턴

6.8.4. 구현

이번에는 이미지 분류 모델을 조건 분기하는 시스템을 구현해 보자. 사진에 찍힌 물체를 분류하는 태스크에서는 무엇을 분류하고 싶은지에 따라 다양한 분류 모델을 만들 수 있다. 학습에 사용할 이미지 데이터로는 ImageNet(URL http://www.imagenet.org/)이 널리 쓰이는데, ImageNet으로 분류할 수 있는 1,000개의 클래스는 세상에 존재하는 사물의 극히 일부에 지나지 않는다. 다시 말해 ImageNet으로 분류할 수 없는 것을 판별하고 싶은 경우가 많이 있을 것이다. 예를 들어, 산에서 자라는 식물의 종류를 분류하고 싶을 때는 식물 분류 모델이 필요하다.

이번에는 사용자가 산 속에서 이미지 분류 요청을 보낼 때는 식물 분류 모델로 분류하고, 산 속이 아닌 경우는 일반적인 사물 분류를 ImageNet으로 학습한 분류 모델로 추론하는 시스템을 만들어 본다.

추론기는 TensorFlow Serving으로 가동시킨다. 모델은 TensorFlow Hub에서 제공되는 ImageNet으로 학습이 완료된 MobileNetV2와 식물 데이터(URL https://github.com/visipedia/inat_comp/ tree/master/2017)로 학습한 MobileNetV2를 사용한다.

- **ImageNet으로 학습한 MobileNet V2**
  URL https://tfhub.dev/google/imagenet/mobilenet_v2_140_224/classification/4

- **식물 데이터로 학습한 MobileNet V2**
  URL https://tfhub.dev/google/aiy/vision/classifier/plants_V1/1

추론기는 TensorFlow Serving으로 가동하고, 각 앞단에 프락시를 설치한다. 프락시는 추론기로의 요청을 중개할 뿐만 아니라, 메타데이터나 라벨 목록을 제공하는 API의 기능도 한다.

추론 시스템은 쿠버네티스 클러스터에 구축하고, 조건 분기는 Istio로 제어한다. Istio의 VirtualService에는 요청의 헤더에 따라 요청의 전송처를 제어하는 기능이 준비되어 있다. 클라이언트의 REST 요청에서 `target: mountain`이라는 헤더가 붙은 것은 식물 분류 추론기 프락시로 유도하고, 그 이외에는 ImageNet 추론기 프락시로 전송한다(그림 6.12).

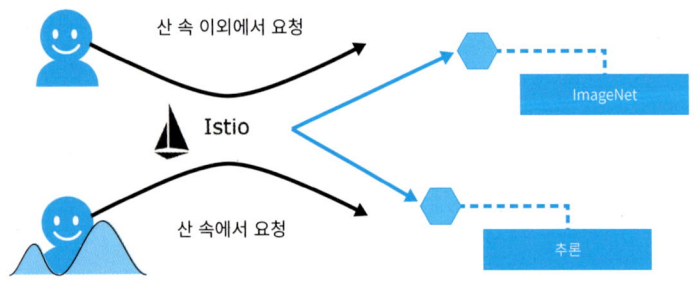

그림 6.12 조건 분기 추론 패턴의 구현 예시

TensorFlow 모델을 TensorFlow Serving으로 기동시키는 방법은 동기 추론 패턴에서 설명한 바와 같으므로 이번 장에서는 생략한다. 구현 예시는 프락시와 Istio 설정에 대해 중점적으로 설명한다.

전체 코드

- ml-system-in-actions/chapter6_operation_management/condition_based_pattern/
  URL https://github.com/wikibook/mlsdp/tree/main/chapter6_operation_management/condition_based_pattern

프락시는 FastAPI로 작성한다(코드 6.10). ImageNet 추론기의 프락시와 식물 분류 추론기의 프락시의 소스코드는 동일하고, 환경변수로 요청처의 TensorFlow Serving이나 메타데이터를 분기한다.

코드 6.10 src/api_composition_proxy/routers/routers.py 등의 파일

```python
import os
import base64
import io
import json
from typing import Any, Dict, List

import grpc
import httpx
from fastapi import APIRouter
from PIL import Image
from src.api_composition_proxy.backend import (
    request_tfserving,
)
from src.api_composition_proxy.backend.data import Data
from tensorflow_serving.apis import (
    prediction_service_pb2_grpc,
)

# 가독성을 위해 여러 파일로 나누어 작성된 코드를
# 하나의 파일로 정리하고, 불필요한 처리는 생략함


router = APIRouter()

# 라벨 가져오기
def get_label(
```

```python
    json_path: str = "./data/image_net_labels.json",
) -> List[str]:
    with open(json_path, "r") as f:
        labels = json.load(f)
    return labels


# GRPC 채널
channel = grpc.insecure_channel(
    os.getenv(
        "GRPC",
        "mobilenet_v2:8500",
    )
)
# GRPC 스텁
stub = prediction_service_pb2_grpc.PredictionServiceStub(
    channel,
)

label_path = os.getenv(
    "LABEL_PATH",
    "./data/image_net_labels.json",
)
labels = get_label(json_path=label_path)




# 추론용 엔드포인트
@router.post("/predict")
def predict(data: Data) -> Dict[str, Any]:
    image = base64.b64decode(str(data.image_data))
    bytes_io = io.BytesIO(image)
    image_data = Image.open(bytes_io)
    image_data.save(bytes_io, format=image_data.format)
    bytes_io.seek(0)
    # TensorFlow Serving에 GRPC 요청
    r = request_tfserving.request_grpc(
```

```
            stub=stub,
            image=bytes_io.read(),
            model_spec_name="mobilenet_v2",
            signature_name="serving_default",
            timeout_second=5,
        )
        return r
```

`/label` 엔드포인트에서는 추론기가 분류하는 라벨의 목록을 응답하고, `/metadata` 엔드포인트로 요청과 응답 데이터의 정의 및 예시를 제공한다. `/predict` 엔드포인트에서는 POST 요청된 이미지의 추론 결과를 응답한다.

프락시로의 액세스는 Istio로 제어한다. Istio VirtualService를 포함한 프락시의 매니페스트는 코드 6.11과 같다.

코드 6.11 manifests/proxy_deployment.yml

```yaml
# ImageNet 모델로의 프락시
apiVersion: apps/v1
kind: Deployment
metadata:
  name: mobilenet-v2-proxy
  namespace: condition-based-serving
  labels:
    app: mobilenet-v2-proxy
spec:
  replicas: 3
  selector:
    matchLabels:
      app: proxy
  template:
    metadata:
      labels:
        app: proxy
        version: mobilenet-v2
      annotations:
        sidecar.istio.io/inject: "true"
```

```yaml
        sidecar.istio.io/proxyCPU: "128m"
        sidecar.istio.io/proxyMemory: "128Mi"
        proxy.istio.io/config: "{'concurrency':'8'}"
    spec:
      containers:
        - name: mobilenet-v2-proxy
          image: shibui/ml-system-in-actions:condition_based_pattern_proxy_0.0.1
          imagePullPolicy: Always
          env:
            - name: REST
              value: mobilenet-v2.condition-based-serving.svc.cluster.local:8501
            - name: GRPC
              value: mobilenet-v2.condition-based-serving.svc.cluster.local:8500
            - name: MODEL_SPEC_NAME
              value: mobilenet_v2
            - name: SIGNATURE_NAME
              value: serving_default
            - name: LABEL_PATH
              value: ./data/image_net_labels.json
            - name: SAMPLE_IMAGE_PATH
              value: ./data/cat.jpg
            - name: WORKERS
              value: "2"
          ports:
            - containerPort: 8000
              resources:
                limits:
                  cpu: 600m
                  memory: "300Mi"
                requests:
                  cpu: 600m
                  memory: "300Mi"

---
# 식물 분류 모델로의 프락시
apiVersion: apps/v1
kind: Deployment
metadata:
```

```yaml
    name: plant-proxy
    namespace: condition-based-serving
    labels:
      app: plant-proxy
spec:
  replicas: 3
  selector:
    matchLabels:
      app: proxy
  template:
    metadata:
      labels:
        app: proxy
        version: plant
      annotations:
        sidecar.istio.io/inject: "true"
        sidecar.istio.io/proxyCPU: "128m"
        sidecar.istio.io/proxyMemory: "128Mi"
        proxy.istio.io/config: "{'concurrency':'8'}"
    spec:
      containers:
        - name: plant-proxy
          image: shibui/ml-system-in-actions:condition_based_pattern_proxy_0.0.1
          imagePullPolicy: Always
          env:
            - name: REST
              value: plant.condition-based-serving.svc.cluster.local:9501
            - name: GRPC
              value: plant.condition-based-serving.svc.cluster.local:9500
            - name: MODEL_SPEC_NAME
              value: plant
            - name: SIGNATURE_NAME
              value: serving_default
            - name: LABEL_PATH
              value: ./data/plant_labels.json
            - name: SAMPLE_IMAGE_PATH
              value: ./data/iris.jpg
            - name: WORKERS
```

```yaml
          value: "2"
        ports:
          - containerPort: 8000
        resources:
          limits:
            cpu: 800m
            memory: "500Mi"
          requests:
            cpu: 800m
            memory: "500Mi"

---
apiVersion: v1
kind: Service
metadata:
  name: proxy
  namespace: condition-based-serving
  labels:
    app: proxy
spec:
  ports:
    - name: rest
      port: 8000
      protocol: TCP
  selector:
    app: proxy


---
apiVersion: networking.istio.io/v1alpha3
kind: DestinationRule
metadata:
  name: proxy
  namespace: condition-based-serving
spec:
  host: proxy
  trafficPolicy:
    loadBalancer:
      simple: ROUND_ROBIN
```

```
  subsets:
    - name: mobilenet-v2
      labels:
        version: mobilenet-v2
    - name: plant
      labels:
        version: plant

---
apiVersion: networking.istio.io/v1alpha3
kind: VirtualService
metadata:
  name: proxy
  namespace: condition-based-serving
spec:
  hosts:
    - proxy
  http:
    # header의 target: mountain을 판별
    - match:
        - headers:
            target:
              exact: mountain
      # target: mountain이면 식물 분류 추론기로 요청
      route:
        - destination:
            host: proxy
            subset: plant
    # target: mountain 이외에는 ImageNet 추론기로 요청
    - route:
        - destination:
            host: proxy
            subset: mobilenet-v2
```

ImageNet 추론기의 프락시와 식물 분류 추론기의 프락시로 두 개의 deployment를 작성했는데, 서비스는 공유하고, VirtualService로 헤더가 `target: mountain`으로 되어있는 것만 식물 분류 추론기의 프락시로 유도하도록 설정했다.

이제 배포하고 요청해보자. 요청 이미지는 아래의 고양이 이미지(그림 6.13)와 붓꽃 이미지(그림 6.14)다.

그림 6.13 고양이 이미지

그림 6.14 붓꽃 이미지

[커맨드]

```
# 쿠버네티스 클러스터에 매니페스트 배포
$ kubectl apply -f manifests/namespace.yml
# 출력
namespace/condition-based-serving created

$ kubectl apply -f manifests
# 출력
deployment.apps/mobilenet-v2 created
service/mobilenet-v2 created
namespace/condition-based-serving unchanged
deployment.apps/plant created
service/plant created
deployment.apps/mobilenet-v2-proxy created
deployment.apps/plant-proxy created
service/proxy created
destinationrule.networking.istio.io/proxy created
virtualservice.networking.istio.io/proxy created
```

```
# 클라이언트 접속
$ kubectl \
    -n condition-based-serving exec \
    -it pod/client bash

# 고양이 이미지를 ImageNet 추론기에 요청
$ (echo \
    -n '{"image_data": "'; base64 cat.jpg; echo '"}' \
  ) | \
  curl \
    -X POST \
    -H "Content-Type: application/json" \
    -d @- \
    proxy.condition-based-serving.svc.cluster.local:8000/predict
# 출력
"Persian cat"

# 붓꽃 이미지를 식물 분류 추론기에 요청
$ (echo \
    -n '{"image_data": "'; base64 cat.jpg; echo '"}' \
  ) | \
  curl \
    -X POST \
    -H "Content-Type: application/json" \
    -H "target: mountain" \
    -d @- \
    proxy.condition-based-serving.svc.cluster.local:8000/predict
# 출력
"Iris versicolor"

# 고양이 이미지를 식물 분류 추론기에 요청하면 background 로 분류됨
$ (echo \
    -n '{"image_data": "'; base64 cat.jpg; echo '"}' \
  ) | \
  curl \
    -X POST \
    -H "Content-Type: application/json" \
```

```
    -H "target: mountain" \
    -d @- \
    proxy.condition-based-serving.svc.cluster.local:8000/predict
# 출력
"background"


# 붓꽃 이미지를 ImageNet 추론기에 요청
$ (echo \
    -n '{"image_data": "'; base64 iris.jpg; echo '"}' \
 ) | \
    curl \
    -X POST \
    -H "Content-Type: application/json" \
    -d @- \
    proxy.condition-based-serving.svc.cluster.local:8000/predict
# 출력
"bee"
```

6.8.5. 이점

위의 예시로부터 동일한 엔드포인트로 헤더를 바꿔서 요청하며 추론기에 따라 결과를 나누어 내고 있음을 알 수 있다. 요청 조건에 따라 추론기를 다르게 사용해 더욱 유연하고 세밀한 머신 러닝 추론을 제공할 수 있다.

이번에는 추론기를 ImageNet 데이터와 식물 데이터에 관해 나누었지만, 그 밖에도 추론기의 평가에 따라 나눠 볼 수도 있다. 예를 들어, 일반적으로 MobileNetV2는 지연이 적은 대신 분류 정확도가 낮고, InceptionV3나 ResNet은 지연이 많은 대신 분류 정확도가 높은 경향이 있다. 같은 라벨을 분류하는 모델이라도 MobileNetV2 추론기와 InceptionV3 추론기를 모두 배치해 요구되는 정확도에 따라 요청을 나누는 용도로도 응용할 수 있다.

6.8.6. 검토사항

모델의 종류가 너무 많아지면 모델의 평가와 개선, 그리고 추론기의 운용부하가 증대된다. 해결하려는 과제가 정말 조건 분기 추론 패턴이 아니면 해결이 불가능한 것인지, 또는 애초에 머신러닝이 유효한 접근 방식인지를 비용 대비 효과부터 재검토해 보는 것이 중요하다.

6.9 안티 패턴 (오프라인 평가 패턴)

이 책에서는 머신러닝 모델을 실전 시스템에 릴리스하고 평가하는 것이 매우 중요하다는 것을 설명했다. 마지막으로, 실제 시스템에 릴리스하지 않고 머신러닝 모델을 개발하는 안티 패턴에 대해 소개한다.

6.9.1. 상황

- 머신러닝 모델을 오프라인에서 테스트 데이터만을 이용해 평가하고 있는 경우.

6.9.2. 구체적인 문제

머신러닝 모델이 비즈니스에서 가치를 발휘하는 것은 실제 시스템에 도입해 사업이나 관련된 태스크의 효율화에 공헌하는 경우다. 모델이 과연 유용한지를 판단하는 기준은 사업이나 효율화로 인한 효과이며, 테스트 데이터가 아니다. 테스트 데이터는 모델을 릴리스해도 괜찮은지를 판단하는 지표 중 하나일 뿐, 비즈니스에 대한 평가는 되지 않는다. 테스트 데이터로 99.99%의 정답률을 얻었다고 해도 온라인에서 실제 데이터로 효과를 발휘하지 못한다면(또는 악영향을 미친다면) 그 모델은 사용할 가치가 없다(그림 6.15). 추론기로 릴리스한 모델은 활용하면서 그 효과를 검증해야 한다. 만일 모델이 계속 비즈니스에 악영향을 미치고 있다면, 우선 모델에 대한 요청을 정지하고 모델을 사용하지 않았을 때의 상태로 되돌릴 것을 권장한다(파라미터 기반 추론 패턴을 사용하면 간단하게 되돌릴 수 있다).

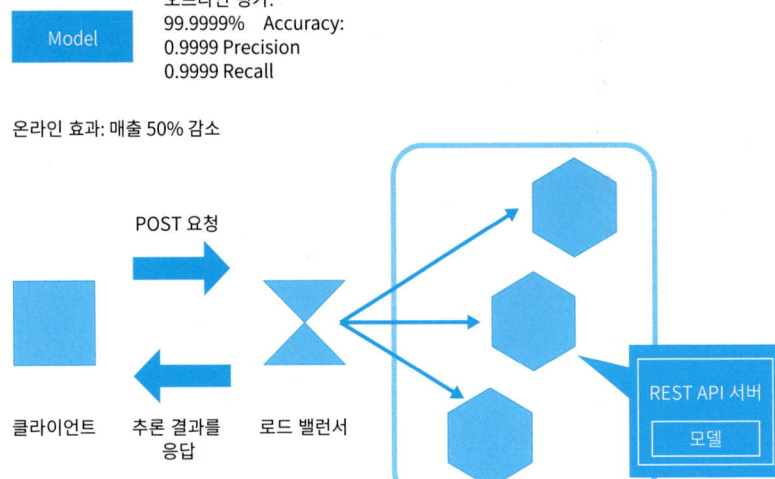

그림 6.15 안티 패턴(오프라인 평가 패턴)의 아키텍처

6.9.3. 이점

- 전무함.

6.9.4. 과제

- 추론기를 본래의 지표로 평가할 수 없음.

6.9.5. 회피 방법

우선 모델의 효과를 정량적으로 평가하는 방법을 결정해야 한다. 그리고 릴리스 전과 릴리스 후(또는 A/B 테스트의 A그룹과 B그룹)에 추론기에 대한 트래픽을 분할하고, 평가에 필요한 로그를 수집한다. 일정 기간 추론기를 가동시켜 로그를 수집한 후 효과 검증을 실시하고 추론기의 유지 여부를 판단한다.

CHAPTER 7

ML옵스 시스템의 End-to-End 설계

지금까지 머신러닝을 포함한 인프라와 그 운용에 이르기까지 ML옵스와 관련된 다양한 기술들에 관해 다뤘다. 필자가 처음 생각했던 것보다 내용이 많이 길어졌지만, 여기까지 읽어 주신 독자 여러분께 깊은 감사의 뜻을 전한다.

마지막 7장에서는 지금까지 설명한 내용을 종합해 머신러닝의 각 컴포넌트를 연결한 하나의 시스템을 설계해 볼 것이다. 1장부터 6장까지는 특정 과제를 해결하기 위한 방법이나 머신러닝을 사용한 컴포넌트를 만드는 방법에 관해 설명했다. 개별적인 컴포넌트는 작은 기능밖에 제공되지 않아 큰 규모의 과제는 해결할 수 없다. 컴포넌트를 연결함으로써 시스템과 머신러닝의 피드백 루프를 실현하고, 보다 어려운 과제의 지속적인 해결을 목표로 삼을 수 있다. 이번 장에서는 머신러닝으로 해결하려는 과제를 정의하고, 컴포넌트를 연결해서 큰 규모의 시스템을 설계한다.

 **7.1 과제와 방법**

모든 과제를 머신러닝으로 해결할 수 있는 것은 아니다. 나아가 머신러닝으로 해결은 가능하지만 합리적이라 볼 수 없는 경우도 있다. 머신러닝을 적용할 과제와 방법을 선정하는 것은 머신러닝 프로젝트를 시작함에 있어 매우 중요한 부분이다.

7.1.1. 머신러닝으로 해결 가능한 과제를 결정하기

머신러닝을 유효하게 활용하기 위해서는 먼저 해결하고 싶은 과제를 결정해야 한다-기보다는 기존 과제들 중에서 머신러닝을 사용하지 않으면 해결할 수 없는 과제를 선택한다. 이 책에서 지금까지 설명해왔던 대로, 머신러닝을 유효하게 활용하기 위해서는 그에 상응하는 데이터와 시스템, 비용이 필요하다. 머신러닝 시스템을 실전에 도입해서 **비용>효과**가 될 것 같다면, 다른 방향으로 과제를 해결하는 방법을 모색하는 것이 합리적일 것이다. 사람이 손을 대기도 힘들 정도의 많은 양의 데이터 처리나 위험한 작업이라면 머신러닝(또는 시스템)을 도입할 가치가 있을지도 모르지만, 그 과제를 머신러닝을 통해 해결함으로써 얻을 수 있는 이익이나 비용 절삭 효과가 과제를 해결하기 위한 총비용(운용비용이나 인건비 포함)에 필적할지를 판단해야 한다. 이와 더불어 그 과제를 반드시 머신러닝으로 해결해야만 하는지 생각해 보는 것도 매우 중요하다. 예를 들면 아이를 키우는 바쁜 회사원이 아이와 이야기할 시간이 부족하다고 해서 머신러닝으로 만든 챗봇에게 부모와 자녀 간의 소통을 대신하도록 맡기는 것은 권장하지 않는다. 기술적으로는 머신러닝이 대체할 수도 있고 교육상 필요한 경우가 있을지도 모르지만, 자신이 직접 나서야 더욱 의미가 있는 행위는 자신이 직접 해야 한다.

7.1.2. 머신러닝으로 해결 가능한지 검토하기

과제를 찾았다면, 머신러닝으로 해결할 수 있을지를 생각해본다. 머신러닝을 활용하기 위해서는 많은 양의 데이터가 필요하다. 완전히 새로운 사업이라면 데이터가 존재하지 않는 경우도 드물지 않다. 그런 경우는 머신러닝을 검토하기보다 일단 사업을 시작해 보는 것이 최우선이다. 예를 들어 새로운 상품 추천의 경우, 상품에 관한 데이터가 존재하지 않기 때문에 추천을 위한 머신러닝 모델은 만들 수 없다(콜드 스타트 문제). 데이터가 존재하더라도 바로 사용할 수 있는 상태로 정리되어 있어야 한다. 물론, 데이터 사이언티스트나 머신러닝 엔지니어가 보안상 접근할 수 없는 데이터는 머신러닝에 활용할 수 없다. 그리고 여러 데이터 소스에 데이터가 흩어져 있는 경우에는 데이터 간의 관계를 정리해야 한다. 위의 모든 것이 정리된 다음에서야 비로소 과제 해결에 필요한 데이터를 준비할 수 있는지를 판단하는 것이다.

7.1.3. 과제 해결 정도를 수치로 평가하기

해결해야 할 과제가 정해졌고 데이터도 사용할 수 있는 상태가 되었다면, 머신러닝은 과제 해결 방법의 선택지 중 하나로 자리매김한다. 다른 수단과 비교해서 머신러닝이 유효하다는 것을 입증하려면 과제의 진행상황을 수치로서 평가해야 한다. 생산라인에 불량품 검지를 활용한다면 Accuracy, Precision, Recall이 그 평가지표가 될 것이다. 매장의 수요예측 과제라면 MAE(평균 절대 오차)나 RMSE(평균 제곱근 오차)가 적절할지도 모른다. 또한, 전자 상거래 사이트의 추천 시스템이라면 PR 곡선이나 ROC 곡선을 사용할 수 있을 것이다. 이것들은 모두 데이터 사이언스나 머신러닝에서 자주 등장하는 평가지표다. 비즈니스 영역에서 사용하기 위해서는 위의 지표들을 비즈니스 지표로 환산해서 이해할 필요가 있다.

불량품 검지를 예로 들어보자(그림 7.1). 지금까지는 사람이 직접 검지했다면, 그 인건비를 머신러닝 시스템의 개발, 운용비용과 비교해 **기존의 인건비〉머신러닝에 쏟은 비용**이 성립해야 한다. 동시에 머신러닝의 Precision, Recall 지표와 비교하고, 불량품을 놓칠 리스크나 정상적인 제품이 불량품으로 잘못 검지될 리스크를 평가한다. 고품질의 제품이 요구되어 불량품을 검지하지 못하고 놓쳤을 때의 리스크가 더 높다면 정상 제품이 불량품으로 잘못 검지되더라도 불량품을 망라하는 방향으로 검지해야 할 것이다. 이 경우는 **불량품을 놓친 것에 의한 사업 손실〉말려든 정상품[1]들의 총비용**과 같은 지표로 환산해서 평가할 수 있다. 반대로 정상품을 불량품에 포함시키고 싶지 않다면, 불량품으로 검지된 것을 사람이 재확인하는 워크플로의 도입을 생각할 수 있다. 즉, **불량품을 놓친 것에 의한 사업 손실〉말려든 정상품들의 총비용〉재확인 인건비+말려든 정상 제품의 비용**이 비즈니스상 유효한 평가지표가 될 것이다. 평가 방법은 사업의 종류나 성향에 따라 다양하지만, 머신러닝 고유의 지표를 비즈니스의 문맥으로 이해하고 평가해야 한다.

---

[1] (엮은이) 정상 제품이 불량품으로 오분류된 것을 말한다.

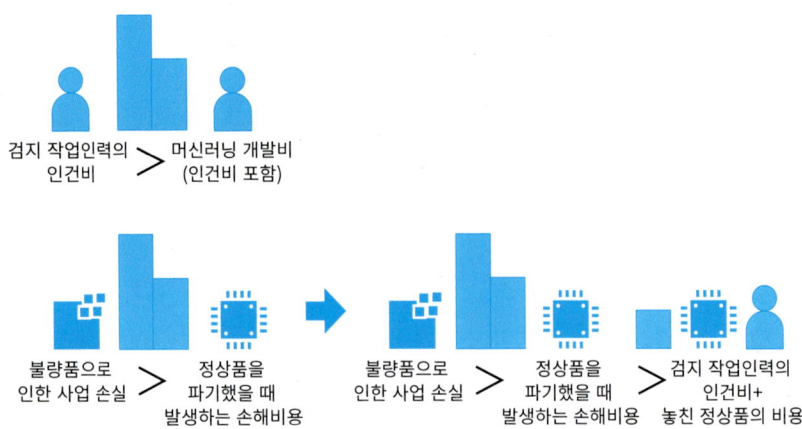

그림 7.1 불량품을 검지하는 머신러닝 시스템의 사업적인 평가 지표

7.1.4. 머신러닝 시스템의 요건을 정의

평가 방법이 정해지고 나면 본격적인 머신러닝 개발에 들어갈 수 있다. 머신러닝 모델 개발이나 모델을 시스템에 포함하는 방법, 운용에 대해서는 이 책에서 지금까지 기술했던 바와 같다. 먼저 머신러닝을 시스템에 포함시켜 운용하는 방법부터 생각해 보자. 앞 절까지 진행이 끝난 상태라면 바로 모델을 개발하고 싶어지겠지만, 아직은 시기상조다. 시스템에 내장할 수 없는 (요구되는 안정성이나 속도, 실행환경 등에 맞지 않는) 모델을 개발하게 되면 시간 낭비나 다름없기 때문이다. 따라서 모델을 도입하는 시스템을 선제적으로 검토해야 한다.

예를 들어 웹 시스템이나 스마트폰 앱과 조합한다면 사용자와의 인터랙션이나 지연, UI/UX 등이 과제가 된다. 아울러 속도도 요구되기 때문에 복잡한 딥러닝의 모델에서는(머신러닝의 평가지표가 좋더라도) 추론 속도가 느리면 사용하기 어려울 수도 있다.

배치 시스템에서 사용한다면, 처리하는 데이터의 총량을 배치 완료 예정 시간까지 추론하고 등록해야 한다. 이 경우는 속도를 충족하기 위해 연산 리소스의 스케일 아웃을 고려해 볼 수 있으며, 이때 발생하는 연산 리소스의 비용이 머신러닝을 도입해 얻는 효과에 비해 과하지 않아야 한다. 또한, 에러로 인해 종료되었을 때의 복구나 재시도 방법을 검토해야 한다. 높은 정답률을 목표로 하는 복잡한 머신러닝 모델을 개발하는 것보다 적은 비용으로 안정되고 고속으로 추론 가능한(게다가 재시도 간단) 모델이 훨씬 도움이 되는 케이스가 많다.

7.1.5. 머신러닝 모델 개발

머신러닝 시스템이 갖추어야 할 요건을 이해했으니, 다음으로 머신러닝의 모델 개발을 시작한다. 모델 개발에서는 시행착오를 거치면서 요건(머신러닝의 평가지표뿐만 아니라, 추론 속도나 안정성, 비용도 포함)을 만족시키는 것을 목표로 한다. 시도해 본 모델이나 파라미터, 평가를 기록하면서 한정된 시간과 예산 내에서 최적의 모델을 개발한다. 요건에 따라서는 완벽하지 않더라도 '그럭저럭' 아쉽지 않은 모델로 릴리스해 효과를 보면서 계속 모델을 개발해 나갈지 판단할 수도 있다. 머신러닝으로 100% 정확도를 내는 것은 불가능하기 때문에 어떤 상황에서든지 어느 정도의 타협은 필요하다. 타협은 비즈니스의 규모나 시스템의 중요성에 따라 다르지만, 모델 개발을 수개월 지속하는 것보다 영향이 작은 범위 내에서 테스트로 릴리스해 보고 유용성을 판단하는 편이 효율적인 경우가 많이 있다. 시간과 예산은 한정되어 있기 때문에 모델 개발은 어느 타이밍에 릴리스하고 중지할 것인지 판단하는 것이 중요하다.

7.1.6. 평가 및 효과 검증

모델을 릴리스하면 그에 대한 평가와 효과의 검증이 수반되어야 한다(그림7.2). 모델이 입력 데이터에 대해 예상대로 추론 결과와 비즈니스 효과를 내고 있는지를 검증한다. 추론에 다소 차이는 있지만 그것이 허용범위 내인지, 또는 예상에 너무 어긋나지 않았는지 평가할 필요가 있다. 사용자용 프로덕트라면 사용자에 의한 지표(클릭률이나 체류시간 등)에 영향이 있을 것이고, 어쩌면 사용자로부터 클레임이 들어올지도 모른다. 사내 시스템이라면 사용자와 직접 인터뷰를 해보는 것이 좋다. 머신러닝의 도입에서 최악의 사태는 효과를 검증할 수 없는(또는 검증하지 않음) 상태다. 머신러닝 시스템의 유용성을 검증하고 개선(또는 정지)하기 위해서라도 릴리스 후에 방치하지 않고 효과를 검증하도록 하자.

어느 타이밍에 릴리스 할 것인가?

「99.99% 모델이 완성됨」
「0.01%의 실패할 리스크도 감수할 수 없음」
...며칠 후...
「99.992% 모델이 완성됨」
「0.008%의 실패할 리스크도 감수할 수 없음」

「99.95% 모델이 완성됨」
「제한적으로 실제 시스템에 릴리스하고 상황을 지켜봄」
...며칠 후...
「실제 시스템에 도입한 모델의 사용이력이 저장됨.
1%는 실패함. 실패의 경향을 분석해 보자.」

그림 7.2 모델을 실제로 도입하기 위한 평가

머신러닝을 비즈니스에 실전 도입하기 위한 순서를 재차 설명했다. 1장에서도 비슷한 내용을 설명했으나, 여기까지 읽고 난 후라면 처음보다 더 쉽게 이해하고 납득하게 되었을 것이다.

이제부터 머신러닝의 컴포넌트를 통합한 하나의 워크플로를 구현해 보겠다. 다음 절에서는 수요 예측과 콘텐츠 업로드 서비스를 예로 들어 각 머신러닝 시스템의 구성 예시에 대해 설명한다.

수요예측 시스템

일상생활 또는 비즈니스 영역에서 데이터를 통해 미래를 예측하고 싶은 수요는 적지 않게 존재한다. 기업에서는 미래에 어떤 상품이나 서비스가 잘 팔릴지에 관심이 있다. 그래서 과거의 매출이나 방문자 수 데이터를 이용해 미래의 매출이나 방문자 수를 예측한다.

7.2.1. 상황과 요건

서비스업을 영위하는 회사에서 앞으로 일주일간의 수요를 예측하는 시스템을 생각해보자. 이 회사는 전국에 수백 개의 매장을 내고 영업 중이다. 각 매장에서는 동일한 서비스를 제공하고 있으며, 서비스의 특성상 각 매장에서는 반드시 점원이 3명 이상 상주해야 한다. 그리고 계절과 시간대, 요일에 따라 매장을 방문하는 고객의 수는 변동이 있다. 그러나 최근 경기 불황으로 인해 점원들의 근무시간을 효율적으로 조정해서 인건비를 삭감하고 싶다고 한다. 매장을 방문하는 고객에게는 점원이 서비스를 제공해야 하기 때문에 각 매장의 방문자 수를 예측해 필요한 점원의 수를 최소한으로 계획해야 하는 상황이다(그림 7.3).

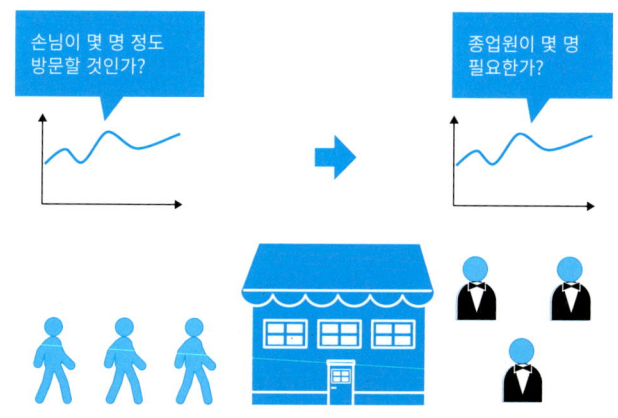

그림 7.3 수요예측 시스템

먼저 워크플로를 생각해보자(그림 7.4). 앞으로 일주일 동안의 수요를 예측해 점원의 교대근무 계획을 세워야 한다. 사원이나 아르바이트의 투입 시기를 근무가 시작되기 바로 직전에 변경하는 것은 현실적으로 어렵기 때문에 추론 결과가 나오고 난 뒤에 근무를 편성하기 위한 여유 시간을 계산해야 한다. 예를 들어 최소 4일 전에는 사원 및 아르바이트의 편성을 완성할 필요가 있다고 하자. 그러면 수요예측은 근무시작 4일 이전에 추론이 완료되어 있어야 한다. 따라서 근무시작 6일 전에는 추론을 실행하고, 그다음 날(근무 5일 전)에는 이를 바탕으로 스케줄을 완성할 수 있다면 안심할 수 있을 것이다. 이 계획대로라면 하루 정도 더 여유가 있기 때문에 추론에 실패하더라도 재시도할 수 있다. 추론 결과를 바탕으로, 근무의 조정은 적당한 영업일에 실시한다. 예를 들어, 매주 목요일을 기준으로 다음 주 월요일 이후의 편성을 조정하는 등 내부적으로 규칙을 정해둔다.

추론기는 배치(batch) 시스템으로 구성한다. 수년 전부터 최근까지의 데이터를 이용해서 전체 매장에 대해 수요예측을 실시한다. 추론을 실행하는 날짜는 데이터의 갱신 빈도와 그 양에 따라 달라지겠지만, 목요일에는 전국 모든 매장에서 수요예측에 활용할 정보가 도착해야 한다. 한 번 정도의 실패를 가정해 배치 처리는 두 번 실행하고, 추론 결과를 확인하는 시간이 필요하다. 배치 처리에 12시간이 필요하고 확인에만 2시간이 걸린다고 한다면 최소 화요일에는 배치 처리가 이미 실행되고 있어야 한다. 그러면 첫 번째 배치 처리의 성공 여부와 추론 결과를 수요일(다음날)에 확인 가능하고, 결과에 문제가 있다면 수요일 중으로 재실행해서 목요일에는 수요예측에 활용할 정보를 얻을 수 있다.

추론 대상의 인터벌은 요건에 따라 다르다. 점원의 근무를 1일 단위로 짠다면 1일 단위의 방문자 수를 예측하는 것으로 충분할 것이다. 또는 시간대(예를 들면 오전, 오후, 밤)별 근무를 짜는 경우는 시간대별 수요를 예측해야 한다.

추론 결과는 추론이 진행된 기간 동안의 방문자 수로 평가할 수 있다. 방문객 수에 비해 점원이 너무 많으면 고객이 기다리는 일은 적겠지만, 비용(인건비)이 든다. 점원이 너무 적다면 비용은 억제할 수 있지만, 인원 부족으로 고객을 장시간 기다리게 하는 등 서비스의 품질이 저하된다. 이렇게 되면 재방문하는 고객이 줄어들고 장기적으로 매출은 하락할 것이다. 추론 결과가 현 서비스의 실태를 반영하지 못한다면 다른 모델이나 사람의 감각에 의한 추측과 비교하며 워크플로를 개선해 나가야 한다. 이때, 다른 모델과 비교하는 경우에는 비교 대상으로 활용할 매장을 분할, 선택하고 여러 종류의 모델로 추론을 실행할 수 있도록 시스템을 개선 또는 보수해야 한다.

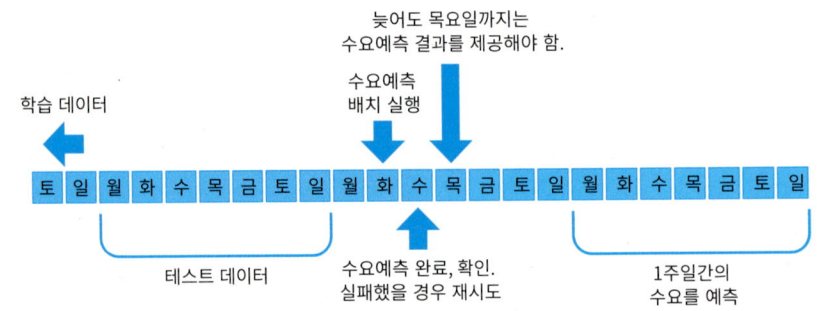

그림 7.4 수요예측 스케줄

7.2.2. 시스템 만들기

지금까지 수요예측 시스템의 목적이나 요건, 그리고 평가방법에 대해 정의했다. 물론 실제 서비스나 비즈니스의 상황에 따라 조건은 다양하겠지만, 여기서는 특정 케이스에 대한 스터디로서 다음과 같이 간단하게 정리한다.

- 목요일에 수요예측 결과를 각 매장에 제공하고, 그 다음 주의 인원 편성을 조정함.
- 추론은 배치 시스템을 활용.
- 배치는 화요일에 시작하며, 추론 결과를 수요일에 확인함. 필요하다면 배치를 재실행.
- 추론에 대한 평가는 실제 방문자 수와 비교함.
- 워크플로 개선을 위해 다른 모델이나 사람의 감각과 비교.
- 매장을 분할하여 여러 모델의 추론 결과로 비교할 수 있도록 함.

모델은 위의 요건으로 개발한다. 방문자 수에 대한 수요예측이기 때문에 학습 데이터로는 매장별 방문자 수의 시계열 데이터가 적절하다. 각 매장별로 2일 전까지의 방문자 수 데이터가 DWH에 집계되어 이용 가능하다고 한다. 즉, 화요일에 사용할 수 있는 데이터는 2일 전인 일요일까지의 방문자 수 시계열 데이터다. 그리고 테스트 데이터는 최근 일주일 동안의 방문자 수로 설정한다. 다시 말해, 지난주 월요일부터 이번 주 일요일까지의 데이터가 테스트 데이터이며, 학습 데이터로는 지난주 일요일까지의 데이터를 사용한다.

여기서 다음 2가지를 검토할 필요가 있다.

1. 매주 모델을 학습할 것인가, 아니면 한 번 학습한 모델을 계속 사용할 것인가?
2. 매주 학습한다면, 하이퍼파라미터나 알고리즘은 변경할 것인가?

1에서 모델을 매주 학습한다면 위에서 정의한 대로 '화요일에 배치 처리를 시작해서 목요일에 수요예측을 배포'할 수 있도록 기한에 유의해서 학습이 완료되어야 한다. 안정적으로 학습할 수 있는 모델이라면 좋겠지만, 그렇지 않다면 모델의 학습은 자주 하지 말고, 평가를 보며 개선해 나가는 것이 좋다.

그러나 1에서 매주 학습하는 방식을 선택한다면 2의 하이퍼파라미터나 알고리즘의 변경은 엄밀하게 검토할 필요가 있다. 과연 1주일 동안 새로운 하이퍼파라미터나 알고리즘을 얼마나 시도할 수 있을지는 모르지만, 배치 시스템에 도입하려면 분명 시간이 더 필요하다. 1주일이라는 기간을 생각하면 이 플로우에서도 역시 추론 결과를 통해 평가하면서 장기적으로 모델을 개선해 나가는 쪽을 권장한다.

이것으로 학습 워크플로가 완성되었다. 다음으로 학습, 추론, 평가, 운용에 필요한 컴포넌트를 생각해 보자(그림 7.5).

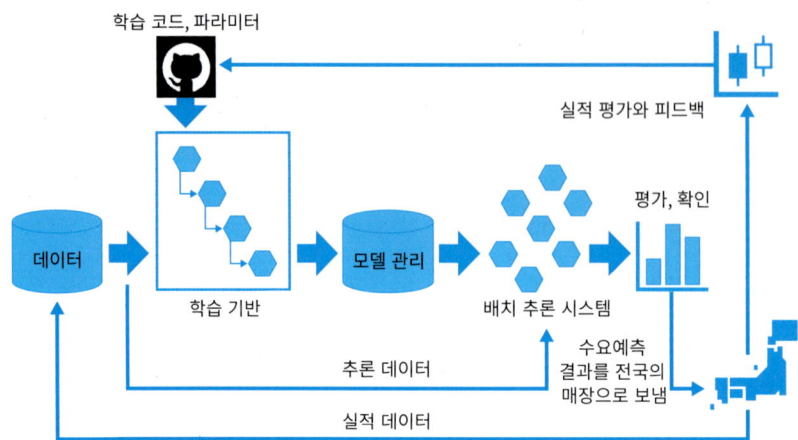

그림 7.5 수요예측 시스템의 전체상

학습 데이터는 몇 년간의 수백 개 매장에 대한 시계열 데이터로, 용량이 매우 클 것이다. 모델의 개발은 파이프라인 학습 기반으로 파라미터나 데이터를 바꿔가며 진행한다. 특히, 베이스라인이 되는 모델을 릴리스하고 난 이후에는 그 모델을 중심으로 개선이 이뤄질 것이므로 학습에 사용된 코드나 평가는 리포지토리를 통해 관리하고, 계획적으로 학습할 수 있는 시스템을 만들어야 한다.

추론은 배치 추론으로 이뤄진다. 추론이 실행시간을 고려해 연산에 필요한 리소스를 스케일 아웃 또는 스케일 인한다. 클라우드나 쿠버네티스 클러스터를 사용해서 필요할 때 리소스를 할당하는 구성이 될 것이다.

추론 결과를 평가할 때는 2일 전 방문자 수를 DWH로부터 가져와서 BI 툴로 추론 결과와 함께 시각화해서 비교한다. 추론의 결과가 각 매장의 시간대와 날짜에 따른 방문자 수를 잘 반영하고 있는지 측정해보고, 가능하다면 방문자 수의 증감까지 비교할 수 있다면 좋을 것이다. 특히, 여러 모델로 A/B 테스트를 실시하고 있다면 각 모델별로 이 결과를 시각화해 볼 필요가 있다(그림 7.6).

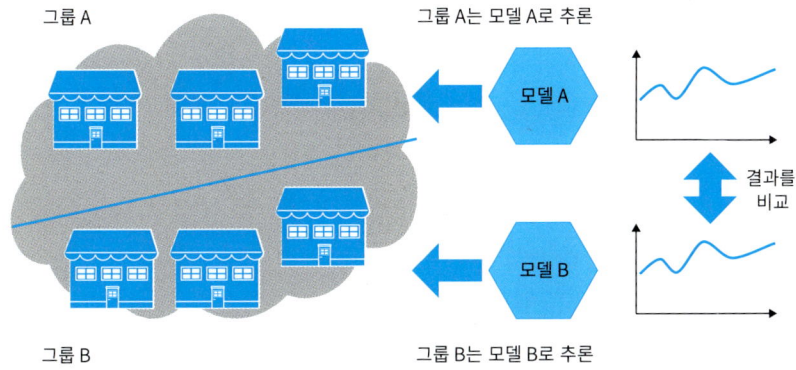

그림 7.6 두 가지 모델로 A/B 테스트를 실시하는 경우

마지막으로, 운용에서는 배치의 실행과 확인, 재시도와 함께 매장에 배포를 정기적으로 실행한다. 확인 작업에서도 일손이 필요하기 때문에 추론 결과를 효율적으로 보고 판단하기 위한 표나 그래프를 출력하는 등의 방법이 있다면 적극 활용한다. 그리고 비정기적인 모델의 개선과 비교를 위해 여러 개의 모델을 배포하는 구조나 각 모델의 추론 결과를 배포할 매장을 선정해야 한다.

 콘텐츠 업로드 서비스

이어서 웹 서비스에 대해 생각해보자. SNS나 웹 게시판 등 콘텐츠를 업로드하는 서비스는 많이 찾아볼 수 있다. 콘텐츠 업로드 서비스에서는 안전한 서비스를 확보하기 위해 목적에 맞지 않는 콘텐츠나 위반 행위를 판정하는 시스템이 필요하다. 머신러닝을 사용해 안전한 콘텐츠 업로드 서비스를 실현할 수 있는 방법에 대해 생각해 보자.

7.3.1. 상황과 요건

웹이나 스마트폰의 콘텐츠 업로드 서비스에 대해 생각해보자. 사용자가 직접 게시한 콘텐츠를 공개하는 서비스는 많이 찾아볼 수 있다. 일기는 각종 SNS에서, 동영상이라면 YouTube 또는 TikTok, 사진과 각종 이미지는 Instagram이나 pixiv, 글과 관련된 정보는 note와 Medium이 유명하다.

이번에는 동물의 사진과 설명에 특화된 업로드 서비스를 예로 들어 보자. 이 서비스는 고양이나 개, 팬더, 새, 해양생물 등 자신의 반려동물이나 동물원, 자연경관 등지에서 촬영한 사진에 제목을 붙이고 설명을 조합해 업로드할 수 있다고 하자. 즉, 사람이 아닌 동물이라면 장르를 가리지 않는다. 이 서비스의 목적은 동물을 좋아하는 사용자가 동물의 귀여운 행동이나 놀란 모습 등을 즐길 수 있게 하는 것이다. 그러므로 동물의 사체를 포함한 징그러운 모습은 업로드를 금지하며, 동물 이외의 피사체나 사람도 역시 제외한다.

콘텐츠 업로드 서비스에는 크게 2가지 화면이 준비될 것이다. 하나는 콘텐츠를 게시하는 화면, 또 하나는 게시된 콘텐츠의 목록을 보는 화면이다. 콘텐츠 게시 사이트는 보통 업로드가 끝난 콘텐츠가 위에서부터 아래로 흘러가며 시간순으로 표시된다. 페이스북이나 트위터가 이와 같은 인터페이스로 구현되어 있으며, 사용자는 최신 콘텐츠를 위에서부터 차례로 볼 수 있다(그림 7.7).

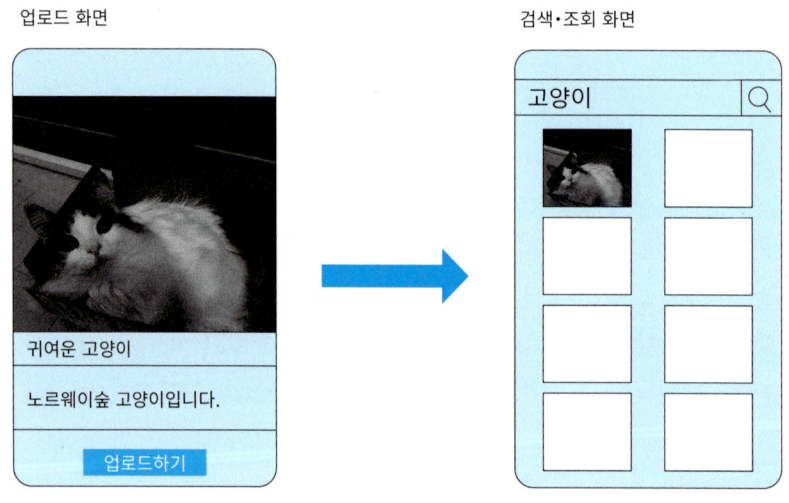

그림 7.7 콘텐츠 업로드 서비스의 화면

콘텐츠를 편리하게 검색하기 위해 콘텐츠에 태그를 붙이는 기능도 있다. 새끼고양이가 콘텐츠라면 '고양이', '새끼고양이'처럼 태그를 붙여 고양이를 좋아하는 사람들이 공유하기 쉽게 도와주는 역할을 한다.

지금까지 간단하게 콘텐츠 업로드 서비스의 사양에 관해 기술했으나, 이 정도의 범위에서도 머신러닝을 유효하게 활용할 수 있는 부분은 많이 있다. 대표적으로 동물 이외의 콘텐츠나 사체, 징그러운 모습을 업로드 금지로 정했다면, 금지 콘텐츠의 검지와 배제를 실행하는 데 머신러닝을 활용할 수 있다. 위에서부터 아래로 흐르는 GUI의 특성상 특정 사용자가 관심을 갖는 콘텐츠를 우선적으로 상단에 배치하도록 머신러닝을 활용한 추천이나 순위 매기기도 가능하다. 게다가 콘텐츠에 태그를 붙이기 때문에 해당 콘텐츠와 관련 있는 태그를 자동으로 검지, 추천해주는 기능도 생각할 수 있다. 서비스가 유명해지고 올라오는 콘텐츠 수가 많아질수록 이와 같은 머신러닝을 통한 자동화가 필요하게 된다. 콘텐츠를 업로드하는 것은 흔한 서비스이면서도 머신러닝이 유효하게 작용하는 시스템이기도 하다.

이번에는 이 중에서도 금지 콘텐츠를 검지하는 기능을 머신러닝으로 개발하기로 한다(그림 7.8). 업로드가 가능한 콘텐츠는 살아 있는 동물뿐이므로 그 이외의 콘텐츠를 검지하는 것을 목표로 한다.

우선, 금지할 콘텐츠를 검지하는 타이밍과 거동에 관해 생각해보자. 다음과 같이 콘텐츠를 머신러닝으로 스크리닝할 수 있는 여러 타이밍이 있다.

1. 가장 이른 타이밍은 게시자가 콘텐츠를 업로드하기 위해 사진을 선택한 시점에서 인터랙티브하게 검지하는 것이다. 이때는 업로드 버튼을 누르기도 전에 스크리닝을 시작하고 '해당 사진은 업로드할 수 없습니다'와 같이 주의를 주는 UI가 효과적이다. 사용자가 느끼기에는 처음부터 서비스를 잘못 사용하고 있다는 느낌을 받을 수도 있고, 어쩌면 단순한 콘텐츠 선택의 실수거나 머신러닝을 사용한 스크리닝 실수일 수도 있다. 적절한 UI는 아닐 수도 있지만, 다른 선택지도 마저 살펴본다.

2. 다음은 업로드하기 버튼을 누른 타이밍에 스크리닝을 시작하는 경우다. 업로드하기 버튼을 누른 후, 데이터는 추론 시스템으로 전송된다. 추론이 완료된 후에 동물 콘텐츠라면 '업로드를 완료했습니다'를, 금지 콘텐츠라면 '해당 콘텐츠는 업로드할 수 없습니다'를 표시한다. 검지 타이밍은 좋아 보이지만, 데이터를 추론 시스템으로 보내 추론 결과가 돌아올 때까지 사용자는 결과를 기다리게 된다. 추론의 지연이 1초 정도라면 괜찮은 선택일 수도 있지만, 수 초 정도까지 기다리게 된다면 사용자 이탈의 요인이 될 수도 있다.

3. 업로드 후에 비동기적으로 스크리닝할 수도 있다. 게시자가 업로드 버튼을 누른 뒤 '콘텐츠를 전송했습니다. 업로드가 완료할 때까지 잠시만 기다려 주세요'라고만 화면에 표시한다. 추론기에서는 콘텐츠를 스크리닝하고, 문제가 없으면 사이트에 콘텐츠가 업로드된다. 문제가 있다고 판단되면 사용자에게 푸시 알림이나 메일로 '해당 콘텐츠는 업로드할 수 없습니다'라고 통지하는 방식이다. 이 방식이라면 사용자의 화면 트랜지션이 멈추는 일은 없지만, 업로드의 성공 여부를 확인하기까지 시간이 필요하다.

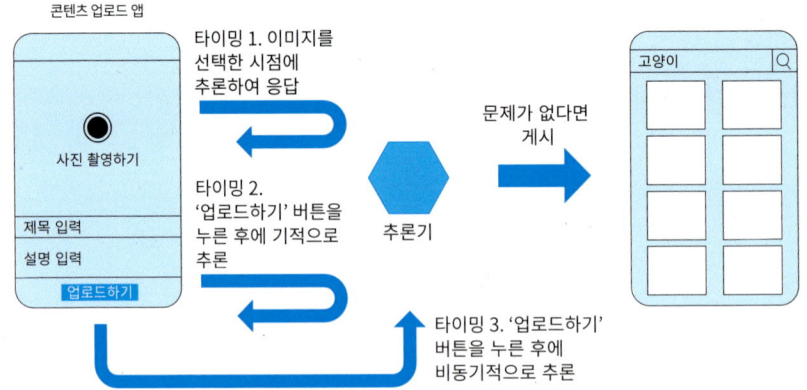

그림 7.8 금지 콘텐츠 검지 기능을 머신러닝으로 개발

어느 타이밍에 콘텐츠를 스크리닝해서 업로드의 성공 여부를 결정하는지는 각각의 장단점을 검토하고 결정한다. 이번에는 사용자의 화면 트랜지션을 멈추지 않는 3을 선택해서 시스템을 개발한다. 선택사항 3에서는 콘텐츠 업로드 후에 콘텐츠를 머신러닝으로 정밀하게 살펴보고 금지 콘텐츠가 아니면 사이트에 게시하는 흐름이다. 사용자는 콘텐츠가 게시되기까지 시간이 걸린다는 것을 알고 있지만, 하루 이상 기다리는 일은 상정하지 않을 것이다. 그리고 콘텐츠를 업로드하고 나서 1시간 이내로 통지를 보낼 것을 서비스 수준의 목표로 삼는다. 1시간 이상 정체되는 콘텐츠가 생기면 운용상 장애로 정의한다.

추론 시스템의 조건을 보다 명확히 설정해보자. 사이트에 사진이 올라오는 수나 빈도는 시간대나 요일에 따라 차이가 있다. 휴일이면 낮부터 밤에 걸쳐 골고루 업로드될 것이고, 평일에는 저녁부터 밤에 걸친 시간대에 업로드가 늘어날 것이다. 휴일과 평일 모두 심야부터 이른 아침에는 업로드 수가 줄어들지만, 아예 그 수가 없는 것은 아닐 것이다. 또한, TV에서 동물 관련 프로그램이 방송되는 날은 방송 후 업로드 수가 증가할지도 모른다. 몇 개월 단위로 보면, 장기적으로 콘텐츠 업로드 수는 완만하게 증가할 것이다(그림 7.9).

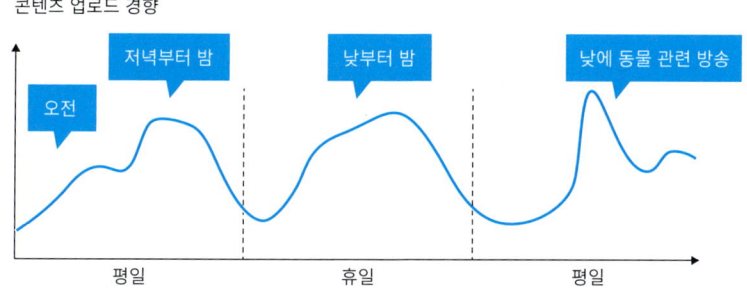

그림 7.9 콘텐츠 업로드 수와 그 경향

날짜와 이벤트에 따라 게시물의 수가 달라진다는 것은 가장 많은 게시물 수를 달성한 시간대에 필요한 연산 리소스를 추론기에 할당해야 한다는 뜻으로 해석할 수 있다. 연산 리소스가 부족할 경우, 앞서 설명했던 목표로 한 서비스 수준을 충족하지 못해 장애가 발생할 가능성이 높다. 업로드 수에 따라 스케일 아웃, 스케일 인하는 시스템이 필요하다.

검지 대상은 동물 이외의 콘텐츠(사람도 제외), 동물은 맞지만 사체인 경우, 콘텐츠가 징그러운 경우다. 말로는 단순하지만, 실제 분류를 위해 선을 긋기는 매우 어렵다. 고양이 여러 마리가 있는 사진에 사람 얼굴이 작게 들어간 것을 금지할 것인지, 또는 죽은 듯 잠든 동물이 사체인지 아닌지를 어떻게 판단할지 매우 난감하다. 이 외에도 동물의 입안을 찍은 사진을 보는 사람에 따라 징그럽게 여길 수도, 그렇지 않을 수도 있는 것처럼 판단하기 애매한 콘텐츠가 많다. 모든 것을 정확하게 판정하는 것은 불가능하다. 과제를 명확히 정의하기 위해 우선은 사람의 얼굴이 찍혀 있는 콘텐츠 업로드를 금지하는 것부터 시작해보자.

추론기의 성능을 어떻게 평가하면 좋을지도 생각해야 한다. 1시간 내에 추론을 완료하고 사용자에게 통지해야 하므로 시간당 추론 가능한 콘텐츠 수를 평가지표로 삼을 수 있다. 이와 더불어 머신러닝 모델 자체의 정확도를 평가할 필요가 있다. 다시 말해, 추론이 끝나고 업로드가 완료된 콘텐츠 중 사람의 얼굴이 찍혀 버린(놓치고 있는) 콘텐츠의 비율을 평가지표로 볼 수 있다. 또는 업로드 금지로 판정된 콘텐츠 가운데 실제로는 사람의 얼굴이 찍히지 않은(업로드 금지에 말려든) 콘텐츠의 비율도 지표가 된다.

이 두 가지는 일반적으로 트레이드오프(trade-off)의 관계에 있다(그림 7.10). 전자를 우선하면 (놓침 방지) 사용자가 겪는 업로드 금지 횟수가 늘어나 사용자 이탈로 이어질지도 모른다. 반대로 후자를 우선하면(개입 방지) 업로드 서비스 자체의 치안이 악화되고, 동물과 무관한 콘텐츠가 증가할 것이다. 사실은 머신러닝의 추론 정확도를 측정하는 방법이 선행되어야 한다. 간과하든 말려들든, 사람의 얼굴이 찍힌 콘텐츠의 총 개수를 모른다면 놓치고 있는 비율이나 말려든 비율은 계산할 수 없기 때문이다. 사람이 한 번 더 체크하는 것도 좋지만, 그게 가능하다면 이 서비스는 애초에 사람이 체크하면 될 일이다. 업로드되는 콘텐츠 수가 적으면 문제가 없지만, 규모가 커지면 전수 체크는 불가능에 가까워진다. 비즈니스의 상황과 운용 인원 수를 대조해 보고 실현 가능한 운용을 결정해야 한다. 이번에는 타협안으로서 업로드가 금지된 콘텐츠 가운데 실제로는 사람의 얼굴이 찍히지 않은(말려든) 콘텐츠의 비율을 지표로 설정한다. 그리고 업로드 금지한 콘텐츠는 운용 인원이 한 번 더 체크, 평가하기로 한다. 물론, 이 판단은 업로드되는 금지 콘텐츠의 수가 인력으로 체크할 수 있는 범위에 들어갈 것이라는 추측에 따른 것이다.

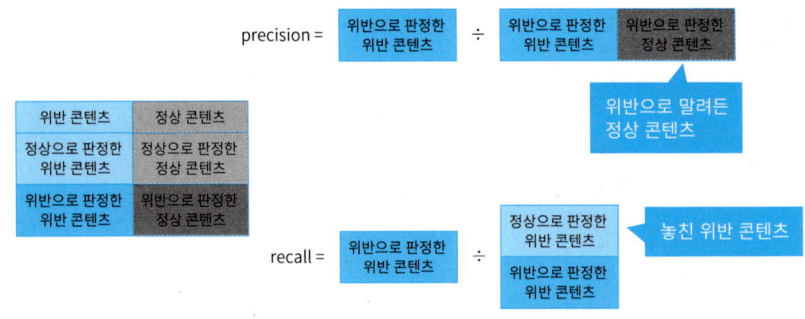

그림 7.10 트레이드오프 관계

7.3.2. 모델과 시스템

사진에 찍힌 사람의 얼굴을 검지하는 것은 이미지 분류나 객체 인식으로 구현할 수 있을 것이다(그림 7.11). 일반적으로 이미지 분류보다 객체 인식이 연산량이 크고 느리지만, 본 서비스의 목적에는 합당하다. 모델은 이미지 분류를 객체 인식보다 빨리 학습할 수 있다. 데이터를 만들 때도 이미지 분류라면 사람 얼굴이 찍힌 사진을 모으는 것으로 그치지만, 객체 인식에서는 얼굴의 위치를 특정해야 한다. 이미지 분류와 객체 인식, 어느 방식을 선택할지는 콘텐츠 스크리닝 시스템을 릴리스할 때까지의 일정에도 달려 있다. 신속하게 만들어야 한다면 이미지 분류가 적절하고, 시간을 투자하더라도 좋은 시스템을 만들고 싶다면 객체 인식에 집중하는 것이 좋다.

여기서는 일단 이미지 분류를 가동시켜 본 후, 서비스 운영상 문제가 생길 것 같다면 객체 인식을 추가하는 방침을 취할 것이다.

이미지 분류에 필요한 학습 데이터와 어노테이션

위반 콘텐츠

정상 콘텐츠

객체 인식에 필요한 학습 데이터와 어노테이션

위반 영역

그림 7.11 이미지 분류와 객체 인식 학습 데이터의 차이

다음으로 학습할 모델을 선정할 차례다. 이미지 분류에는 많은 종류의 모델이 있다. 여기서는 업로드하고 1시간 이내에 추론해서 결과를 반환해야 한다. 후보가 될 만한 모델에 대해서 학습하기 전에 추론 시의 부하에 대한 내성이나 스케일러빌리티를 미리 고려한다. 구체적으로 업로드 수가 가장 많아지는 시간대에 평소보다 2배의 업로드 수가 발생한다고 가정한다. 그리고 그 정도의 부하로 2시간 동안 요청을 추론기로 계속 보내 1시간 이내로 추론할 수 있는지를 검증한다. 요청의 10% 이상의 양이 1시간 이상 큐에 정체된다면 해당 모델은 사용할 수 없다고 판단 내린다.

비용도 역시 고려해야 한다. 무한정 스케일 아웃하면 전체 요청을 1시간 이내에 처리하는 것은 어렵지 않지만, 너무 많은 비용을 들일 필요는 없다. 많아도 1일에 50,000원(월 150만 원 정도)을 한도로 설정해 두고, 예산에 맞춰 연산에 사용될 리소스를 한정한다. 이 예산으로는 GPU도 사용하지 못할 것이므로 CPU를 적극 활용해도 좋다. 이처럼 이미지 분류 모델의 선정 단계에서 한정된 리소스로 부하를 견딜 수 있는 모델을 걸러낼 필요가 있다.

사용 가능한 모델이 선정되고 모델의 개발까지 끝나면 릴리스를 위한 평가를 실시한다. 추론의 성능 평가 지표에 비추어 모델을 평가한다. 테스트 데이터로 최근 1주간의 업로드 콘텐츠를 사용한다(사전에 1주일 분의 콘텐츠를 열심히 분류해 놓아야 할 것이다). 테스트 데이터를 사용해 다음과 같이 평가한다.

1. 업로드 가능한 콘텐츠와 금지 콘텐츠를 정확하게 분류한 비율(Accuracy)
2. 실제 금지 콘텐츠를 금지 콘텐츠로 추론한 것의 비율(Recall)
3. 모델이 금지 콘텐츠로 추론한 콘텐츠 중에서 실제 금지 콘텐츠의 비율(Precision)
4. 모델이 금지 콘텐츠로 추론한 콘텐츠 수가 1주일 안에 운영자가 체크할 수 있는 범위에 들 것

1, 2, 3은 머신러닝에서 분류 문제에 관해 일반적으로 쓰이는 지표들이다. 4번은 지금 논의하는 서비스에 특화된 지표다. 머신러닝 모델이 금지 콘텐츠로 판정한 것을 운영자가 체크하는 방식이므로, 운영자가 미처 체크하지 못한 것을 금지 콘텐츠로 추론하는 일은 피해야 한다. 금지 콘텐츠를 전부 체크하기로 해놓고 인력이 부족해 처리하지 못하는 일이 일어나서는 안 된다. 운영자가 얼마나 많은 양을 체크할 수 있는지는 인원 수와 작업시간에 따라 다르지만, 인원과 시간을 무한정 늘릴 수는 없는 노릇이다. 체크에 관해서는 임곗값을 결정해 금지 콘텐츠로 추론하는 수를 제한할 필요가 있다.

7.3.3. 머신러닝 활용하기

개발한 모델이 릴리스 판정을 통과하고 실제 시스템에 도입할 수 있게 되었다 그림 7.12. 엄격한 판정을 거쳐 왔지만, 반드시 실제 데이터에서 개발 시와 동등한 성능을 발휘한다고는 할 수 없다. 모델을 교체할 가능성도 있기 때문에 추론기는 모델 로드 패턴(3.5절)으로 릴리스한다. 즉, 다시 모델을 학습한 경우, 모델의 교체가 간편해야 한다.

추론 시스템은 비동기적으로도 추론할 수 있기 때문에 비동기 추론 패턴(4.4절)을 사용할 수 있다. 병렬 마이크로서비스 패턴(4.8절)으로 중간에 프락시를 준비하고 여러 모델로 추론하는 방법도 있다. 그리고 모델의 정확도를 지속적으로 평가하기 위해서는 추론 로그 패턴(5.2절)과 추론 감시 패턴(5.3절)을 도입한다.

금지라고 추론한 콘텐츠는 사람이 직접 체크한다. 사람이 체크한 결과를 향후의 지도학습 데이터로 활용해 모델의 약점을 보강해 나가는 운용을 실시한다. 추가 데이터로 모델을 재학습했다면, 섀도 A/B 테스트 패턴(6.5절)과 온라인 A/B 테스트 패턴(6.6절)으로 모델을 평가한다. 다른 알고리즘의 모델을 신규로 개발한 경우라면 병렬 마이크로서비스 패턴을 응용해 여러 모델로 추론하고 그 결과를 집약시키는 것도 가능할 것이다.

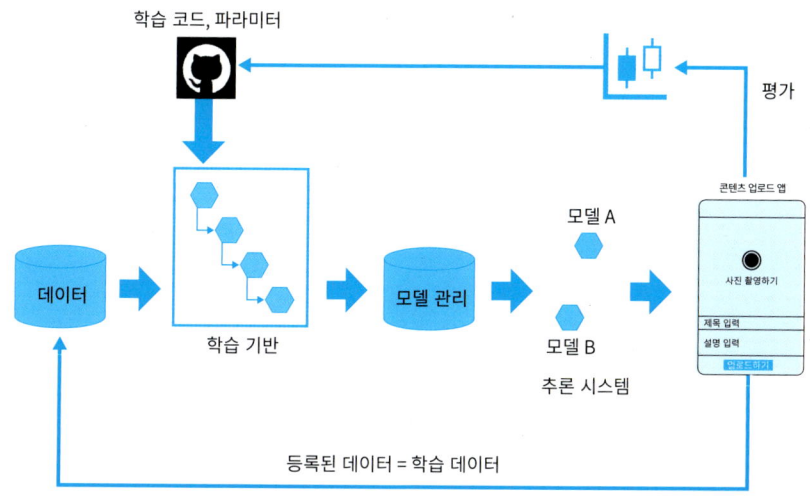

그림 7.12 금지 콘텐츠 검지 시스템의 전체상

7.3.4. ML옵스

이미지 분류에 의한 금지 콘텐츠 검지 시스템을 2개월 정도 운용한 결과 금지 콘텐츠의 업로드 수는 줄었으나, 다음과 같이 새로운 과제가 발생하고 있다고 한다.

1. 금지가 아님에도 금지 판정을 받은 콘텐츠를 업로드한 사용자의 클레임.
2. 사람의 얼굴이 작게 나온 사진은 높은 빈도로 간과되고 있음.
3. 사람의 얼굴이 같이 찍혔지만, 업로드를 원한다는 사용자의 요망.

1이 발생하는 원인으로는 여러 가지가 있다. 예를 들어, 운영자가 부족해 사람에 의한 스크리닝에서 간과되었을 가능성이 있다. 실태를 조사한 결과, 운영자가 특히 허술해지는 심야나 연휴 중에는 금지 콘텐츠의 전수 체크가 늦어지고, 심지어는 간과하는 경우가 증가하고 있다는 사실이 판명되었다고 한다. 즉, 체크 지연으로 인해 사용자를 기다리게 하고 있는 것이다. 이 과제의 해결책으로는 운영자 수를 늘리는 것을 고려해 볼 수 있다. 어쩔 수 없이 신속하지 못한 경우는 사용자에게 '기다리게 해서 죄송합니다'와 같은 알림을 넣는 것도 한 가지 방법이다. 또한, 머신러닝 모델을 개선해 클레임 수를 줄이려는 노력도 가능하다.

2는 이미지 분류 모델에 관한 과제다. 이미지 분류에서는 이미지 자체의 분류를 실행하고 있기 때문에 작은 피사체는 모델이 판별하지 못하고 있을 가능성이 있다. 객체 인식을 도입하면 해결이 가능할지도 모른다. 7.3.2절의 절차대로 모델 선정, 학습, 평가, 객체 인식 모델을 사용할 수 있는지 판단한다. 도입하게 되었다면, 현행 모델과 비교하기 위해 섀도 A/B 테스트 패턴(6.5절)이나 온라인 A/B 테스트 패턴(6.6절)으로 평가한다. 그리고 평가 후의 시스템도 당연히 검토해야 한다. 객체 인식이 이미지 분류보다 좋은 성과를 내고 있다면, 객체 인식 추론기만 남기고 이미지 분류 추론기는 삭제한다. 이미지 분류와 객체 인식으로 검지할 수 있는 콘텐츠의 경향이 달라 상호 보완해야만 한다면, 병렬 마이크로서비스 패턴(4.8절)을 가동시켜야 한다. 그러나 이미지 분류 후 한 번 더 체크하기 위한 수단으로 객체 인식을 실행하는 경우는 직렬 마이크로서비스 패턴(4.7절) 또는 시간차 추론 패턴(4.9절)이 유효하다.

3에 관해서는 사용자의 심리를 이해하려는 노력이 필요하다. 자신의 얼굴이 찍혀 있어도, 함께 찍힌 동물이 귀엽기 때문에 업로드하고 싶다는 의견은 적지 않을 것이다. 이를 허가하려면 서비스의 방침이 인간의 얼굴이 찍혀 있어도 상관없다는 방향으로 변화가 필요하다. 그렇게 된다면, 지금까지 만들어 온 금지 콘텐츠 검지 시스템은 더 이상 필요하지 않다. 개인 정보 보호의 관점에서 사람의 얼굴을 내보내지 않기로 결정했다면, 보조로 사람의 얼굴에 자동으로 모자이크를 넣는 기능을 제공하는 것을 검토할 수도 있다. 객체 인식이나 얼굴 인식으로 사람 얼굴의 위치를 높은 정확도로 판정할 수만 있다면, 자동으로 모자이크를 붙여 업로드하는 것을 고려한다. 대신 얼굴 모자이크 기능을 도입할 때는 과제 해결을 위한 UI/UX부터 검토하는 것이 좋다. 이와 관련된 절차는 이번 장에서 설명한 바와 같다. 사용자에게 제공하는 기능의 가치와 개발 및 운용 비용, UI의 변화, 비즈니스 효과를 저울질해 서비스를 평가하기 위한 지표를 명확하게 정의하고, 사용자 테스트를 거듭하면서 머신러닝을 포함한 프로덕트를 릴리스하고 개선하도록 한다(그림 7.13).

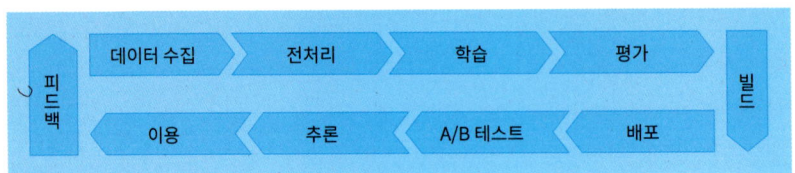

그림 7.13 개선 워크플로

ML옵스란 결국 머신러닝을 실제 시스템에서 효과적으로 활용하기 위한 개발과 운용에 대한 방법론이며, 머신러닝을 사용해 성공적으로 프로덕트를 이끌기 위한 조직 및 비즈니스에 관한 설계다. 머신러닝으로 모델을 만들어 API로 가동시키는 것에 그쳐서는 안 된다. 릴리스하고, 사용되는 중에 발생하는 과제나 클레임에 지속적으로 대처하고, 사용자를 더욱 만족시키기 위한 피드백 루프를 실현하는 것을 목표로 삼아야 한다. 이를 위해서는 그 프로덕트나 비즈니스를 어째서 유지해야 하는지, 왜 소프트웨어와 머신러닝을 통한 기능이 필요한지 등 끝까지 의문을 품는 자세를 가져야 한다. 또한, 대부분의 프로덕트나 비즈니스는 일회성이 아니다. 한 번 만든 것은 지우지 않는 한 계속 남아있으며 계속 사용되기 마련이다. 비즈니스의 성장을 위해서는 운용하며 지속적으로 개선해야 한다. 그 안에 머신러닝이 포함되어 있다면, 항상 확률적이고 불완전한 머신러닝을 사용하는 방법이나 상황과 함께 더욱 좋은 방향으로 바꿔 나가려는 노력이 필요하다. ML옵스는 비즈니스 목표를 달성하기 위해 머신러닝을 도구로서 사용한 프랙티스인 것이다.

7.4 정리하기

이번 장에서 설명한 내용을 간략하게 정리한다.

이번 장에서는 수요예측의 배치 시스템과 콘텐츠 업로드 서비스를 예시로 머신러닝 시스템을 만들고 운용하는 방법에 관해 설명했다. 수요예측 시스템과 콘텐츠 업로드 서비스 모두 이 책에서 다룬 내용보다 훨씬 많은 과제가 있고, 머신러닝의 도입이나 사용법에도 한층 더 많은 패턴들이 존재한다. 이는 상황이나 목적에 따라 천차만별일 것이다. 필자 역시 더 많은 과제에 관해 해결책을 논의하고 싶지만, 분량에 제한이 있기에 이번 장을 끝으로 이 책을 마무리한다.

 ## 이 책을 마치며

이 책을 읽어 주신 독자 여러분께 진심으로 감사의 말을 전한다.

이 책은 서문에서도 기술한 바와 같이, 머신러닝을 실제 시스템에 포함해 운용하기 위한 필자의 노하우를 집필한 것이다. 물론 내가 모르는 기술이나 비즈니스, 시스템, 운용방법은 포함되어 있지 않고, 이 중에는 시간이 지나면서 뒤쳐지게 될 기술도 있을 것이다. 요건의 정의나 구현에 대해서는 이견이 있을지도 모르겠다. 이 책을 읽고 감상이나 수정, 개선안 등이 있다면 언제든 연락주시길 바란다.

필자가 모 회사에서 '머신러닝 시스템을 만들어 보고 싶다'고 생각한 것은 2015년 무렵, 데이터 사이언스나 머신러닝 붐이 일본에서 일기 시작했던 시기다. 그러나 '머신러닝을 효율적으로 활용하기 위해서는 운용도 생각하지 않으면 안 된다'고 의견을 피력해도 주변으로부터 호응을 얻지 못했다. 지금도 머신러닝 모델을 개발하는 데이터 사이언티스트 또는 머신러닝 엔지니어와, 시스템이나 프로덕트를 개발하는 소프트웨어 엔지니어와의 사이에는 거리가 느껴진다. 그런데도 몇몇 기업에서는 데이터 사이언스나 머신러닝을 연구로만 끝내지 않고 실제로 도입해서 그 동안 쏟은 노력과 그로 인한 효과를 세상에 알릴 정도로는 퍼졌다고 느끼고 있다.

이 책에서 언급했듯이 머신러닝은 만능이 아니며 다루기도 어려운 기술이다. 하지만 다양하고 방대한 양의 데이터로부터 사람보다 나은 추론을 하는 머신러닝의 가능성은 무궁무진하다고 믿고 있다. 복잡한 비즈니스나 사회, 자연과학의 세계에서 대량의 데이터에 근거한 추론의 필요성은 앞으로도 계속 증가할 것이다. 그때는 이 책이 조금이라도 도움이 되었으면 하는 바람이다.

2021년 5월 길일
시부이 유우스케

 ## 저자 프로필

시부이 유우스케 (澁井 雄介)

주식회사 티어포(TierⅣ)에서 ML옵스 엔지니어, 인프라 엔지니어, AR 엔지니어로 활약 중이고, 고양이 두 마리의 집사다. 본업으로는 자율주행을 위한 ML옵스 기반을 쿠버네티스로 개발하고 있다. AR과 에지 AI를 조합하며 시간을 보내는 것이 취미다. 과거에는 SIer, 소프트웨어 벤더, 스타트업에서 신규 프로덕트 구축, 대규모 시스템 운용, 팀 매니지먼트에 종사했으며, 전 직장인 메루카리에서 머신러닝을 시스템에 포함시키는 디자인 패턴을 집필하고 공개했다.

- 깃허브 'Machine learning system design pattern'
  URL https://github.com/mercari/ml-system-design-pattern

- 저자 깃허브 계정
  URL https://github.com/shibuiwilliam

 ## 역자 프로필

하승민

일본 리츠메이칸 대학에서 물리학과를 졸업하고, 동대학원 물리학(이학)석사 학위를 취득했다. 머신러닝과 딥러닝, 프로그래밍을 독학하며 실무경력을 쌓았고, 현재는 프로메디우스(Promedius Inc.)에서 AI Researcher로 재직 중이다. 전공은 끈이론과 등각장론이지만, 형식적인 물리학 이론이나 수학이라면 대부분 좋아한다(특히 양자역학과 일반상대성이론). 최근에는 양자 컴퓨터와 관련된 서적을 읽으며 여가시간을 보낸다.

기호

@log_decorator	278
.onnx	72
.pkl	90
.pth	72

A – H

A/B 테스트	20
Accuracy	34
ACTIVATE 변수	356
Adversarial Examples	286
ALBERT	217
all or nothing 패턴	208
Amazon ECS	116
Amazon SageMaker	26
Android	253
Apache Kafka	148
Apache TVM	254
API 엔드포인트	50
API 컴포지션 패턴	198
Approximate nearest neighbor	230
ARM	254
ASGI	52
asyncio	201
AUC	365
Augmentation	9
Automation	9
AutoML	21
AWS S3	107
BackgroundTasks	153
BERT	218
C++	87
cache	23
CDN	117
Char 값	81
Cifar-10	58
Classifier 클래스	128
Cloud Logging	273
CloudWatch	273
CNN	21
ConfigMap	321
confusion matrix	34
Contents Delivery Network	117
Continuous Delivery	4
Continuous Integration	4
Convolutional Neural Network	21
CoreML	253
CPU 코어 수	325
cron	79
CronJobs	172
CRUD	166
debug 수준	284
def metadata() 함수	245
Deployment	318, 375
DestinationRule	329
DevOps	3
Docker	100, 123
Docker 컨테이너	132
Docker Compose	54, 123
Dockerfile	73
DockerHub	102
DWH	17
Edge AI	252
End-to-End	4
envoy 프락시	329
Error	308

F – L

FastAPI	42
Fatal	308
FIFO	163
Flask	122
Float16	88
FPGA	254
GCP	107
GCP Storage	107
GET/POST 요청	100
git commit	40
Google Kubernetes Engine	107
GPU	252
GPU 서버	55
GPU용 라이브러리	87
GridSearch	21
gRPC	135
gRPC 서버	177
gRPC 클라이언트	186
Gunicorn	52
Hadoop	82
httpx	201
ImageNet	367

ImageNet 데이터	136	Metaflow	58
ImageNet 추론기	369	ML옵스	3
ImageNet 추론기 프락시	368	ML옵스 시스템	381
InceptionV3	136	ML옵스 엔지니어	89
InceptionV3 모델	137	MLflow	57
InceptionV3 추론기	378	MLOps	3
InceptionV3Model 클래스	136	MobileBERT	217
Info	308	MobileNet	217
init container	108	MobileNet 모델	253
initContainers	110	MobileNetV2	210
INSERT	50	MobileNetV2 추론기	378
Instagram	391	mode	353
Int8	88	model-in-image	98
Int 값	81	Monolithic	264
Intel CPU	254	MTBF	313
iOS	253	MTTR	313
Iris dataset	101	MySQL	165
Istio	328	NAS	82
istioctl	328	NASNet	218
Java	87	Nearest neighbor	229
Jetson Nano	253	Neural architecture search	253
jinja2	243	Neural style transfer	194
JSON	40, 242	NGINX	335
JVN	96	Nginx 프락시	242
Keras	57	NNAPI	254
Keras 모델	136	NoSQL	82
Key	220	note	391
Kubeflow	26	NVIDIA GPU	254
Kubernetes	100	One-class SVM	274
Latencies	322	Only me 패턴	36
latency	13	ONNX	91
Least Frequently Used	221	ONNX 형식	72
Least Recently Used	221	ONNX Runtime	88
LFU	221	ONNX Runtime Server	136
load_model 함수	128	On-premise	87
LRU	221	OpenCV	96
		operation	4, 136
		ORM 라이브러리	42

M - O

Machine Learning	4
MAE	34
Manifest	102
Mean Absolute Error	34
MeCab	96
mediapipe	255
Medium	391

OS	242
Out-of-Memory	259

P - S

PAIR	9
People + AI Research	9
Personally Identifiable Information	252

pickle	90
pickle 덤프	90
PII	252
Pipenv	38
pixiv	391
Pods	172
Poetry	38
PostgreSQL	42
Postmortem	315
PR 곡선	383
Precision	15
predict 함수	128
predict_label 함수	128
Protocol Buffers	241
Pull	99
push	102
Pydantic	124
Python 3.8	100
PyTorch	57
PyTorch 형식	72
PyTorch Mobile	255
Quantization	253
Rabbit MQ	148
Raspberry PI	252
RDB	82
Recall	15
Recommendation	14
Recurrent Neural Network	21
Redis	123
Redis Cache	148
ResNet	378
ResNet50 모델	179
REST 요청	368
REST 클라이언트	196
REST API	42
REST API 라이브러리	241
REST API 서버	177
RMSE	34
RNN	21
ROC 곡선	383
Root Mean Square Error	34
SavedModel	94
scikit-learn	57
SELECT	50
setosa	200
setosa 추론기	200
short hash	40
Single Shot MultiBox Detector	194
Site Reliability Engineer	37
SoftmaxTransformer	186
SQL 쿼리	46
SQL Alchemy	165
SRE	37
SSD	194
Support Vector Machine	101
SVM	101
Swagger UI	55

T - Z

Tensorboard	72
TensorFlow	57
TensorFlow Hub	136
TensorFlow Lite	253, 255
TensorFlow Serving	88
TikTok	391
time.time()	278
trade-off	23
Transformer	21
Ubuntu 20.0x	242
UI/UX	12
Unity	255
Unity Barracuda	255
Uvicorn	52
Value	220
vegeta attack	318
verbose	284
versicolor	200
versicolor 추론기	200
virginica	200
virginica 추론기	200
VirtualService	339
Warning	308
Web Server Gateway Interface	52
Word2vec	21
WSGI	52
x86_64 아키텍처	242
XGBoost	217
YAML	40, 242
YOLO	194
You Only Look Once	194
YouTube	391

ㄱ - ㄷ

가독성	63
가동률	313
가상 머신	105
가상 머신 이미지	261
가용성	23
감시	5
감시 시스템	6
감시 인터벌	288
감시 통보	5
감시·통보 시스템	306
감시 통보 패턴	270
객체 스토리지 서비스	107
객체인식	194
갱신	4
검색 시스템	220
결합	32
경과 관찰	315
경량화	13
경보	6
경보 대상	272
공통화	38
과제	3
구현	4
그리드 서치	21
금지 콘텐츠	393
기록 에러	81
기반	3
네이밍 규칙	241
네트워크	4
네트워크 대역	116
네트워크 제어	328
뉴럴 네트워크	231
뉴럴-아키텍처-서치	21
다운그레이드	115
다중 클래스 분류기	339
단위 테스트	86
대시보드	24
데브옵스	3
데이터베이스	6
데이터 분석	31
데이터 사이언티스트	4
데이터 선정	41
데이터셋	36
데이터 수집	4
데이터 스토어	82
데이터 웨어하우스	81
데이터 전처리	19
데이터 추출	33
데이터 취득	66
데이터 캐시 패턴	121
도커 이미지	19
도커 컨테이너	19, 59
도커 컴포즈	53
동기 추론 패턴	120, 134
동시 액세스	316
디코딩	137
디큐	163
디플로이먼트	279
딥러닝	3
딥러닝 모델	13

ㄹ - ㅂ

라벨	63
라이브러리	18
라이브러리 버전	37
라이프 사이클	210
랜덤 포레스트	339
랜덤 포레스트 모델	348
랜덤 포레스트 추론기	340
런타임	88
레이턴시	209
로거	6
로그	5
로그 데이터	284
로그 데이터베이스	304
로그 수집	6
로그 수집 기반	272
로그 수집 패턴	270
로그 집계 데이터베이스	288
로깅	328
로드 밸런서	177
로지스틱 회귀	21
롤백	20
룰 베이스	14
리소스 관리	174
리소스 사용	193
리팩터링	86
릴리스	20
릴리스 사이클	17
마이크로서비스	120

마이크로서비스 아키텍처	15
매니페스트	102
머신러닝	3
머신러닝 모델	4
머신러닝 시스템	5
머신러닝 시스템 릴리스 판정 관리	316
머신러닝 엔지니어	4
머신러닝의 모델 파일	8
멀티 스레드	317
멀티 프로세스	52
메모리 사용량	253
메타데이터	92
메트릭	271
모놀리식	264
모델	3
모델 관리 서비스	42
모델 로드 패턴	106
모델 배포	106
모델 사이즈의 축소	253
모델 선정	35
모델의 릴리스	89
모델의 성능	22
모델의 평가	22
모델-인-이미지 패턴	98
모델 작성	31
모델 파일의 버전	99
모델 학습	55
미들웨어	81
미러링	337
방치	175
방화벽	96
배치 서버	150
배치 시스템	172
배치 작업	78
배치 추론 패턴	120, 163
배치 학습 패턴	78
배포	6
배포 방침	242
백그라운드	150
백엔드 시스템	12
백엔드 엔지니어	26
버저닝	39
버전	18
버전 관리	39
버전 불일치	90
버전 불일치 패턴	89
범용화	3
변경 관리	315
병렬 마이크로서비스 패턴	120, 197
병목	231
보안	5
보안 리스크	115
복잡한 파이프라인 패턴	82
부하 분산	261
부하 분산기	177
부하 테스트	74
부하 테스트 서버	317
부하 테스트 툴	318
부하 테스트 패턴	316
분류 모델	58
분류 문제	21
분석용 DWH	337
불량품 검지	3
붓꽃 데이터셋	123
비동기 처리	52
비동기 추론 패턴	120, 147
비용	15
비용 대비 효과	78
비정상 데이터	81
비정형 데이터	209
빌드	19
빌드 에러	81
빌드 엔지니어	37
빌트-인	99

ㅅ - ㅇ

사업 손실	383
사용자 인터페이스	12
사이드카	279
상태 코드	276
상호 네트워크 설계	177
상황	9
생산라인	9
섀도 A/B 테스트 패턴	336
서버	4
서버 비용	264
서버 사이드	22
서버 이미지	98
서버 이미지 버전	106
서비스 수준	81, 208, 286

서킷브레이커	325	아웃풋	307
서포트 벡터 머신	21	아키텍처	7
서포트 벡터 머신 모델	339	아티팩트	59
서포트 벡터 머신 추론기	339	안티 패턴	27
섭씨	309	알고리즘	5
성공률	334	암호화	328
세그멘테이션	32	애자일	24
셸 스크립트	80	애플리케이션	4
소규모 디바이스	259	애플리케이션 엔지니어	37
소스코드	240	애플리케이션의 로그	241
소프트웨어	3	액세스	50
소프트웨어 벤더	403	야간 전용 모델	367
소프트웨어 스택	78	양자화	253
소프트웨어 엔지니어링	3	어노테이션	18
수요예측	387	업로드 가능한 콘텐츠	398
수요예측 결과	389	에러	77
수요예측 시스템	386	에러 로그	81
수치 데이터	176	에이전트	6
순위 학습	219	에지 사이드	22
순환 신경망	21	에지 케이스	356
스케일러빌리티	96	에지 AI 패턴	121
스케일 아웃	20	에지 TPU	253
스케일 업	261	엔드포인트	50
스케일 인	390	연산량	16
스케줄링 시스템	79	예측 성능	259
스크럼	24	오검지	14
스크리닝	393	오버헤드	198
스타일 변환	12	오전 전용 모델	367
스토리지	6	오프라인 평가 패턴	379
스토리지 비용	105	오픈소스	26
스펙	87	오후 전용 모델	367
스피드	263	온라인 빅사이즈 패턴	260
시간차 추론 패턴	121	온라인 A/B 테스트	346
시계열 데이터	389	온라인 A/B 테스트 패턴	346
시스템	3	온프레미스	87
시스템 개발자	308	올-인-원 패턴	263
시스템 개선	307	요청	19
시스템 엔지니어링	3	운용	3
시스템 컴포넌트	5	운용 관리	315
시스템 테스트	19	운용 비용	22
시스템 평가	34	운용 시스템 관리	315
식물 데이터	368	운용 체제 관리	315
식물 분류 모델	367	운용 테스트	316
식물 분류 추론기	368	워드 필터	231
실시간	33	워커	57
실행 조건	79	워크플로	4

워크플로 개선	389
웹 싱글 패턴	120
웹 클라이언트	201
웹 프레임워크	100
웹 API	82
웹 API 서비스	121
위반 검지	14
위반 콘텐츠	14
유스케이스	7
응답	19
응답속도	316
의사결정나무	21
의존관계	194
이미지 분류 모델	136
이미지 업로드	9
이미지 업로드 애플리케이션	11
이벤트 로그	6
이상치 감시	288
이상치 검지	276
이상치 검지 결과	276
이상치 검지 모델	279
이상 탐지	3
이진 분류	197
이진화	97
이탈률	24
인건비	382
인벤토리 관리	95
인시던트 관리	315
인증 인가	82
인터랙티브	33
인프라 구성	242
인프라 로그	241
인프라 비용	22
인프라 엔지니어	241
일부 재시도	175
임계치	336
입력 데이터	57
입력 데이터 감시	288
입출력 데이터의 타입	88
입출력 인터페이스	5

ㅈ - ㅋ

자동화	6
자연어 처리	176
작업 서버	172
작업 ID	150
장애 대응	264
장애 분리	193
재시도	56
전력량	252
전 요청	326
전이학습	22
전처리	5
전처리 서버	177
전처리 · 추론 패턴	120, 176
전체 재시도	175
전 추론기	201
정기 실행 서비스	79
정상성 평가 지표	314
정상 콘텐츠	14
정상화	287
정형 데이터	33
정형화	251
조건 분기 추론 패턴	365
주피터 노트북	18
지도학습	398
지속적 배포	4
지속적 통합	4
지연	13
지연의 개선	196
직렬 마이크로서비스 패턴	120
체크포인트	56
초해상	12
최근접 이웃 근사법	230
추론	4
추론 감시 패턴	285
추론기	4
추론기 개발	194
추론기 애플리케이션	273
추론기 입출력 정보	126
추론기 템플릿 패턴	121, 240
추론기 API	321
추론 데이터	273
추론 라벨	126
추론 로그	272
추론 로그 패턴	271
추론 모델	4
추론 서버	100
추론 서킷브레이커 패턴	325
추론 속도	384
추론 시스템	15

추론 요청	59
추론용 엔드포인트	127
추론용 GPU	34
추론 정확도	253
추론 캐시 패턴	121
추론 코드	87
추론환경	85
추론 API	110
추천	14
칩셋	242
카나리 릴리스 방식	95
카테고리 데이터	176
캐시	23
캐시 등록	237
캐시 서버	163
캐시 클리어	221
캐시 히트	221
커스터마이즈한 트랜스포머	91
컨테이너	23
컨테이너 이미지	23
컬럼	166
컴파일	19
컴포넌트	4
컴퓨팅 자원	85
코드 리뷰	37
코드 리포지토리	18
코드베이스	176
코딩	5
콘텐츠 데이터	231
콘텐츠 스크리닝 시스템	396
콘텐츠 업로드 서비스	386
콘텐츠 업로드 수	394
쿠버네티스	26
쿠버네티스 매니페스트	102
쿠버네티스 서비스	108
쿠버네티스 클러스터	100
큐	148
클라우드	4, 82
클라이언트 로그	272
클라이언트 애플리케이션	147
클래스 객체	42
클러스터링	95
클레임	385
클렌징	5
클릭률	385

ㅌ — ㅎ

타임아웃	147
테스트 관리	315
테스트 데이터	34
테스트 시스템 관리	315
테이블 설계	41
텐서 연산	253
템플릿	121
통합 테스트	19
트래킹	315
트래픽	338
트래픽 미러링	347
트래픽 분할	347
트래픽 양	354
트러블슈팅	18
트레이드오프	23
트위터	392
특징 추출	231
파라미터	5
파라미터 기반 추론 패턴	354
파라미터 정리	32
파이썬	8
파이프라인	17
파이프라인 학습 패턴	56
파인튜닝	22
파일 사이즈	259
패턴명	26
패턴화	21
퍼포먼스	21
퍼포먼스 테스트	34
페이스북	392
평가	5
평가 데이터	18
평가방법	388
평가치	56
평균 고장 간격	313
평균 수복시간	313
평균 지연	334
포스트모템	315
폭포수	24
푸시 메시지	148
푸시 알림	16
품질관리	20
품질보증	7
프락시	147
프락시 서버	96

프로그래밍 환경	18
프로젝트	4
피드백 루프	4
필터링	15
하드웨어	253
하이퍼파라미터	21
하이퍼파라미터 튜닝	21
학습	4
학습 데이터	18
학습된 모델	5
학습용 GPU	34
학습 작업	80
학습 파이프라인	26
학습 페이즈	5
학습환경	85
합성곱 신경망	21
행동	4
협조 필터링	16
형태소 분석	176
형태소 분석기	21
확장	9
환경변수	53
회귀	34
효율화	379
후처리	18